献礼首都经济贸易大学经济学院建院五十周年！

仰望星空
脚踏实地

首都经济贸易大学经济学院
"挑战杯"获奖作品选

首都经济贸易大学经济学院 ◎ 主编

首都经济贸易大学出版社
Capital University of Economics and Business Press
·北 京·

图书在版编目（CIP）数据

仰望星空　脚踏实地：首都经济贸易大学经济学院"挑战杯"获奖作品选 / 首都经济贸易大学经济学院主编. -- 北京：首都经济贸易大学出版社，2024. 9.

ISBN 978-7-5638-3759-5

Ⅰ. F124-53

中国国家版本馆 CIP 数据核字第 2024E0B793 号

仰望星空　脚踏实地——首都经济贸易大学经济学院"挑战杯"获奖作品选

YANGWANG XINGKONG JIAOTA SHIDI——SHOUDU JINGJI MAOYI DAXUE

JINGJI XUEYUAN "TIAOZHANBEI" HUOJIANG ZUOPINXUAN

首都经济贸易大学经济学院　主编

责任编辑	胡　兰
封面设计	砚祥志远·激光照排 TEL: 010-65976003
出版发行	首都经济贸易大学出版社
地　　址	北京市朝阳区红庙（邮编 100026）
电　　话	（010）65976483　65065761　65071505（传真）
网　　址	http://www.sjmcb.com
E－mail	publish@cueb.edu.cn
经　　销	全国新华书店
照　　排	北京砚祥志远激光照排技术有限公司
印　　刷	北京九州迅驰传媒文化有限公司
成品尺寸	170 毫米×240 毫米　1/16
字　　数	476 千字
印　　张	25.75　彩插 6 页
版　　次	2024 年 9 月第 1 版　2024 年 9 月第 1 次印刷
书　　号	ISBN 978-7-5638-3759-5
定　　价	89.00 元

融不进的城，有作为的乡——乡村振兴背景下乡土教育水平对大学生乡村就业意愿的影响研究

组长：张海涵

组员：陈天爱、陈奕岑、林嘉美、李诗娜、洪福旭、张丁戈

获奖情况："青创北京" 2023 年 "挑战杯" 首都大学生课外学术科技作品竞赛一等奖

"为爱减负"：小镇青年男方结婚成本问题的辨析与化解——基于 "信号理论" 视角

组长：包诗尧

组员：胡鑫、田世琪、韩一婷、刘泽玉、张涵林、张兴格

获奖情况："青创北京" 2023 年 "挑战杯" 首都大学生课外学术科技作品竞赛一等奖

非物质文化遗产的现状与发展策略——以河南省清丰县的麦秆剪贴为例

组长：许鑫悦

组员：李明通、梁伊、邱烨、黄明月、田秀、李浩矾

获奖情况：第十届"挑战杯"首都大学生课外学术科技作品竞赛二等奖

抹不掉的记忆，融不进的城市——"老漂族"社会记忆城乡异质性对社会融入度的影响研究

组长：陈宇扬

组员：嵇婧、刘艺铭、杨静、郑翼

获奖情况：第十一届"挑战杯"首都大学生课外学术科技作品竞赛二等奖

以"退"为进：退耕农户教育培训决策与家庭收入可持续发展——基于北京市和陕西省 19 村的调研和实证研究

  组长：王佳萍

  组员：傅圣杰、王勇琪、谢嘉欣、高媛、方海曦、王子辰

  获奖情况："青创北京"2023 年"挑战杯"首都大学生课外学术科技作品竞赛二等奖

远飞还是归巢：县城劳动力流失的困局与破解——基于京鄂两地 452 名小镇青年的深度调查

  组长：张妍

  组员：李佳昕、刘睿萱、佟昕炎、杨罗会、杨以恒

  获奖情况："青创北京"2023 年"挑战杯"首都大学生课外学术科技作品竞赛二等奖

百年光辉历程中的小村落——探寻北京市昌平区延寿镇百合村的红色基因

组长：张新旭

组员：王茜雨、杨莹、李水清、叶涵

获奖情况：第十七届"挑战杯"全国大学生课外学术科技作品竞赛红色专项活动二等奖

运河通航与周边文旅产业经济发展的双向推动——基于北运河段的调研

组长：苑雨晴

组员：张若帆、杜欣悦、刘润泽、黄赓誉蕰、谢佳欣

获奖情况："青创北京"2024年"挑战杯"首都大学生课外学术科技作品竞赛"青砺基层"专项赛二等奖

序

　　中国特色社会主义新时代对经济学专业人才培养提出了新的要求，我们需要培养大批基础理论扎实，国际视野宽广，实践能力突出，人文素养深厚，有责任、敢担当、有家国情怀的新时代经济学人才。新时代需要有突出创新能力的经济学专业人才，如何培养拔尖创新人才，正是财经院校人才培养的核心问题。长期以来，首都经济贸易大学经济学院以为党育人、为国育才为使命，以新时代人才需求为导向，以全面提升学生实践能力为目标，创新新文科建设下科研育人新模式，探索总结出本科生创新能力培养的"三步走"机制，在拔尖创新人才培养方面取得了重要突破与长足进展。

　　经济学院本科生创新能力培养的"三步走"机制是：以大科创为基础，激发科研创新意识；以调研团为窗口，拓展科研创新视野；以"挑战杯"为载体，培养科研创新能力。第一步，大科创，通过参加大科创项目，激发本科生扎根中国大地、聚焦社会热点的创新意识，帮助他们寻找"理论有基础，实践有价值，实施有可能"的研究主题；第二步，调研团，组织学生在大科创基础上，围绕研究主题，利用暑期实践调研时间，通过走访调研，搜集问卷数据，积累素材，对研究主题的现实有更为深刻的感受；第三步，"挑战杯"，在大科创确定研究兴趣，调研团获取研究资料的基础上，以"挑战杯"项目的孵化和培育为主线，完成学生创新能力提升和挖潜的全过程。

　　"三步走"机制中，三个步骤环环相扣。大科创是初筛，将有科研兴趣和一定能力的团队筛选出来。暑期实践是培育，围绕几个核心选题，开展有组织的调研，从问卷设计到谈话技巧，从数据整理到结果分析，逐步指导，确保收集到真实可信的调研数据。最后是"挑战杯"。"挑战杯"的全称是"挑战杯"全国大学生课外学术科技作品竞赛，由共青团中央、中国科协、教育部和全国学联、举办地人民政府共同主办的全国性的大学生课外学术实践竞赛，被誉为中国大学生科技创新创业的"奥林匹克"盛会，是全国最具代表性、权威性、示范性、导向性的大学生竞赛。2015 年以来，经济学院不断尝试、探索，已经建立起一套成熟的"挑战杯"项目培育机制。例如，结合指导教师的科研方向与在研国家级科研项目，学生自由选题与指导教师命题两种方式并行，老师出题，学生揭榜，建立起指导教师与参赛队伍的精准匹配机制；在自由组队的同时，突出队员的优势特长，跨专业组队、跨年级组队、跨学院组队，全面提升团队能力；向前一步，在赛前一年启动"挑战杯"项目培育工作，通过院内多轮遴选，打磨精品项目，根据选题风格选择差异化赛道。

近年来，经济学院累计组织近千名学生参加"挑战杯"大学生课外学术科技作品竞赛，并在历年"挑战杯"竞赛中取得了令人瞩目的成绩。2015—2023年，经济学院共获得"挑战杯"全国大学生课外学术科技作品竞赛二等奖1项、三等奖1项，"挑战杯"首都大学生课外学术科技作品竞赛特等奖2项、一等奖2项、二等奖10项、三等奖5项，"挑战杯"首都大学生创业计划竞赛铜奖8项。百余名学生通过"挑战杯"竞赛的训练培养了扎实的科研能力、严谨的学术态度、规范的研究习惯，绝大多数学生毕业后在国内外知名高校继续深造，成为经济学研究领域的新生力量。

本文集汇编了2015年以来经济学院学生的18个"挑战杯"获奖作品，分为国民经济、乡村振兴、社会治理三篇，旨在回顾近年来经济学院学子在"挑战杯"竞赛中的获奖成果，总结学院在拔尖创新人才培养中的经验做法，更希望以此激励更多经济学院学生厚植基础、创新进取、扎根祖国，秉承"崇德尚能、经世济民"的校训，关注中国经济社会发展的现实问题，发挥所学所长，为解释和解决新时代经济社会发展中的真问题贡献智慧与力量。

在此，特别感谢在经济学院"挑战杯"项目发展过程中做出贡献的各位获奖团队、未获奖但也为之努力过的团队、指导教师，以及在"挑战杯"培育过程中一直发挥重要作用的行政老师。感谢2015年经济学院学生首次获奖的指导教师王军教授，不论是作为指导教师，还是担任经济学院院长期间，他对"挑战杯"项目的认可与大力支持，使经济学院"挑战杯"获奖实现了从无到有！感谢曾经在经济学院奋斗过，在2019年"挑战杯"项目中创造纪录的经济学院原党委副书记蔡斌老师、原分团委书记高琼老师，是两位老师的不懈努力，使经济学院"挑战杯"获奖实现了从有到强！感谢经济学院党委原副书记王珂老师、分团委原书记孙晨老师，党委副书记姜蓓蓓老师、分团委书记陈晓老师，"挑战杯"项目的持续发展离不开他们的坚守、创新与付出！感谢学校团委和学院分团委多年来在宣传报名组织、项目培育选拔、竞赛指导服务等"挑战杯"比赛全过程的支持与付出！感谢每位"挑战杯"指导教师，是大家挤出自己的科研时间、家庭时间成全每个团队、每位学生，你们在用行动默默诠释师者仁心！感谢每位曾经被"挑战杯"刻骨铭心地虐过，却又受益终身的队员们，忘不了大家每个奋斗的日夜，忘不了大家答辩场上的激情洋溢，更忘不了大家纷纷发来报喜消息时的兴奋！感谢在本文集整理过程中做出大量细致工作的陈晓老师、杨慧莲老师！最后，还要特别感谢首都经济贸易大学出版社杨玲社长、薛捷老师的大力支持，是你们的辛苦付出，使这部学生作品文集得以尽快出版。

人才培养是大学的根本任务，培养出一流的人才是成为一流大学的必要条件。今年，恰逢经济学院 50 华诞。走过半个世纪，从北京经济学院经济系到首都经济贸易大学经济学院，经院人始终坚持以学生为本，以培养思想、知识、能力、素质全方位发展的复合型、应用型、国际型人才为目标，促进学生全面而有个性的发展，为国家培养了万余名高素质的本科生和研究生。未来，经济学院将继承传统、开拓创新，适应新时代发展需求，为首都乃至全国培养更为优秀的拔尖创新人才！

杜雯翠

2024 年 5 月 4 日

目 录

第一篇 国民经济

第二篇 乡村振兴

第三篇 社会治理

第一篇　国民经济

远飞还是归巢：县城劳动力流失的困局与破解

——基于京鄂两地 452 名小镇青年的深度调查

作者：张妍、李佳昕、刘睿萱、佟昕炎、杨罗会、杨以恒

指导老师：杜雯翠

获奖情况："青创北京" 2023 年 "挑战杯" 首都大学生课外学术科技作品
竞赛二等奖

摘要： 进入 21 世纪后，随着我国城镇化进程的加快和 "双创" 政策的实施，越来越多的小镇青年选择回归故土。已有文献鲜有将未回流群体与小镇青年返乡后再度流出的问题纳入考量，且对于小镇青年流向的分析大多停留在定性层面，缺乏人口迁移的相关理论支撑。本文补充研究了未回流的小镇青年群体，从促进流入和减少流出两方面入手，采用问卷调查和深度访谈的形式，实地调研了湖北省黄冈市黄州区和北京市五个主要城区的目标对象。从社会引力、经济引力和情感引力三个方面构建起探究影响小镇青年回流因素的引力模型，以 Logit 二元回归实证检验城乡引力差异对小镇青年流向概率的影响。基于研究结果，提出破解县城劳动力流失困局的对策建议。

关键词： 小镇青年；城乡引力差异；劳动力供给

一、问题提出

"他们年纪轻轻，正值青春壮年；他们来自小镇，始终怀揣梦想前行；他们经纶满腹，却一直在城市的外围徘徊——白璧三献、怀才不遇的困窘是他们与时代的双双慨叹。"随着资源竞争的日渐激烈，当代年轻人奋斗与追逐的方向正悄然改变，越来越多的劳动力人口正从大城市转移回小城镇。这些小镇青年用自己的

方式填补着家乡发展环节中的疏漏，并以其庞大的人口体量和优异的人才质量为县城带来了不容忽视的红利效益，成为推动中国未来城镇化发展的重要力量。

然而，尽管小镇青年的回流趋势在逐渐扩大，未来很长一段时间内县城劳动力的流失仍是我国城镇化建设中的一大痛点。"郡县治，天下安"，县城是我国城镇体系的重要组成部分，也是城乡融合发展的关键支撑。2022 年 5 月，中共中央办公厅、国务院办公厅印发《关于推进以县城为重要载体的城镇化建设的意见》（以下简称《意见》），《意见》提出要"形成以县城为重要载体的城镇化建设有效路径"，这需要县城具备高质量人才供给。因此，劳动力流失是县域亟待解决的首要问题。

小镇青年是县域劳动力流失的主体，也是新时代背景下推动县城发展的重要人才资源。本研究试图从他们在远飞与归巢之间的犹疑入手，寻求破解城乡二元体制、舒缓县城劳动力流失困局的方案：青年们的顾虑反映了城镇化发展进程中哪些不可回避的问题？随着下沉市场的崛起，曾经的"禁锢"和"偏见"能否被消除？属于县城的新风口是否已经悄然而至？这些问题引导着我们不断地思考、探索。

本研究将小镇青年界定为出生于三线及以下城市、县城或村镇，正在或曾经有过在一线、二线城市生活或工作经历（至少一年及以上）的 18~35 岁青年，并按是否已从一线、二线城市回流到三线及以下城市定居，将小镇青年进一步划分为"已回流"和"未回流"两类群体。国家统计局数据显示，目前全国已有超过两亿小镇青年，其总量是都市青年的 3 倍以上。近年来，一部分小镇青年选择返乡。他们大多接受了良好学历教育和职业培训，经过在大城市的学习、工作历练，普遍具备了较高的职业素养和劳动技能。正如国内外大部分研究所认为的，回流劳动力会在小城镇开办企业（Murphy，1999）、开展更高效率的农业生产（Zhao，2002；石智雷、杨云彦，2011）、从事服务行业（King，1986），提升回流者的收入水平，缓解县城劳动力流失的困境（Ma，2002；Zhao，2002；Vadean and Piracha，2009；罗凯，2009），还令小城镇实现经济资本和人力资本的双重回流（Zhao，2002）。同时，他们从大城市习得的创新精神将进一步促进城镇的创新创业活动，为城镇经济发展带来示范效应（Maconachie and Binns，2006）。小镇青年在就业和创业领域为县城提供了大量高质量劳动力，成为推动县城建设与发展的关键。

基于此，团队走访了湖北和北京两地，最终获得 452 份有效问卷，围绕小镇青年在大城市的生存状况、回流的影响因素、返乡后的从业状况等问题，对 66

位典型回流小镇青年进行了深度访谈。通过构建人口迁移的引力模型，本研究从社会引力、经济引力、情感引力三个角度入手，分析大城市和小城镇引力对"小镇青年"回流决策的作用机理，并采用 Logit 模型，实证检验大城市和小城镇的三类引力对"小镇青年"是否回流的影响。

本文对现有研究做出四方面的挖掘与创新：一是研究对象，已有文献多将目光聚焦于已回流群体，鲜有考虑未回流群体，本文则从双视角对影响小镇青年回流的因素进行探究，并提出可行性建议；二是研究角度，已有文献较多关注如何促进小镇青年的流入，而忽略了其返乡后再次流出的问题，本文则从促进流入和减少流出两方面探究，以期填补遗漏；三是研究方法，已有文献仅停留在定性分析层面，且缺乏对人口迁移的理论支撑，本研究结合了定性分析与定量分析，构建引力模型进行阐释，结论更有力度；四是研究贡献，本文基于调研及实证结论，提出了科学促进小镇青年返乡，助力小镇青年投身乡村振兴与城镇建设的可行性政策建议。

二、小镇青年回流的引力模型分析

英国人口统计学家莱温斯坦（E. G. Ravenstein）在 19 世纪首次将物理学中的引力概念用于人口分析，该理论不断发展形成了现代人口迁移的引力模型（Gravity Model），即认为人口的迁移是由一系列"力"引起的。本研究基于该模型，从社会引力、经济引力、情感引力三个角度切入，对身处小城镇或大城市的小镇青年的社会属性、客观收入和感性认知分层次进行分析，并探究引力影响小镇青年回流决策的内在机理。

（一）大城市引力与小镇青年回流选择

1. 大城市对小镇青年的社会引力

一方面，因一线、二线城市中身份认同度高的小镇青年有着更为清晰的自我定位、更高的社会融入度，且普遍认为大城市的生活经历对自身发展和专业技能提升有积极作用，并能够实现自我价值、集体价值与社会价值的统一，所以大城市的社会引力促进了他们在家乡城镇化建设中发挥更大作用，有助于县城的高质量发展。正如顾家家居公司某女员工接受访谈时提到的："我并没有太受到'小镇青年'标签的影响，也没有因此遭遇什么不公平的待遇。因为在杭州有许多的外来人口。不论你是求学还是工作，大家都不会太在意你的出身，总的来说还是很公平的。"另一方面，大城市社会引力作用于身份认同度较低的回流小镇青年后会产生排斥效果，即该引力偏向促使他们定居小镇。尽管这些青年长期在都市生活，但仍因某些不可控因素，其思想行为在向城市化过渡的进程中受阻，"小镇青年"的标签使他们把自己当作异乡人，该人群在城市的社会融入度较低，不适应城市中的行为规范及准则。因此，大城市社会引力对不同身份认同度的小镇青年会产生正负两种影响。

2. 大城市对小镇青年的经济引力

相较于小城镇，大城市基础设施更为完善，工作机会更多，制度环境更好，规则性也更强，为小镇青年提供了良好的职业发展空间和更为优厚的薪酬待遇。在访谈环节，湖北安一辰光电科技有限公司的一位高层男士谈道："当时我选择深圳，主要是由于它是一座年轻的城市。深圳的机会多、前景好，消费水平也不如北上广高，更适合我们的发展。我觉得人年轻的时候就应该去大城市经历、感受一下，这样可以开阔视野、提升自己的格局……而且从事相同领域的工作时，大城市月收入比小城镇高出近 1 倍，工作积极性会比较高。"在调研中，我们发现留在大城市的小镇青年的工作满意度高达 77.1%，只有 2.1% 的受访者不满意目前的工作。相比之下，回流小镇青年的工作满意度只有 17.3%，有 53.4% 的受访者不满意在小镇的工作。由此可见，大城市良好的工作环境、资源平台和发展前景，是促使小镇青年留在一线、二线城市的强大经济引力。

3. 大城市对小镇青年的情感引力。

随着小镇青年在大城市生活时间的增加，他们对城市的依恋也逐渐加深，我们将这种归属和依恋归结为大城市对小镇青年的情感引力。据北京某会计师事务所员工的描述："当初来北京上学，本来打算完成学业后就回家乡发展，但幸运的是，我拿到了北京这边公司的录用通知，解决了户口问题，再加上我周围的大学同学也基本留在北京了，想着大家可以互相照应和帮忙，而且工作久了对这座城市也熟了，最后就没有回去。"由于小镇青年早年生活在城镇，相比于土生土长的城里人，缺乏一定的城市社交关系网，所以也就更为珍惜来之不易的发展机会和人际往来，对周围环境和人情更难割舍。随着旅居年限的增加，情感引力也成为不少小镇青年留在大城市发展的重要原因。

（二）小城镇引力与小镇青年回流选择

1. 小城镇对小镇青年的社会引力

社会性是人的基本属性之一，社会网络是指社会个体成员之间因为互动而形成的相对稳定的关系体系。相较于城市，小镇的人情社会属性更强，而小镇青年的大部分人生观和价值观是在小镇形成的，所以他们普遍对社会网络有着更强的认同和渴望。顾家家居某男员工说："我认为返乡后，亲戚和朋友（对我获得就业岗位）还是有一定帮助的，因为，毕竟小地方不比大城市。在这里，要是有一些关系，有一些人脉的话，更容易获取到机会。"我们在调研中发现，67.8%的回流小镇青年认为家乡比大城市的社会网络对自己帮助更大。上述因素共同构成了小城镇对小镇青年的社会引力。因此，与城里人相比，小镇青年倾向于选择社会网络发达的地区发展。

2. 小城镇对小镇青年的经济引力

与大城市相比，小城镇的物价和房价更低、消费需求和选择更少，降低了小镇青年回流后的购房压力、消费压力。问卷结果显示，虽然回流后的收入与大城市相比，会有一定的降低，但其生活总成本的下降幅度更大，回流小镇青年可能会从城市"打工人"摇身变为县城的中产阶级。这种相对经济地位差异与日常消费支出的下降是来自小城镇的经济引力。正如科峰传动公司某男员工所说："相比于大城市，现在在小镇没有那么大的住房压力，我有更多的钱可以用来消费，而不是去支付房租。回乡后，明显感觉必要的花费少了，每月工资中有一大部分是可以自由支配的，腰杆都比在大城市直了。"在调研中，我们发现绝大部分受访者认为大城市的住房压力较大。由于无力购买或租住房屋，其在大城市工作期间只能被迫选择长期居住员工宿舍，窘迫的生活环境与巨大的经济压力，使他们严重缺乏对大城市的归属感。因此，小镇青年月储蓄额的增加是县城经济引力的源泉。

3. 小城镇对小镇青年的情感引力

大城市与小城镇居民在价值观念上的差异是小城镇情感引力的重要来源。调研数据显示，65.2%的小镇青年渴望多陪伴家人。湖北星晖新能源智能汽车有限公司某男员工谈道："如果没有家庭，我可能会选择在深圳再闯一闯；但有了家庭，人就有了牵绊。黄州毕竟是我老家，（我）父母也在这。而且深圳那边主要是小孩教育这个问题没办法解决……深圳的生活压力大，（我的）很多观念也和当地的同事们不太相同，不如我们镇上舒服……反正各方面因素吧，促使我选择了回流。"小镇青年把家乡和亲人放在极为重要的位置，甚至愿意为了家庭而放弃大城市良好的发展机会。在他们的价值观中，家庭圆满是奋斗的基础。同时，他们还建议子女回流，认为孩子们血脉中的乡土情怀不能随时间流逝，应该保有对故土的热爱与感恩，尽力回馈、建设家乡。对此，他说："因为我的根在这儿，有很多东西是（我们）不能抛弃的。"家乡强大的情感引力是促使小镇青年回流的因素之一。

三、小镇青年回流的深度调研设计

（一）调研地点

本研究分别从已回流和未回流群体的角度进行分析，选择了湖北省黄冈市黄州区和北京市的五个主要城区（东城、西城、海淀、朝阳和丰台）作为调查地。其中，黄州区的受访者作为已回流样本，北京市的受访者作为未回流样本。通过比较黄州区历年常住人口与户籍人口的数据，我们发现自 2011 年起，黄州区便出现了明显的人口回流现象，且在 2019 年后回流人口激增，符合我们对样本的预期。团队对黄州区回流小镇青年的主要从业地——黄冈高新技术产业园区、湖北安一辰光电科技有限公司、顾家家居华中基地、湖北黄冈伊利乳业有限责任公司、湖北星晖新能源智能汽车有限公司、湖北科峰智能传动股份有限公司和黄冈市大学生创业孵化基地七个地点进行了深度调研。从是否为中心城区和是否为外来人口的主要聚集地两个角度考量，团队将北京调研范围确定为东城、西城、海淀、朝阳和丰台五大城区。

（二）调查的基本情况

2022 年 1 月至 2023 年 1 月，研究团队在京鄂两地开展了为期一年的社会调查，为本文提供了翔实的数据样本与访谈信息。调查方法包括问卷调查和深度访谈两种。

本研究从小镇青年的个人基本情况、就业状况、返乡意愿等角度设计调查问卷（详见附录 1、附录 2），共发放调研问卷 500 份，回收问卷 486 份，有效问卷 452 份，问卷有效率为 93%。其中，来自黄州区的已回流青年问卷 322 份，来自北京的未回流青年问卷 130 份。

在实践中，团队对 66 位已回流小镇青年围绕其在大城市的生存状况、回流决策的影响因素、返乡后的从业状况、对子女的回流预期等问题，进行了深度访谈。为保证所得数据真实可靠，本研究以 Cronbach's α 系数评价数据的可靠性，分别对回流和未回流样本量表进行了信度分析。两份问卷的标准化 Cronbach's α 系数分别为 0.853 和 0.761，说明问卷信度较好。同时，对两样本量表分别进行 KMO 检验和 Bartlett 球形检验，回流样本中 KMO = 0.787 > 0.6，未回流样本中 KMO = 0.700 > 0.6，说明题项变量之间存在相关性。依据 Bartlett 球形检验，回流样本统计量的观测值为 296.381，未回流样本统计量的观测值为 164.654，p 值均小于 0.05，说明问卷效度较高。

（三）调查结果的初步统计

表1为样本结构分析。本研究的样本有如下特点：一是从性别比例看，回流样本中的男性较多、女性较少，未回流样本中女性较多、男性较少。回流样本中的男性占61.6%，未回流样本中的女性占72.3%，主要原因是男性往往承担较大的生活压力，尤其在购置房产方面。大城市的高房价会给小镇男青年带来巨大经济压力，相比之下，小城镇低廉房价就成了吸引小镇男青年回流的重要力量。二是未回流样本中受访者的受教育水平比回流样本更高。在回流样本中，61.4%的受访者有本科及以上学历，而在未回流样本中，77%的受访者有本科及以上学历，分析认为，学历和知识层次可能是影响其城市融入度的重要因素。三是回流与未回流样本的收入差异符合城乡收入差距的计算结果。回流样本中有52.8%的受访者的月收入在3 000元至6 000元，未回流样本中有52.3%的受访者的月收入高于9 000元，折射出大城市与小城镇青年人的薪资水平差异，也间接反映了城乡二元结构及发展不均的问题。

表1　样本结构

类别		回流青年		未回流青年	
		样本数（人）	占比（%）	样本数（人）	占比（%）
性别	男	198	61.5	36	27.7
	女	124	38.5	94	72.3
受教育水平	初中及以下	6	1.9	6	4.6
	高中	16	5.0	6	4.6
	专科	102	31.7	18	13.8
	本科	176	54.7	78	60.0
	硕士及以上	22	6.7	22	17.0
婚姻状况	单身	132	41.0	72	55.4
	已婚无孩子	28	8.7	10	7.7
	已婚有孩子	162	50.3	48	36.9
就业状况	就业	280	89.7	108	88.5
	创业	32	10.3	8	11.5
月收入水平（元）	≤3 000	46	14.3	4	3.1
	3 000~6 000	170	52.8	34	26.2
	6 000~9 000	60	18.6	24	18.5
	≥9 000	46	14.3	68	52.3

四、小镇青年回流的引力因素检验

(一) 模型设定与变量定义

为了全面、系统地探究大城市与小城镇社会、经济、情感三种引力对小镇青年回流决策的影响，设定如下计量模型：

$$return_i = \alpha_0 + \beta_1 soc\_city_i + \beta_2 eco\_city_i + \beta_3 emo\_city_i + \beta_4 soc\_town_i \qquad (1)$$
$$+ \beta_5 eco\_town_i + \beta_6 emo\_town_i + \gamma X_i + \varepsilon_i$$

其中，因变量为是否回流（return）；自变量包括大城市社会引力（soc_city）、大城市经济引力（eco_city）、大城市情感引力（emo_city）、小城镇社会引力（soc_town）、小城镇经济引力（eco_town）、小城镇情感引力（emo_town）；X 为一组控制变量，包括年龄（age）、性别（gender）、学历（education）和婚姻状况（family）；i 代表受访个体，ε 为随机变量。具体变量定义见表 2。

表 2　变量定义与说明

类别	变量名称	变量定义与说明
因变量	是否回流（return）	未回流=0，回流=1
自变量	大城市社会引力（soc_city）	对"小镇青年"标签很不认同=1，比较不认同=2，一般认同=3，比较认同=4，很认同=5
	大城市经济引力（eco_city）	对大城市工作很不满意=1，比较不满意=2，一般满意=3，比较满意=4，很满意=5
	大城市情感引力（emo_city）	在大城市生活的时间<1 年=1，≥1 年且<3 年=2，≥3 年且<5 年=3，≥5 年且<7 年=4，≥7 年=5
	小城镇社会引力（soc_town）	是否认为小城镇的社会网络对个体帮助很大？很不认同=1，比较不认同=2，一般认同=3，比较认同=4，很认同=5
	小城镇经济引力（eco_town）	在小城镇的月储蓄低于 0 元（即有负债）=1，0~2 000 元=2，2 000~5 000 元=3，5 000~10 000 元=4，高于 10 000 元=5
	小城镇情感引力（emo_town）	小城镇周边人的看法是否符合自身价值观？很不符合=1，比较不符合=2，一般符合=3，比较符合=4，很符合=5

类别	变量名称	变量定义与说明
控制变量	年龄（age）	28 岁及以下 = 0，28 岁以上 = 1
	性别（gender）	女 = 0，男 = 1
	学历（education）	初中及以下 = 1，专科 = 2，高中 = 3，本科 = 4，硕士及以上 = 5
	婚姻状况（family）	未婚或离异 = 1，已婚无孩子 = 2，已婚有孩子 = 3

（二）描述性统计

变量描述性统计结果如表 3 所示，为探讨各引力变量与小镇青年回流决策是否存在预期关联，本研究分别对回流与未回流小镇青年进行了统计。由表 3 可知，分别代表大城市经济引力、小城镇社会引力、小城镇情感引力、大城市情感引力的工作满意度、社会网络效用、价值观符合程度、旅居时间四个因素对小镇青年回流决策的影响较大。

表 3 主要变量的描述性统计

变量	人群	样本量	最大值	最小值	中位数	平均值	标准差	方差
大城市社会引力（soc_city）	已回流	322	5	1	4	3.871	0.937	0.879
——身份认同	未回流	130	5	2	4	4.146	0.945	0.893
大城市经济引力（eco_city）	已回流	322	5	1	2	2.5	1.138	1.296
——工作满意度	未回流	130	5	2	4	4.083	0.794	0.631
大城市情感引力（emo_city）	已回流	322	5	1	3	3.336	1.142	1.303
——旅居时间	未回流	130	5	1	4.5	3.958	1.254	1.573
小城镇社会引力（soc_town）	已回流	322	5	1	3	3.121	0.970	0.942
——社会网络效用	未回流	130	5	1	2	1.667	0.724	0.525
小城镇经济引力（eco_town）	已回流	322	5	1	3	3.009	0.808	0.652
——月储蓄	未回流	130	5	1	3	2.812	1.123	1.262
小城镇情感引力（emo_town）	已回流	322	5	1	3	3.198	0.906	0.821
——价值观符合程度	未回流	130	3	1	2	1.896	0.778	0.606

在大城市相关统计中，社会引力因素的调查结果显示，回流与未回流受访者对"小镇青年"标签的认可比例均达到 70% 以上，且差异较小，说明大部分小镇青年具有身份认同感，而这与青年的回流决策无相关关系；经济引力因素的相

关结果表明，对大城市工作感到满意的小镇青年在回流与未回流受访者中分别占17.3%与77.1%，差异显著，反映了小镇青年对大城市的工作满意度低可能是导致其回流的重要因素；而情感引力因素的相关结果显示，在大城市生活了五年及以上的受访者中，有62.5%的人选择留在大城市，而在生活了七年及以上的受访者中，这一比例为70.7%，由此推测出小镇青年在大城市的生活时间越长，越容易对大城市产生更强的情感依赖，也就越倾向于留在大城市。

在小城镇引力的调查统计中，有关社会引力因素的调查结果显示，认为小镇社会网络效用大的小镇青年占回流受访者的32.8%，而占未回流受访者的比例极低，说明小镇社会网络效用也是影响小镇青年回流决策的重要因素；经济引力因素的相关结果表明，在回流与未回流样本中，小城镇月储蓄低于2 000元的青年分别占15.6%与31.2%，其中，在小镇无月储蓄甚至负债的受访者在两份样本中分别占5.2%与18.7%，两数据差异较大，由此可见，未回流小镇青年中小城镇月储蓄偏低的人较回流群体占比更大，因此小镇月储蓄低的小镇青年在离乡后更倾向于不回流；情感引力的相关结果显示，在回流的受访者中，认为小城镇居民的看法符合自身价值观的小镇青年比例为36.2%，而在未回流群体中该比例极低，说明认同小镇居民价值观的青年在回流群体中分布较多，小镇青年与小镇居民的价值观符合度也是影响其回流的重要因素。

（三）基础回归结果

以452个调研数据构建Logit二元回归模型，验证计量模型（1），结果见表4。第（1）（2）列分别检验了大城市引力与小城镇引力对受访者回流决策的影响，第（3）（4）（5）列分别对比了大城市与小城镇的社会引力、经济引力、情感引力对受访者回流决策的差异，第（6）列同时分析了上述六个引力变量。

在第（1）列回归中，大城市经济引力、大城市情感引力的估计系数均显著为负，说明受访者对大城市工作的满意度越高、大城市经济引力越大，回流到小城镇的概率越小；且在大城市生活的时间越长，大城市对其情感引力越大，回流到小城镇的概率就越小。而大城市社会引力的估计系数不显著，说明受访者对"小镇青年"标签的认同度对其是否回流的影响并不明显。

在第（2）列回归中，小城镇社会引力、小城镇情感引力的估计系数均显著为正，说明受访者越认同小城镇社会网络的作用和居民价值观，回流到小城镇的概率越大。小城镇经济引力的估计系数并不显著，说明小城镇的经济因素不是吸引"小镇青年"回流到小城镇的主要因素，即其考虑回流时鲜有关注小城市月储蓄这一因素。

　　比较第（3）（4）（5）列的回归结果发现：在社会引力上，大城市对小镇青年不存在社会引力，而小城镇对小镇青年有较强的社会引力；在经济引力上，大城市的经济引力极强，小城镇则不存在经济引力；在情感引力上，大城市和小城镇对小镇青年都存在情感引力，随着小镇青年在大城市居住年限的增加，对大城市的情感会不断增强，且小城镇的情感认同同样影响小镇青年的回流决策。

　　回流决策是小镇青年综合考量的结果，由第（6）列的回归结果，解释变量按照回归系数的绝对值从大到小排列依次是：小城镇社会引力、小城镇情感引力、大城市经济引力和大城市情感引力，回归系数分别达到 0.890，0.865，-0.741，-0.513，且这些变量都在 5% 的置信水平上显著，共同影响小镇青年的回流决策。

表 4　基础回归结果

变量	(1)	(2)	(3)	(4)	(5)	(6)
大城市社会引力 (soc_city)	0.097 (0.37)		0.085 (0.43)			0.279 (0.98)
大城市经济引力 (eco_city)	-1.346*** (-5.35)			-1.399*** (-6.13)		-0.741** (-2.41)
大城市情感引力 (emo_city)	-0.494** (-2.36)				-0.546*** (-2.75)	-0.513** (-2.24)
小城镇社会引力 (soc_town)		0.995*** (3.55)	1.500*** (6.39)			0.890** (2.02)
小城镇经济引力 (eco_town)		-0.006 (-0.03)		-0.049 (-0.21)		-0.122 (-0.44)
小城镇情感引力 (emo_town)		0.798*** (2.70)			1.656*** (5.69)	0.865** (2.25)
性别 (gender)	1.144** (2.28)	1.620*** (3.55)	1.727*** (3.83)	1.205*** (2.58)	1.370*** (2.90)	1.133* (1.94)
年龄 (age)	0.487 (0.98)	-0.477 (-1.24)	-0.417 (-1.12)	0.109 (0.26)	0.107 (0.23)	0.381 (0.67)
受教育水平 (education)	-0.155 (-0.64)	-0.373* (-1.89)	-0.334* (-1.79)	-0.290 (-1.40)	-0.269 (-1.24)	-0.243 (-0.91)

续表

变量	(1)	(2)	(3)	(4)	(5)	(6)
婚姻状况	0.329	0.369	0.397	0.237	0.297	0.321
(*family*)	(1.04)	(1.44)	(1.58)	(0.84)	(0.98)	(0.90)
*LR chi*2	78.96	106.78	99.26	87.14	87.13	101.68
*Prob>chi*2	0.000 0	0.000 0	0.000 0	0.000 0	0.000 0	0.000 0
样本量	452	452	452	452	452	452
Pseudo R^2	0.398	0.395	0.367	0.381	0.393	0.513

注：*、**、***分别代表估计系数在10%、5%、1%的水平上显著，括号中的数字为 *Z* 值，下表同。

此外，通过分析控制变量的回归结果发现：性别的显著性较强，且对小镇青年回流决策的影响尤为强烈。这是由于接受高等教育的女性数量逐年上升，女性若选择留在一线、二线城市则会拥有更为广阔的发展平台和良好的发展机遇，而回流则意味着可能会面对从业和婚恋困局，因此小镇女青年更倾向留在大城市。而男性在回流决策时会关注房产的购置，低廉的房价显著影响了小镇男青年的回流决策。另外，受教育水平对小镇青年回流决策有负向影响，即在社会资本层面，受教育程度越高，其选择留居他乡的可能性越高。

基于六组回归结果，将小镇青年回流决策的影响因素及它们之间的相互关系表示出来，如图1所示。

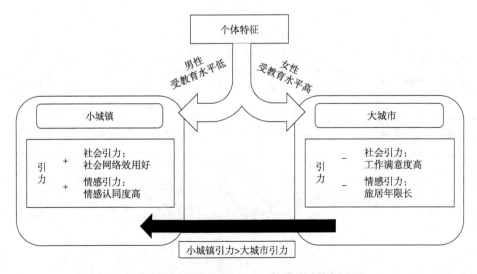

"+"表示促进小镇青年回流；"−"表示抑制小镇青年回流

图1　小镇青年回流影响因素

（四）稳健性检验

为验证以上结论的可靠性，本文从三个方面对模型进行稳健性检验。

第一，替换衡量大城市经济引力的变量。考虑到薪资待遇的优劣是影响受访者工作满意度的主要因素，因此用受访者对大城市薪资待遇的满意度替代工作满意度来表征大城市经济引力，重复表4的回归，见表5第（1）列，结果稳健。

第二，替换衡量小城镇经济引力的变量。小镇青年在考虑是否回流时，首先考虑其月消费中占比较大的住房成本，因此用受访者在小城镇是否享受住房补助代替小城镇月储蓄表征小城镇经济引力，结果见表5的第（2）列，结果稳健。

第三，增加控制变量。由于小镇青年会将自我提升纳入回流决策的考虑中，为控制该因素的个体差异性，在已有回归的基础上，模型增加了大城市收获这一控制变量，即如果受访者认为在一线、二线城市的经历使他们开阔眼界、增长技能、积累经验，则认为受访者认同在大城市可以实现自我提升，变量取值为1，否则取值为0，结果见表5的第（3）列，结果稳健。

表5　稳健性检验结果

变量	（1） 替换大城市经济引力	（2） 替换小城镇经济引力	（3） 增加控制变量
大城市社会引力（soc_city）	0.243 （0.91）	0.321 （1.11）	0.327 （1.12）
大城市经济引力（eco_city）	−0.040 ** （−2.20）	−0.684 ** （−2.21）	−0.697 ** （−2.23）
大城市情感引力（emo_city）	−0.535 ** （−2.39）	−0.474 ** （−2.02）	−0.490 ** （−2.10）
小城镇社会引力（soc_town）	1.235 *** （3.10）	0.776 * （1.95）	0.831 ** （2.01）
小城镇经济引力（eco_town）	−0.170 （−0.65）	0.218 （0.38）	−0.117 （−0.41）
小城镇情感引力（emo_town）	0.911 ** （2.52）	0.879 ** （2.27）	0.847 ** （2.17）
控制变量	已控制	已控制	已控制
LR chi2	96.18	109.31	101.87
Prob>chi2	0.000 0	0.000 0	0.000 0
样本量	452	452	452
Pseudo R^2	0.480	0.551	0.516

（五）异质性检验

为获得更全面、深入的结论，本文分别从性别和婚姻状况两个角度进行异质性检验。

1. 性别异质性检验

将样本按性别分别进行研究，结果见表 6 的第（1）（2）列。研究发现，影响小镇青年回流决策的因素有显著性别差异。小镇男青年的回流决策受到小城镇社会引力和大城市经济引力的影响，而小镇女青年则主要受两地情感引力的影响。

表 6　异质性检验结果

变量	（1）	（2）	（3）	（4）
	男性	女性	已婚	未婚
大城市社会引力	0.625	−0.224	0.633	0.635
（soc_city）	(1.05)	(−0.49)	(1.23)	(1.26)
大城市经济引力	−1.298*	0.786	−0.732	−0.827*
（eco_city）	(−1.69)	(1.32)	(−1.32)	(−1.76)
大城市情感引力	0.031	−0.668**	−0.997**	−0.271
（emo_city）	(0.06)	(−2.17)	(−2.08)	(−0.85)
小城镇社会引力	2.163**	0.786	2.766**	0.392
（soc_town）	(2.12)	(1.32)	(2.20)	(0.71)
小城镇经济引力	0.601	−0.975*	−0.273	−0.189
（eco_town）	(1.05)	(−1.76)	(−0.59)	(−0.38)
小城镇情感引力	−0.551	1.359**	0.768	1.022*
（emo_town）	(−0.69)	(2.31)	(0.95)	(1.89)
控制变量	已控制	已控制	已控制	已控制
LR chi2	39.15	60.83	70.95	44.80
Prob>chi2	0.000 0	0.000 0	0.000 0	0.000 0
样本量	452	452	452	452
Pseudo R^2	0.573	0.541	0.721	0.455

本研究认为，以上差异的产生主要由两性决策思维的不同导致。男性是家庭经济的主要承担者，更倾向于凭借个人自身发展与社会网络解决实际问题或改善家庭条件。而女性群体对家庭责任的承担主要体现在对家人的情感和生活的照顾上，且女性在心理上有着更为丰富的感性认知，更易于受到感性因素的影响。

2. 婚姻状况异质性检验

将总样本按是否成婚进行研究，结果见表6的第（3）（4）列。检验发现，影响小镇青年回流决策的因素在不同婚姻状况的样本间存在显著差异。已婚小镇青年受更强的大城市情感引力与小城镇社会引力的作用影响，而未婚小镇青年受大城市经济引力与小城镇情感引力的作用更强。

本研究认为，以上差异的产生主要原因是处于不同婚姻状况的小镇青年所肩负的责任不同。已婚小镇青年需要履行更多家庭责任，考虑更多实际问题，而回流意味着在熟悉度更高的社会生活，将更易于通过社会网络实现资源的优化配置与社会融入，即已婚小镇青年受到较强的小城镇社会引力。同时，已婚群体在大城市生活的时间越长，家庭成员在当地生活的根基就越稳固，顾及家庭等各方因素，已婚群体的回流意愿随时间的延长而逐渐减弱，即已婚小镇青年受较强的大城市情感引力影响。相比之下，未婚群体暂无照顾家人情感的负担，因此为满足自身情感需求，对家乡价值观念认同感强的个体会更倾向于回流，即未婚小镇青年受到较强的小城镇情感引力影响。此外，未婚群体更重视自我发展与个人理想，因此有较大比例的未婚小镇青年对大城市包容性强的发展平台青睐有加。

五、结论、建议与展望

（一）小镇青年回流决策的主要发现

本研究以湖北省黄冈市黄州区及北京市主要城区作为调研点，从社会引力、经济引力和情感引力三个角度构建探究影响小镇青年回流因素的引力模型，深入分析城乡引力差异及其对小镇青年回流决策的影响。利用 Logit 二元回归模型对452 个样本数据进行实证检验，最终基于理论与实证研究结论，提出破解县城劳动力流失困局的可行性政策建议。主要研究发现有四个方面。

第一，大城市对小镇青年有经济引力，但没有社会引力，且随着小镇青年在大城市居住年限的增加，也会产生情感引力。大部分小镇青年到大城市投资高等教育和工作体验是希望未来能获得丰厚的经济回报。与小城镇相比，大城市广阔的职业发展平台、优越的工作环境和优厚的薪资待遇等，使小镇青年具有更高的工作满意度，因此基于个人发展的考量会乐于留在大城市；对于包容性日渐增强的大城市，"小镇青年"标签不会对他们产生明显负面影响，其身份认同度对其回流决策并不显著；而随着旅居年限的增加，小镇青年对大城市的依赖与不舍越来越强，因此大城市情感引力会逐渐增强，对于小镇青年回流决策有显著影响。

第二，小城镇对小镇青年有社会引力，但没有经济引力，对小城镇较高的情感认同会增强情感引力。社会网络的可利用程度决定了小镇青年在小镇的人际交往和社会关系的质量，与大城市相比，小镇青年在养育他们的小城镇的社会网络更为发达，对其未来发展有重大帮助，即小城镇存在社会引力。而受经济发展水平的约束，小城镇人均收入明显低于大城市。随着小镇青年消费观念的进步，他们对自身经济状况的衡量不再局限于储蓄的多少，而更加重视消费的质量。这是小城镇无法满足的，因此小城镇月储蓄对其回流决策影响并不显著。此外，小镇青年对家乡的行为准则及价值观念的认同度存在个体差异，他们的情感认同度越高，小城镇对其产生的情感引力就越强。

第三，已婚小镇青年的回流决策主要受小城镇社会引力的影响，未婚小镇青年回流决策主要受大城市经济引力和小城镇情感引力的影响。已婚青年大部分在小镇成家，有了更深的羁绊，也更容易就地构建发达的社会网络，这对于其未来职业发展有较强促进作用，因此小城镇社会引力对已婚小镇青年回流决策影响较大。而未婚群体没有供养家庭的生活压力，更加重视自身发展和个人理想，大城市恰为其提供了良好的发展机遇和晋升空间，这对于未婚小镇青年有较大的经济引力。同时，不少未婚者倾向于在同乡中寻找伴侣，且为家庭独子，他们对婚配的需求和照顾父母的责任，也是小城镇情感引力影响其回流决策的重要原因。

第四，小镇男青年回流决策主要受经济引力和社会引力影响，小镇女青年则主要受情感引力影响。中国自古便有"男主外，女主内"的传统。由于男性普遍是家庭经济的主要承担者，需要考虑自身职业发展和社会网络对解决实际问题或改善家庭条件的作用，以扛起未来家庭的责任，因此经济引力和社会引力对小镇男青年的回流决策有着重要影响；而女性大多以照顾家庭为主要职责，以生活稳定幸福为目标，且与男性相比，女性心理上的感性认知更加丰富，更易于受到情感因素的影响，因此其受情感引力的影响也较大。

(二)破解县城劳动力流失困局的政策建议

小镇青年是推动以县城为重要载体的城镇化建设的劳动力源泉，也是统筹布局乡村振兴战略的重要引擎。鼓励更多小镇青年回流到县城，是"以县域为基本单元推进城乡融合发展"的核心关键。结合本研究的调研结果和实证结论，我们认为破解县城劳动力的流失困局可以从以下几个方面入手。

首先，提升小镇的消费结构，完善城镇社保体系，提高小城镇对小镇青年的社会引力。一方面，随着信息技术的发展，县城面临着前所未有的数字赋能空间与发展机遇。加大当地数字基础设施建设的投入力度，积极建设县城农村电子商务是促进服务供给多元化，降低跨地区交易成本，打造信息化、本地化、连锁化服务网络的关键。鼓励小镇青年利用互联网对所需的网络教育、在线医疗、在线影视等优质服务进行跨地区消费，可以促进劳动力的城乡逆向流动。同时，这种由商务模式创新引导的、消费总量的提升，还能促进电商行业对于投资和劳动力的需求。该引致需求将反向吸引更多的剩余劳动力进入各行业，通过拉长产业链条提高当地城镇化水平，有望成为县城发展的持续动能与关键引擎。另一方面，实现城乡社保体系的接轨是提高小镇社会引力的有效途径。社保是民生之本，与居民幸福指数息息相关。小镇应完善社区嵌入式养老网络，以多元运作模式全方位提升城镇养老质量；满足成人教育需求，落实个性化素质教育方针；健全多层次医疗保障体系，实施定点医疗。加快小镇社会保障体系与城市的对接，即通过提升要素配置效率实现城镇可持续高质量发展，让小镇青年回流的时候没有后顾之忧。

其次，创造更多就业岗位，提供创业政策保障，增强小城镇对小镇青年的经济引力。就业优势是吸引小镇青年留在大城市的强大经济引力，也是小镇亟待解决的问题之一。具体建议措施有三点：第一，定期举办官方就业论坛，共享市场信息与资源，吸引更多小镇青年返乡发展；第二，当地政府优化基础设施建设，提升就业环境；第三，政府进一步完善惠企惠民的就业政策，如设立就业风险储备金等，为小镇实现高质量充分就业提供保障，为小镇青年减轻返乡后再就业的经济压力。此外，在大城市创新氛围的影响下，许多回流的小镇青年有能力且有意愿创业，但因受小镇就业者专业水平和职业素养的制约，大多只能被迫聚焦于低技能小微企业，无法避免落入因供求不匹配而导致的"用工荒"问题，加大了结构性失业的潜在风险。完善的职工技能培训体系是解决这个矛盾的有效途径，不仅有助于企业拓宽创业领域，还能降低金融约束。因此，政府可以从三个方面帮助县城创业者摆脱低端劳动密集型产业的束缚：一是强化培训机制，注重质量而非数量；二是完善标准化教材，提升培训针对性；三是健全培训转化机制，指导对接就业用工需求，注重跟踪服务而非"一锤子"培训。全面落实创业带动就业政策，让大众创业、万众创新在小镇蔚然成风。

最后，深化乡土教育，厚植家国情怀，进一步提升小城镇对小镇青年的情感引力。根据国家提出的以县城为重要载体的城镇化目标，地方电视台可以利用数字新媒体等受众面广的方式，融合家乡文化与艺术进行宣传报道，以唤起小镇青年对家乡的眷恋，增强其社会责任感和使命感，鼓励他们自发响应国家号召，为家乡城镇化建设贡献力量。同时，政府还可以借助其强大的号召力定期组织小镇青年与家乡人的联谊活动，帮助他们与家乡人建立稳定且紧密的社交网络，这是情感引力中最直接、最有力的感召。联谊活动能有效帮助小镇青年与家乡建立情感纽带，增进与家乡人的友谊和交融，在丰富双方文化生活的同时，还能增强小镇青年在家乡的归属感。因此，正规、有组织的联谊对增加小城镇的情感引力有较大促进作用。

（三）收获与展望

从暑期实践项目到"挑战杯"竞赛，一路走来，我们发现着、探索着、收获着。在实地调研、问卷分析、访谈整理、数据处理和报告撰写过程中，我们同心协力，收获了默契的团队，学会了如何发现问题并从零开始收集、处理、分析数据，掌握了如何引证文献，用更加严谨科学的语言表述观点，也从世界的厚重多姿中实现了自身的成长与蜕变。

通过与县城的正向选择和二次迁移作用，小镇青年将其在大城市积累的人力资本和社会资本带回小镇，在帮助家乡建设新型城镇的同时，进一步缩小城乡收入差距。因此，小镇青年的回流决策对实现城乡统筹发展、缩小区域间经济发展鸿沟和突破二元经济社会结构有着至关重要的影响，是实现个人发展、县城发展和国家发展同频共振的关键引擎。

本研究致力于引导小镇青年回流。未来，如何提高县城劳动力的质量将是团队渴望继续探索挖掘的问题。考虑到回流小镇青年和家乡本地劳动力间的双向提升作用，我们计划从两个方面出发：其一，回流小镇青年会为家乡引入先进技术和管理理念等大城市优质资源，带动当地居民的多方面发展；其二，本土劳动力的认知与技能水平不断提高后，会通过社交网络与就业岗位反作用于回流的小镇青年，真正实现新技术、新理念的高效落实与资源优化配置。

作者简介：

张妍，2021级首经贸经济学院本科在读；李佳昕，2021级首经贸经济学院本科在读；刘睿萱，2021级首经贸经济学院本科，现就读于中央财经大学；佟昕炎，2021级首经贸会计学院本科在读，曾获北京市三好学生；杨罗会，2021级首经贸经济学院本科在读；杨以恒，2021级首经贸经济学院本科在读。

参考文献

［1］ HU F, XU Z, CHEN Y, 2011. Circular migration, or permanent stay? evidence from China's rural－urban migration ［J］. China economic review, 22 (1): 64-74.

［2］ KING R, 1986. Return migration and regional economic development: an overview ［M］//KING R. Return migration and regional economic problems. London: Croom Helm: 1-37.

［3］ MA Z D, 2002. Social-capital mobilization and income returns to entrepreneurship: the case of return migration in rural China ［J］. Environment & planning A, 34 (10): 1763-1784.

［4］ MACONACHIE R, BINNS T, TENGBE P, et al, 2006. Temporary labour migration and sustainable post－conflict return in Sierra Leone ［J］. GeoJournal, 67 (3): 223-240.

［5］ MURPHY R, 1999. Return migrant entrepreneurs and economic diversification in two counties in south Jiangxi, China ［J］. Journal of international development, 11 (4): 661-672.

［6］ OLESEN H, 2002. Migration, return, and development: an institutional perspective ［J］. International migration, 40 (5): 125-150.

［7］ STARK O, LEVHARI D, 1982. On migration and risk in LDCs ［J］. Economic development and cultural change, 31 (1): 191-196.

［8］ VADEAN F, PIRACHA M, 2010. Circular migration or permanent return: what determines different forms of migration? ［M］//EPSTEIN G S, GANG I N. Migration and culture. Bingley: Emerald: 467-495.

［9］ WANG W W, FAN C C, 2006. Success or failure: selectivity and reasons of return migration in Sichuan and Anhui, China ［J］. Environment and planning A, 38 (5): 939-958.

［10］ ZHAO Y, 2002. Causes and consequences of return migration: recent evidence from China ［J］. Journal of comparative economics, 30 (2): 376-394.

［11］ 白南生, 何宇鹏, 2002. 回乡, 还是外出?: 安徽四川二省农村外出劳动力回流研究 ［J］. 社会学研究 (3): 64-78.

［12］ 蔡禾, 王进, 2007. "农民工"永久迁移意愿研究 ［J］. 社会学研究 (6):

86-113.

[13] 蔡宜旦, 2015. 浙东地区高学历青年人才区际流动行为及其影响因素分析：基于浙江宁波镇海区的实证调查 [J]. 中国青年研究 (6)：58-65.

[14] 蔡宜旦, 汪慧, 2010. 助推"返乡创业潮"的政策思考：浙江省青年农民工返乡创业意向调查研究 [J]. 青年探索 (4)：59-64.

[15] 罗凯, 2009. 打工经历与职业转换和创业参与 [J]. 世界经济 (6)：77-87.

[16] 任远, 施闻, 2017. 农村外出劳动力回流迁移的影响因素和回流效应 [J]. 人口研究 (2)：71-83.

[17] 石智雷, 杨云彦, 2011. 外出务工对农村劳动力能力发展的影响及政策含义 [J]. 管理世界 (12)：40-54.

[18] 陶然, 徐志刚, 2005. 城市化、农地制度与迁移人口社会保障：一个转轨中发展的大国视角与政策选择 [J]. 经济研究 (12)：45-56.

[19] 伍振军, 崔传义, 2010. 人力资本对返乡农民工收入增长的影响研究 [J]. 技术经济 (6)：107-113.

[20] 伍振军, 郑力文, 崔传义, 2011. 中国农村劳动力返乡：基于人力资本回报的理论和实证分析 [J]. 经济理论与经济管理 (11)：100-108.

[21] 张良悦, 刘东, 2008. 农村劳动力转移与土地保障权转让及土地的有效利用 [J]. 中国人口科学 (2)：72-79.

附录1

关于回流小镇青年助力城镇建设的调查问卷

（调查对象：已回流青年）

您好！我们是×××大学的暑期社会实践调查团队，正在做一项关于回流小镇青年助力城镇建设的调查研究。诚邀您根据自身实际情况填写问卷，您的每一个答案都将成为我们重要的研究支持。此问卷为匿名问卷，我们将对您的个人信息严格保密，所有收集到的数据仅用于学术研究，感谢您的帮助！

1. 您是否有在一、二线城市生活的经历？

□是，我在_____（城市）生活了_____年_____月 □否

2. 您的年龄是_____岁。

3. 您的性别是_____。□男 □女

4. 您接受的最高教育水平是_____。

□初中及以下 □专科 □高中 □本科 □硕士及以上

5. 您的婚姻情况是_____。□未婚或离异 □已婚无孩子 □已婚有孩子

6. 您在家乡的月收入区间是_____。

□3 000元以下 □3 000~6 000元 □6 000~9 000元 □9 000~12 000元

□12 000~15 000元 □15 000~20 000元 □20 000元以上

7. 您在家乡的平均月支出额约为_____。

□2 000元以下 □2 000~5 000元 □5 000~10 000元 □10 000~20 000元

□20 000元以上

8. 您认为一、二线城市给你带来最大的收获是_____。

9. 您是否认同"小镇青年"这一标签？

□很不认同 □比较不认同 □一般认同 □比较认同 □很认同

10. 促使您选择返乡的主要因素是什么？（可多选）

□大城市生活压力过大 □小镇的发展前景乐观 □在大城市受到制度的歧视和隐性排斥 □渴望多陪伴家人 □响应国家乡村振兴的号召 □子女上学问题 □其他_____

11. 您对自己现在的工作是否满意？

□很不满意　□比较不满意　□一般满意　□比较满意　□很满意

12. 您对自己现在的薪资待遇是否满意？

□很不满意　□比较不满意　□一般满意　□比较满意　□很满意

13. 返乡后您的适应程度如何？

□很不适应　□比较不适应　□一般适应　□比较适应　□很适应

14. 小城镇的社会网络对您有帮助。

□很不符合　□比较不符合　□一般符合　□比较符合　□很符合

15. 比起大城市，小城镇的消费和娱乐更符合您的生活方式吗？

□很不符合　□比较不符合　□一般符合　□比较符合　□很符合

16. 比起大城市，小城镇居民对周围事物的评价和看法更符合您的价值观吗？

□很不符合　□比较不符合　□一般符合　□比较符合　□很符合

17. 您对小城镇的教育体系满意吗？

□很不满意　□比较不满意　□一般满意　□比较满意　□很满意

18. 您对小城镇的基础设施满意吗？

□很不满意　□比较不满意　□一般满意　□比较满意　□很满意

19. 您返乡后，是否得到城镇政府提供的引导个人发展的相关政策支持？

□是，提供的帮助有_____

□否，希望得到哪些帮助？_____

20. 如果您的子女长大了，您会建议他们先到一、二线城市，再回流吗？

□建议去，不建议回流　□建议去，建议回流　□不建议去　□其他_____

附录 2

关于回流小镇青年助力城镇建设的调查问卷

（调查对象：未回流青年）

您好！我们是×××大学的暑期社会实践调查团队，正在做一项关于回流小镇青年助力城镇建设的调查研究。诚邀您根据自身实际情况填写问卷，您的每一个答案都将成为我们重要的研究支持。此问卷为匿名问卷，我们将对您的个人信息严格保密，所有收集到的数据仅用于学术研究，感谢您的帮助！

1. 您是否有在一、二线城市生活的经历？

□是，我在_____（城市）生活了_____年_____月　□否

2. 您的年龄是_____岁。

3. 您的性别是_____。□男　□女

4. 您接受的最高教育水平是_____。

□初中及以下　□专科　□高中　□本科　□硕士及以上

5. 您的婚姻情况是_____。□未婚或离异　□已婚无孩子　□已婚有孩子

6. 您的月收入区间是_____。

□3 000 元以下　□3 000～6 000 元　□6 000～9 000 元　□9 000～12 000 元

□12 000～15 000 元　□15 000～20 000 元　□20 000 元以上

7. 您的平均月支出额约为_____。

□2 000 元以下　□2 000～5 000 元　□5 000～10 000 元　□10 000～20 000 元

□20 000 元以上

8. 您认为一、二线城市给你带来最大的收获是_____。

9. 您是否认同"小镇青年"这一标签？

□很不认同　□比较不认同　□一般认同　□比较认同　□很认同

10. 促使您留在一、二线城市的主要因素是什么？（可多选）

□医疗条件好　□教育水平高　□基础设施完善　□文化底蕴深厚　□薪资待遇高　□资源机会多　□娱乐消费多元　□更公平　□校招资源好、同学人脉广　□其他_____

11. 您有过返乡定居的打算吗？□有　□没有

12. 您对自己现在的工作是否满意？

□很不满意　□比较不满意　□一般满意　□比较满意　□很满意

13. 您对自己现在的薪资待遇是否满意？

□很不满意　□比较不满意　□一般满意　□比较满意　□很满意

14. 您在大城市的适应程度如何？

□很不适应　□比较不适应　□一般适应　□比较适应　□很适应

15. 大城市的社会网络对您有帮助。

□很不符合　□比较不符合　□一般符合　□比较符合　□很符合

16. 比起小城镇，大城市的消费和娱乐更符合您的生活方式吗？

□很不符合　□比较不符合　□一般符合　□比较符合　□很符合

17. 比起小城镇，大城市居民对周围事物的评价和看法更符合您的价值观吗？

□很不符合　□比较不符合　□一般符合　□比较符合　□很符合

18. 您对大城市的教育体系满意吗？

□很不满意　□比较不满意　□一般满意　□比较满意　□很满意

19. 如果您返乡从业，城镇政府能为您提供的帮助有_____。

20. 如果您的子女长大了，您会建议他们先到一、二线城市，再回流吗？

□建议去，不建议回流　□建议去，建议回流　□不建议去　□其他_____

抹不掉的记忆，融不进的城市

——"老漂族"社会记忆城乡异质性对社会融入度的影响研究

作者：陈宇扬、嵇婧、刘艺铭、杨静、郑翼

指导老师：杜雯翠

获奖情况：第十一届"挑战杯"首都大学生课外学术科技作品竞赛二等奖

摘要：本研究通过问卷调查，走访了北京市四个地区的"老漂族"，对其社会融入情况进行社会调查。基于社会记忆理论，从知识、习惯、交流、文化四个层面，分析"老漂族"社会记忆城乡异质性对其社会融入度的作用机理；利用普通最小二乘估计（OLS）实证验证社会记忆城乡异质性对"老漂族"社会融入度的影响。研究发现，社会记忆对"老漂族"社会融入程度有显著影响。异质性分析表明，男方家长、有配偶陪伴、无固定收入及不与亲家轮流照顾孩子的"老漂族"受到城乡差异的影响更大。机制分析发现，"老漂族"社会记忆城乡异质性对其社会融入度的影响主要是通过知识层面、习惯层面、与配偶的日常交流层面、以文娱活动为代表的文化层面产生作用。基于此，应当重点关注农村"老漂族"和女性"老漂族"。

关键词："老漂族"；社会记忆；城乡异质性；社会融入度

一、引言

在全国流动人口不断下降的大背景下，"老漂族"却走出了相反趋势。国家统计局 2015 年全国 1% 人口抽样调查数据显示，我国 60 岁及以上的老年流动人口从 2000 年的 503 万人增至 2015 年的 1 304 万人，年均增长 6.6%，占总流动人口的比例从 2000 年的 3.9% 提高至 2015 年的 5.9%，2017 年进一步提高到

7.2%。其中，专程为照顾晚辈而流动的老年人口占比高达43%，该群体即为"老漂族"。

随着我国城市化的快速发展，受"家本位"传统思想，以及城乡分隔的二元经济社会结构和户籍制度的影响，越来越多的老年人为子女照顾第三代而离开户籍所在地，在居住地长期生活，成为"老漂族"（刘晓雪，2012）。"老漂族"是中国社会快速变迁形成的中国式家庭生命周期历程中的特殊群体（毕宏音，2015），也是一个空间、身份和年龄相互交织的综合体，强烈的依附性和拔根性使他们有别于其他流动人口，成为城市生活中不容忽视的特殊群体。"老漂族"面临诸多困境：收入缩水，养老成本提高（史国君，2019）；养老保障在迁入地和户籍地双重脱轨，社会福利缺失（宿晓乔，2019）；消费观、教育观存在分歧，家庭关系紧张（穆光宗，2018；覃元林，2019）；原社会关系断裂，社交内卷化，缺乏安全感和归属感（覃元林，2019；史国君，2019）。这些经济社会问题导致他们难以融入迁入地。

在老龄化和流动迁移快速发展的双重推动下，"老漂族"的社会融入（social inclusion）问题倍受关注。社会融入与社会排斥相对立，指每个社会成员在遵守社会规范的前提下充分参与社会，不被社会疏远和隔离。社会融入不仅是参与者对环境的被动适应，更是其主动融入的过程。现有研究将影响"老漂族"融入社会的因素归类为个体、家庭、社会三方面。个人因素指"老漂族"因身体状况、文化水平和故土情结而不易融入；家庭因素指"老漂族"缺乏家庭关怀，以及育儿观、消费观分歧而不愿融入；社会因素指"老漂族"因户籍导致异地医疗、养老等社会服务问题而无法融入。这些因素综合作用使"老漂族"难以获得身份认同，缺乏归属感，社会融入度不高。

"老漂族"的社会记忆存在明显的城乡异质性，来自农村的"老漂族"更值得关注。社会记忆是一个群体的社会经验总和，包括日常生活中产生并传播的记忆、经各种媒介保存流传的历史、地理空间内产生的特殊文化等，是一定地理界限内约定俗成的习惯。与来自城镇的"老漂族"相比，来自农村的"老漂族"在农村经历了大半人生，形成并保留着以当地农村文化为基础的社会记忆，这种特殊的社会记忆与迁入地大不相同。初来乍到的他们一时无法获取新城市独有的社会记忆，仍然基于原有社会记忆形成的习惯与价值准则生活。两种不同社会记忆的碰撞和冲突，导致大多数农村"老漂族"心理状况不佳，无法快速融入。

基于此，本研究走访了北京市四个地区的500位"老漂族"，最终获得466

个有效样本，对"老漂族"社会融入情况进行了社会调查；基于社会记忆理论，从知识记忆、习惯记忆、交流记忆、文化记忆四个角度，分析"老漂族"社会记忆城乡异质性对社会融入度的作用机理；利用普通最小二乘估计（OLS）检验社会记忆城乡异质性对"老漂族"社会融入度的影响；最终提出重点关注农村"老漂族"和女性"老漂族"，进一步完善社会福利制度，放宽落户条件等政策建议。本研究从社会记忆的角度，对现有关于"老漂族"社会融入的理论研究做出有效补充，扩展了社会记忆理论的应用范围，也针对其社会融入问题提出了对策建议。

二、"老漂族"社会记忆城乡异质性影响社会融入度的机理分析

20 世纪 20 年代，法国社会心理学家莫里斯·哈布瓦赫（Maurice Halbwachs）首次提出"集体记忆"，将"记忆"从心理学范畴扩展到人文社会学科领域，该理论不断发展，形成以莫里斯·哈布瓦赫的"集体记忆"、阿拜·瓦尔堡（Aby Warburg）的"社会记忆"、皮埃尔·诺拉（Pierre Nora）的"记忆场"、保罗·康纳顿（Paul Connerton）的"习惯记忆"、扬·阿斯曼（Jan Assman）的"文化记忆"在内的五种记忆理论。本研究基于此分析"老漂族"社会记忆的城乡异质性影响社会融入度的机制。

（一）"老漂族"知识层面城乡异质性与社会融入度

每个人通过习得知识，进而影响其处事方式、思维、事物感知。来自农村的"老漂族"早年所处生活环境不佳，且多数未能赶上教育普及，受教育水平不高，他们的综合认知水平也相应较低。这使得农村"老漂族"来到城市后难以适应和理解新环境。同时，他们习得知识形成的记忆多是关于做饭、家务、缝纫等日常生活技能，使其来到迁入地后只将精力集中在家庭劳务等擅长领域，而不关注自我价值实现，未曾真正尝试融入新环境。

与农村"老漂族"相比，来自城镇的"老漂族"早年所处生活环境较好，受教育水平的提升使其接触到的理念多元化，认知水平也更高。同时，城镇"老漂族"的知识记忆除日常生活技能外，还包括生活品质的追求。因此，他们在迁入新环境后，会积极通过自身调整和改变，提高对新环境的理解和接受程度，以更好地融入新环境。

综上，不同的知识记忆对"老漂族"融入新城市有着潜移默化的影响，知识层面的城乡异质性导致不同户籍的"老漂族"以不同的方式对待生活，形成其在社会融入过程中的差异。

（二）"老漂族"习惯层面城乡异质性与社会融入度

习惯层面的记忆包括以仪式形式和身体习惯所重复与保留下来的某个群体的共同记忆，每个人早期形成的行为习惯、思想观念会对其今后生活产生影响。"老漂族"原本的习惯会造成他们面对新的生活环境时产生各种不适应。

农村"老漂族"在原住地长时间养成的生活习惯形成了该群体的早年习惯层面的记忆，主要体现在生活方式、教育观念、消费观念等方面。农村"老漂族"生活的原住地大多发展水平不高，人们思想相对保守，生活方式变化缓慢，个体之间差异较小，封闭性、自给性较强。教育观念相对落后，甚至保留绝对权威；消费观念方面，农村地区多存在消费拮据等习惯。以上行为习惯与随迁后的城镇居民相比，均存在较大差异，使得农村"老漂族"随迁后感到与新城市格格不入，原有的习惯会阻碍其融入新城市，使其社会融入程度降低。

城镇"老漂族"随迁前后的居住地在发展水平上存在差异，但其在原住地所接触的生活习惯、观念接近随迁后城市。城镇"老漂族"的生活方式更加"城市化"，教育和消费观念也贴近，与随迁后的新城市差异较小，他们对新环境的适应程度更好，社会融入度更高，与农村"老漂族"差异明显。

综上，早年生活环境不同形成了不同户籍"老漂族"习惯层面的城乡异质性。相较于城镇"老漂族"，农村"老漂族"的习惯与随迁后城市的差异更大，导致其更难适应新环境，社会融入度更低。

（三）"老漂族"交流层面城乡异质性与社会融入度

交流层面的记忆是由一个集体成员通过日常接触和交流建立的。对于"老漂族"而言，大多数交流记忆留存于老家乡邻、亲人的互动交往之中。初入新城市后，原有地缘关系被破坏，短时间难以建立起新的社交关系网，致使"老漂族"的交流缺失。新的交流记忆无法产生，加上对原有记忆的怀念，使得随迁老人无法对新城市产生认同感，交流的隔膜逐渐将"老漂族"边缘化。部分独自照顾第三代的"老漂族"更感到孤独，子女早出晚归以及年龄代沟降低了深度交流的可能，社会交流和家庭交流的双重匮乏导致"老漂族"的社会融入度降低。

农村"老漂族"多数无收入来源，基于经济因素，两位老人一起迁移的生活成本较高，为了不给子女带来较大经济压力，农村"老漂族"大多数选择独自流动。同时，农村"老漂族"在情感表达上更加隐忍内敛，不习惯表达与家人的交流意愿。社会交流方面，乡村邻里互动频繁，串门做客等交流活动随意自如，相比之下，城市中公共与私人区域界限分明，新环境下农村"老漂族"难以习惯陌生的交流环境，以往亲密的邻里关系难以建立。从松散却亲密的乡村生活骤然转变为密集却疏离的社区生活，农村"老漂族"在交流层面的记忆逐渐缺失。

城镇"老漂族"相对于农村"老漂族"更具有养老意识，缴纳养老保险和享有退休金的比例均远高于农村"老漂族"。他们每月有着固定的经济收入，来到迁入地后给子女带来的额外压力较小。同时，城镇"老漂族"更加习惯社区生活，有着更加成熟的交流模式，他们的社会交流记忆在一定程度上得以保持。

综上，交流层面的记忆主要从家庭交流和社会交流两方面对"老漂族"社会融入度产生影响，城镇"老漂族"在新环境中，交流记忆的获取比农村"老漂族"更容易，内容也更加丰富。

（四）"老漂族"文化层面城乡异质性与社会融入度

文化层面的记忆指一个集体所有成员分享的传统，用于显示群体中相同和不同的属性。它产生于集体环境，根植于脑海深处，无意识地影响着人们的感受和选择。同时，文化也是每个城市的精神内核，从更深层次的价值观角度影响着"老漂族"看待新城市的眼光。因此，原住地和迁入地拥有着相似文化记忆的"老漂族"能更加容易融入新社会。

对于农村"老漂族"来说，一方面，他们多以土地为生，思想中信奉着土地是安身立命的根本，对生养之地饱含依恋，比城镇老年人有着更加浓重的归乡情结；另一方面，农村"老漂族"的乡土文化记忆比较完整，原住地的民俗习惯更丰富，也更注重各种风俗的仪式感，因此，缺少了家乡民俗习惯后的农村"老漂族"对新环境更加陌生。此外，传播的畸形发展可能会加强农村文化与城市文化之间的疏离。在城市社会层面记忆缺失的环境下，大众传播的城市中心主义等观念，使农村"老漂族"对新城市的认同感降低，甚至排斥现代文化，更加希望回到原有的生活环境。

城镇"老漂族"的生活方式大多是与人打交道，他们与故土之间的联系要弱于农村"老漂族"，对他们而言，与子女生活在一起比回到原来的故乡更加重要。在乡俗方面，城镇"老漂族"的生活方式更加贴近现代快节奏生活，对传统的延续缺乏必要的信念感，更容易适应新城市。

综上，城乡地域之间的差异影响着对新社会的接受程度。对于农村"老漂族"，原住地与新环境文化层面的差异更大，不适感更加强烈，社会融入度更低。

三、调研设计

(一) 调查地点与时间选择

本研究选择北京作为调查地,首都北京由于城市发展水平高、就业机会多等优势,吸引了众多外来人口及随迁老年人,这些"老漂族"来自五湖四海,使样本选择具有代表性。根据北京市外来人口较多分布在城市拓展区的特点,本调研最终确定北京市昌平区天通苑、丰台区大红门、丰台区万年花城、丰台区新宫四个区域作为调查地点。

这几个区域的外来人口集聚度较高,基本情况如下:昌平区天通苑地区多经济适用房,住宅紧凑,周边配套设施基本齐全,房价不高,成为来京务工人员的聚集地之一。昌平区外地人口比例在 2014 年已超过 53%,成为北京市唯一的"外来人口倒挂区"。在多数"北漂"家庭的背后都存在"老漂族"的身影,工作日早高峰过后,"老漂族"和他们照顾的第三代成为天通苑的主体。丰台区大红门、万年花城、新宫这几个区域作为非远郊地区,所处地段交通便利,房价适中,有相应的配套设施,也逐渐成为外地工作者偏好的聚集地。

"老漂族"来京目的多为照顾第三代,日常活动主要是带孩子和做家务,活动场所较为单调。通过预调查得到的"老漂族"日常活动轨迹,选择调研地点附近的菜市场、广场、公园进行问卷调查。同时选择"老漂族"买菜和带娃遛弯的早 6:00~9:00 时间段,以及饭后活动的晚 18:00~20:00 时间段作为调研时间,以便获得更有效的样本。

(二) 问卷调查的基本情况

本次调研使用的调查问卷主要涉及"老漂族"家庭及个人的基本情况、健康状况、经济情况、照顾孩子的负担状况等(问卷设计见附录)。调研活动于 2019 年 7 月 11 日开始,除了同各社区居委会相关负责人进行座谈外,主要通过入户问卷调查和实地访谈的方式采集数据。此次调研共发放问卷 500 份,收回问卷 483 份,有效问卷 466 份。其中,丰台区万年花城 192 份,丰台区大红门 99 份,丰台区新宫 97 份,昌平区天通苑 78 份,有效回收率为 93.2%。

(三) 调查结果的初步统计

表 1 为样本结构分析,主要呈现六个特点:一是女性多、男性少。466 个有效样本中,男性占比 24.0%,女性占比 76.0%,女性在家庭分工中更倾向于照顾

第三代，因此女性样本比较多是合理的。二是男方父母多、女方父母少。"老漂族"受访者中，奶奶最多（占比约为43.3%），其次是姥姥（占比约为32.6%），最后是爷爷、姥爷（占比分别为15.4%和8.7%）。三是近一半受访者年龄在61~70岁。466个有效样本中，216名受访者（约46.4%）在61~70岁，是"老漂族"的主力军；146名受访者（约31.3%）在51~60岁。四是城镇"老漂族"与农村"老漂族"分布合理。来自城镇和农村的受访者分别占总人数的49.4%和50.6%，样本分布合理。五是大部分"老漂族"的子女不是独生子女。"老漂族"的子女状况显示，60.5%的受访者不止有一个子女，说明他们还存在帮助其他孩子照顾孙辈的潜在负担。六是"老漂族"受教育水平分散，未呈现明显的统计学规律。13.7%的受访者没有接受过文化教育；18%的受访者接受过小学教育，日常基础的识字和书写没有太大问题；27.5%和18.5%的受访者分别是初中、高中毕业，拥有较高的文化素养；11.6%的受访者大专毕业，10.7%的受访者有本科及以上学历，相较于较低学历的"老漂族"，对这些高学历"老漂族"进行问卷调查更流畅和方便。

表1　样本结构分析

类别	特征	样本数	占比（%）	类别	特征	样本数	占比（%）
性别	男	112	24.0	子女情况	独生子女	184	39.5
	女	354	76.0		非独生子女	282	60.5
年龄	50岁及以下	62	13.3	文化水平	小学及以下	148	31.7
	51~60岁	146	31.3		初中	128	27.5
	61~70岁	216	46.4		高中	86	18.5
	70岁以上	42	9.0		大专	54	11.6
城乡	农村	236	50.6		本科及以上	50	10.7
	城镇	230	49.4	合计		466	100

四、"老漂族"社会记忆城乡异质性影响社会融入度的实证检验

（一）模型设定与变量定义

为检验"老漂族"社会记忆城乡异质性对社会融入度的影响，基于现有研究经验，设定如下计量模型：

$$score_i = \alpha_0 + \alpha_1 \cdot rural_i + \sum \alpha_i X_i + \varepsilon_i \tag{1}$$

其中，因变量为社会融入度（*score*），自变量为社会记忆（*rural*），控制变量包括年龄（*age*）、性别（*sex*）、工作强度（*work*）、心理负担（*burden*）。变量定义见表2。

表 2　变量定义

变量名称	变量定义与描述
社会融入度（*score*）	用受访者对自身社会融入情况的评分（百分制）表示
社会记忆（*rural*）	农村 = 0；城镇 = 1
年龄（*age*）	50 岁及以下 = 1；51~60 岁 = 2；61~70 岁 = 3；70 岁以上 = 4
性别（*sex*）	男性 = 0；女性 = 1
工作强度（*work*）	照顾晚辈的时间为工作日的白天 = 1；工作日的白天和晚上 = 2；工作日与周末的白天 = 3；工作日与周末的白天和晚上 = 4
心理负担（*burden*）	非常不重 = 1；不太重 = 2；一般 = 3；较重 = 4；非常重 = 5

（二）描述性统计

表3是主要变量的描述性统计结果。可以看出，"老漂族"整体社会融入程度为基本融入，程度一般。"老漂族"城乡户籍分布大致平均，以女性为主，整体文化程度不高，工作时间多为工作日的白天和晚上，周末则由子女承担照顾孩子的任务，家庭负担平均呈现适中状况。我们用照顾孩子的时间衡量"老漂族"的工作强度，调查发现，工作日白天照顾孩子的"老漂族"占比最大，约40.8%；工作日与周末的白天、工作日与周末白天和晚上，各占25%；工作日白天和晚上照顾孩子的"老漂族"约占10.3%。这说明绝大多数"老漂族"是因为子女工作的原因来京照顾孙辈。

表 3　主要变量的描述性统计

变量	样本量	均值	中位数	标准差	最小值	最大值
社会融入（*score*）	466	75.374	80	14.292	20	100
社会记忆（*rural*）	466	0.469	0	0.500	0	1
年龄（*age*）	466	2.492	3	0.810	1	4
性别（*sex*）	466	0.779	1	0.416	0	1
工作强度（*work*）	466	2.363	3	1.236	1	4
心理负担（*burden*）	466	3.309	3	0.955	1	5

（三）基础回归结果

利用466个样本的微观调查数据，基于普通最小二乘估计（OLS），对计量模型（1）进行估计，结果见表4。

表4　基础回归结果

变量	（1）	（2）	（3）	（4）	（5）
社会记忆（rural）	4.284**	4.209**	4.575**	4.590**	4.819***
	(2.32)	(2.27)	(2.46)	(2.48)	(2.74)
年龄（age）		0.703	0.941	0.895	0.808
		(0.63)	(0.84)	(0.80)	(0.73)
性别（sex）			3.586*	3.958*	5.220**
			(1.64)	(1.80)	(2.61)
工作强度（work）				−1.183	−0.97
				(−1.59)	(−1.21)
心理负担（burden）					4.650***
					(5.07)
F 值	5.38	2.88	2.83	2.77	8.62
R^2	0.023	0.025	0.036	0.046	0.144
样本量	466	466	466	466	466

注：*、**、*** 分别代表估计系数在10%、5%、1%的水平下显著，括号中的数字为 t 值，常数项估计结果略。

由表4可以看出，不论是否加入控制变量，社会记忆（rural）的估计系数均显著为正，说明农村"老漂族"的社会融入度显著低于城镇"老漂族"的社会融入度，社会记忆城乡异质性对"老漂族"社会融入度有显著影响。原因有四个。

第一，知识层面的城乡异质性。农村"老漂族"来京后更容易定位于家庭劳务者，不注重对生活品质的感知与享受，进而影响其社会融入程度。同时，城镇"老漂族"受教育水平普遍高于农村"老漂族"，农村"老漂族"仅有16%接受过高中及以上教育，而城镇"老漂族"接受过高中及以上教育的人数占比达62%，教育水平导致的知识层面城乡异质性可能是影响"老漂族"社会融入程度的路径之一。

第二，习惯层面的城乡异质性。农村户籍的"老漂族"由于早年生活环境与新城市大相径庭，因此其养成的生活方式、教育观念和消费观念等与所迁居城市格格不入，更难融入社会。调查数据显示，约69%的城镇"老漂族"能很好适应北京，认为与自己家乡的生活相差不大，但超过半数的农村"老漂族"表示难以适应北京较快的生活节奏、较高的消费水平以及前卫的思想观念。

第三，交流层面的城乡异质性。城镇"老漂族"的家庭交流和社会交流更易维持，更不易产生精神孤独感，而农村"老漂族"内心更加封闭，社会融入度更低。子女交流方面，城乡之间的差异并不显著；配偶交流方面，60%的城镇"老漂族"随配偶一起来京照顾第三代，农村"老漂族"的这个比例仅为37%，配偶交流在家庭交流中占据着至关重要的地位，尤其来京初期，配偶是否跟随很大程度上影响着日常交流的维持；社会交流方面，农村"老漂族"不熟悉社区式的交流方式，情感表达不主动，仅有22.3%表示在烦恼时会找邻居或朋友倾诉，而城镇"老漂族"的这个比例达到42.3%。

第四，文化层面的城乡异质性。我们从归乡情结和北京与家乡的文娱活动两个视角分析文化层面的差异。调查显示，37%的农村"老漂族"表示不管什么原因，以后一定会回到老家；而有此想法的城镇"老漂族"占比仅为17%，说明城镇"老漂族"对归乡的渴望低于农村"老漂族"，更容易随遇而安，接受新生活。农村"老漂族"则更易沉浸在对故土的怀念之中，不愿意接受新城市。另外，77%的农村"老漂族"认为家乡与北京有差别，而城镇"老漂族"的这个比例相对较低。原住地与迁入地之间文化的差异造成了"老漂族"在文化上的不适，而农村"老漂族"对文化的改变更加敏感，乡土文化记忆的根植和影响使他们在新社会的融入度降低。

控制变量的回归结果也有一定意义，性别的估计系数显著为正，说明女性"老漂族"的社会融入度相对较低，因为女性之间易产生婆媳矛盾，进而引发家庭问题，影响其社会融入度。心理负担的估计系数显著为正，说明"老漂族"的主观心理状况会对其社会融入造成影响，照顾第三代的心理负担越大，越难以调整心情与状态，将精力转移到适应新环境，使其社会融入度较低。而年龄与工作强度的估计系数均不显著，说明年龄与客观照看孩子的劳动强度对社会融入程度没有显著影响。

（四）异质性检验

为获得更丰富的研究结论，本研究进行了四方面异质性检验。

第一，男女方家长的异质性检验。调查发现，466个受访对象中，274人是男方家长（奶奶 202 人，爷爷 72 人），192 人是女方家长（姥姥 152 人，姥爷 40 人），来自男方和女方的"老漂族"面临着婆媳关系、翁婿关系等不同的家庭问题，进而可能会影响社会记忆与社会融入度的关系。基于此，将样本分为女方与男方家长两组分别估计，结果见表 5 第（1）（2）列。可以看出，社会记忆的估计系数在男方家长的回归中显著为正，在女方家长的回归中却并不显著。这表明，在女方家长照顾孙辈的家庭中，社会记忆对社会融入度的影响不明显，而在男方家长照顾孙辈的家庭中，社会记忆对社会融入度的影响十分显著，农村"漂"来的爷爷奶奶，社会融入度低，会由于社会习惯、文化水平、婆媳关系等问题而很难融入城市生活。

第二，照看孙辈方式的异质性检验。按独自照顾和轮流照顾将样本分为两组估计，结果见表 5 第（3）（4）列。社会记忆的估计系数在独自照顾的组内显著为正，而在轮流照顾的组内并不显著。与亲家轮流照顾的"老漂族"在新城市的生活时间有限，一般不会长期定居，不会过多在意生活中的不适，其社会融入程度受城乡差异影响较小。独自照顾第三代的"老漂族"由于没有亲家帮助，居住时间没有定期，独自照顾孙代使其工作强度增大，挤压其参与社区等活动的时间，导致其社会融入程度受到城乡差异的影响更显著。

第三，有无固定收入的异质性检验。将样本划分为无固定收入和有固定收入两组分别估计，结果见表 5 第（5）（6）列。社会记忆的估计系数在无固定收入组显著为正，在有固定收入组不显著。对于这个现象，可以理解为无固定收入的"老漂族"认为自己无法为家庭带来物质幸福，在某种程度上甚至成为拖累；而有固定收入的"老漂族"认为自己是家庭的一分子，在与家庭成员、邻里相处时更加自信。无固定收入的"老漂族"对社会记忆更加敏感，使得社会记忆城乡异质性对社会融入度的影响更大。

第四，有无配偶陪伴的异质性检验。将样本分为无配偶陪伴和有配偶陪伴两组分别估计，结果见表 5 第（7）（8）列。社会记忆的估计系数在有配偶陪伴组显著为正，而在无配偶陪伴组不显著。这可以理解为，对于没有配偶陪伴的"老漂族"而言，无论来自城镇还是农村，都需要自主融入新家庭，因此社会记忆对社会融入程度的影响并不显著；而有配偶陪伴的"老漂族"更容易依赖伴侣，在新家庭中与配偶形成相互依赖的小集体。其中，城镇"老漂族"的社会记忆更贴近新城市，与配偶更容易一起主动融入新城市；农村"老漂族"由于原有社会记忆与新社会差别较大，形成的小集体更倾向于集体抵制而不是共同融入新城市。综上，在有配偶陪伴的情况下，社会记忆城乡异质性对社会融入的影响是显著的。

表 5　异质性检验结果

变量	(1) 女方 家长	(2) 男方 家长	(3) 独自 照顾	(4) 轮流 照顾	(5) 无固定 收入	(6) 有固定 收入	(7) 无配偶 陪伴	(8) 有配偶 陪伴
社会记忆 (*rural*)	4.140 (1.65)	5.170 ** (2.14)	5.741 *** (3.21)	−1.148 (−0.22)	7.687 ** (2.18)	−1.562 (−0.58)	3.227 (1.21)	4.900 ** (2.01)
年龄 (*age*)	1.613 (1.21)	−0.196 (−0.11)	0.293 (0.23)	1.959 (0.99)	−0.859 (−0.46)	0.939 (0.71)	−0.388 (−0.22)	2.248 * (1.74)
性别 (*sex*)	4.692 (1.46)	5.049 * (1.98)	4.793 ** (2.25)	4.388 (0.72)	3.842 (1.08)	6.337 *** (2.62)	6.124 * (1.85)	5.690 ** (2.11)
工作强度 (*work*)	−2.151 ** (−2.17)	−0.190 (−0.18)	−1.224 (−1.56)	−0.850 (−0.42)	−0.466 (−0.39)	−1.140 (−1.23)	0.132 (0.11)	−2.219 ** (−2.30)
心理负担 (*burden*)	4.144 *** (3.64)	4.881 *** (3.79)	5.757 *** (5.89)	−1.030 (−0.47)	5.850 *** (4.87)	2.952 ** (2.18)	5.953 *** (4.23)	−4.350 *** (−3.27)
F 值	5.31	5.50	10.32	0.30	5.81	4.42	4.39	6.31
R^2	0.191	0.131	0.219	0.037	0.177	0.108	0.142	0.202
样本量	184	282	383	83	216	250	241	225

注：* 、** 、*** 分别代表估计系数在 10%、5%、1%的水平下显著，括号中的数字为 *t* 值，常数项回归结果略。

（五）机制分析

为更好验证不同户籍"老漂族"究竟是由于何种社会记忆城乡异质性而导致其社会融入度差异，以模型（1）为基础，用受访者学历表征知识记忆，对新城市消费习惯、天气气候等方面的综合适应程度表征习惯记忆，与子女及配偶的沟通丰富程度表征交流记忆，是否有浓郁的归乡情结以及北京与家乡的文娱活动差异表征文化记忆，分别作为因变量，估计模型（1），结果见表 6。

表 6　机制分析结果

变量	(1) 知识层面	(2) 习惯层面	(3) 交流层面 （配偶）	(4) 交流层面 （子女）	(5) 文化层面 （归乡）	(6) 文化层面 （文娱）
社会记忆 (*rural*)	0.445 *** (8.25)	0.352 *** (3.00)	0.229 *** (3.57)	0.154 (1.52)	0.118 (0.98)	0.450 *** (3.91)

续表

变量	(1)	(2)	(3)	(4)	(5)	(6)
	知识层面	习惯层面	交流层面（配偶）	交流层面（子女）	文化层面（归乡）	文化层面（文娱）
年龄 (*age*)	−0.055 *	0.029	−0.000	−0.017	−0.092	−0.049
	(−1.72)	(0.42)	(−0.00)	(−0.29)	(−1.34)	(−0.72)
性别 (*sex*)	−0.208 ***	0.172	−0.129 *	0.142	−0.169	−0.67
	(−2.94)	(1.18)	(−1.75)	(1.26)	(−1.25)	(−0.49)
工作强度 (*work*)	−0.032	−0.020	0.007	−0.020	−0.035	0.081 *
	(−1.52)	(−0.41)	(0.29)	(−0.47)	(−0.74)	(1.74)
心理负担 (*burden*)	0.022	0.146 *	−0.082 **	0.068	0.128 **	0.020
	(0.80)	(1.92)	(−2.43)	(1.33)	(2.16)	(0.32)
F 值	19.75	3.64	5.00	1.04	2.04	3.96
R^2	0.268	0.061	0.092	0.021	0.040	0.081
样本量	466	466	466	466	466	466

注：*、**、*** 分别代表估计系数在 10%、5%、1% 的水平下显著，括号中的数字为 t 值，常数项回归结果略。

机制分析结果表明：

（1）知识层面的回归。城镇与农村"老漂族"在受教育水平上有显著差异，城镇"老漂族"受教育水平明显偏高，学历的差异形成了"老漂族"知识层面的城乡异质性，进而影响其社会融入程度。

（2）习惯层面的回归。农村"老漂族"形成的思想观念保守、生活节奏慢等原习惯与新城市格格不入，对北京适应程度低，影响其社会融入程度。

（3）交流层面的回归。城镇与农村"老漂族"在配偶陪伴角度存在显著差异，而在与子女交流角度不存在显著差异。在一个新城市，由于子女工作繁忙，无论农村还是城镇"老漂族"，与子女沟通的情况是大致相同的。因此，相较于与子女交流，配偶是否陪伴是影响"老漂族"日常交流和社会融入情况的关键因素。

（4）文化层面的回归。城镇与农村"老漂族"在归乡情结角度无显著差异，在文娱差异角度存在显著差异。农村和城镇"老漂族"均愿意帮助照看子女生活，说明城乡之间的归乡情结虽然有差异，但是可能受制于家庭使命，归乡诉求差异并不十分显著。相较于归乡情结，文娱差异是影响"老漂族"文化记忆和社会融入情况的关键因素。综上，"老漂族"社会记忆城乡异质性对其社会融入度的影响，主要通过知识层面、习惯层面、与配偶的交流层面、以文娱活动为代表的文化层面产生作用。

五、主要结论与政策建议

（一）主要结论

本研究以北京市五个地区作为调研区域，对 500 名"老漂族"的社会融入情况做了详细的社会调查，并基于社会记忆理论，采用 OLS 估计分析社会记忆城乡异质性影响社会融入度的理论机理与实证效果，拓宽了社会记忆理论的应用范围。

第一，城镇"老漂族"的社会融入程度高于农村"老漂族"，社会记忆对"老漂族"社会融入程度有显著影响。这种影响主要通过知识层面、习惯层面、交流层面、文化层面四个路径实现。城乡"老漂族"在知识层面体现为受教育水平的差异，在习惯层面体现为适应程度的差异，在交流层面主要体现为是否有配偶陪伴的差异，在文化层面主要体现为对文娱敏感程度的差异。

第二，男方"老漂族"比女方"老漂族"在社会融入度上受到社会记忆的影响更显著。男方"老漂族"来京照顾第三代时，心理负担较女方家长大，且婆婆与儿媳之间容易产生矛盾，带来更多家庭问题。因此男方"老漂族"更在意自己的城乡身份，其社会融入度受城乡差异的影响更显著。

第三，独自照顾第三代的"老漂族"的社会融入程度受到社会记忆的影响比与亲家轮流照顾的"老漂族"更显著。相比于亲家轮流照顾，独自照顾第三代的"老漂族"工作强度更大，属于自己的社会活动时间少，且由于没有亲家"换岗"接替，在新城市的居住时间没有确定期限，因此受城乡差异的影响更显著。

第四，与有固定收入的"老漂族"相比，无固定收入的"老漂族"对社会记忆更敏感，城乡差异对其社会融入程度影响大。有固定收入的"老漂族"在新城市的家庭生活中，将自己定位为能够对家庭提供支持的贡献者，心理压力较轻；而无固定收入的"老漂族"来到新城市后是依附于子女生活的，心理负担过重且缺少生活的主动权，其社会融入度受城乡差异的影响更显著。

第五，有配偶陪伴的"老漂族"比无配偶陪伴的"老漂族"的社会融入度更易受到社会记忆的影响。无配偶陪伴的"老漂族"无论来自城镇还是农村，都需要自主融入新家庭。对于有配偶陪伴的"老漂族"而言，更容易依赖伴侣，形成相互依赖的小集体，但由于城乡差异带来原有社会记忆的不同，他们形成的小集体融入新社会有差异。因此，有配偶陪伴的"老漂族"的社会融入度受到城乡差异的影响会更显著。

（二）政策建议

"老漂族"面临的一系列社会问题引起了社会和政府部门的广泛关注，正如"十四五"规划所提出的，要"推进社保转移接续，医保省级统筹、门诊费用跨省直接结算等，以完善异地社保、异地医疗问题"，这些措施都将为解决"老漂族"的社会融入问题发挥重要作用。在此基础上，本文还结合研究结论，针对"老漂族"提出以下建议：

第一，重点关注农村"老漂族"。政府应当推进城乡公共文化服务体系一体建设，广泛开展群众性文化活动，给予农村"老漂族"更多精神关爱，从组织建设、社会关系网络建立等方面为"老漂族"提供生活、娱乐和交往的空间和机会，助其获得更多元的社会支持。增加集体社区文化活动，尤其是家乡传统民俗活动，促进文化交流的同时丰富农村"老漂族"的文娱生活，以降低城乡"老漂族"在文化层面的敏感度，提高其社会融入程度。

第二，更多关注农村女性"老漂族"。相较于男性"老漂族"，女性"老漂族"在心理方面，情感更细腻、更脆弱，更容易因为两地差异产生抵触情绪，因此需要进一步加强对女性"老漂族"的关注。可以为女性"老漂族"提供更多参与社会事务和民主管理的平台，建立更广泛的"老漂族"沟通和融入的渠道。子女也应当给予她们更多宽容和尊重，引导其理解和接受大城市，缓解心理排斥感。

第三，进一步完善社会福利制度。发展普惠托育服务体系，鼓励幼儿园托幼一体化服务，提高保育保教质量和水平，同时完善异地医保制度，缓解"老漂族"照料孙辈负担重、心理压力大等问题。完善社区居家养老服务网络，支持家庭承担养老功能，推进公共设施适老化改造，推动专业机构服务向社区延伸，整合利用存量资源发展社区嵌入式养老，保障"老漂族"在迁入地享有适宜的养老服务。

第四，加强专门针对老年人的数字培训。推进智慧社区建设，依托社区数字化平台和线下社区服务机构，建设便民惠民智慧服务圈，提供线上线下融合的社区生活服务。加强老年人数字技能教育和培训，普及提升其数字素养，丰富数字生活体验。加快信息无障碍建设，尽可能降低城乡"老漂族"由学历差异带来的影响，进而缩小他们在知识层面的差距，帮助"老漂族"共享数字生活。

第五，适当放宽"老漂族"落户条件并完善转移人口挂钩的相关政策。"老

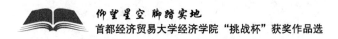

漂族"跟随子女在新地区随迁落户，在一定程度上可促进他们接受新城市，减轻"城市异乡人"的感受。放开放宽除个别超大城市外的落户限制，健全转移人口挂钩的福利政策，落实异地医保整合，减轻地方政府对"老漂族"的制度性歧视和社会排斥，有助于"老漂族"享受新城市医保待遇、养老保障等服务，使其拥有并享受均等化的社会公共福利，增进社会融入。

作者简介：

陈宇扬，2018级首经贸经济学院本科，曾获北京市优秀毕业生、校长奖学金等荣誉，现就读于中央财经大学；嵇婧，2018级首经贸经济学院本科，曾获校长奖学金、国家奖学金、北京市优秀毕业生等荣誉，现就读于山东大学；刘艺铭，2018级首经贸经济学院本科，曾获国家奖学金、北京市三好学生、北京市优秀毕业生等荣誉，现就读于中央财经大学；杨静，2018级首经贸经济学院本科，现就读于中央财经大学；郑翼，2018级首经贸经济学院本科，曾获北京市优秀毕业生等荣誉，现就读于北京交通大学。

参考文献

［1］ ELLWARDT L, AARTSEN M, DEEG D, et al, 2013. Does loneliness mediate the relation between social support and cognitive functioning in later life? ［J］. Social science & medicine, 98（2）: 116-124.

［2］ KIM H S, 2018. The social integration policy for foreigners in Korea and its effects on migrant women's networks ［J］. Journal of multicultural society, 8（3）: 126-160.

［3］ KIM, CHEN, LEE, et al, 2019. Quality of life of elderly Chinese immigrants: focusing on living arrangements and social capital ［J］. Educational Gerontology, 45（6）: 377-389.

［4］ MELLOR D, STOKES M, FIRTH L, et al, 2008. Need for belonging, relationship satisfaction, loneliness, and life satisfaction ［J］. Personality and individual differences, 45（3）: 213-218.

［5］ O'LUANAIGH C, O'CONNELL H, CHIN A V, et al, 2012. Loneliness and cognition in older people: The Dublin Healthy Ageing study ［J］. Aging and mental health, 16（3）: 347-352.

［6］ TORU ŃCZYK - RUIZ S, BRUNARSKA Z, 2020. Through attachment to settlement: social and psychological determinants of migrants' intentions to stay ［J］. Journal of ethnic and migration studies, 46（15）: 3191-3209.

［7］ 阿斯曼, 2015. 文化记忆［M］. 北京: 北京大学出版社.

［8］ 毕宏音, 2015. "老漂族": 中国式家庭生命周期历程中的特殊群体［N］. 中国社会科学报, 2015-03-13（B02）.

［9］ 曹殷杰, 赵涛, 李宜霖, 等, 2019. 农村"老漂族"的城市社会融入问题及对策研究: 基于淮安市的调查与分析［J］. 经济研究导刊（4）: 18-19.

［10］ 高萍, 2011. 社会记忆理论研究综述［J］. 西北民族大学学报（哲学社会科学版）（3）: 112-120.

［11］ 哈布瓦赫, 2002. 论集体记忆［M］. 上海: 上海人民出版社.

［12］ 侯建明, 李晓刚, 2017. 我国流动老年人口居留意愿及其影响因素分析［J］. 人口学刊（6）: 62-70.

［13］ 李荣彬, 张丽艳, 2012. 流动人口身份认同的现状及影响因素研究: 基于我国 106 个城市的调查数据［J］. 人口与经济（4）: 78-86.

［14］ 刘成斌, 巩娜鑫, 2020. 老漂族的城市居留意愿和代际观念［J］. 中国人

口科学（1）：102-112，128.

[15] 刘晓雪，2012. "老漂族"的养老问题初探［J］. 西安财经学院学报（6）：110-113.

[16] 刘亚娜，2016. 社区视角下老漂族社会融入困境及对策：基于北京社区"北漂老人"的质性研究［J］. 社会保障研究（4）：34-43.

[17] 穆光宗，2018. "老漂族"老何所依［J］. 就业与保障（13）：8.

[18] 诺拉，2015. 记忆之场［M］. 南京：南京大学出版社.

[19] 史国君，2019. 城市"老漂族"社会融入的困境及路径选择：基于江苏 N 市的调查与分析［J］. 江苏社会科学（6）：83-87.

[20] 覃元林，2019. 地区发展模式下"老漂族"城市社会适应问题的策略：基于淮南市社区的调研［J］. 人口与健康（12）：50-51.

[21] 唐纳顿，2001. 社会如何记忆［M］. 上海：上海人民出版社.

[22] 王雅铄，殷航，2016. 社会支持网络视角下"老漂族"的社会融合状况研究：以广州市为例［J］. 老龄科学研究（10）：53-64.

[23] 宿晓乔，2019. "老漂族"的养老尴尬问题研究［J］. 中国集体经济（4）：163-164.

[24] 杨菊华，2009. 从隔离、选择融入到融合：流动人口社会融入问题的理论思考［J］. 人口研究（1）：17-29.

[25] 杨菊华，2011. 城乡差分与内外之别：流动人口社会保障研究［J］. 人口研究（5）：8-25.

[26] 杨菊华，张莹，陈志光，2013. 北京市流动人口身份认同研究：基于不同代际、户籍及地区的比较［J］. 人口与经济（3）：43-52.

[27] 杨瑞玲，2018. 随迁老人广场舞趣缘共同体建构与城市社区融入［J］. 人口与社会（6）：97-105.

[28] 杨雪，魏洪英，2017. 流动人口长期居留意愿的新特征及影响机制［J］. 人口研究（5）：63-73.

[29] 易艳阳，周沛，2016. 城市"老漂"群体实态：一个副省级城市证据［J］. 重庆社会科学（12）：76-83.

附录

"老漂族"社会融入度调查问卷

1. 您来自　□城市　□农村

2. 您的年龄：□50 岁以下　□51～60 岁　□61～70 岁　□70 岁以上

3. 您的文化水平：□小学　□初中　□高中　□大专　□本科及以上

4. 您来北京_____年了。

5. 您的儿子/女儿是否是独生子女？□是　□否

6. 和您一起生活的子女是否有孩子？□是　□否

7. 您是孩子的　□姥姥、外婆　□姥爷、外公　□奶奶　□爷爷

8. 您照顾孩子的个数_____；孩子（们）的岁数_____。

9. 您照顾孩子的强度：

□工作日（周一到周五）白天　　□工作日的白天晚和上

□工作日与周末的白天　　　　　□工作日与周末的白天和晚上

10. 您是独自照看孩子还是亲家轮流？□独自照看　□亲家轮流

11. 您目前的婚姻状况：□未婚　□已婚　□丧偶　□离异

12. 您的配偶是否陪您一起北漂？□是　□否

13. 您的身体健康状况：□很好　□较好　□一般　□较差　□很差

14. 您觉得日常照看孩子和家务劳动的负担重吗？

□非常重　□较重　□一般　□不太重　□非常不重

15. 您每月有没有固定来源的收入？□有　□没有

16. 您家每月大概总共有多少收入？

□一万元以下　□一万到三万元　□三万到五万元　□五万元以上

17. 您对自身家庭经济收入的满意程度：

□非常满意　□满意　□一般　□不满意　□非常不满意

18. 您家的住房状况：□买房　□租房

19. 您家的住房面积有多大？住_____口人？

□50 平方米以下　□50～80 平方米　□80～120 平方米　□120 平方米以上

20. 您对自己家的住房条件满意吗？

□非常满意　□满意　□一般　□不满意　□非常不满意

21. 您是否有医疗保险？□是　□否

22. 如果您生病了，您倾向于在北京看病还是回老家看？
□在北京看病　□回老家看

23. 您对北京的就医条件及环境的满意程度：
□非常满意　□满意　□一般　□不满意　□非常不满意

24. 您是否能享受北京的医保待遇？□是　□否

25. 您认为自己对北京生活的适应程度：
□非常适应　□基本适应　□一般　□不适应　□非常不适应

26. 北京生活的哪些方面让您感到不适应？
□生活方式　□思想观念　□消费观念　□教育观念　□其他

27. 您对于跟着子女来到北京，首都的地域性有没有让您产生很强烈的自豪感与骄傲感？
□非常有　□基本有　□一般有　□几乎没有　□完全没有

28. 您是否有自己老了之后一定要回老家的想法，强烈吗？
□完全没有，在哪都一样　　　□有轻微感觉，但不强求
□有，能回一定回　　　　　　□不管什么原因肯定要回

29. 您是否有同样从老家来到北京照看孩子的朋友？□是　□否

30. （多选题）遇到烦恼或抑郁情绪您一般向谁倾诉？
□子女　□配偶　□朋友与邻居　□憋在自己心里

31. 您平常与子女的交流与陪伴活动多吗？
□和子女有丰富活动　□有基本交流（一起吃饭等）
□子女早出晚归交流较少

32. 您有参加社会服务工作吗？（例如志愿者等）
□经常　□一般　□偶尔参加　□从没有

33. 您参加社会服务工作有什么感受？
□能尽自己一份力挺开心的　　　　　□感觉自己没起多大作用
□感觉认识了更多人，有了更多的朋友　□很麻烦，不想再参加了

34. 您觉得在北京的文娱生活与在老家的文娱生活相比是否更加丰富多元？
□北京更丰富多元　□老家更丰富多元　□差不多

35. 您觉得自己的文娱生活丰富吗？□很丰富　□不太丰富　□特别不丰富

36. 请您给自己在新城市的融入情况打个分数（百分制）＿＿＿＿＿＿＿。

地方产业升级背景下农村劳动力就业的服务化内嵌

——基于雄安新区雄县北沙口乡的实地调研

作者：王田园、谢金雨、王璐瑶、张雪琳、许可欣、孟浩辰、徐嘉伟

指导老师：孙晨

获奖情况：第十届"挑战杯"首都大学生课外学术科技作品竞赛二等奖

摘要：本文通过调研河北雄安新区雄县北沙口乡几十年以来的产业发展与人文历史，梳理该乡地方产业与农村劳动力就业关系的渐变机制，透视新时期雄安新区建设过程中，由于地区功能转变和产业升级产生的农村劳动力的转型与再就业问题，即形成行业内低水平均衡和自主就业能力差的就业格局。这种就业结构在深层次上体现为村民的收入差距、学历与眼界的差距、对新政策理解能力和适应能力的差距、社会关系网络的差距。这些差距的形成进一步造就了当地相对闭合的服务业就业现状。应当将劳动力培训内嵌于日常生活服务业，将劳动力发展前景内嵌于服务地方特色产业发展，将劳动力的差异内嵌于服务业政策支持，将劳动力文化提升内嵌于服务业从业理性等，解决当地农村劳动力的就业难题。

关键词：雄安新区；农村劳动力；就业；服务化内嵌

一、绪论

（一）问题的提出

2017 年 4 月，中共中央批复的《河北雄安新区规划建设纲要》明确指出，打造北京非首都功能集中承载地是雄安新区最重要的区域定位。2019 年伊始，中共中央批复了《河北雄安新区总体规划（2018—2035 年）》，指出要紧紧抓住

疏解北京非首都功能这个"牛鼻子",改革创新体制机制,建设完善基础设施,提供优质公共服务,进一步优化营商环境,积极主动对接疏解需求,科学规划功能布局,促进生产要素合理有序流动,增强雄安新区内生发展动力。

雄安新区作为北京非首都功能疏解集中承载地,其主导产业将集中于高精尖产业范围,正如习近平总书记所强调的,"雄安新区千万不能搞成工业集聚区,更不是传统工业和房地产主导的集聚区,要在创新上下功夫,成为改革先行区"[①]。因此,雄安新区的产业布局主要围绕技术密集型、现代服务业等部门展开,重点承接北京的电子信息、智能制造、生物医药、新能源汽车、节能环保、金融服务、文化创意等转移产业。但是,就目前新区所属三县的主导产业看,无论是容城的服装、雄县的塑料包装和箱包制作还是安新的制鞋等,均属于传统劳动密集型产业,产业定位低端落后,大量中小企业集中在产业链的低端加工环节,产品的技术含量低,生产技术上模仿多于创新,产品同质化程度较高,很难与雄安新区"创新驱动引领区"的定位相匹配。尤其是许多小企业以家庭作坊为基本生产单位,是吸纳众多农村劳动力的劳动密集型产业。劳动密集型产业的转型调整与污染产业的关停势必会释放其吸纳的大量劳动力,带来一定程度上的失业问题,进而会面临外生政策与地方利益的冲突。回顾改革开放以来雄县的发展历程,雄县的产业发展和农村劳动力就业状况在整个过程中是如何嬗变的?形成了怎样的服务业发展和就业格局?这些既定的现实又对雄安新区的建设带来了怎样的挑战?新形势下该地区农村劳动力就业的新出路是什么?

带着这些问题,我们拟从河北雄安新区雄县北沙口乡近四十年的产业发展状况和农村劳动力就业状况入手,对其间的产业发展状况和相关就业问题现状进行考察。雄县北沙口乡是雄县最大的乡镇之一,位于雄县和整个雄安新区的东北部,距离北京和天津较近,具有优越的地理条件。北沙口乡紧邻白沟镇和白洋淀区域,具有深厚的商品加工工业基础,并且就近享有白洋淀水域和温泉等旅游资源,是过去雄县发展的一个缩影,也是雄安新区未来建设的重要区域。在雄安新区规划政策的支持和产业转型背景下,研究这个典型区域能帮助我们理解农村劳动力的就业状况和创新就业途径。

(二)核心概念界定

1. 地方产业升级

地方产业升级主要指产业结构的改善和产业素质与效率的提高。产业结构的

---

① 《国家级新区 25年成果非凡》,《人民日报》(海外版),2017年4月18日第11版。

改善表现为产业的协调发展和结构的提升；产业素质与效率的提高表现为生产要素的优化组合、技术水平和管理水平以及产品质量的提高。产业升级包括产品升级，功能升级，过程升级，产品、服务的附加值提升，竞争能力提高。从微观来看，产业升级是指一个企业中产品的附加值提高；从中观来看，产业升级是指一个产业中产品的平均附加值提高；从宏观来看，产业升级是指产业结构升级，即一个国家经济增长方式转变，如从劳动密集型增长方式向资本密集型、知识密集型增长方式转变，资源运营增长方式向产品运营、资产运营、资本运营、知识运营增长方式转变。

本文的地方产业升级是指在中央实行雄安新区政策背景下，北沙口乡现有企业为承接北京非首都功能疏解，建立实体经济、科技创新、现代金融、人力资源协同发展的现代产业体系所进行的迁入迁出和转型升级的活动。

2. 农村劳动力就业

农村劳动力就业通常指在"建设社会主义新农村"的背景下，农村中劳动力就业安置的情况，尤其是失去土地的农民的就业问题。目前，农村劳动力就业过程中主要存在三个问题：农村劳动力流失较为严重；农村就业劳动力结构不平衡；整体就业质量有待提升。

本文的农村劳动力就业是指在产业升级背景下北沙口乡本地原住民的农村劳动力就业。

3. 内嵌

波兰尼（1952）和格兰诺维特（1979）在镶嵌理论中市场与社会关系问题上代表两种不同的学术取向：社会构件论的市场观与社会建构论的市场观。前者系市场的实体嵌入，未给隔离于社会的自主性市场留下任何可能性；后者系市场的形式嵌入，在一定程度上给市场保留了社会因素无法进入、依自身逻辑运作的硬核。格兰诺维特认为，经济学的不同学派殊途同归，都不同程度地忽视了社会结构、简化了原本复杂的人性，并在此基础上深入阐释了"经济行动嵌入社会结构"（社会结构被视作持续运转的人际网络）的观点。他的嵌入性思想的要旨在于，将人看作嵌入于具体的、持续运转的社会关系之中的行动者，并假设建立在亲属或朋友关系、信任或其他友好关系之上的社会网络维持着经济关系和经济制度。

本文的内嵌是一种农村劳动力与雄安新区内以现代服务业为代表的现代经济体系相互主动融合的程度。具体指北沙口乡当地农民，尤其是无业、失业农民主动参与服务业就业，通过各类培训，从事长期、稳定的服务业劳动，带动当地服务业服务化水平的提升，促进当地服务业经济的发展。

（三）文献综述

许多研究资料支持地方产业升级对农村劳动力就业有促进作用。武力、温锐（2006）指出，资本和技术密集型的产业更有利于创造就业。徐颖君（2008）通过测算三大产业部门的产业结构偏差系数，即各产业的就业比重与其产业比重之差，得出我国产业结构与就业结构存在偏差，同时结合农村剩余劳动力的转移，得出第三产业的发展将会是解决剩余劳动力转移问题的主要通道。俞贺楠（2015）分析比较改革开放以来农业和农村劳动力在三次产业间的转移流动后认为，农村劳动力转向服务业就业，将构成就业形态进入后工业社会的最大推动力，第三产业将成为农村劳动力转移的最主要领域。我国农村转移劳动力的服务化就业实际上已经占据主导优势，并已经开始推动第三产业就业的快速扩张。随着城市化和工业化的持续推进，我国城市规模化与聚集经济效应已经开始为农村转移劳动力提供倍增化的社会个人服务就业机会，其推动第三产业就业快速扩张的势头已经显现。

随着产业结构的升级和专业化分工，企业装备水平不断提高，进而提高了对劳动力的需求层次和需求类型。劳动密集型产业、资源密集型产业中的产能过剩和低附加值企业逐步被淘汰或者兼并重组，使地区经济结构和产业结构不断调整优化。由此，农村的低技术、低学历的普通劳动力会出现就业困难，而现代企业制度的建立和先进技术设备的运用，使企业越来越需要技术型、知识型和创新型等复合型人才。孙诚（2018）认为，农村劳动力就业面临着新的挑战。农村劳动力结构性失衡问题突出，农村劳动力文化程度及素养偏低。据统计，许多农村地区留乡务农的以妇女和中老年人为主，小学及以下文化程度的务农人员比重超过50%，农村实用人才占农村劳动力的比重仅为1.6%，受过中等及以上农村职业教育的比例不足4%，生产经营性人才严重缺乏，大部分农民不能接受甚至抵触新知识、新技术。在产业转型升级下，产业结构变动速度和产业对技术型知识人才的大量需求，会对农村劳动力就业产生不利影响。

综上所述，地方产业在价值链升级和结构升级之后对农村劳动力就业影响显著，并且地方产业升级对农村劳动力有双面影响。一方面，产业转型升级后出现了大量的工作岗位，促进了农村劳动力的就业，并且产业升级变动方向也对就业产生积极影响；另一方面，产业转型升级后的技术进步和对知识型、创新型人才的需求快速增长，由于农村劳动力人口的特殊性，如学历低、技术水平低、规划思路窄等特点，农村劳动力无法满足企业的高需求，会对农村劳动力就业产生负面影响。上述研究还存在以下不足：一是从研究对象看，目前对于产业结构升级与农村劳动力就业之间的影响研究，多是分布在全国的各个零散区域，而对某个特定区域，尤其是对在特定重大政策刺激下的区域的相关研究较少；二是从研究路径看，采取过程事件分析法的研究较少，缺乏与实际的人群进行互动。

（四）研究方法

本研究聚焦于雄安新区产业承接和产业转型背景下的农村劳动力就业问题，采用参与式观察、半结构式访谈、问卷调查和文献研究等方式，了解当地产业转型情况和农村劳动力就业现状。

1. 参与式观察

参与式观察能够获得有关较深层的结构和关系的材料，同时更容易靠近被调查者，接近因果关系的本质，了解潜在关系的真相。自 2018 年 6 月开始，我们利用暑假、国庆假期、寒假，共计半个月的实践，带着问题走进北沙口乡及周围地区，深度调查当地产业发展情况和农村劳动力就业的实际情况，分析该地在产业转型升级的大背景下农村劳动力转移就业成果，总结存在的问题。

2. 半结构式访谈

（1）通过对接联系相关政府单位工作人员，深入了解基层农村劳动力转移就业的宏观情况，了解基层政府的政策与工作，包括当前其所辖区域的农村劳动力就业情况，企业基本情况（原有企业关停、保留与初创、迁至本地的企业），培训、补贴及其他促进相关产业发展和相关人员就业的政策措施的出台与落实情况。

（2）分别采访当地原住居民在雄安新区政策背景下的就业实际问题与个人感受（见表1）。

（3）联系相关地区的企业，了解企业在产业升级背景下的经营现状及雇佣情况，包括企业对待就业人口的再雇佣情况等。

表 1　部分受访人员情况

姓名	年龄	工作状况	收入状况	其他
崔某某	66	原党支部书记	公司老板，很有钱	崔某之父
崔某	43	现任党支部书记	很有钱	
张某某	42	现任乡长	比较有钱	
安某某	56	现任村主任	公司老板，比较有钱	
安某	57	董事长	比较有钱	
白晓龙	34	董事长	比较有钱	

续表

姓名	年龄	工作状况	收入状况	其他
赵睿达	54	公司顾问	一般	
崔小儿	32	公司顾问	有钱	崔某的亲戚
安小帅	29	总经理	有钱	安某某之子
吴颖	51	普通村民	一般	
崔浩	45	公司职员	一般	
史长河	38	公司副总经理	一般	外来户
王辉	61	退休	一般	
张四儿	41	普通农民	一般	张某某的亲戚
崔和平	59	小学教师	一般	
张民	41	培训教师	一般	
安翔	41	无工作	一般	
王新平	62	普通箱包组装工人	一般	
李秀萍	58	普通箱包组装工人	一般	
何德福	33	农民	一般	
安禹龙	63	无工作	有钱	富二代
吕鹏	31	公司职员	一般	外来户
赵旭龙	36	个体	一般	
崔金星	54	农民	一般	
白宁科	47	公司职员	一般	白晓龙的亲戚

3. 问卷调查

咨询指导老师及心理老师，设计科学合理的调查问卷，调查相关劳动人口在当前产业升级背景下的就业、待就业情况与遇到的问题。问卷调查以线下发放的形式开展，对相关就业人员、待就业人员、优秀培训人员等人群进行问卷的发放与收集。从相关人员的家庭背景、年龄结构、受教育程度、原就业产业类型、现在就业情况、期望就业类型、现有与期望工资水平、生活成本、对现有工作的满意程度等方面，了解相关已就业或待就业人员享受的政策福利或遇到的现实就业困难。

4. 文献研究

主要参阅了当地县志、乡志、相关重大事件的新闻报道、乡政府文件、村委会相关政策等文献资料，与访谈所得信息相结合，从中了解目前雄安地区产业结构调整、产业承接以及农村劳动力就业现状。

5. 研究路径

本文研究路径如图 1 所示。

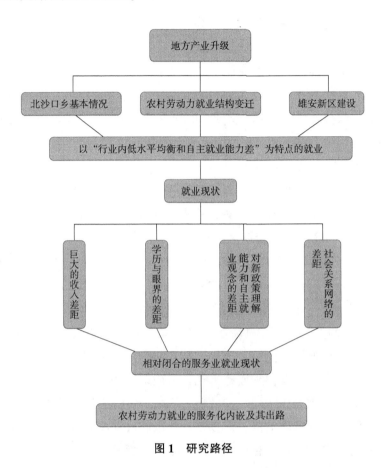

图 1　研究路径

二、改革开放以来北沙口乡农村劳动力就业结构变迁

（一）北沙口乡基本情况

北沙口乡地处雄安新区北部，境内大部为平原，地势西高东低，土质肥沃，适合种植红薯、花生、大豆、玉米、小麦等内陆常见农作物。作为一个普通乡镇，北沙口乡的基础设施建设较为完备。农业基础设施方面，2013 年 3 月，北沙口乡投资 2 970 万元开展省级基本农田现代农业综合开发建设，修路 50 公里，全面改善了农业生产条件。教育方面，2013 年至今，在当地社会企业家的捐助及乡政府的财政支持下，北沙口乡已建成大庄小学、中龙幼儿园、北沙中学教学

楼、小庄幼儿园、东留幼儿园等教育基础设施。此外，根据调研过程中的内部一手资料，在雄安新区的总体规划中，北沙口乡今后的产业将以高端的航空航天、电子信息、电子商务以及航天主题特色小镇的建设为主。

（二）雄安新区设立前北沙口乡农村劳动力就业结构变迁史

1. 改革开放到 20 世纪 80 年代初期

农业占据主导地位，从事非农生产的人员较少，但社会地位较高。长期以来，北沙口乡农村劳动力以从事农业种植为主。改革开放以后，虽然随着其他行业逐渐兴起，部分农村劳动力转移到其他行业，但农业依然是当地农村劳动力就业的主力。在这种情况下，大家的收入水平普遍不高。

2. 20 世纪 80 年代初到 90 年代末

乡镇企业成为农村剩余劳动力就业的主要载体。在当地政府"继续普及两户、重点发展联合体，积极兴办集体企业，逐步兴建一批现代化的农村工业"的政策推动下，北沙口乡涌现出一大批乡镇企业。1986 年，乡镇企业产值已占全乡产值的一半以上，基本形成以电器电料、塑料制品、服装、革制品等骨干产业为主的相互配套的乡镇企业群体，使乡镇企业向商品化、专业化、系列化方向发展。1987 年，乡镇企业就业人数已经超过当地农村劳动力总数的30%，1995 年以后，这个比例接近 43%。尤其是奥雄电力器材、四方电器公司、大营塑料等当地明星企业，成为吸纳农村剩余劳动力的重要单位。这是一个以贫富差距拉大为表现，进而将其他各方面差距进一步拉大的时期。例如在1999 年，北沙口乡南沙口村的安某某一家人，在担任村干部的同时，运用丰富的社会资源，通过贷款集资，创设了一个以胶皮和模具为主要产品的电力器材公司。公司归私人所有，有好几百名员工，大部分是来自本乡的村民。虽然这类公司的开办，收入并不会流向村庄，但也对村庄产生了一定的影响。首先，这类乡镇企业的开办带来了一定的就业机会，提高了部分村民的收入。其次，像安某某这种既是村主任也是公司董事长的情况并不少见，在经济实力提高的同时，也提高了他在本地的声望。慢慢地，村民内部逐渐分为精英和普通大众两层。精英阶层主要指在政府有公职的人、乡镇企业中的主要领导以及这些人的子女。这些人都比较重视子女的教育问题，不论是对优质初等教育资源的享有，还是对高考招考信息的掌握以及之后的就业选择，他们都在无形中占有了一定的"特权"。这些"特权"使他们实际上已经摆脱了农民的身份，在学历、思维、处事和生活方式方面，都一直在向城里人靠拢。而其他人群在羡慕和攀高枝的同时，也只能在种地与在乡镇企业打工两种就业方式中选择。在

90 年代末的国企改革中，很多企业员工都经历了"下岗潮"，但是企业领导却没有受到太大的损失。

3. 21 世纪初到 2010 年

外出务工疏散了部分农村剩余劳动力。21 世纪以后，由于经济和政策的影响，政府对劳动力跨区域流动限制减弱，北沙口乡部分农村剩余劳动力逐渐流向附近的北京、天津、山东等地。虽然外出务工人口占当地劳动力总数比重不高，最多不超过 15%，但对于缓解过剩劳动力就业压力，提高当地收入水平等均发挥了重要作用。北沙口乡外出务工人员的职业和行业分布相对集中，制造业、建筑业、交通运输、批发零售业和居民服务业五大行业从业人数占外出务工总人数的 79.9%，所从事的职业主要以生产运输设备操作、商业服务业、专业技术人员和办事员为主，占比分别为 50.9%、16.2%、10.8%、6.1%。根据实际调查我们发现，以崔金星一家为例，两位老人一直在家里做农活维持生计，儿子和儿媳妇在亲戚的帮助下，在保定市找到了工作，儿子在大饭店做厨师，儿媳妇在政府机关当物业人员。

4. 2010 年以后到雄安新区战略实施前

农村劳动力的去向逐渐固化在耕种、外出就业和箱包制作。在雄县范围内，目前的主导产业为管道和塑胶包装制品，已经形成塑料包装、电器电缆、压延制革、乳胶制品四大产业集群。其中塑料包装业是雄县规模最大、产值超百亿元的产业集群，现有各类企业 3 000 余家，从业人员 4 万余人，年营业收入 135 亿元；压延制革业现有企业 679 家，从业人员 7 000 余人，年营业收入 42 亿元；乳胶制品行业现有企业 133 家，从业人员 4 000 余人，年营业收入 23 亿元；电线电缆产业集群拥有企业 352 家，从业人员 3 000 余人，年营业收入 52 亿元。在北沙口乡，2008 年以来，随着中国平稳度过了全球金融危机，内需的驱动力逐渐增大，只要不偷懒，就一定能赚到钱。根据实地调研我们发现，在 2010 年以后，50 岁以上的老人主要在家从事耕种工作或者为无业，30~50 岁的青壮年主要在自己家的房子和院子中建立大小不一的箱包零件生产和组装作坊，并顺带参与染布、漆器等行业；年纪较小的，大部分在外地求学或者在求学所在城市就业，返乡就业意愿不明显。在众多行业中，从事服务业的人群仅占有工作人群的 20%，其中，存在多种制约因素。

梳理北沙口乡农村劳动力就业结构变迁史可以发现，受经济发展程度和历史文化因素的制约，北沙口乡的农村劳动力在过去几十年的演变中，贫富差距逐渐扩大，小工业从业水平较高，但是服务业从业人数和质量普遍偏低。

（三）现阶段北沙口乡农村劳动力就业结构与服务业发展趋势不匹配

1. 大力发展服务业

大力发展服务业是雄安新区战略实施后的地方发展需要，《雄安新区规划纲要》指出："践行生态文明理念，尊重自然、顺应自然、保护自然，统筹城水林田淀系统治理，做好白洋淀生态环境保护，恢复'华北之肾'功能；大规模植树造林，开展国土绿化，构建宁静、和谐、美丽的自然环境；推动区域流域协同治理，全面提升生态环境质量，建成新时代的生态文明典范城市。"调研发现，北沙口乡为有序承接北京非首都功能疏解、营造优质绿色生态环境，对传统生产结构进行了大幅调整，开展"散乱污"工业企业集中整治专项行动，全面排查"散乱污"企业分布情况，建立"散乱污"企业数据库，并已于2017年8月底前全面完成排查清单中的"散乱污"企业整治工作。对于钢铁、石化、建材、装备制造等传统重工业中不符合产业政策，不符合当地产业布局规划，未办理工信、发改、土地、规划、环保、工商、质监、安监、电力等相关审批手续，不能稳定达标排放的企业，进行关停并转处理。同时将建设实体经济、科技创新、现代金融、人力资源协同发展的现代产业体系作为重要发展目标，并确立现代生命科学和生物技术、新材料、绿色生态农业、高端现代服务业等作为优先发展的重点行业。

为了适应新的变化，当地政府出台了一系列促进当地农村劳动力再就业的政策法规，如《雄安新区被征地农民就业创业培训实施方案》提出，精选优质培训资源组织开展就业创业培训，全面激发雄安新区被征地农民就业创业热情，把农民变市民，把普工变技工，把技工变工匠。通过创新培训模式，如就地就近设立培训场地、与用人单位联合施教等形式，对失地农民或失业人群提供多层次、有差异的服务化培训，既包括适应产业发展需求和未来城市发展管理需要的物业、保安、绿化、轨道交通等传统公共服务类培训，又包括新技术条件下新能源、节能环保、数字创意等战略性新兴产业培训。

通过与乡党委书记、乡长和相关职能部门的负责人进行座谈，我们了解到，北沙口乡的大部分高污染、高耗能企业已经关停，比如塑料厂、化工厂和铁球厂等。北沙口乡迁入的企业大多数为现代金融、绿色生态和信息技术等类型的企业，如阿里巴巴、万科集团和百度等。新兴企业的很多业务属于服务业行业，因此，这些企业的大量迁入，为当地带来了大量的服务业就业机会。同时，大型新兴企业的迁入，势必带来新兴人才的迁入，新兴人才对于现代服务的需求，会进一步促进当地服务业水平的提升和进一步扩大当地服务业行业的就业基数。国家政策的倾斜，帮助当地服务业在薪金待遇等方面获得更高的优待。

结合表 2（北沙口乡政府提供）可知，与雄安新区的发展战略一致，2017 年迁入北沙口乡的企业多是面向国家重大战略要求，通过承接符合新区定位的从北京疏解的非首都功能，可以积极吸纳和聚集创新要素资源，抢占创新创业制高点，发展数字化、网络化、智能化和绿色化的产业。

表 2　部分转型和迁入企业

企业名称	行业	规模	可收纳劳动力（人）	产生原因
广宇服饰有限责任公司	服装	小	530	转型
安亚达电力器具公司	电力器材	小	300	转型
奥雄电力器材有限公司	电力器材	中	440	转型
阿里巴巴	信息技术	大	2 520	迁入
万科集团	地产开发	大	2 100	迁入
碧水源	环境	大	1 250	迁入
华夏银行	金融	大	680	迁入
百度	计算机	大	1 800	迁入

根据表 3 可以看出，雄县近年关停企业大部分为塑料、化工等污染企业，大量企业关闭势必会产生待业人口。在短时间内，这些待业人口是不可能从事高精尖研发、金融和高等教育等产业的，因此，发展服务业既符合雄安新区未来发展定位，也可以解决这些待业人口问题，而怎样引导、帮助和促进这些待就业劳动力更快地适应服务业的新趋势、新发展和新要求，是政府、企业和劳动力本身都需要关注和解决的问题。解决问题的根本在于立足现状，发现问题并找到合适对策。所以我们重点对北沙口乡农村劳动力现状进行了调研与分析，根据实地的调研发现，农村劳动力的就业情况决定了他们的收入，而长期积攒的收入逐渐造成了较大的贫富差距，这种以收入为主导因素的贫富差距的存在，加剧了他们在其他方面的差距，从而形成一个闭环，导致有潜力成为服务业从业主力军的广大普通农村劳动者，无法及时适应服务业从业需求，最终在雄安新区发展规划政策出台后，对政策的实施造成了阻力，对当地服务业的就业质量造成负面影响。

表3　部分关停和迁出企业

关停企业名称	行业	规模	失业人口（人）	处理方法
大华塑料厂	塑料	中	1 878	关停
大营塑料制品厂	塑料	大	4 782	迁出
四铺化工厂	化工	中	2 389	迁出
东槐胶印厂	塑胶	大	4 348	迁出
张岗乡有色金属铸造厂	金属	小	72	关停
第一化工厂	化工	大	5 390	迁出
张青口铁球厂	金属	小	95	关停
铁木五金厂	金属	小	84	关停

2. 行业内低水平均衡和自主就业能力差

在本次调研中，我们探访了北沙口乡的企业、街道和乡村，针对各类当地企业员工、个体商户、农村居民等群体发放调查问卷，调研回收问卷335份，其中有效问卷324份。通过总结问卷第一部分的个人信息，发现受访者中男性173人（53.4%），女性151人（46.6%）；民族分布以汉族为主（98.77%），少数民族占比不到2%；政治面貌方面，中共党员占少数（8.64%），群众人数最多；受访者的教育水平较低，以初中及以下为主（初中及以下66.65%，普通高中12.73%，职高技校11.43%），大专及以上的占比相对较小（9.2%）。

在324份有效问卷中，就业身份为雇员的占绝大多数，只有很少量村民为雇主，还有一部分自主创业人群，由此可见村民以受雇佣为主（见图2）。在发放问卷的过程中，我们发现，当地的雇佣关系很少存在直系亲属的直接雇佣，居住在南沙口村的赵旭龙家颇为典型。赵旭龙今年45岁，家里一共有8口人，夫妻二人以外，还有4位70岁以上的老人和两个20岁左右的孩子。赵旭龙自己经营了一家小型的箱包组装公司，雇用了5名工人，其中4名都为远房亲戚，但都是本村的村民。家中的四位老人利用零散的时间帮助别人做一些剪裁的工作，赵旭龙的两个儿子则分别在乡里的企业打工，妻子在家里负责日常生活的照料。经过与赵旭龙一家进行深入交流，发现他们均认为这种较为低端的劳动模式，工作内容较为单调和繁重，容易引起家庭纠纷。他们表示，在长期从事这类工作后，并不在乎是否做自己的"老板"，现在无非是要通过这类工作维持全家生计，村里大部分家庭都是这种经营模式，做得好的，盖了新房，买了汽车，而且不用每天"面朝黄土背朝天"下地干农活，挺满足的。在谈及新区政策时，他们所畅想的最理想的情况，是将来像大城市的低学历打工者一样，能在自家门口，一家老少都能从事可以赚钱的工作，对其他方面没有什么过高期待。

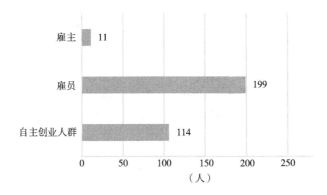

图 2　就业身份

受访者的行业分布依然以农业、制造业、零售业为主，而在餐饮、交通运输、教育、家政、网络金融服务等服务行业的占比非常小（见图 3）。此外，从调查数据可以看出，在就业渠道和经营发展方面，自主经营的村民经常依靠政府提供的经营信息和收购渠道进行生产经营，非自主经营的村民多是由政府或者村里安排获得工作，可见政府或者村委会在解决村民就业和从业问题上起到了关键作用。在涉及发放问卷的对象和访谈对象中，村民们依旧对将来能够依赖政府做一些零工或者不同群体根据同一种职业规划进行发展的模式表示认可，同时也表达了对自主择业和自主经营的畏惧，主要源于对自己从业能力的低认可度、家庭因素的负面牵扯、对政策理解的能力差，以及不想面对过大职业风险的意愿。归根结底，村民们对于知识和能力的短板认知较为明确，但是对"通过努力可以触及"的行业与就业渠道，并不清楚。

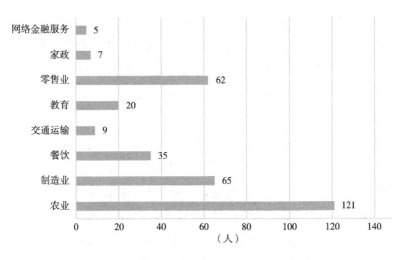

图 3　就业的行业分布

调研结果显示，北沙口乡 2017 年困扰居民工作的因素相对分散，一部分群体担心工资低，生活水平得不到保障；其他员工则对工作的辛苦程度以及自身的职业发展前景表现出担忧（见图 4）。针对这一点，在调研过程中我们发现，农民群体在"稳定"与"高收入"之间，更加愿意优先选择"稳定"。在对于雄安新区的一系列新规划和新建设的期待中，渴望能够获得体面的、相对稳定的工作机会。

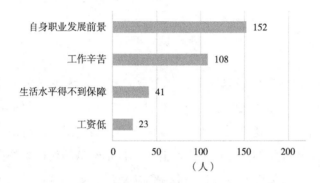

图 4　工作困扰因素

针对产业转型背景下的就业问题，当地政府下了大功夫，提供了很多就业扶持政策，其中以职业培训和下发就业补贴为主。在职业培训方面，获得职业培训信息的渠道调查情况显示，传统的宣传渠道如政府宣传、广播、口口相传，依然在职业培训信息传播中占据重要地位。但随着计算机技术和电子通信技术的进步，一些新兴的传播渠道如手机、网络等，在培训信息传播过程中发挥的作用也越来越重要。在实地的走访调研中，我们听到村中通过广播进行的职业培训宣传，借此机会询问了村民对于此类宣传的认同程度，村民认为，这种广播式的宣传的确可以帮助大家及时了解消息，但是在没有很多人实际带动的情况下，很难让一些对培训没有体验、没有参加欲望的人迈出参加培训的第一步。

就参加职业培训的类型而言，我们发现出现了较大分化，除理论知识和政治素养以外，参加农业、制造业、服务业培训的比较均匀（见图 5）。根据与培训课堂教师的座谈，在学员中，以村民赵远、崔和平、吴桂香、吴辛禾为代表的几名优秀学员经常表示，在课堂学习到的新技能，无法在家门口的工作中得以施展，由于家庭原因，这些农民都没有精力外出打工，所以家里人也逐渐开始对培训的时效性抱怀疑态度。

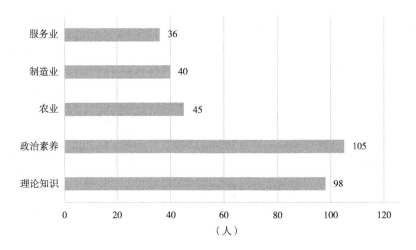

图 5　职业培训类型

从对职业培训满意程度的调查中可以看出，北沙口乡村民的总体满意程度较高，非常满意、较满意的分别占 27.47% 和 29.32%，较不满意和非常不满意的占 13.27% 和 5.86%（见图 6）。需要强调的是，根据调研者的实际经历，在调研过程中能够深刻感受到，较为满意的群体，多是出于对生计的考虑和与周围人的对比才得出此类答案。随着雄安新区建设的深入，会产生一定规模的职业异同和收入分化，目前的"较满意"群体，会有向"不满意"方向倾斜的趋势。

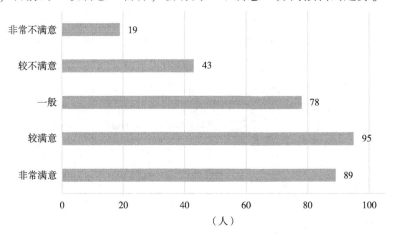

图 6　对职业培训的满意程度

（四）就业结构导致的深层次差距

根据实际调研内容可以发现，整体看，在一系列的产业升级背景下，当地农村劳动力的从业水平表现为行业内低水平均衡和就业自主能力差。将这种就业现状与调研结果相结合，我们发现，这种就业结构在深层次上给村民整体造成了收入差距、学历与眼界的差距、对新政策理解能力和适应能力的差距、社会关系网络的差距（见表4）。

表4　20世纪80年代以来北沙口乡居民收入情况

	层次	人员构成	收入来源	年收入（元）	占比	备注
20世纪80年代初	第一层次	村干部	工资	—	极少数	两个层次之间收入差距不是很大
	第二层次	普通村民	务农，打零工	—	绝大多数	
20世纪90年代—21世纪	第一层次	既有公职也有企业的村民	工资和企业盈利	很多	极少数	层次之间收入差距逐渐扩大
	第二层次	村干部，有正式工作的村民	工资	11 000~15 000	1/5	
	第三层次	无正式工作的村民	务农、小买卖、打零工	4 000~6 000	4/5	
21世纪—雄安新区成立	第一层次	既有公职也有企业的村民	收入稳定且多元	经济实力远超他人	极个别	层次之间收入差距很大
	第二层次	村干部和其他有正式工作并收入多元的村民	收入多元	140 000	1/6	
	第三层次	外出打工的村民	打工	80 000	1/6	
	第四层次	从事制造业的村民	家庭箱包制造	40 000	1/3	
	第五层次	无工作和务农的村民	务农、打零工	20 000	1/3	

1. 巨大的收入差距

通过分析上述分层变化，我们发现三个特点：第一，收入层次分类的不断复杂化。随着经济的不断发展和产业的不断升级，村民收入多元化，异质性大为增强。第二，收入差距不断增大，富人越来越富。第三，收入的分层逐渐稳定。富人可以将他们多余的财产在其他领域进行投资，但是这些利润并不会投入乡村的基础设施建设。雄安新区规划实施后，可以预见的是，富人会继续将自己的资金运用于高精尖产业的投资，而收入较低的村民，在他们从事的行业受到影响的基础上，无法有充裕的资金进行投资，势必要更多地参与服务业就业。新区建设初期，在相关行业关停、收入有可能进一步降低并要参加大量职业培训的背景下，收入对他们的生活以及再就业的质量会造成不利影响。

2. 学历与眼界的差距

实际调研中我们发现，长期以来，具有公职、在企业中任职以及收入较高的村民，都非常重视自身和后代的教育问题。北沙口乡政府主要干部，有70%以上具备本科及以上学位，虽然很多都是在职学位，但也是他们提升自身素养的一种积极体现。在他们的子女中，最明显的例子就是乡党委书记崔冲的女儿，正在保定读大学，并有进一步出国深造的打算。"在外学习不仅学的是专业知识，更是开阔眼界、结交朋友的平台，这个平台越高，眼界越大。以后自己有本事就在外面闯，不想在外面，咱们这里也成立雄安新区了，虽然这里的人咱都熟悉，很多事同等条件下方便优先，但是学历、能力、综合素质这些，都是一个人的硬本领，随着新区建设的深入，一定是要靠自己的多一些，靠父母的少一些。"崔冲如是说。南沙口村的村主任安德强，同时也是乡里龙头企业奥雄电力有限公司的董事长，他在附近的河北大学读了一个夜大的专科，他的三个孩子都在外地读书或者在读书学校所在地工作，当我们开玩笑说他之后一定会为哪个孩子接班企业而苦恼，他却说孩子们的事情让他们自己做主，没有必要必须接我的班。

其他村民的学历差距还是比较大的。尽管其他村民家中的孩子很多在外地读大学，但是村民们自己的学历，多集中在初中及以下，在调研过程中，还有村民不识字，我们只能通过逐句复述问题来帮忙勾选问卷答案。在谈及雄安新区建设以及他们对未来工作的期待时，有33%的村民对此无想法，剩下67%的村民表示，不想从事什么复杂的工作，每个人都是一天三顿饭，只要能有个赚钱的工作就行，甚至表达了对于雄安新区建设可能会影响他们清净生活的无奈与恐惧。

3. 对新政策理解能力和自主就业观念的差距

雄安新区建设是"千年大计"，是不能一夜一城、一蹴而就的。根据最新的国务院关于《河北雄安新区总体规划（2018—2035年）》的批复，雄安新区建设要不断加强和完善顶层设计，先集中建设起步区，率先开发启动区，集约发展外围组团。因此新区的建设一定是一个漫长的、曲折的、不断收获的、一步一个脚印的过程。在实地访谈过程中，我们可以清晰地感受到，乡干部、村干部，并未关停企业的主要人员，在外读书假期返乡的年轻人，都对新区的建设政策非常认同，并且在很多方面有自己的积极见解，能够非常清晰地认识到，这对于他们在职位提升、资源获取和发展宽度等方面都是幸运的历史契机，但是历史的契机需要机遇、挑战和等待，能不能成为幸运的那一批人，既要靠时机，更需要自己的努力。在走访过程中，很多在家中的个体村民或者无业村民，听说我们是首都的大学生来做调研，纷纷向我们表达生活的困苦，大部分人都表示，中央宣布成立雄安新区已经两年有余的时间了，但是大家除了知道自己家乡改变了称谓以外，对于以后大家住哪里、都做什么、自己能得到什么好处，并不清楚，于是，邻里乡间各种有关政策的"小道消息"层出不穷，村民们饭后谈资中的喜怒哀乐经常随小道消息的内容而变。很多中老年人表示，雄安新区以后建成什么样子，他们并不关心，因为按照他们的年龄，应该是看不到那一天了，可是自从新区成立的决定出台后，他们只是看到箱包生产、塑料化肥生产等以前可以让他们作为一个挣钱手段的产业被禁止，就连露天的电器维修等一些方便他们生活的、存在污染环境可能性的行业也被取缔，收入受到影响的同时，日常生活也受到影响，导致他们对雄安新区的建设热情并不高。

但现实中，雄安新区的建设肯定是不断向前推进的，村民的生活要靠就业维持，谈及这方面时，大部分村民的想法是他们的家乡是由于政策而发生了改变，他们的生活是由于政策发生了扰乱，那么今后的就业就要靠国家、靠政府、靠政策的支持，在实际的交流中可以感受到，他们的这种态度，既因为对政策的不理解和建设初期对他们生活造成的影响，也因为他们对于公权力的信任。

当然，并不是所有的普通村民都是消极的。政府在北沙口乡政府旁边的北沙口中学举办了职业技能培训班。经过现场协调，我们得到允许，采访了举办培训班的政府负责人、培训教师和学院。我们了解到，第一期优秀学员张民，曾是大华塑料厂的一名普通搬运工，后来因为工厂不符合新区发展规划而被关停。他为了实现再就业，参加了北沙口乡政府组织的计算机职业技能培训，培训后，张民掌握了电子商务相关知识，拥有了自己的网店，并以宠物包为主要产品打开了网上销路。他的产品月度销量很高，月度销量增长一度高达50%。张民的转型成功也在一定程度上激励了很多和他有相同境遇的失业工人，张民被乡政府聘请为培训班的老师，向更多的学员传授经验。

4. 社会关系网络的差距

就业与收入的层次变化，形成了不同的交往圈子。除了村民内部分化为不同的圈子，更为重要的是村民社会交往网络不同程度的扩展。随着工作的改变，大家和村外社会的接触越来越多。职位越高、财力越大，社会关系网络就越广阔。乡政府的领导经常与其他乡和相关省市的领导交流，企业老板由于商业往来，经常与外界的老板合作，并且去大城市出差已成常态。非常明显的例子是，在与很多普通村民的交流过程中，发现村民社会关系网络很小，没有到过保定市，没有出过河北省；即使有外出打工经历的，也只是对打工区域有表象了解，接触的人也仅是其他打工者。他们的社会网络关系依旧停留在费孝通在《乡土中国》中所描述的"熟人社会"的层面，"熟人"中不乏交际面广阔的人，但是这些人正在慢慢脱离这个"熟人"圈子，因此逐渐形成了相互隔离的、内部低水平均衡的社会关系网络，从而进一步扩大了村民们在信息获取、资源渠道、眼界能力方面的差距。

以上这些差距对本地服务业的发展以及农村劳动力的服务化转型造成阻碍，形成了一种相对闭合的服务业就业现状。

三、相对闭合的服务业就业现状

（一）从事服务业的人群少

现阶段，雄安新区的建设刚刚起步，该乡的经济模式仍旧处于传统的北方乡村经济模式，没有过多的服务业岗位，服务业从业占比仅为9%。此外，大部分村民认为，从事服务业是一种不需要多少知识技能的就业形式，而且也不比其他就业形式收入更高或者更稳定。在同等条件下，村民们更愿意从事自己能做主的、能多赚钱的工作。存在于多个家庭中的箱包作坊就是这种现象的典型表现。

（二）培训途径和形式单一

如前文所提，北沙口乡政府已经意识到新区建设开始后，产业升级和高端人才大量涌入，一定会挤压现在普通农村劳动力的生存空间，同时也会带来很多服务业就业岗位。在调研过程中，我们通过乡政府、村委会、外驻培训机构和村民多角度了解到，目前该乡服务业培训的开展，主要由乡政府牵头组织。同时，在没有得到相关政府部门批准的前提下，是不允许开展服务业就业能力培训的。培训地点一般是在放假的中小学，并没有固定的专门地点，培训内容也主要集中在电商培训和月嫂培训，忽视了职业导向，缺乏地方特色和针对性，导致学员主动参与的积极性不高。

（三）利益驱动下的定向服务业就业

结合调研结果，针对本就较少的服务业就业群体，我们进行了更为深入的调查。进而发现，他们从事服务业的原因是亲戚朋友担任政府领导或企业主，在条件允许的情况下，帮助他们完成服务业就业。在这些政府领导和企业主看来，现在固有的经济发展模式是对他们有利的，若要提升既有的模式，确实需要人手，所以他们为亲戚朋友提供就业，既符合乡村人情常理，又提升了自己的威望，维护了自己的既得利益，是一种典型的互惠关系。

（四）对相关服务化培训的态度和需求有待提升

结合目前的情况看，大部分村民对相关服务化培训的兴趣不高。主要体现在四个方面：一是对于参加培训过后是否能直接对口就业表示疑虑，存在风险。二是参加培训需要占用部分日常工作和周末的时间，很多村民更愿意用这些时间去赚钱和打理家务，不愿意为此消耗时间和精力。三是目前该乡的乡土人情依旧体现着很多"熟人社会"的特征，很多村民认为，从事服务业是给他人打下手、低人一等的工作。大家都是熟人，做这些工作会有损自己的面子和家族的面子。四是对于雄安新区建设的相关规划与政策，虽然村民们了解不够深入，但是"等政策，靠政策，吃政策"的心理普遍存在，因此除了日常工作和生活，只想等着"被工作"。

结合以上研究，我们认为，要打破这种相对闭合的服务业就业现状，需要外力与内力的互生作用，需要劳动力较为自主地与服务业就业进行融合，将这种闭合现状打破的同时，还要预防这种闭合现状的再次生成。而农村劳动力就业的服务化内嵌，就是一种有效途径。

四、农村劳动力就业的服务化内嵌及其出路

（一）内嵌的形式

关系内嵌作为新经济社会学研究的主流概念，偏好社会关系的研究，关注个体与个体之间的联系或关系，集中对关系要素即网络参与者相互联系的内容进行研究，主要包括信任关系、协作关系、帮工关系、同学间的友谊关系等（朱海燕等，2012）。本文借鉴这个概念，主要强调北沙口乡农村劳动力与当地服务业就业体系的融合，即当地农村劳动力凭借正式的交易关系和非正式的社会关系进入北沙口乡的服务业领域就业，并随着服务业产业升级逐步实现劳动力就业体系的深度融入、整合和升级。立足北沙口乡的自然环境、社会环境和人文环境，我们认为，应当在现有农村劳动力水平的基础上，将劳动力培训内嵌于日常生活服务业，将劳动力发展前景内嵌于服务地方特色产业发展，将劳动力的差异内嵌于服务业政策支持，将劳动力文化提升内嵌于服务业从业理性中。

（二）内嵌何以实现

1. 将劳动力培训内嵌于日常生活服务业

为了实现当地高质量服务化内嵌，对于北沙口乡文化素质较低、思想观念较

为保守的农民而言，提高劳动素质是关键。众多理论研究及实际情况表明，职业培训是短时间内提高劳动者素质的重要形式。因此，针对性和专业性的职业培训是雄安新区背景下实现北沙口乡村民服务化内嵌的关键。

如前文所述，北沙口乡农村劳动力的受教育水平和劳动技能较低，学历为初中及以下的受访者占了2/3以上，所从事的工作也以箱包组装、餐饮等低端制造业和低端服务业为主。《河北雄安新区总体规划（2018—2035年）》指出，作为北京非首都功能疏解集中承载地，其产业布局主要围绕技术密集型、现代服务业等产业部门展开，重点承接北京的电子信息、智能制造、生物医药、新能源汽车、节能环保、金融服务、文化创意等转移产业。但这些资本技术密集型的制造业和高端服务业进入门槛较高，对求职者的技能水平和学习能力有很高的要求，而这些对于北沙口乡的农村劳动力而言，很难通过短期政府组织的培训或其他形式的商业培训得以提升。因此，北沙口乡农村劳动力的服务业嵌入首先在于找准定位，即找到适合当地劳动力就业的领域。

基于对北沙口乡的实地调研，我们发现，与高技术制造业和高端服务业配套的辅助性和支撑性生产类服务业和生活类服务业，应成为未来一段时期内北沙口乡农村劳动力就业的主要领域，如贯穿于新兴制造业企业生产诸环节中的货物运输、仓储和邮政快递服务，为进入雄安新区工作的高收入人群日常生活提供的护婴幼儿、护理老年人、家庭秘书、钟点工等家庭服务。这些行业进入门槛较低，对员工的技能水平要求较低，北沙口乡农村劳动力可以凭借正式或非正式关系进入这些行业，进行服务业从业培训，在一定程度上缓解将要出现的"就业寒冬"。

2. 将劳动力发展前景内嵌于服务地方特色产业发展

雄安新区注重街区、邻里空间设计，形成尺度宜人、亲切自然、全龄友好的社区环境，所以具备良好的沟通技能，能为社区居民解决各种问题的社区工作人员必不可少。我们在雄安调研过程中参观了雄安新区市民服务中心，走在宽阔的生态步道上，我们看到了正在装修的京东无人超市。因此，北沙口乡可以根据这一情况在社区内打造无人超市，培训专门工作人员对无人超市进行线上监管，为居民提供便捷的购物体验，满足顾客的各类生活需求。

在实地调研走访过程中，我们发现，目前在雄安新区中，99%的农民家中零散饲养一些家畜。在雄安新区的建设过程中，随着当地居民的增加和地区经济的逐步发展，当地居民对动物健康护理、饲养管理方面的需求必然会大幅增加，所以可以在雄安新区发展动物护理员行业，并且对农民进行技能培训。

白沟箱包业是河北省十大区域特色产业之一，白沟是"河北省箱包特色产业出口基地",是全国最大的箱包产销基地。当地有数百家比较大的箱包制作的工厂,但多为污染性企业,根据政府有关要求已经关停了大部分箱包制作工厂。要改变箱包产业发展停滞不前的状况,并且带动家庭作坊中的农户进入规模生产,政府应该对他们进行分层培训,后续发展形成一系列与互联网融合的特色产业链。

雄安倡导"公交+自行车+步行"的低碳出行模式,起步区绿色低碳出行占九成,解决交通拥堵等"大城市病"。由于当地农民在日常农业种植中会使用汽车、卡车等交通工具,所以这种培训可行性较高。政府可以培训会驾驶新能源汽车的司机和会维修新能源汽车的维修工人,并且在未来智能化自动安全交通管理设施快速发展时,可以进行更高层次的职业技能培训。

3. 将劳动力的差异内嵌于服务业政策支持

在经济水平的不断提高下,北沙口乡村民层次复杂化、异质性增加,传统的"熟人社会"也面临瓦解。一方面,一些交际广阔的村民正在慢慢地脱离"熟人"圈子,更多的人走出了北沙口乡;另一方面,一些传统的老村民墨守成规,只愿意留在本地就业。

国务院批复的《河北雄安新区总体规划(2018—2035年)》指出,雄安新区将陆续建立起实体经济、科技创新、现代金融、人力资源协同发展的现代产业体系。在建设过程中,当地政府可以鼓励在外务工人员,在自由选择是否回归本乡进行就业的基础上,利用自身的眼界、技能、文化帮助本地待就业人员提高技能水平。在调研过程中,我们了解到一些企业干部的子女在外地上大学,还有一些人在外务工。如果能进一步通过一定程度的优惠政策,鼓励他们愿意回乡参与雄安新区建设,那么他们一定会用自己所学的前沿知识和专业技能为北沙口乡的经济建设添砖加瓦。

政策要充分落实,还要考虑到一部分原住民的想法。北沙口乡的一些老村民一辈子都生活在乡村中,学历低,眼界狭窄,没有广阔的视野和社会关系网络,没有自主就业的意愿,也就不太能理解雄安新区的建设发展方向,甚至认为雄安新区的建设会影响到他们本来平静的生活。原住民可能不愿意配合政府为遵从雄安新区建设的指示而实施的一些措施,或者对此持消极态度,导致他们无法适应服务业的从业需求,在一定程度上阻碍国家政策的进一步落实,对当地服务业的就业质量造成消极影响。

所以,政策的落实不但要考虑到一些高层次群体的村民,鼓励他们回乡参与经济建设,同时也不能忽视一部分原住民的存在和想法,要用一些更接地气的方法让他们认识到雄安新区建设的必要性和国家政策的前瞻性。

4. 将劳动力文化提升内嵌于服务业从业理性

我们在实地调研过程中发现，部分村民的想法比较传统世故，并且更看重交往中的面子，虚荣心较强。他们对服务业职业培训的热情不高，甚至有一些抵触心理，除了时间成本高的原因外，考虑更多的是自己的面子。他们认为服务业是服务别人的下等职业，心理上无法接受，而更愿意从事一些自主性强的职业。并且如果在北沙口乡从事服务业，处处都能碰到熟人，会折了自己的面子。抱着这样的想法，他们宁愿故步自封，也不愿意顺应潮流进行改变。

同时，他们认为，雄安新区的建设打乱了他们现有的平静生活。我们还了解到，因为要建设雄安新区而关停了一些污染大的工厂如箱包制作厂，有些村民对此暗中抱怨这让他们失去了工作成为待业人员。这部分人的主要收入来源消失了，他们的生活也受到了很大影响。所以村民们更愿意要一份稳定并且体面的工作。他们不会主动了解雄安新区政策，也不能理解国家建设新区的重要意义，并且不配合政府的一些相关举措。

习近平总书记在中央全面深化改革领导小组第十次会议上指出，要科学统筹各项改革任务，推出一批能叫得响、立得住、群众认可的硬招实招，把改革方案的含金量充分展示出来，让人民群众有更多"获得感"。这种"获得感"不仅是物质层面的，也有精神层面的。从长远看，国家和政府要鼓励农村劳动力就业并且顺利开展职业培训，应该首先从思想上改变他们，让他们意识到"获得感"比虚荣的面子更重要，不能死要面子却饿着肚子。村民们收入增加，能接受优质教育，病有所医、老有所养等，都比面子重要，都是看得见、摸得着的"获得感"。只有村民们获得了经济来源，拥有了"获得感"，雄安新区特色服务业的发展才不是纸上谈兵，雄安新区建设的成果才能共享。

五、相关结论与思考

北沙口乡是雄县较大的乡镇，它的发展历程是雄县发展的一个缩影，也是雄安新区未来建设的重要区域。我们对这个典型区域进行研究，能够帮助我们探索在雄安新区解决农村劳动力的就业问题并提供可行方案。

回顾改革开放以来的发展历程，北沙口乡的特色产业基本都是劳动密集型产业，以家庭作坊为主，定位落后，产品技术含量低，很难与雄安新区目前的定位相匹配。21世纪以前，除了务农以外，当地的农村劳动力主要流向乡镇企业。从21世纪初到雄安新区战略实施前，农村劳动力的去向逐渐固化在耕种、外出就业和箱包制作三个领域。而在雄安新区战略实施以后，许多污染企业关停并转，导致了一定程度上农村劳动力失业，小作坊式的箱包制作工作也无法开展，释放了大量的劳动力。

雄安新区战略实施以后，根据建设纲要的要求，北沙口乡开展了一系列"散乱污"整治专项活动，而迁入的企业也大多数为现代金融、绿色生态和信息技术等类型的企业，为当地带来了大量的服务业就业机会，也进一步扩大了对于高端服务的需求，促进了当地劳动力由制造业向服务业转移。

然而，结合调研我们发现，当地农村劳动力的从业水平表现为行业内低水平均衡和就业自主能力差。我们将这种现状与调研结果相结合，认为这种现状在深层次上给村民整体造成了收入差距、学历与眼界的差距、对新政策理解能力和适应能力的差距、社会关系网络的差距。这些差距对本地服务业的发展以及农村劳动力的服务化内嵌造成阻碍，以致形成了一种相对闭合的服务业就业现状。

针对这种相对闭合的服务业就业现状，研究认为，农村劳动力就业的服务化内嵌方式是探索农村劳动力就业的新出路。我们提出将劳动力培训内嵌于日常生活服务业，将劳动力发展前景内嵌于服务地方特色产业发展，将劳动力的差异内嵌于服务业政策支持，将劳动力文化提升内嵌于服务业从业理性四种内嵌的实现方式，这样农村劳动力与雄安新区的现代化经济体系才能够相互融合。

综上，对雄县北沙口乡产业发展和农村劳动力就业结构的研究，不仅能够为我们探索、研究雄安新区规划政策的支持和产业转型背景下农村劳动力的就业现状提供支持，而且能为我们理解当地农村劳动力就业的发展趋势和解决就业问题的途径指明方向，进而为雄安新区这个"千年大计"贡献力量。

作者简介：

王田园，2016级首经贸经济学院本科，曾获北京市优秀毕业生、北京市优秀学生干部等荣誉，现就职于中国工商银行；谢金雨，2015级首经贸经济学院本科、2019级硕士，曾获北京市优秀毕业生、硕士研究生国家奖学金等荣誉，现为首经贸经济学院国民经济学博士生；王璐瑶，2017级首经贸经济学院本科，曾获北京市优秀毕业生、校级优秀学生干部、校级优秀团干部等荣誉，现就职于全国工商联；张雪琳，2016级首经贸经济学院本科，曾获优秀学生干部、北京市优秀毕业生等荣誉，现就职于中国交建；许可欣，2016级首经贸经济学院本科，曾获北京市优秀毕业生，现就职于北京银行；孟浩辰，2016级首经贸经济学院本科，曾获首经贸优秀毕业生、两次首经贸优秀学生干部、首经贸优秀创新人才称号；徐嘉伟，2016级首经贸经济学院本科，现就职于融通集团。

参考文献

[1] GRANOVETTER M, 1985. Economic action and social structure: the problem of embeddedness [J]. American journal of sociology, 91 (3): 481-510.

[2] 波兰尼, 2007. 大转型: 我们时代的政治经济起源 [M]. 刘阳, 冯钢, 译. 杭州: 浙江人民出版社.

[3] 陈蓓蕾, 童举希, 2013. 地方政府促进新型职业农民培育的思路与对策 [J]. 贵州农业科学, 41 (6): 249-251.

[4] 单纬东, 许秋红, 2004. 论我国服务业可持续发展的方式 [J]. 商讯商业经济文荟 (3): 57-59.

[5] 李嘉, 杨锦秀, 2012. 农民就业培训满意度的影响因素分析: 以成都市为例 [J]. 农村经济 (6): 110-113.

[6] 李君甫, 2006. 农民就业由谁来培训?: 三类农民培训投资主体与三类培训机构的比较 [J]. 农村经济 (10): 113-115.

[7] 孙诚, 2018. 我国农村劳动力就业现状、挑战与有效措施 [J]. 职教论坛 (7): 25-28.

[8] 武力, 温锐, 2006. 1949 年以来中国工业化的"轻、重"之辨 [J]. 经济研究 (9): 39-49.

[9] 肖金成, 郭克莎, 陆军, 等, 2017. 雄安新区战略发展的路径选择: "雄安新区与京津冀协同发展: 理论及政策"高端论坛专家发言摘编(上)[J]. 经济与管理, 31 (3): 6-12.

[10] 徐颖君, 2008. "民工荒"与劳动力就业难: 我国产业结构与就业结构的偏差分析 [J]. 经济问题探索 (9): 51-56.

[11] 闫小欢, 霍学喜, 2013. 农民就业、农村社会保障和土地流转: 基于河南省 479 个农户调查的分析 [J]. 农业技术经济 (7): 34-44.

[12] 殷俊, 陈天红, 2014. 失地农民城市融入水平及影响因素分析: 基于武汉市的调查数据 [J]. 西北农林科技大学学报(社会科学版), 14 (5): 102-108.

[13] 于利华, 刘延涛, 2012. 农民培训现状与职业农民培育对策 [J]. 山东农业科学, 44 (4): 135-140.

[14] 俞贺楠, 2014. 产业转型升级对我国农村转移劳动力就业的影响及对策研究 [J]. 兰州学刊 (5): 170-174.

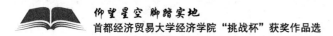

［15］张前荣，2018. 绿色引领、创新驱动：《河北雄安新区规划纲要》解读 ［J］. 发展研究（8）：66-69.

［16］赵路，2016. 农村创新创业人才特征与培养研究［J］. 科技管理研究，36 （1）：47-51.

［17］赵兴玲，骆华松，黄帮梅，等，2009. 可持续生计视角下失地农民长远生 计问题探究［J］. 云南地理环境研究，21（1）：40-43, 48.

［18］郑军，2013. 农民参与创业培训意愿影响因素的实证分析：基于对山东省 的调查［J］. 中国农村观察（5）：34-45, 96.

［19］朱海燕，翟春娟，陶峻，2012. 产业集群内知识密集型服务业嵌入方式选 择及嵌入程度的影响因素［J］. 经济与管理研究（10）：74-81.

中国淘宝村：内生机制研究、生存状态评估与实地调查随感

作者：贾宁南、米蕾、李慧媛、李元昊、陈浩宇
指导老师：李智
获奖情况：第十届"挑战杯"首都大学生课外学术科技作品竞赛二等奖

摘要：本文引入创业动机作为中介变量，通过因子分析把创业环境要素分为政策支持、技术支持、公共服务、产业资源四个维度，利用对河南、广东两省23个淘宝村504位创业者的问卷调查数据，分别研究创业环境等要素对于电商经营状况与淘宝村发展评价的影响程度与影响路径，在此基础上总结不同地区淘宝村的内生机制。发现创业环境支持对于淘宝村发展评价有显著的正向影响，创业者的创业动机在创业环境与乡村发展评价间发挥中介效应。创业环境支持与创业动机对于电商经营水平没有显著影响。乡村基层治理水平与电商经营水平较低在一定程度上削弱了创业者对农村电商集群发展的正面评价。研究结论对于探寻适合地区特征的农村电商集群模式以及提高农村电商集群治理水平具有启发意义。

关键词：淘宝村；创业环境；创业动机；乡村发展；中介效应

一、引言

近年来，大众创业、万众创新局面不断深化，国家有关创新创业的政策支持逐步完善。同时，党的十九大将实施乡村振兴战略与解决"三农"问题作为全党工作的重中之重，将促进农村三个产业融合发展，支持和鼓励农民就业创业，拓宽增收渠道作为主要目标。在此背景下，越来越多的农民与返乡下乡人员在农村进行创业，农村电商集群由此成为我国独有的经济现象，在农业供给侧结构性改革、促进农村经济发展与农村现代化转型中发挥了重要作用。

经过近 10 年的快速发展，我国农村地区衍生了一大批以淘宝村、淘宝镇为代表的农村产业集群形态。淘宝村是指活跃网店数量达到当地家庭户数 10% 以上、电子商务交易额达到 1 000 万元以上的村庄。淘宝镇是有 3 个以上淘宝村的乡镇街道。据统计，2009—2017 年，我国淘宝村数量增长 400 多倍。截至 2017 年，全国淘宝村数量已达 2 118 个，淘宝镇达 242 个（阿里研究院，2017）。随着市场经济体制不断完善与深化，电子商务带动的淘宝村已具有广泛的影响，成为目前影响最广的农村电商集群现象。

淘宝村作为走出乡村城镇化困境与农村经济转型的一种尝试与思考，近年来受到各界的广泛关注。目前的学术研究多集中于淘宝村产生机理、具体模式、发展现状与存在问题等宏观层面，对于淘宝村内生机制的研究较少，同时，缺乏对农村创业者个体生存状态、创业动机的分析。本文认为，只有充分认识并解决上述问题，才能真正重塑农村发展活力，为构建稳定和谐的新农村奠定基础。

（一）研究内容与研究目的

淘宝村是近年来农村电商集群发展的代表，目前已经覆盖中国近 24 个省区市。但是，繁荣发展的背后实则存在着诸多困境。其一，淘宝村作为一种社会经济形态，其诞生有一定的个体自发性。随着近年来淘宝村的不断发展壮大，各地农村广泛出现了片面追求电商规模与数量，用要素植入的方式发展农村电商的现象，形成了一批基于不同要素组合的淘宝村模式。这种模式催生的内生机制是什么，是否真正有助于电商经营状况的提升与乡村在人居条件、生态环境、经济发展、社会治理水平方面的改善，成为当下淘宝村面临的问题。其二，目前对于淘宝村多倾向于正面的整体性、指标化的宣传，鲜有对微观层面创业者个体生存状态的描述，农村创业者作为电商集群发展的能动要素被隐性化。主体缺位在如今尚未成熟的市场经济体制与某些越位的行政干预力量下，不仅导致淘宝村地方特色不突出、同质化严重，更可能引发社会矛盾，最终演变为社会不稳定因素。其三，电子商务平台在连接商流、物流、信息流的同时，更是广泛连接人与人的桥梁并塑造了新的经济、社会关系。在地区差异、城乡差距与乡村基层治理结构差距显著的今天，淘宝村的地区分化日益加大，那么如何发挥地区优势，通过农村电商使农村焕发新的活力？以上这些都是亟需关注的问题。

鉴于此，本文基于广东、河南两地的淘宝村，构建创业环境要素、创业动机与淘宝村发展状况的理论模型，实证检验农村创业者创业动机的中介效应，研究农村创业环境支持对于电商经营水平和乡村发展评价的作用关系与影响路径，进而揭示两地淘宝村的内生机制，为提升农村电商经营状况与乡村治理水平、发展具有地区适配性的淘宝村模式提供理论参考与实践建议，顺应了党的十九大提出的"产业兴旺、生态宜居、乡风文明、治理有效、生活富裕、建立健全城乡融合发展体制机制和政策体系，加快推进农村现代化"的政策导向，具有重要的实践意义和政策价值。

（二）研究方法与技术路线

本文研究方法与技术路线如图 1 所示。

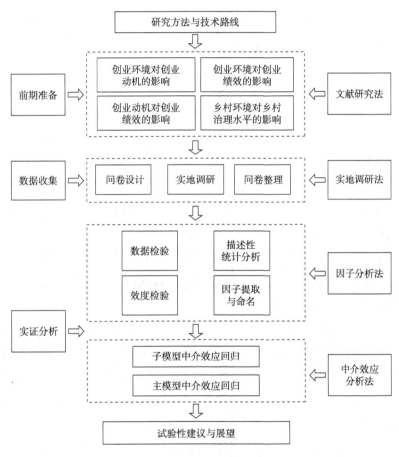

图 1　研究方法与技术路线

二、研究假设与模型构建

（一）研究假设

内生能力是乡村持续发展的根源，一个经济体的结构内生于其社会资源禀赋结构，持续发展需要依赖技术创新与资源禀赋结构的升级。卡特纳（Gartner，1985）认为，创业环境是企业发展各个阶段重要的外部介质，是支持创业者实施创业活动的关键资源。从新创企业创立过程入手，创业环境是能够对企业成长产生影响的一系列外部因素所组成的有机整体。杜海东等（2012）认为，创业环境是创业者进行创业活动过程中能够利用且必须面对的各种外部影响因素，包括政府政策、基础设施、金融支持、技术环境、市场环境、教育与培训等方面。现阶段对于农村创业环境与创业绩效关系的研究中，梁强等（2015）通过实证研究发现，政府组织的介入可为农村创业者提供创业机会和渠道资源，起到集群扶持作用。陈娅娅（2017）认为，发挥民间基层组织的作用有利于基层政府实现乡村治理的现代化。

值得说明的是，本研究将创业环境要素定位为创业者在创业前感知的创业环境要素，原因在于：首先，创业行为是创业者在感知外部条件的基础上做出的，所以感知到的创业环境更能反映其有效性。其次，本文旨在考量农村创业者对淘宝村各方面发展的评价和满意度，更具有现实意义。基于此，本文将创业环境分为政策支持、技术支持、文化环境、基础设施、公共服务、资源禀赋与原有产业基础七方面并作为自变量，意在了解创业环境对于电商经营状况与淘宝村发展评价的影响程度与影响路径。基于此，本文提出以下假设：

H1：在创业环境要素方面，政策支持、技术支持、文化环境、公共服务、基础设施、资源禀赋和产业基础共同构成农村创业的外部条件，对电商经营状况与淘宝村发展评价产生正向影响。

任何创业活动的产生过程都是在一定的个人意愿和外部情景因素的影响下发生的。而个人创业意愿和动机的形成往往是由于外部必要的创业条件对潜在创业者的激发与影响。同时，创业动机对创业结果也会产生影响。国外学者科林（Collin，2001）使用多元回归分析对创业者的创业动机及创业行为进行研究，证明创业动机影响其创业生涯与创业绩效。国内学者徐占东、陈文娟（2011）的研究表明，创业动机会对创业绩效产生积极的影响。据此，本研究将创业动机设置为中介变量，研究创业动机外部创业条件与淘宝村发展状况的关系。

H2：创业环境对创业者的创业动机产生正向影响。

H3a：创业者的创业动机在创业环境与淘宝村发展评价的关系中发挥中介效应。

现阶段的研究越来越注重农民创业者个体与乡村发展水平的关系。朱余斌（2010）认为，广大农民的主体地位与自主意识不仅是乡村治理体制运行的基础，而且直接关系到体制的生命力和活力，唯有充分尊重广大农民的主体地位和顺应广大农民的乡村治理体制，才能充分发挥和调动他们从事生产经营活动和乡村治理的积极性和创造性。张长江（2014）认为，返乡农民对本地区经济环境与资源禀赋有着更深层次的理解，在返乡后带回来的技术、信息等就有可能转化为生产力，推动地区经济社会发展。

H3b：创业者创业动机在创业环境与电商经营状况的关系中发挥中介效应。

（二）模型构建

基于以上假设，本文将自变量设置为创业环境（政策支持、技术支持、文化环境、基础设施、公共服务、资源禀赋与产业基础），将中介变量设置为创业者的创业动机，将因变量设置为淘宝村发展状况（电商经营水平、人居环境评价、生态环境评价、经济发展评价、社会发展评价）。具体研究模型见图2。

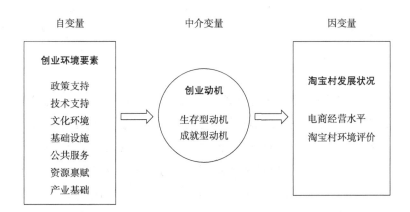

图2　淘宝村"创业环境评价–创业动机–发展状况"中介效应模型

三、样本选择和调查说明

（一）样本地区选取

尽管中国乡村的异质化特点突出，但是从淘宝村发展的状态来看，相同的特征与内生机制的共性也同样普遍。所以，考虑到目前农村电商发展状况，本研究以样本选取注重代表性与普遍性相结合为目标，选择了广东惠州、深圳与河南洛阳作为调查目标区域。

（1）广东省作为我国南部沿海省份，淘宝村数量居全国第二。历史因素与市场环境使广东各地逐渐形成了中小企业产业集群的发展模式。惠州有着"广东省鞋材生产基地"和"中国女鞋生产基地"的称号。近年来，作为农村电商主要集中地，惠州约有30余个淘宝村，是农村电商发展较为活跃的地区。深圳市作为经济特区，具有良好的商业氛围与投资环境。目前，深圳电子商务发展势头良好且有政府扶持，吸引了大量本地甚至周边地区的农村创业者来此创业。

（2）河南洛阳作为我国历史文化名城，不仅有传统产业的支撑，而且随着互联网+的推动，地方政府积极谋求经济转型，因此农村电子商务在近年来发展迅速，形成了一批以地方政府带动、以公司与农村创业者为主体的淘宝村与创业小镇。

（二）数据收集过程

1. 问卷设计

实践小组基于前期的文献查阅与案例研究确立了以问卷为主要调查工具，设计了"创业环境、创业动机与淘宝村发展状况调查问卷"。问卷涉及创业环境要素评价、创业动机、电商经营状况与创业集群发展水平4个调查版块，共计42个问题，其中封闭式问题39道，开放性问题3道。

2. 调查进程

（1）问卷调查。受制于时间与条件，实践小组无法用完全随机抽样进行样本的选择。因此，本组员通过前期与各村镇相关负责人、创业者进行电话联系，并在实践过程中，随机抽取当地创业者作为问卷的填写人，在确保受访人同意接受访问的情况下收集问卷，保证调查结果的真实可靠。实践小组于2018年8月14日至8月23日走访了广东（惠州下辖）惠东县、深圳市，河南洛阳平乐镇，展开了将近10天的问卷调查。在每个地区随机选取8~10个淘宝村进行走访，向600余位创业者进行问卷发放与面访，共计回收有效问卷504份，回收率将近81%。

（2）深度访谈。深度访谈有助于对问卷中标准化问题难以直接表达清楚的主观情况，或者地区在农村电子商务方面的发展历史、现状、规划等问题进行调查，从而得到更加细致、全面、深入的调查结果。访谈主要选取地方创业者代表、村镇的相关负责人以及淘宝村中合作企业负责人进行访谈。小组成员对于电商运营状况、农村地区电子商务发展规划与模式等问题进行了详细的提问，共进行了8次左右的深度访谈。其中，在惠东县共进行深度访谈4次，分别是3位淘宝网电商创业者代表与一位物流产业园区负责人；在洛阳平乐镇共进行深度访谈4次，分别是公司负责人、平乐镇镇长、平乐镇牡丹花创意园经理与园区创业者代表。

四、变量测量及统计结果

（一）数据检验和描述性统计分析

1. 数据检验

本文通过 SPSS 软件采用 α 信度系数法进行信度检验，结果见表 1，本次调研问卷三个部分的 Cronbach's α 分别为 0.960、0.864、0.933，达到了有效的标准且信度良好，问卷的内部一致性良好。

表 1   样本数据的信度检验

信度系数变量	基于标准化项的 Cronbach's α
创业环境要素评价	0.960
创业动机	0.864
淘宝村发展水平评价	0.933

2. 研究变量的描述性统计分析

表 2 为研究变量的描述性统计分析。总体上，创业环境要素的总体感知达到了基本满意水平（3.23），目前农村创业环境对创业的支持成效较为明显。具体来看，技术支持（3.51）、基础设施（3.31）两要素的得分最高，政策支持（3.10）与资源禀赋（3.11）为得分最低的两项。创业动机方面，创业者满意程度得分达到了基本满意水平且整体较高（3.50）。具体来看，成就型动机水平（3.73）大于生存型动机水平（3.24）。淘宝村发展状况方面，总体评价达到基本满意水平（3.07）。其中，网店经营状况的评价分数最低（2.37），没有达到基本满意水平。淘宝村发展评价方面，社会发展水平评价最高（3.40），生态环境评价最低（3.05）。

表 2   研究变量的描述性统计分析

变量		最小值	最大值	均值	标准差
创业环境要素评价	总体评价	1.00	5.00	3.23	1.34
	政策支持	1.00	5.00	3.10	1.37
	技术支持	1.00	5.00	3.51	1.25
	公共服务	1.00	5.00	3.19	1.38
	基础设施	1.00	5.00	3.31	1.35
	文化环境	1.00	5.00	3.21	1.35
	资源禀赋	1.00	5.00	3.11	1.35
	产业基础	1.00	5.00	3.24	1.34

续表

变量		最小值	最大值	均值	标准差
创业动机	总体动机	1.00	5.00	3.50	1.13
	生存型动机	1.00	5.00	3.24	1.17
	成就型动机	1.00	5.00	3.73	1.08
淘宝村发展状况	总体状况	1.00	5.00	3.07	1.33
	网店经营状况	1.00	5.00	2.37	1.47
	人居环境评价	1.00	5.00	3.23	1.17
	生态环境评价	1.00	5.00	3.05	1.17
	经济发展评价	1.00	5.00	3.31	1.15
	社会发展评价	1.00	5.00	3.40	1.09

根据以上分析,可得出以下结论:

(1)创业环境支持方面,目前农村创业环境对创业的支持较有成效,农村创业者对现有的创业环境评价基本良好。创业者对于技术支持与基础设施建设达到了较满意的水平。但是,有关创业政策支持的感知与评价较差,对创业资源的支持感知较为薄弱。图3比较了创业环境的各要素得分。

(2)创业动机方面,电子商务在农村已经有广泛的认知度与接受度。目前农村创业者普遍将电商创业视作一份社会认可度较高的工作,这与现阶段创业氛围的营造有较大关系。创业者的成就型动机较为强烈,生存型动机得分较低。

(3)淘宝村发展评价方面,目前淘宝村在乡村治理方面取得一定成效。网店经营评价较差是现阶段淘宝村发展存在的显著问题,也是导致社会不稳定的隐患。农村电商存在收入低、规模小、效率低的情况,大多电商以分散经营、小本生意居多,农民电商创业者的收入水平仍有待进一步提高。

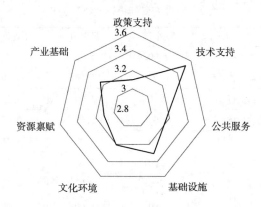

图3 创业环境各要素得分

（二）基于因子分析的创业要素综合评价

1. 效度检验

本次实践一共收集到 504 份有效问卷，根据施瓦布（Schwab，1980）样本量和测量题目的比例在 10∶1 的建议，达到了探索性因子分析对样本数量的一般要求。通过考察 22 个环境感知因素之间的线性相关关系，发现绝大部分相关系数大于 0.3，且 Bartlett 球形检验的 sig. 值为 0.000（数据来源于多元正态分布总体），Kaiser-Meyer-Olkin 值为 0.890，适合做因子分析，检验结果见表 3。

表 3　KMO 和巴特利特球形检验

取样足够度的 Kaiser-Meyer-Olkin 度量		0.89
Bartlett 球形检验	近似卡方	2 820.478
	df	231
	Sig.	0

2. 因子提取

采用方差最大旋转法（Varimax）对数据进行主成分分析，提取特征值大于 1 且方差被解释比例大于 70% 的公共因子，本研究中共有四个。图 4 给出了旋转后的各因子载荷，根据载荷绝对值大于 0.4 以上属于一个因子的原则，将原有题项分别提取到四个因子之下。

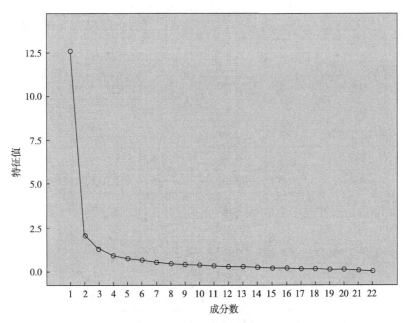

图 4　因子提取碎石图

3. 因子命名

提取的 4 个公共因子中，前三个维度与初始题项思路设置相同，分别为政策支持、技术支持与公共服务。因子 4 的 6 个指标，包括商业文化、电商能人、自然资源、资本资源、人力资源与原有产业基础，分析结果见表 4 和表 5。以上指标均属于产业资源范畴，兼具稀有性与独特性，是产业形成核心竞争力所必备的资源条件，所以命名为"产业资源"。

表 4　创业环境感知量表的探索性因子分析结果

题项	因子			
	1	2	3	4
第一部分（1）	0.208	0.739	0.244	0.282
第一部分（2）	0.354	0.822	0.099	0.189
第一部分（3）	0.323	0.760	0.150	0.248
第一部分（4）	0.237	0.759	0.159	0.211
第一部分（5）	0.105	0.514	0.618	0.102
第一部分（6）	0.257	0.739	0.383	0.046
第一部分（7）	0.094	0.368	0.600	0.248
第一部分（8）	0.176	0.338	0.750	0.079
第一部分（9）	0.329	0.411	0.256	0.614
第一部分（10）	0.321	0.299	0.226	0.717
第一部分（11）	0.334	0.302	0.227	0.775
第一部分（12）	0.590	0.164	0.367	0.513
第一部分（13）	0.457	0.188	0.586	0.330
第一部分（14）	0.433	0.005	0.677	0.314
第一部分（15）	0.619	0.059	0.512	0.226
第一部分（16）	0.688	0.225	0.335	0.290
第一部分（17）	0.737	0.266	0.129	0.402
第一部分（18）	0.732	0.281	0.178	0.366
第一部分（19）	0.756	0.342	0.140	0.185
第一部分（20）	0.855	0.240	0.140	0.227
第一部分（21）	0.835	0.315	0.201	0.155
第一部分（22）	0.865	0.264	0.187	0.092

注：提取方法为主成分，旋转法是具有 Kaiser 标准化的正交旋转法。

表5　旋转成分矩阵

维度	题项	因子1 政策 支持	因子2 技术 支持	因子3 公共 服务	因子4 产业 资源
政策支持	(1) 创业过程中有相关的税收减免与优惠政策支持	0.739			
	(2) 政府有对于创业者的贷款等金融政策支持	0.822			
	(3) 创业者可以享受到用地优惠方面的政策	0.760			
	(4) 政府或者有关部门积极推动电商领域的人才引进，扶持电商发展	0.759			
	(6) 政府或者有关部门法律法规保护创业者权益	0.739			
技术支持	(7) 在产品生产方面有先进的生产技术，保证产品的产量与质量		0.600		
	(8) 可以享受到先进的物流技术，保证产品在运输中的质量与到货时间		0.750		
公共服务	(10) 所在村、镇有电商创业服务点，满足创业者的创业需求			0.717	
	(11) 所在村、镇有专业合作社，鼓励规模化经营			0.775	
文化环境	(16) 所在村、镇有专门的商业文化教育				0.688
	(18) 所在村、镇有电商能人，对于创业起到示范带动作用				0.732
资源禀赋	(19) 所在村、镇有丰富、独特的自然资源可供利用				0.756
	(20) 所在村、镇有充足的人力资源，为电商提供充足的人力支持				0.855
	(21) 所在村、镇有丰富的资本资源，为电商创业提供足够的物力支持				0.835
产业基础	(22) 所在村、镇有特色产业基础，为电商的成功创办提供帮助				0.865

注：$N=504$；题项序号为创业环境要素评价初始量表的题项序号；剔除因子载荷小于0.4，以及同时在两个因子上的载荷大于0.4的题项，得到各因子具体包含的原始量表中的题项。

对创业者感知的环境要素评价量表的探索性因子分析结果如图5所示，对初始量表进行调整之后，题项综合为4个因子的15个。在后面的实证分析中，本文将使用调整后创业环境要素评价量表。

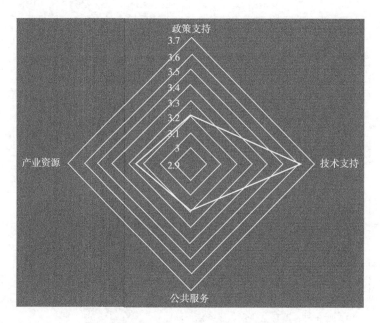

图5 基于因子分析的创业环境要素得分

（三）模型回归与中介效应检验

1. 观测变量的相关分析

本节对创业环境及其各要素、创业动机与淘宝村发展评价这三项的总体及其子维度进行相关分析，进而讨论主要观测变量的相关性。

表6是各变量的相关系数。分析结果显示，创业者感知的环境要素（总体、各子维度）与创业动机（总体、各子维度）之间显著相关（$0.360 \leqslant r \leqslant 0.501$，$p<0.01$），良好的创业环境可增强农村创业者的创业动机。创业环境（总体、各子维度）与淘宝村发展评价（总体、人居环境评价、生态环境评价、经济发展评价与社会发展评价四个维度）显著相关（$0.386 \leqslant r \leqslant 0.631$，$p<0.01$），创业环境要素评价较高的地区，创业者对于其地区发展前景较为乐观。但是创业环境与电商经营状况之间不存在显著的相关性（$0.013 \leqslant r \leqslant 0.060$，$p>0.01$）。创业动机对于淘宝村发展评价（总体、各子维度）显著相关（$0.505 \leqslant r \leqslant 0.672$，$p<0.01$），但是创业动机与电商经营状况之间不存在显著的相关性（$0.019 \leqslant r \leqslant 0.083$，$p>0.01$）。

表6 各变量的相关系数

	创业环境要素评价					创业动机			淘宝村发展水平评价					
	总体评价	政策支持	技术支持	公共服务	地区特色	总体动机	生存型	成就型	总体评价	经营状况	人居环境	生态环境	经济发展	社会发展
创业环境要素评价 总体评价	(0.960)													
政策支持	0.824**													
技术支持	0.785**	0.642**												
公共服务	0.836**	0.620**	0.542**											
地区特色	0.800**	0.631**	0.526**	0.729**										
创业动机 总体动机	0.455**	0.389**	0.368**	0.428**	0.501**	(0.864)								
生存型动机	0.488**	0.450**	0.360**	0.403**	0.442**	0.875**								
成就型动机	0.420**	0.371**	0.377**	0.394**	0.446**	0.904**	0.700**							
淘宝村发展水平评价 总体评价	0.592**	0.531**	0.456**	0.536**	0.557**	0.619**	0.623**	0.589**	(0.933)					
经营状况	0.034	0.004	0.060	0.013	0.020	0.053	0.019	0.083	0.323**					
人居环境	0.561**	0.460**	0.428**	0.524**	0.551**	0.656**	0.672**	0.595**	0.802**	0.018				
生态环境	0.510**	0.474**	0.386**	0.491**	0.505**	0.561**	0.592**	0.553**	0.770**	0.028	0.766**			
经济发展	0.553**	0.563**	0.396**	0.531**	0.631**	0.606**	0.624**	0.574**	0.783**	0.118	0.742**	0.676**		
社会发展	0.538**	0.456**	0.397**	0.515**	0.573**	0.576**	0.588**	0.534**	0.788**	0.060	0.726**	0.726**	0.770**	

注：** 表示 $p < 0.01$，$N = 504$，对角线上括号中的数值为 Cronbach's α 信度系数。

2. 中介效应检验

基于上文的逻辑框架，本文通过依次检验法检测创业动机在创业环境与淘宝村发展水平评价之间的中介效应，揭示创业环境对于淘宝村发展水平的内生机制。本研究中因变量（淘宝村发展水平评价）与自变量（创业环境）显著相关，在这个前提下考虑中介变量。具体方法为使用图 6 的三个方程进行第一、第二、第三步回归，然后遵循图 7 的步骤来检验中介效应是否存在。衡量中介效应的指标为 ME 与 RME，其中 ME 为绝对中介效应水平，RME 为相对中介效应水平。

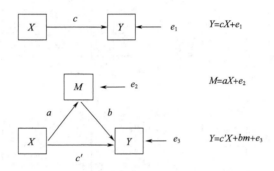

X—创业环境；M—创业动机；Y—淘宝村发展水平。

图 6　中介变量影响

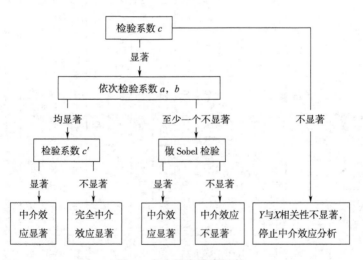

图 7　中介效应检验程序

表 7 是基于主模型的中介效应分析。通过分析可知，第一步回归揭示了创业者环境与创业动机正相关，回归系数显著（$\hat{a}=0.481$，$p<0.001$）。第二步回归揭示了创业环境与淘宝村发展评价正相关，回归系数显著（$\hat{c}=0.613$，$p<0.001$）。

第三步显示 $\hat{c}' = 0.377$，$\hat{b} = 0.499$，回归系数显著，但是自变量对因变量的回归系数显著减弱（$p < 0.001$ 到 $p < 0.01$），由此计算中介效应绝对值 $ME = 0.236$，中介效应相对值 $RME = 38.50\%$。因此可得结论：创业动机在创业者创业环境与淘宝村发展评价中间发挥中介效应。

表 7　基于主模型的中介效应回归检验

假设	被解释变量	解释变量	B	. SE	Beta	t	ADJ. R^2	F
H3a	创业动机	创业环境	0.484	0.043	0.618	11.205 ***	0.379	125.563 ***
	淘宝村发展评价	创业环境	0.534	0.048	0.613	11.063 ***	0.373	122.380 ***
	淘宝村发展评价	创业环境	0.482	0.052	0.377	9.209 ***	0.556	128.854 ***

注：*、**、*** 分别代表在 0.1、0.01、0.001 水平下显著。

表 8 是基于创业动机在创业环境要素各子维度与淘宝村发展评价的中介效应分析。

假设 I_1 中，第一步回归显示政策支持与创业动机正相关，回归系数显著（$\hat{a} = 0.423$，$p < 0.001$）。第二步回归显示政策支持与淘宝村发展评价正相关，回归系数显著（$\hat{c} = 0.525$，$p < 0.001$）。第三步回归显示 $\hat{c}' = 0.293$，$\hat{b} = 0.539$，回归系数显著，但是自变量对因变量的回归系数显著减弱（$p < 0.001$ 到 $p < 0.01$），由此计算中介效应绝对值 $ME = 0.232$，中介效应相对值 $RME = 44.19\%$。因此可得结论：创业动机在政策支持与淘宝村发展评价中间发挥中介效应。

假设 I_2 中，第一步回归显示技术支持与创业动机正相关，回归系数显著（$\hat{a} = 0.401$，$p < 0.001$）。第二步回归显示技术支持与淘宝村发展评价正相关，回归系数显著（$\hat{c} = 0.455$，$p < 0.001$）。第三步回归显示 $\hat{c}' = 0.221$，$\hat{b} = 0.573$，回归系数显著，但自变量对因变量的回归系数显著减弱（$p < 0.001$ 到 $p < 0.01$），由此计算中介效应绝对值 $ME = 0.234$，中介效应相对值 $RME = 51.42\%$。因此可验证：创业动机在技术支持与淘宝村发展评价中间发挥中介效应。

假设 I_3 中，第一步回归显示公共服务与创业动机正相关，回归系数显著（$\hat{a} = 0.454$，$p < 0.001$）。第二步回归显示公共服务与淘宝村发展评价正相关，回归系数显著（$\hat{c} = 0.578$，$p < 0.001$）。第三步显示 $\hat{c}' = 0.344$，$\hat{b} = 0.507$，回归系数

显著，但自变量对因变量的回归系数显著减弱（$p<0.001$ 到 $p<0.01$），由此计算中介效应绝对值 $ME=0.235$，中介效应相对值 $RME=40.48\%$。因此可验证：创业动机在公共服务与淘宝村发展评价中间发挥中介效应。

假设 I_4 中，第一步回归显示产业资源与创业动机正相关，回归系数显著（$\hat{a}=0.516$，$p<0.001$）。第二步回归显示产业资源与淘宝村发展评价正相关，回归系数显著（$\hat{c}=0.642$，$p<0.001$）。第三步回归显示 $\hat{c}'=0.403$，$\hat{b}=0.456$，回归系数显著，但自变量对因变量的回归系数显著减弱（$p<0.001$ 到 $p<0.01$），由此计算中介效应绝对值 $ME=0.139$，中介效应相对值 $RME=21.65\%$。因此可得结论：创业动机在产业资源与淘宝村发展评价中间发挥中介效应。

表 8　基于自变量各子维度的中介效应回归检验

假设	被解释变量	解释变量	B	. SE	Beta	t	ADJ. R^2	F
I_1	创业动机	政策支持	0.325	0.049	0.423	6.646 ***	0.175	44.170 ***
	淘宝村发展评价	政策支持	0.397	0.045	0.525	8.784 ***	0.272	77.156 ***
	淘宝村发展评价	政策支持	0.222	0.041	0.293	5.462 **	0.517	110.182 ***
I_2	创业动机	技术支持	0.330	0.053	0.401	6.228 ***	0.156	38.789 ***
	淘宝村发展评价	技术支持	0.368	0.051	0.455	7.279 ***	0.203	52.979 ***
	淘宝村发展评价	技术支持	0.179	0.044	0.221	4.047 **	0.487	97.925 ***
I_3	创业动机	公共服务	0.336	0.046	0.454	7.265 ***	0.202	52.789 ***
	淘宝村发展评价	公共服务	0.421	0.042	0.578	10.094 ***	0.331	101.880 ***
	淘宝村发展评价	公共服务	0.251	0.039	0.344	6.456 **	0.540	120.969 ***
I_4	创业动机	产业资源	0.389	0.046	0.516	8.573 ***	0.262	73.497 ***
	淘宝村发展评价	产业资源	0.488	0.041	0.642	11.943 ***	0.410	142.631 ***
	淘宝村发展评价	产业资源	0.306	0.041	0.403	7.495 **	0.566	134.173 ***

注：*、**、***的含义同表7。

表9揭示了创业动机各子维度在创业环境与淘宝村发展评价中间发挥的中介效应。

假设 II_1 中,第一步回归揭示了创业环境与生存型动机正相关,回归系数显著 ($\hat{a}=0.696$, $p<0.001$)。第二步回归与主模型中第二步回归相同,在此省去,其中 $\hat{c}=0.613$,且回归系数显著 ($p<0.001$)。第三步显示 $\hat{c}'=0.341$, $\hat{b}=0.460$,回归系数显著,但是自变量对因变量的回归系数显著减弱 ($p<0.001$ 到 $p<0.01$),由此计算中介效应绝对值 $ME=0.272$,中介效应相对值 $RME=44.42\%$。因此可验证:生存型动机在创业环境与淘宝村发展评价中间发挥中介效应。

假设 II_2 中,第一步回归揭示了创业环境与成就型动机正相关,回归系数显著 ($\hat{a}=0.623$, $p<0.001$)。第二步回归与主模型中第二步回归相同,在此省去,其中 $\hat{c}=0.613$,且回归系数显著 ($p<0.001$)。第三步显示 $\hat{c}'=0.421$, $\hat{b}=0.438$,回归系数显著,但是自变量对因变量的回归系数显著减弱 ($p<0.001$ 到 $p<0.01$),由此计算中介效应绝对值 $ME=0.192$,中介效应相对值 $RME=31.31\%$。因此可验证:成就型动机在创业环境与淘宝村发展评价中间发挥中介效应。

表9　基于创业动机各子维度的中介效应回归检验

假设	被解释变量	解释变量	B	.SE	Beta	t	ADJ. R^2	F
II_1	生存型动机	创业环境	0.622	0.045	0.695	13.782***	0.481	189.933***
	淘宝村发展评价	创业环境	0.297	0.048	0.341	0.625***	0.563	132.308***
II_2	成就型动机	创业环境	0.621	0.055	0.623	11.354***	0.385	128.925***
	淘宝村发展评价	创业环境	0.367	0.043	0.421	7.870**	0.582	114.787***

注:*、**、***的含义同表7。

表10揭示了创业动机各子维度在创业环境与淘宝村发展评价中间发挥的中介效应。

假设 III_1 中,第一步回归方程与主模型的第一步回归方程相同,故在此省去,其中 $\hat{a}=0.481$,且回归系数显著 ($p<0.001$)。第二步回归显示,创业环境支持与创业者人居环境评价正相关,且回归系数显著 ($\hat{c}=0.594$, $p<0.001$)。第三步显示创业环境支持与创业者人居评价正相关,$\hat{c}'=0.353$, $\hat{b}=0.548$,回归系数

显著，且自变量创业环境的回归系数并未明显减弱，由此计算中介效应绝对值 $ME = 0.241$，中介效应相对值 $RME = 40.57\%$。因此可验证：创业动机在创业环境与淘宝村人居环境评价中间发挥中介效应。

假设 III_2 中，第一步回归方程与主模型的第一步回归方程相同，故在此省去。第二步回归显示，创业环境与创业者生态环境评价正相关，且回归系数显著（$\hat{c} = 0.553$，$p < 0.001$）。第三步显示创业环境支持与创业者生态环境评价正相关，$\hat{c}' = 0.356$，$\hat{b} = 0.475$，回归系数显著，且自变量创业环境的回归系数并未明显减弱，由此计算中介效应绝对值 $ME = 0.197$，中介效应相对值 $RME = 35.62\%$。因此可验证：创业动机在创业环境与淘宝村生态环境评价中间发挥中介效应。

假设 III_3 中，第一步回归方程与主模型的第一步回归方程相同，故在此省去。第二步回归显示，创业环境与创业者经济发展评价正相关，且回归系数显著（$\hat{c} = 0.574$，$p < 0.001$）。第三步显示创业环境与创业者经济发展评价正相关，$\hat{c}' = 0.375$，$\hat{b} = 0.486$，回归系数显著，且自变量创业环境的回归系数并未明显减弱，由此计算中介效应绝对值 $ME = 0.199$，中介效应相对值 $RME = 34.67\%$。因此可验证：创业动机在创业环境与淘宝村经济发展评价中间发挥中介效应。

假设 III_4 中，第一步回归方程与主模型的第一步回归方程相同，故在此省去。第二步回归显示，创业环境与创业者社会发展评价正相关，且回归系数显著（$\hat{c} = 0.563$，$p < 0.001$）。第三步显示创业环境与创业者社会发展评价正相关，$\hat{c}' = 0.347$，$\hat{b} = 0.420$，回归系数显著，且自变量创业环境的回归系数并未明显减弱，由此计算中介效应绝对值 $ME = 0.216$，中介效应相对值 $RME = 38.36\%$。因此可验证：创业动机在创业环境与淘宝村社会发展评价中间发挥中介效应。

表10　基于淘宝村发展评价各子维度的中介效应回归检验

假设	被解释变量	解释变量	B	. SE	Beta	t	ADJ. R^2	F
III_1	人居环境评价	创业环境	0.576	0.055	0.594	10.510 ***	0.349	110.462 ***
	人居环境评价	创业环境	0.342	0.053	0.353	6.515 ***	0.540	120.876 ***
III_2	生态环境评价	创业环境	0.569	0.064	0.553	9.445 ***	0.302	89.202 ***
	生态环境评价	创业环境	0.366	0.062	0.356	5.888 ***	0.428	77.451 ***

续表

假设	被解释变量	解释变量	B	. SE	Beta	t	ADJ. R^2	F
III_3	经济发展评价	创业环境	0.516	0.052	0.574	9.995***	0.327	99.902***
	经济发展评价	创业环境	0.337	0.053	0.375	6.370***	0.456	86.455***
III_4	社会发展评价	创业环境	0.542	0.056	0.563	9.698***	0.313	94.059***
	社会发展评价	创业环境	0.335	0.056	0.347	5.948***	0.465	89.69***

注：*、**、***的含义同表7。

3. 研究结论

本研究以淘宝村的创业者为调查对象，通过实地发放调查问卷取得样本数据，研究了农村创业环境支持对农民创业者淘宝村发展评价与网店经营状况的影响机制，发现创业动机在创业环境支持和淘宝村发展评价（人居环境评价、生态环境评价、经济发展评价、社会发展评价）中发挥着重要的中介效应，但是创业环境支持和电商经营状况间并没有显著的相关关系。本研究假设的检验结果如表11所示。

表11 研究假设及检验结果

研究假设	检验结果
H1：在创业环境要素方面，政策支持、技术支持、公共服务和产业资源共同构成了农村创业环境，对淘宝村发展评价产生正向影响	通过
H2：创业环境对于创业者的创业动机产生正向影响	通过
H3a：创业者创业动机在创业环境与淘宝村发展评价的关系中发挥中介效应	通过
H3b：创业者创业动机在创业环境与电商经营状况的关系中发挥中介效应	不通过

其中，中介效应分析的检验结果见表12。

表12 中介效应分析结果汇总

逻辑框架	假设验证	$\hat{c}$与$\hat{c}'$显著性水平变化	ME	RME	结果
主逻辑框架	H3a	*** → **	0.236	38.40%	正效应
基于创业环境要素的子逻辑	I_1	*** → **	0.232	44.19%	
	I_2	*** → **	0.234	51.42%	

续表

逻辑框架	假设验证	$\hat{c}$ 与 $\hat{c}'$ 显著性水平变化	ME	RME	结果
基于创业环境要素的子逻辑	I₃	*** → **	0.235	40.48%	
	I₄	*** → **	0.139	21.65%	
基于创业动机的子逻辑	II₁	*** → **	0.272	44.42%	正效应
	II₂	*** → **	0.192	31.31%	
基于淘宝村发展评价的子逻辑	III₁	无变化	0.241	40.57%	
	III₂	无变化	0.197	35.62%	
	III₃	无变化	0.199	34.67%	
	III₄	无变化	0.216	38.36%	

注：*、**、*** 的含义同表 7。

基于以上分析，本文得出以下结论：

第一，有效的农村创业环境支持可以增强农村创业者创业动机，从而增加其对于淘宝村发展状况的评价与感受。

第二，基于创业环境要素各子维度的分析结果表明：创业者的创业动机在创业环境支持的 4 个子维度（政策支持、技术支持、公共服务、产业资源）与淘宝村发展评价的正向关系中发挥中介效应，其中创业动机在技术支持与淘宝村发展评价中的中介效应最为显著（RME＝51.42%）。这说明创业环境各个要素的支持都会提高创业者对于农村电商集群的发展评价，而技术支持对于农村创业者来说在产品的生产、运输、销售等方面起到了更为显著的作用。农民创业者把其视为一种提高自身就业技能与生存状况的直接手段，感知相对其他支持要素更为强烈，那么其创业动机与日后对于生活环境主动性的建设意识也更为显著。其次是政策支持方面（RME＝44.19%）。通过调研发现，创业者对于政策支持的感知主要集中在基层政府的管理与地方政府的政策方面，其对于创业者创业动机进而对于淘宝村发展评价影响较为显著，基层治理水平很大程度上决定了创业者对于乡村发展的感知与评价。

第三，创业者的生存型动机在创业环境与淘宝村发展评价关系中的中介效应（RME＝44.42%）显著大于成就型动机发挥的中介效应（RME＝31.31%）。这说明现阶段农民创业者普遍将电商创业视作基本的谋生手段。究其原因，一方面，随着城市的日益扩张与城镇化水平的提高，大量失地农民被迫返乡或在城中寄居，农民工个人素质不能跟上城市快速发展的步伐与日益提高的人力资源要求；另一方面，农村面临日渐空心化、农业边缘化、传统农业种植方式无法有效保障农民效益等问题。所以,在创业环境的催化下,一些农民加入创业大军,在保证生活与就业的基础上,其对于淘宝村的发展评价也有所提升。

第四,农村创业环境支持与电商经营水平间没有显著的相关关系。农村电商创业环境在鼓励农民就业创业方面较有成效,但是当农民真正走到电商领域中,成为独立个体参与市场竞争时,在规模、产品、营销、人力等方面均存在不足,成为潜在的弱势群体。现有阶段的创业环境支持并不能很好地解决农村电商的经营问题,农村电商经营方面依然处于小规模、低效率、低收入、自组织阶段,这不仅使商户难以获得规模经济效益,也为产品的质量安全带来隐患,阻碍乡村整体经营水平的提升。

第五,创业者创业动机在创业环境与淘宝村发展评价的各个子维度(人居环境评价、生态环境评价、经济发展评价、社会发展评价)中发挥中介效应,其中创业动机在创业环境支持与人居环境评价中发挥的中介效应最强($RME = 40.57\%$)。但是这4条路径直接效用的显著性水平均未发生变化。创业者对于淘宝村发展评价在细分到各维度时均有所下降。这说明,一方面,创业环境支持解决农民就业问题,增加农民的收入来源,农民创业者对于更直接感受到的人居环境提升有较高的评价;另一方面,当乡村治理模式与创业环境相冲突、电商经营水平低、收入不能达到一定水平的情况下,创业者对于淘宝村发展水平的正面评价会因此大打折扣。

五、试验性对策与展望

(一) 顶层设计主导农村电商集群发展,构建协调可持续的农村创业环境

在中国,中央政府是维持社会政治生活稳定的主导力量,承担着提供宪法秩序、法律、意识形态等制度安排的职能。通过历史梳理可以发现,淘宝村的诞生有很大程度的个体自发性,但是这种自发性依赖于特定的历史背景、初始条件与制度环境,是伴随着中国市场经济体制改革与农村经济体制改革的外部培育下内生秩序的深刻变化而逐步产生的。在乡村振兴、大众创业与万众创新上升为国家战略并受到广泛关注的背景下,作为顶层制度的设计者,国家应在宏观调控的基础上,根据地区发展的现实情况实现有效的制度供给,优化创业制度环境,着力缩小地区差异,实现地区协调发展。在此基础上,完善政策支持体系,激发多主体参与现有农村电商集群的发展,建立政府、市场、创业主体三位一体的协调发展机制。

(二) 优化乡村政治生态,逐步提升村民自治组织在基层治理中的地位

在当代基层政治生活中,村民自治制度的权力下放虽然满足了基层群众自治

的需求，但也导致一些村干部将手中的权力当成谋取私利的工具，在以个体经营为主的电商集群中更易发生。同时在创业环境的催化下，淘宝村中创业者的民主观念、发展动机更为强烈，乡村的治理呈现主体多元化、利益差异化的特点，因此，优化政府与村民的关系，提升乡村政治生态环境，推动基层治理的制度化、法治化发展，是提升淘宝村等电商集群村内生力与稳定性的重要前提。在此基础上，将发展经济、文化、社会与生态有机结合，完善市场经济下乡村的法律、道德共同约束的监督机制，建设可持续的新型农村电商集群，提升创业者的环境满意度。进一步鼓励村民自治组织等更深层次的自主合作模式，激发农村创业主体的积极性与农村社会发展的活力。

（三）以技术引进与数据革命激活乡村内生机制，深化电子商务在农村的应用

电子商务可以为农村创业者提供销售产品的平台，实现商流、物流、信息流与资金流的高度融合，节省流通成本与交易费用。电子商务也是增加农村治理现代化、农民现代化，增强农村内生动力的途径。所以，地方政府与企业应以大数据构建新型营销生态为主要突破口，结合农村电商的宣传与应用，在支持农民创业、提供相关服务的基础上，提高农民创业者的电商意识，推动电子商务在农业、文化产业等特色产业的应用。增强农民创业者技术培训，在有效提升创业者对乡村环境评价的同时，也要适当引进先进的生产与流通技术，推动农村电商在产品生产、销售方面效益的提升。

（四）以地区优势带动产品创新、重塑乡村活力，培育新型市场竞争力

目前，淘宝村发展的地区不平衡正在日渐扩大，随之而来的是地区间发展模式的分化与地区分工程度的加深。地方政府及企业应注重地区发展的优势，明确农村电商发展目标，以技术应用与新业态的提升为核心，结合农村地区资源优势，推动产业链纵向一体化，扶持专业合作社与龙头企业的发展，带动产品创新，保证产品质量，增强具有地区特色的市场竞争力。

（五）提升创业者能动性，通过深度学习与主动探索实现经营业绩增长

农村创业者是淘宝村最庞大的组成要素，也是直接参与乡村建设与发展的最重要群体。所以，发挥创业者的能动性与创造力是促进乡村电商集群发展的关键。根植于中国乡村的熟人社会关系网络具有较为一致的"集体意识"，而这一特点有利于淘宝村电商集群的成长与扩散。所以，要鼓励创业者向电商能人学习、参与培训、广泛合作，以此丰富自身经营经验、增加专业技能、扩大规模、

深入了解市场变化、创新营销方式，是电商创业者在实现经营业绩提升方面应予重视的可行路径。

六、淘宝村生存状态评估

秉承上文淘宝村内生机制的经济学研究框架，以社会学视角，依据调查数据，结合访谈信息，总结淘宝村生存状态的共性特征，在此基础上展现广东、河南两省淘宝村发展过程中的个性问题，为后续的电商集群发展、乡村治理研究与有关政策制定提供现实依据。

（一）共性特征

1. 基于创业环境要素的评估

本部分总结广东、河南两省在创业环境方面取得的主要成就与存在的问题。

在主要成就方面，技术支持与基础设施是创业环境感知中得分较高的两项。

由图8可以看出，在得分最高的技术支持方面，分别有高达32.2%与29.8%的创业者对物流技术、生产技术给予非常满意的评价，仅有7.3%的创业者对物流技术非常不满意，8.3%的创业者对生产技术非常不满意。通过调研发现，淘宝村中的创业者多以自产自销方式经营，以代销方式经营电商的创业者的货源距离办公地点近，且均为熟人之间分工协作，所以对生产技术要求较低。物流技术方面，由于目前农村电商经营的产品种类、等级以及生产能力、经营规模等原因制约，物流技术在现阶段能满足农村电商运输货物的需求，同时多数淘宝村都有物流公司入驻提供较为高效的流通服务，因此创业者的评价普遍较高。

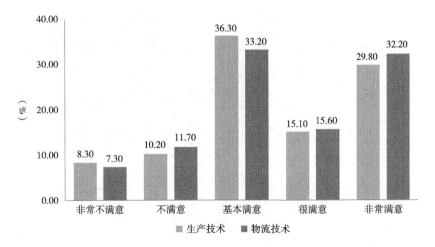

图8 技术支持各指标评价

由图9可以看出，在基础设施方面，分别有高达32.3%和28.3%的创业者给予宽带网络设施与市政设施非常满意的评价，对于农民创业者日常经营基本需求满足程度较高。两项指标感知基本满意以上的人数超过60%。调研发现，大多数淘宝村已经实现光纤网络全覆盖，在市政设施方面也基本满足要求。只有极少数出现停电、停水的现象。

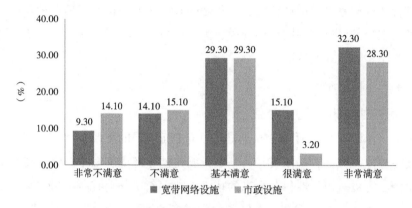

图9 基础设施各指标评价

在主要问题方面，创业政策与资源禀赋是创业环境感知中得分较低的两项。

（1）创业政策体系有待完善。由图10可以看出，针对创业环境要素所包含的具体指标进行分析，结果显示，在得分较低的政策支持方面，创业者对于贷款等有关金融政策感受程度最低，仅有7.3%的创业者给出了非常满意的评价。其次是用地政策、税收减免与优惠政策，分别有19.6%与16.6%的创业者非常不满意。

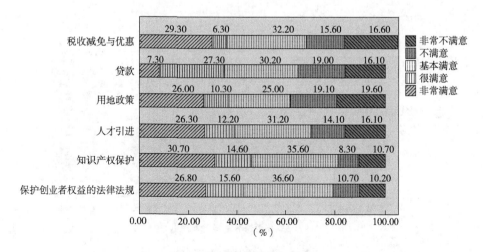

图10 政策支持各指标评价

（2）资源禀赋利用有待加强。由图 11 可以看出，在得分较低的资源禀赋方面，创业者对创业所需要的自然资源、资本资源、人力资源的满意程度均较弱，对人力资源与资本资源不满意和非常不满意的比例均为 34.7%，有 34.8% 的创业者认为本地自然资源不能促进电商创业。目前，乡村的特色资源在淘宝村的利用价值不高。

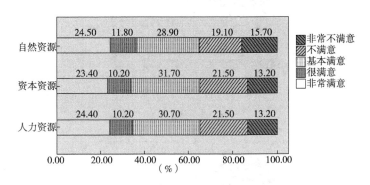

图 11　资源禀赋各指标评价

2. 基于淘宝村发展状况的评估

本部分主要总结广东、河南两省在电商经营水平与淘宝村发展评价方面取得的主要成就与存在的问题。

由图 12 可以看出，在网店经营状况方面，高达 64.9% 的创业者销售额在 200 万元以下，仅有 12.7% 的创业者销售额在 400 万元以上。由图 13 可知，在网店员工人数方面，33.7% 的创业者拥有员工数量在 3 人以下，24.9% 的创业者拥有员工数目为 4~6 人，仅有 19.5% 的电商创业者拥有 12 人以上员工。由图 14 可知，在网店年宣传与广告费用方面，花费 10 万元以下的网店有 45.9%，有高达 18% 的创业者花费 40 万元以上。

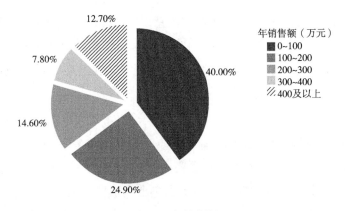

图 12　年销售额

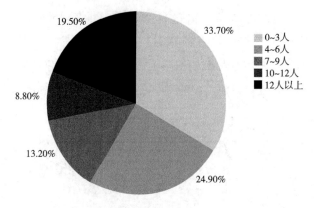

图 13 员工人数

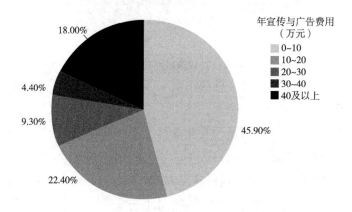

图 14 年宣传与广告费用

3. 淘宝村发展评价

由图 15 可以看出,社会发展水平较高。创业者对社会发展评价为 4 个子维度中最高,创业者对于城市接纳度提升与人际关系改善有较强的感受,分别有超过 87.9%与 88.4%的创业者给出了基本满意以上的评价。但是创业者对于公共事务参与度评价最低,大多数创业者属于小本经营,很多电商创业者在个人利益与集体利益的夹缝中艰难生存,电商组织协会也多名存实亡,导致农民创业者普遍存在的公共意识与公共精神的缺乏。

由数据分析可知,生态环境污染,小商户难以对接大市场与电商缺乏稳定性是目前淘宝村发展面临的主要困境。

由图 16 可以看出,生态环境问题突出。在淘宝村环境评价方面,创业者对于生态环境评价最低,其中仅有 18.6%的创业者对于"环境污染减少"给予非常满意的评价。在植被覆盖增加方面,仅有 19%的创业者给予非常满意的评价。

通过调研发现，创业者对于快递包装的污染与污水排放方面感受强烈，白色污染与污水的不当处理在农村电商聚集区仍是主要的环境问题。由于监管不力，有些污染物未经处理直接排入自然环境中。

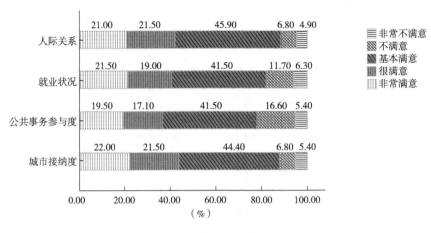

图15 社会发展各指标评价

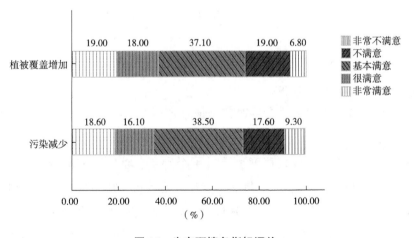

图16 生态环境各指标评价

　　小商户与大市场对接困难。在运营策略方面，现阶段农村电商主要以家庭为组织单位，依靠个人力量运营。大部分运营策略适用于大型企业电商，几乎没有为小型个体电商创业者制定的营销方案，运营商更倾向于成熟的资金雄厚的电商，这导致农村电商无法适应激烈的市场竞争，规模难以扩大。在对接市场方面，小商户依靠分散化的自产自销方式在网上售卖产品，很大一部分电商无法顺应市场发展的趋势，没有良好的发展策略与组织化路径连接小商户与大市场。

由图 17 可以看出，电商创业缺乏稳定性。尽管目前农村电商的数量与日俱增，但是日新月异的市场环境与农村传统的经营组织方式的矛盾，使很多创业者在激烈的市场竞争中难以为继，并且他们没有接受系统的经营培训，知识、技能方面薄弱，对于市场环境、营销策略认识不足，增加了收入预期的不确定性。

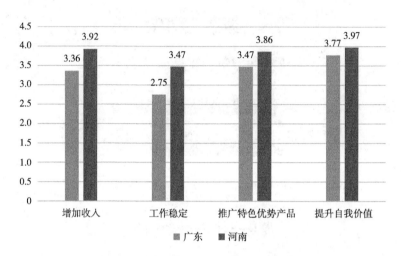

图 17　广东、河南创业动机各指标得分

（二）个性问题

1. 广东淘宝村存在的问题

（1）乡村基层治理状况有待改善。通过调研得知，广东惠州的一些创业者对于政策支持的评价较差。在创业者眼中，农村基层自治环境对于电商创业存在隐性的阻碍作用，这也很大程度上造成了个别富、整体穷的淘宝村"零散化"发展以及个人富裕与集体富裕不同步的状况。对政策支持与乡村基层治理环境评价不高也削弱了创业者在乡村创业环境与整体发展方面的正面评价。

（2）创业初期融资困难。在电商创业起步阶段，资金是创业者最大的阻碍。在广东当地，创业者对政府提供的资金优惠政策感知较差，并且在没有配套的融资方案与信用体系建设、银行抵押借款的流程繁琐、自身条件难以符合贷款标准的情况下，个体创业者只能以自筹资金的方式进行融资。

（3）社会组织发育不足。广东的电商组织虽然名义上存在，但是多为大户电商的自发组织，规范性差，效率较低，对创业者的指导意义小，小规模的电商创业者进入存在壁垒。这就导致了很多创业者在创业初期会陷入迷茫，大多数创业者都难以突破销售额的瓶颈，造成了农村电商更大规模的两极分化现象。

2. 河南淘宝村存在的问题

（1）创业支持导向存在偏差。通过调研发现，政府的培训还停留在作画培训阶段，缺乏一些熟练掌握电子商务技术并能运用电子商务解决实际问题的综合性电商人才。另一方面，政府的扶持工作主要还在产品制造方面，对于电子商务专业人才的引进和扶持力度不大。

（2）创业者电商意识薄弱。通过与创业者的交流发现，大多数创业者或村民对于地区传统文化与历史渊源较为熟悉，而对互联网、电商、科技等方面的感知较差，电商意识薄弱。这不仅表现在一些创业者只停留在形式上的售卖而没有真正深入到市场层面进行较为系统科学地经营，还表现在一些村中淘宝代理购物店的广泛设立。可见，在自主创业的商业氛围与农民的电商意识方面，河南省的一些地区依然较为薄弱。

作者简介：

贾宁南，2016 级首经贸经济学院本科；米蕾，2016 级首经贸经济学院本科，现就读于香港理工大学；李慧媛，2016 级首经贸经济学院本科，中央财经大学硕士，现就职于河南省人才集团；李元昊，2016 级首经贸经济学院本科，曾获得院长奖章等荣誉，现就职于中国建设银行；陈浩宇，2016 级首经贸经济学院本科、硕士，现就职于国家外汇管理局中央外汇业务中心。

参考文献

［1］GARTNER W B, 1985. A conceptual framework for describing the phenomenon of new venture creation ［J］. The academy of management review, 10（4）：696-706.

［2］SCHWAB D P, 1980. Construct validity in organization behavior ［J］. Research in organizational behavior, 2：3-43.

［3］阿里研究院, 2017. 淘宝村：乡村振兴的先行者：中国淘宝村研究报告（2017年）［R］. 杭州：阿里研究院.

［4］陈娅娅, 2017. 基层政府的乡村治理能力现代化思考：农村民间组织参与治理的视角 ［D］. 太原：太原理工大学.

［5］崔丽丽, 王骊静, 王井泉, 2014. 社会创新因素促进"淘宝村"电子商务发展的实证分析：以浙江丽水为例 ［J］. 中国农村经济（12）：50-60.

［6］杜海东, 李业明, 2012. 创业环境对新创企业绩效的影响：基于资源中介作用的深圳硅谷创业园实证研究 ［J］. 中国科技论坛（9）：77-82.

［7］房冠辛, 2016. 中国"淘宝村"：走出乡村城镇化困境的可能性尝试与思考：一种城市社会学的研究视角 ［J］. 中国农村观察, 2016（3）：71-81.

［8］耿宁, 李秉龙, 2014. 产业链整合视角下的农产品质量激励：技术路径与机制设计 ［J］. 农业经济问题, 35（9）：19-27, 110.

［9］黄蔚, 2004. 中国农村全面小康之路：农村经济、政治、文化全面发展 ［J］. 管理世界（9）：141-142.

［10］孔祥智, 2019. 实施乡村振兴战略的进展、问题与趋势 ［J］. 中国特色社会主义研究（1）：5-11.

［11］黎志勇, 2018. 新时代乡村政治生态建设路径探析 ［J］. 国家治理（Z1）：13-20.

［12］李俊杰, 马楠, 2017. 产业资源相对承载力视角下民族地区产业发展与经济增长路径研究 ［J］. 中国人口·资源与环境, 27（3）：123-129.

［13］李兴宏, 李恒, 叶涛涛, 等, 2018. 农村电子商务对当地经济-社会-生态协调发展的影响研究：以睢宁县为例 ［J］. 时代金融, 2018（11）：88-90.

［14］李智, 2012. "中国特色"语境下的现代流通体系发展方略研究 ［J］. 中国软科学（4）：1-10.

［15］梁强, 邹立凯, 杨学儒, 等, 2016. 政府支持对包容性创业的影响机制研究：基于揭阳军埔农村电商创业集群的案例分析 ［J］. 南方经济（1）：

42-56.

[16] 刘彬彬，林滨，冯博，等，2017. 劳动力流动与农村社会治安：模型与实证 [J]. 管理世界（9）：73-84.

[17] 钮钦，2016. 中国农村电子商务政策文本计量研究：基于政策工具和商业生态系统的内容分析 [J]. 经济体制改革（4）：25-31.

[18] 宋振波，2018. 乡村振兴视阈下优化政治生态的探索与思考 [J]. 国家治理（Z1）：63-68.

[19] 王超，龙飞扬，2017. "一村一品"农村电商发展模式浅析：以江苏宿迁市宿豫区为例 [J]. 江苏农业科学，45（4）：293-295.

[20] 徐占东，陈文娟，2017. 大学生创业特质、创业动机及新创企业成长关系研究 [J]. 科技进步与对策（2）：51-57.

[21] 张静，沙洋，2018. 乡村振兴背景下基于市场主导的基层政府职能转变研究：以浙江省为例 [J]. 小城镇建设（6）：108-112，118.

[22] 张晓芸，朱红根，解春艳，2014. 基于农民视角的农村创业环境满意度评价 [J]. 农村经济（9）：96-101.

[23] 张长江，2018. 返乡农民推动乡村治理现代化研究 [J]. 农业经济（4）：70-72.

[24] 郑雪，2016. "淘宝村"发展模式及培育对策研究：基于嘉兴市的实证分析 [J]. 西部经济管理论坛，27（2）：34-39.

[25] 朱余斌，2017. 建国以来乡村治理体制的演变与发展研究 [D]. 上海：上海社会科学院.

环境规制对中国经济增长方式转变的影响研究

作者：张续、王乃千

指导老师：王军

获奖情况：第九届"挑战杯"首都大学生课外学术科技作品竞赛三等奖

摘要：为了探究我国环境规制对经济转型的影响，本文将环境全要素生产率增长在经济增长中的贡献率作为反映经济增长方式的指标，使用方向性环境距离函数和序列 Malmquist-Luenberger 指数测算。以二氧化硫浓度达标率、废水排放达标率、烟尘排放达标率和固体废弃物综合利用率，作为反映环境规制强度的四个单项指标，用熵值法折算出综合指标。利用我国 30 个省份 2004—2013 年的面板数据，对环境规制对经济增长方式的影响进行实证分析。结果显示，从全国看，环境规制对经济增长方式转变有显著且持续的正效应，经济增长方式趋向于生态化、集约化。从东部、中部、西部三个地区看，中西部环境规制强度低于东部，且环境规制对经济增长方式转变的影响具有滞后性。进一步实证分析得出这种现象的主要原因是市场化水平的差异。随着市场化水平的提高，环境规制对经济增长方式转变有愈发显著的积极作用。最后本文根据结论提出了政策建议。

关键词：环境规制；经济增长方式；环境全要素生产率

一、引言

（一）提出问题

当今社会，环境问题越来越受到各国重视。对于经济转型时期的中国而言，在环境保护和经济增长之间取得平衡，制定出合理有效的环境政策，是保持经济可持续发展的必然要求。

中国经济的高速增长以环境严重恶化为代价。改革开放以来，人均 GDP 从 1978 年的 385 元，增长到 2014 年的 47 203 元，中国经济高速发展。[①] 与此同时，能源的过度损耗和环境的逐步恶化成为工业化、城市化的代价。2014 年，中国废水排放总量 716.2 亿吨，废气中二氧化硫排放量 1 974 万吨。[②] 根据耶鲁大学公布的《2016 年环境绩效指数报告》，中国空气质量在全球排名倒数第二。

中国经济发展要求紧跟时代的更加有效的环境规制。近年来，中国经济高速增长，并非依靠全要素生产率（TFP）的显著提高，而是以高投入、高污染为代价。随着环境状况恶化，能源资源供应紧张，粗放的增长方式已不适合中国社会，可持续发展的目标要求更加有效的环境政策，以达到经济和环境的双赢。

综上，对于如何转变经济增长长久以来的模式，走低能耗、低污染的新型工业化道路，是中国建立资源集约型、环境友好型社会所面临的现实问题，也是经济增长所面对的严峻挑战。基于此，本文参考国内外学者的研究经验，根据我国具体情况，探究环境规制对我国经济增长的影响。

（二）文献综述

随着环境问题逐步受到人们的重视，世界各国很多学者都对环境状况和经济增长的关系进行了探讨。本文将其归纳为以下三种观点。

（1）环境规制将增加企业成本，具有负面效应。这种观点认为，在既定的生产条件下，企业以利润最大化为目标，已经做出最优选择，这时加入环境规制，使企业改变最优决策，增加成本，降低生产效率。巴伯拉和麦康奈尔（Barbera and McConnel，1990）研究美国环境规制对企业生产效率的影响时，利用 1960—1980 年多个代表性行业的面板数据进行计量分析，发现环境规制使企业成本提高，导致生产效率下降 10% ~ 30%。

（2）环境规制将推动技术创新，具有正面效应。这种观点认为，虽然环境规制在一定程度上增加了企业的生产成本，但同时会推动企业研发更先进的技术来提高生产效率。而这种技术创新所带来的经济效益，足以弥补环境成本增加对行业的不利影响，从而推动经济增长。波特（Porter，1995）认为，只要环境规制合理有效，就能促进企业优化资源配置，提高技术水平，提高生产效率。宋马林等（2013）利用 1992—2010 年中国 30 个省份的数据，通过 DEA 方法分解影响环境效率的因素，得出技术进步有利于提升环境效率的结论。

---

① 见国家统计局和世界银行网站数据。
② 见环保部网站数据。

（3）环境规制对经济增长的影响是不显著的或不能确定的。这种观点认为，不同的国家经济发展状况各异，不同的行业环境成本各异，因而不同的经济规制强度和经济规制工具所造成的影响是不确定的。张成等人（2011）利用中国30个省份1998—2007年的面板数据，分析环境规制与技术进步的关系，认为随着环境规制的逐步增强，规制对东部和中部地区技术进步呈现U形特征，而在西部地区，环境规制和技术进步的关系不显著。

关于环境规制对经济增长的影响，以上三种观点是比较具有代表性的。但是，环境规制的经济效应研究仍有很大的改进空间。第一，已有研究多将技术创新、生产效率、产业竞争力等作为衡量经济水平的指标，然而环境规制不仅仅是简单地作用于经济增长水平本身，它所要改变的更是经济增长的方式；第二，已有研究在衡量环境规制水平时所选指标各异，但大多具有片面性，不能很好地反映政策的真实力度。

基于此，本文将建立一个综合反映环境规制强度的指标，并从经济增长方式转变的角度出发，对环境规制的经济效应进行实证分析。

（三）研究思路

本文结合我国的具体资源环境条件和经济发展状况，说明不同环境规制工具的作用机制和效果，之后从工业产业转型角度实证分析环境规制的经济效应。考虑到测度经济增长方式转变这一本质影响，与测度经济增长速度和水平的不同，因此选择环境全要素生产率的增长在经济增长中的贡献率作为反映经济增长方式的指标，使用方向性环境距离函数和Malmquist-Luenberger序列指数的方法对其进行核算。在环境规制方面，由于政策的强度无法通过某个已有的指标确切测度，因此选择二氧化硫、工业废水和工业烟尘排放达标率，以及工业固体废弃物综合利用率四个单项指标，通过熵值法折算出综合指数，作为反映环境规制强度的指标。选取我国30个省份2004—2013年的省级面板数据，分为全国层面和东部、中部、西部地区层面，运用模型进行计量分析。基于实证分析的结果，推断其产生原因，并通过进一步实证分析检验其正确性。最后，总结环境规制的经济效应并尝试提出政策建议。

二、环境规制经济效应研究的理论基础

（一）经济增长方式的测度

前人多用全要素生产率度量经济增长水平，如刘国光（2001）等。为了突出

经济增长方式转变这一实质性变化，后来有学者使用全要素生产率增长在经济增长中的贡献率作为度量经济增长方式的指标，如林毅夫、苏剑（2007）等。为了体现经济的可持续发展要求，突出经济发展由粗放型、忽略资源型向集约型、环境友好型的转型方向，本文在已有研究基础上，使用环境全要素生产率在经济增长中的贡献率作为度量经济增长方式的指标。环境全要素生产率是扣除对环境的不利影响后的绿色生产率，它对经济增长贡献程度的变化能够反映经济增长方式的变化。

（二）环境规制的手段

1. 强制型环境规制

强制型环境规制指国家制定的、要求企业强制执行的、关于环境保护的一系列法律法规，以及相关技术标准和污染排放、能源使用的标准。如《中华人民共和国环境保护法》（2016）第四章第四十二条规定，所有排污企业都应确立环境保护责任制度。强制型环境规制是我国防治环境污染恶化的主要手段，但它需要高额监控成本且常牺牲企业效率，因此仅依靠强制型手段并不能彻底解决环境和经济的协调发展问题。

2. 激励型环境规制

激励型环境规制不再强制企业执行某项活动或达到某个标准，而是运用市场的调节作用，通过发出信号引导各工业企业自觉做出被期待的排污决策。目前为止，我国主要和经常应用的激励型环境规制工具包括污染治理补贴、超标排污费、综合利用税收优惠、排污交易许可证、"三同时"保证金、绿色借贷基金等。激励型环境规制的优点在于不以牺牲企业效率为代价，使企业在追求利润最大化的同时，客观上实现环保减排的社会目标。

3. 自愿型环境规制

自愿型环境规制主要依靠政府向公众提供企业和产品信息，形成公众参与局面，督促企业自觉自愿注重环保，以维持良好企业形象。在我国，政府主要通过两种方式实现自愿型环境规制：一是信息披露，即政府部门收集企业的排污信息或环保成效排名并将其公之于众，以激励企业自愿为改善环境质量作出贡献；二是环境认证，虽然在认证初期产生的成本费用较高，但其所带来的效益使以后的管理成本显著下降。

我国环境规制走过了初步试探、逐渐发展和进一步深化三个阶段，由以强制型环境规制为主，向环境规制工具多样化转变，越来越重视更加灵活、更有弹性的激励型规制和自愿型规制。

（三）环境规制的测度

对环境规制的经济效应进行实证分析，需要合理的环境规制度量方法。目前，测度环境规制强度的手段主要有六种。

（1）排污上限或排污标准。强制型环境规制最常用的就是对企业排放的废水、废气中的污染物含量设置上限，因此排污上限能够广泛反映环境规制强度。

（2）排污税率。激励型环境规制通常通过对企业征收庇古税等方法激励企业减少污染排放，因此对污染税率的考量也能较好地反映环境规制强度。

（3）单位产出排污量。从企业排放的角度反向分析，单位产出中某种污染物排放的含量越高，则说明环境规制越宽松；反之越严格。

（4）污染治理成本或支出。企业治理污染的支出越多，说明企业用于减污活动和清洁技术研发的经济资源越多，反映出环境标准的指标越严格，环境规制水平越高。

（5）综合指标。例如世界银行建立环境监管所设置的环境规制指数（Environmental Stringency Index），美国耶鲁大学和哥伦比亚大学通过研究联合发布的环境绩效指数（EPI）等。

（6）对环境规制强度赋值。卡拉莫娃和约翰斯通（Kalamova and Johnstone, 2011）在实证研究中，对各国环境质量排序，然后按顺序从-2.5至2.5对其赋值。

考虑到已有的环境规制测度方法具有片面性，本文以二氧化硫浓度达标率、工业废水排放达标率、工业烟尘排放达标率和工业固体废弃物综合利用率，作为反映环境规制强度的四个单项指标，使用熵值法折算出综合指标。

三、环境规制经济效应的实证研究

（一）模型设定

1. 变量说明

（1）经济增长方式（EPC）。设第 i 个省份 t 时期的总产量生产函数为：

$$Y_{it} = A_{it} K_{it}^\alpha L_{it}^\beta E_{it}^\varepsilon, A_{it} = \xi_{it} \times \mu_{it}$$

其中，Y_{it} 为产出；A_{it} 为技术水平；K_{it} 为资本存量；L_{it} 为劳动力数量；E_{it} 为能源消费量；α、β、ε 为弹性系数；ξ_{it} 为环境全要素生产率；μ_{it} 为传统全要素生产率对环境全要素生产率的倍数。

推导增长分解式：

$$Y_{it} = \xi_{it} \mu_{it} K_{it}^{\alpha} L_{it}^{\beta} E_{it}^{\varepsilon}$$

$$\frac{\Delta Y_{it}}{Y_{it}} = \frac{\Delta \xi_{it}}{\xi_{it}} + \frac{\Delta \mu_{it}}{\mu_{it}} + \alpha \frac{\Delta K_{it}}{K_{it}} + \beta \frac{\Delta L_{it}}{L_{it}} + \varepsilon \frac{\Delta E_{it}}{E_{it}}$$

$$1 = \frac{\Delta \xi_{it}/\xi_{it}}{\Delta Y_{it}/Y_{it}} + \frac{\Delta \mu_{it}/\mu_{it}}{\Delta Y_{it}/Y_{it}} + \alpha \frac{\Delta K_{it}/K_{it}}{\Delta Y_{it}/Y_{it}} + \beta \frac{\Delta L_{it}/L_{it}}{\Delta Y_{it}/Y_{it}} + \varepsilon \frac{\Delta E_{it}/E_{it}}{\Delta Y_{it}/Y_{it}}$$

其中，$\frac{\Delta \xi_{it}/\xi_{it}}{\Delta Y_{it}/Y_{it}}$ 为环境全要素生产率增长对经济增长的贡献；$\frac{\Delta \mu_{it}/\mu_{it}}{\Delta Y_{it}/Y_{it}}$ 为传统全要素生产率对环境全要素生产率倍数的增长对经济增长的贡献；$\alpha \frac{\Delta K_{it}/K_{it}}{\Delta Y_{it}/Y_{it}}$ 为资本增长对经济增长的贡献；$\beta \frac{\Delta L_{it}/L_{it}}{\Delta Y_{it}/Y_{it}}$ 为劳动增长对经济增长的贡献；$\varepsilon \frac{\Delta E_{it}/E_{it}}{\Delta Y_{it}/Y_{it}}$ 为能源消耗增长对经济增长的贡献。

令 $EPC_{it} = \frac{\Delta \xi_{it}/\xi_{it}}{\Delta Y_{it}/Y_{it}} = \frac{(\xi_{it} - \xi_{i,t-1})/\xi_{i,t-1}}{(Y_{it} - Y_{i,t-1})/Y_{i,t-1}}$，则 EPC_{it} 表示环境全要素生产率增长对经济增长的贡献率。

当指标提高时，说明生产趋向于环保型的增长方式；而当指标降低时，说明生产趋向于污染型的增长方式。于是，EPC_{it} 可以作为指标反映各省份的经济增长方式。

$$\text{测算方式 } EPC = \frac{\text{环境全要素生产率增长率}}{\text{GDP 增长率}}$$

使用方向性距离函数测算环境全要素生产率，投入为资本存量、从业人数和能源投资，合意产出为 GDP，非合意产出为污染排放。污染排放为使用熵值法对二氧化硫排放量、废水排放量、烟尘排放量和固体废弃物产生量核算得到的综合指数。

方向性环境距离函数测算环境全要素生产率的方法如下：

假定 $k = 1$，$\cdots$，K 个省份在第 $t = 1$，$\cdots$，T 期投入和产出生产可能性集合为 (x_k^t, y_k^t, b_k^t)，即存在一个规模报酬不变的环境生产技术 $T^t(x^t)$，在第 t 期能将投入 $x = (x_1, \cdots, x_N) \in R_{N^+}$ 转化为合意性产出 $y = (y_1, \cdots, y_M) \in R_{M^+}$ 与非合意产出 $b = (b_1, \cdots, b_S) \in R_{S^+}$，该环境生产技术数学表达式为：

$$T^t(x^t) =$$

$$\left\{ (y^t, b^t) : \sum_{p=1}^{t} \sum_{i=1}^{K} z_i^p y_i^p \geq y_i^t, \sum_{p=1}^{t} \sum_{i=1}^{K} z_i^p b_i^p = b_i^t, \sum_{p=1}^{t} \sum_{i=1}^{K} z_i^p x_i^p \leq x_i^t, z_i^p \geq 0, i = 1, L, K \right\}$$

方向性环境距离函数为：

$$D^t(x^t,\ y^t,\ b^t;\ g_y^t,\ -g_h^t)=\max\{\beta:\ (y^t+\beta g_y^t,\ b^t-\beta g_h^t)\in T^t(x^t)\}$$

β 表示在投入 $x=(x_1,\ \cdots,\ x_N)\in R_{N^+}$ 和技术结构 $T^t(x^t)$ 条件下，合意性产出 $y=(y_1,\ \cdots,\ y_M)\in R_{M^+}$ 的增长与非合意产出 $b=(b_1,\ \cdots,\ b_S)\in R_{S^+}$ 的缩减在既定方向 $(g_y^t,\ -g_b^t)$ 上能实现的最大程度。可将方向向量设定为 $(g_y^t,\ -g_b^t)=(y_i^t,\ -b_i^t)$，即合意性产出与非合意性产出在现有基础上同比例缩减。使用 Malmquist-Luenberger 指数法，得到环境全要素生产率为：

$$SML_i(t,\ t+1)=\left[\frac{(1+D^t(x_i^t,\ y_i^t,\ b_i^t))\cdot(1+D^{t+1}(x_i^t,\ y_i^t,\ b_i^t))}{(1+D^t(x_i^{t+1},\ y_i^{t+1},\ b_i^{t+1}))\cdot(1+D^{t+1}(x_i^{t+1},\ y_i^{t+1},\ b_i^{t+1}))}\right]^{\frac{1}{2}}$$

其中，$SML_i(t,\ t+1)>1$，说明环境全要素生产率增长；$SML_i(t,\ t+1)<1$，说明环境全要素生产率下降；$SML_i(t,\ t+1)=1$，说明环境全要素生产率不变。

（2）环境规制强度（ENR）。通过熵值法将二氧化硫排放达标率、废水排放达标率、烟尘排放达标率和固体废弃物综合利用率四个单项指标进行折算，得到反映环境规制强度的综合指标 ENR。通过熵值法得到各指标的信息熵，信息熵越小，信息的无序度越低，其信息的效用值越大，指标的权重越大。

熵值法确定权重步骤如下。

多属性决策矩阵 M 如下：

$$M=\begin{matrix}A_1\\ \vdots\\ A_m\end{matrix}\begin{bmatrix}x_{11}&\cdots&x_{12}\\ \vdots& &\vdots\\ x_{m1}&\cdots&x_{mn}\end{bmatrix}$$

P_{ij} 表示第 j 个属性下第 i 个方案 A_i 的贡献度：

$$P_{ij}=\frac{x_{ij}}{\sum\limits_{i=1}^{m}x_{ij}}$$

E_j 表示所有方案对属性 X_j 的贡献总量：

$$E_j=-K\sum_{i=1}^{m}P_{ij}\ln P_{ij}$$

其中，常数 $K=\dfrac{1}{\ln(m)}$，以保证 $0\leqslant E_j\leqslant 1$。

d_j 为第 j 属性下各方案贡献度的一致性程度：

$$d_j=1-E_j$$

各属性权重 W_j 为：

$$W_j = \frac{d_j}{\sum\limits_{j=1}^{n} d_j}$$

（3）劳均资本（CPD）。根据比较优势理论，不同地区应选择不同的资本-劳动比，以最大化其生产效率，因此劳均资本对经济增长水平和方式会产生影响。劳均资本用资本存量比从业人数测算。

（4）创新研发投资（RII）。研发投资的增加有利于生产技术和排污技术的进步，有利于要素使用效率的提高，因此也和经济增长方式有密切关系。创新研发投资用企业创新研发投资比主营业务收入测算。

（5）产权制度（INC）。产权制度决定企业的激励机制。企业的产权制度不同，目标和决策也会不同，从而影响其生产效率、资源配置方式等，对经济增长方式产生影响。产权制度用国有及国有控股企业总产出比 GDP 测算。

（6）对外开放程度（FDI）。对外开放程度在此并非单纯从贸易角度考虑，而是更看重其对经济的长期影响。对外开放程度越高，越有利于先进技术的引进，促进经营管理经验的借鉴，也会作用于产业在国际的转移，因此对外开放程度会对经济增长方式产生影响。对外开放程度用外资企业总产出比 GDP 测算。

2. 模型建立

上文已对各个对经济增长方式产生影响的变量进行了说明，下面将其纳入计量模型中。

$$EPC_{it} = \alpha_0 + \sum_{j=0}^{n} \beta_j \ln ENR_{i,\,t-j} + \gamma_1 \ln CPD_{it} + \gamma_2 \ln RII_{it} + \gamma_3 \ln INC_{it} \quad (1)$$
$$+ \gamma_4 \ln FDI_{it} + \varepsilon_{it}$$

式（1）是将环境规制强度、要素禀赋、创新研发投资、产权制度、对外开放程度五个经济增长方式的影响因素作为解释变量建立的计量模型。由于直接使用变量数据拟合效果不理想，将其取对数。经济增长方式的结果在某些年份为负值，因此未对等式左边取对数。另外，考虑到环境规制对经济增长方式的影响可能具有滞后性，即前几期的环境规制效果可能作用于本期经济增长方式，因此在模型中加入环境规制强度滞后项。

（二）实证分析

1. 数据说明

本文利用 2004—2013 年我国 30 个省份的面板数据，分析我国不同省份的经济增长方式和环境规制强度的关系。数据来源于国家统计局网站和前瞻数据库。

对 GDP、资本存量等数据利用价格指数去除通货膨胀的影响。

根据描述性统计结果，由于变量 *ENR* 和 *CPD* 标准差较大，将全部解释变量取对数，对数据进行平稳化处理。将全部解释变量取对数，是为了保证它们的影响程度不变；不对被解释变量取对数，是由于其含有负值，而不处理被解释变量对结果无影响。处理后数据的描述性结果见表 1。

表 1   描述性统计结果

	TFP	*ENR*	*CPD*	*IES*	*RII*	*INC*	*FDI*
平均	1. 004 017	223 180. 577	40. 129 85	0. 888 151	87. 285 45	0. 433 237	0. 203 095
中位数	1. 001 5	149 847. 459 4	26. 092 48	0. 662 784	83. 682 16	0. 415 224	0. 153 098
标准差	0. 162 194	65 015. 609 48	7. 069 767	0. 235 153	22. 970 45	0. 093 867	0. 708 56
峰度	5. 806 765	8. 647 014 962	3. 275 927	7. 956 864	0. 737 305	−0. 766 79	0. 040 752
偏度	0. 908 131	2. 284 813 918	1. 786 012	2. 709 64	0. 821 005	0. 226 182	1. 065 929
最小值	−0. 13	253. 926 698	4. 266 289	0. 175 388	13. 859 953	0. 108 626	0. 012 365
最大值	2. 663	2 068 657. 454	250. 783 7	5. 277 632	232. 098 9	0. 837 459	0. 656 396
观测数	300	300	300	300	300	300	300

根据已有研究经验和分地区数据描述性统计结果，东中西部数据均值差异较明显，因此根据国家标准将我国 30 个省份分为东中西部地区，东部地区包括北京、福建、广东、海南、河北、黑龙江、吉林、江苏、辽宁、山东、上海、天津和浙江，中部地区包括安徽、河南、湖北、湖南、江西和山西，西部地区包括甘肃、广西、贵州、内蒙古、宁夏、青海、陕西、四川、新疆、云南和重庆。对我国整体和东中西部分地区，进行两个层面的实证分析。

2. 初步实证过程

根据方差膨胀因子的计算结果，所有变量的方差膨胀因子都不大于 5，不存在严重的变量间多重共线性问题。根据 F 检验和 Breusch-Pagan 的 LM 检验的结果，变量的个体效应显著，因此不使用混合效应模型。根据 Hausman 检验的结果，使用固定效应模型比随机效应模型更为合适。由于原始数据存在异方差和自相关，选择 FGLS 可行广义最小二乘估计法估计参数，并使用 Driscoll-Kraay 标准误估计法判断稳健性。

回归结果如表 2 所示。

表 2　我国不同地区工业增长方式对各影响因素的回归结果

变量		全国	东部	中部	西部
ln*ENR*	β_0	0.134 7 **	0.188 2 ****	−0.133 2	−0.148 9
ln*ENR*−1	β_1	0.235 5 **	0.287 4 ***	0.212 8 **	0.092 6 **
ln*ENR*−2	β_2	0.096 5	0.102 2 *	0.074 3 **	0.025 0 **
ln*CPD*	γ_1	−0.096 3 **	0.112 9	−0.042 5 *	−0.161 5 ****
ln*RII*	γ_2	0.142 5	0.168 1 ***	0.146 8 ***	0.113 3 ***
ln*INC*	γ_3	−0.107 3 ***	−0.068 9	−0.113 6 **	−0.145 7 **
ln*FDI*	γ_4	0.160 3 ****	0.225 9 ****	0.117 2	0.074 3 ***
Hausman		****	****	****	****
调整后 R^2		0.920 5	0.913 0	0.937 7	0.910 4

注：*、**、***、**** 分别表示在 15%、10%、5%、1% 水平下显著，下表同。

表 2 显示了全国、东部、中部和西部的回归结果，其中被解释变量为 *EPC*，解释变量中 ln*ENR*、ln*ENR*−1、ln*ENR*−2 分别表示当期、滞后一期、滞后两期的环境规制强度。*、**、***、**** 表示在 15%、10%、5%、1% 显著性水平该解释变量的系数显著非零。通过 Driscoll-Kraay 标准误估计法判断模型稳健性良好。

分析表 2 的回归结果可以得到以下信息。将全国作为整体看，t 期、t−1 期和 t−2 期的环境规制强度指标系数显著为正，说明环境规制对经济增长方式转变有显著的正效应，而且这种影响有持续性，即前几期的环境规制加强，将促进当期的经济增长方式转变。

将全国分为东部、中部、西部三个区域分别看，东部地区 t 期和 t−1 期、t−2 期的环境规制强度的系数显著为正，说明环境规制对经济增长方式转变有显著的正效应。因此环境规制加强不会因为提高成本而降低东部地区的生产效率，反而由于促进创新研发和技术进步而加快产业转型升级。

在中部地区，t 期环境规制强度系数不显著为负，t−1 期和 t−2 期的该系数显著为正，即当期环境规制加强对经济增长方式转变有不显著的负效应，而 t−1 期和 t−2 期的环境规制加强有利于当期的经济转型。这说明对于中部地区，环境规制对经济增长方式有很强的滞后作用。这种现象的原因可以从两方面解释：第一，相对于东部地区，中部地区市场化水平较低，因此当环境政策作用于要素价格和生产流程后，要素和产品的流通比较缓慢，需要经过较长时间才能引起市场反应；第二，由于中部地区市场化水平低于东部地区，使得在政策运用方面，多使用强制型环境规制工具，少使用激励型环境规制工具，导致很多企业不能根据自身情况做出决策，牺牲了部分生产效率。

在西部地区，当期环境规制强度系数不显著为负，$t-1$ 期、$t-2$ 期的该系数显著为正。这说明在西部地区环境规制对经济增长方式转变也存在较强的滞后作用，其原因与中部地区类似，并且西部地区的市场化水平相对中部地区更低，更偏向于强制型环境规制，在当期造成企业的成本增加不可避免。且西部地区的技术较为落后，当期引起的创新研发的积极效应较弱，不足以弥补增加的成本。但由于前几期的环境规制能够对以后的经济转型产生正面影响，长远看环境规制还是促进经济向可持续增长转型的积极因素。

通过以上实证分析，不难发现在我国的东部、中部和西部地区，不同环境规制强度对于被解释变量的效应方向和大小不相同，猜想这在一定程度上是由于市场化水平不同导致的。因此，本文对市场化水平在环境规制的经济效应中的作用做进一步实证分析，以检验上述推断的正确性。

3. 进一步实证过程

根据上述实证分析所得结果，不同地区环境规制的影响有差异。于是，本文假设在不同市场化水平下，环境规制对经济增长产生的作用有所不同。为验证此推断，收集整理我国 30 个省份的市场化水平指数数据，将 30 个省份根据市场化水平指数的均值分为高市场化水平和低市场化水平两组，在式（1）计量模型中以加法方式和乘法方式引入虚拟变量。改进后的模型如下。

$$EPC_{it} = \alpha_0 + \sum_{j=0}^{m}\beta_j \ln ENR_{i,\,t-j} + \xi D_i + \sum_{j=1}^{m}\eta_j D_i \ln ENR_{i,\,t-j} + \gamma_1 \ln CPD_{it} + \ln RII_{it}$$
$$+ \gamma_3 \ln INC_{it} + \gamma_4 \ln FDI_{it} + \varepsilon_{it}$$

$$（2）$$

$$D_i = \begin{cases} 0, & \text{低市场化水平} \\ 1, & \text{高市场化水平} \end{cases}$$

回归结果如表 3 所示。

表 3 我国不同市场化水平工业增长方式对各影响因素的回归结果

$\ln ENR$	β_0	$-0.179\,7^{**}$
$\ln ENR-1$	β_1	$0.182\,6^{**}$
$\ln ENR-2$	β_2	$0.073\,3^{*}$

D	ζ	1.290 1 ***
lnENR	η_0	0.267 2 ***
ln$ENR-1$	η_1	0.084 4 ****
ln$ENR-2$	η_2	0.043 7 **
lnCPD	γ_1	0.054 2
ln$ENR-1$	γ_2	0.174 9 **
ln$ENR-2$	γ_3	0.050 2
lnENR	γ_4	0.176 9 **
Hausman		****
调整后 R^2		0.934 4

　　由回归结果可以看出，以加法和乘法引入的虚拟变量的系数都是显著的，表明在低市场化水平地区和高市场化水平地区，环境规制对经济增长方式转变的影响是不同的。市场化水平较高的地区，t 期、$t-1$ 期、$t-2$ 期的环境规制强度系数都显著为正，说明环境规制的加强对经济转型有显著且持续的正效应。原因可能是，在市场化水平较高的地区，由于使用激励型环境政策的效果较好，且技术进步较快，从而环境规制对企业创新激励带来的好处，足以弥补导致成本增加的坏处。而市场化水平较低的地区，t 期环境规制强度系数显著为负，$t-1$ 期、$t-2$ 期环境规制强度系数显著为正，说明当期环境规制增强阻碍经济转型，而前几期环境规制增强有利于当期的经济转型。这是因为对于市场化水平较低的地区，更多地使用强制型环境政策，造成生产和减污成本大幅增加，并且即使使用激励型环境政策，也会由于市场流通缓慢等因素而产生滞后效应，从而当期不利于经济增长方式转变，环境规制带来的创新动力不足，技术进步和产业升级滞后。值得肯定的是，另外四个因素的回归结果与初步实证过程结果相似，证明了系数估计的稳健性。Driscoll-Kraay 标准误估计法也显示模型稳健性良好。

　　综上所述，市场化水平的差异，在很大程度上决定了环境规制对经济增长方式转变影响的不同。这个结果与本文之前做出的推断是符合的。

四、结论和政策建议

(一) 基本结论

本文通过构建环境全要素生产率模型，利用我国 30 个省份 2004—2013 年的面板数据进行实证分析，研究环境规制强度的经济转型效应。通过对全国和东部、中部、西部地区的初步实证分析，证明环境规制对东部地区和全国整体的经济增长方式转变具有显著且持续的正效应，而当期环境规制对中部和西部地区有不显著的负效应，前期环境规制对中部和西部地区当前的经济转型有显著正效应。

进一步实证分析结果显示，市场化水平较高的地区，环境规制对经济增长方式转变有显著且持续的正效应。而在市场化水平较低的地区，当期环境规制对经济增长方式有显著的负效应，前期环境规制对当期的经济增长方式有显著的正效应。

总体而言，环境规制对经济由粗放型、环境忽略型的不可持续发展，向集约型、环境友好型的可持续发展有着重要意义。

(二) 政策建议

1. 适当提高环境规制强度

近年来，环境问题得到了世界各国的重视，我国也逐渐意识和感受到来自资源环境方面的巨大压力。雾霾等严峻问题的出现，使我国加强环境管制，提高污染排放标准，转移淘汰高污染企业，并通过尾号限行等政策使社会大众共同为环保出力。但考虑到我国曾长期以牺牲资源环境为代价进行高污染、高消耗的粗放型增长，经济转型成为我国这个时期艰巨的任务和不可回避的挑战。在此情形之下，政府应该进一步提高环境规制强度。既要考虑浓度高、毒性大的污染物，也要考虑威胁人体健康和生态平衡的污染物。这会推动企业不断创新研发取得生产和减污的技术进步，利于产业模式的转变和经济的长期可持续发展。

2. 更多地使用激励型环境规制工具

虽然强制型环境规制最早被实行，也是在世界各国适用范围最广泛的，具有直接而显著的效果，但其负面作用也十分明显。随着经济发展和社会环保意识的加强，仅依靠强制型手段并不能彻底解决环境和经济的协调发展问题。相对而言，激励型环境规制手段在我国东部发展较快的地区取得了较好的成效，已对减少污染和促进经济效率提高发挥了一定作用。显然，相较于强制型工具，激励型工具如征收环境税、收取排污费、进行排放权交易等政策，更利于企业根据自身具体情况做出决策，能够较小程度地增加成本和较大程度地提高经济效率，使得环境规制在解决环境问题的同时，更好地实现对经济增长和产业转型的正面作用。

3. 加速市场化改革

由于市场化水平对环境规制的经济效应有着显著影响，加快市场化改革的步伐，为激励型环境规制工具创造良好的作用环境，将有利于环境规制政策的效果落实，创造经济增长水平提高和经济增长方式转变的必要条件。在我国西部地区，仍很大比例地运用强制型环境政策，主要是由于西部地区发展较为落后，市场化水平不完善，不能很好地引导企业根据激励型环境政策做出选择。而这种强制执行的环境政策对经济的成本增加过高，的确阻碍了经济增长。因此，在经济转型期，协调好环境与经济的关系至关重要，加速市场化改革会加快经济转型。

作者简介：

张续，2014 级首经贸经济学院本科；王乃千，2014 级首经贸经济学院本科。

参考文献

［1］ BARBERA A J, MCCONNELL V D, 1990. The impact of environmental regulations on industry productivity: direct and indirect effects ［J］. Journal of environmental economics & management, 18 (1): 50-65.

［2］ JAFFE A B, ROBERT N S, 1995. Dynamic incentives of environmental regulations: the effects of alternative policy instruments on technology diffusion ［J］. Journal of environmental economics and management, 29 (3): 43-63.

［3］ KALAMOVA M, JOHNSTONE N, 2011. Environmental policy stringency and foreign direct investment: OECD Environment Working Papers 33 ［R］. Paris: OECD Publishing.

［4］ PORTER M E, 1995. Toward a new conception of the environment competitiveness relationship ［J］. Journal of economic perspectives, 9 (4): 97-118.

［5］ 唐未兵, 傅元海, 王展祥, 2014. 技术创新、技术引进与经济增长方式转变 ［J］. 经济研究 (7): 31-43.

［6］ 黄清煌, 高明, 2016. 环境规制对经济增长的数量和质量效应: 基于联立方程的检验 ［J］. 经济学家 (4): 53-62.

［7］ 涂正革, 谌仁俊, 2013. 传统方法测度的环境技术效率低估了环境治理效率?: 来自基于网络 DEA 的方向性环境距离函数方法分析中国工业省际面板数据的证据 ［J］. 经济评论 (5): 89-99.

［8］ 李玲, 陶锋, 2012. 中国制造业最优环境规制强度的选择: 基于绿色全要素生产率的视角 ［J］. 中国工业经济 (5): 70-82.

［9］ 谢涓, 李玉双, 韩峰, 2012. 环境规制与经济增长: 基于中国省际面板联立方程的分析 ［J］. 经济经纬 (5): 1-5.

［10］ 熊艳, 2011. 基于省际数据的环境规制与经济增长关系 ［J］. 中国人口·资源与环境, 21 (5): 126-131.

［11］ 原毅军, 刘柳, 2013. 环境规制与经济增长: 基于经济型规制分类的研究 ［J］. 经济评论 (1): 27-33.

［12］ 赵霄伟, 2014. 环境规制、环境规制竞争与地区工业经济增长: 基于空间 Durbin 面板模型的实证研究 ［J］. 国际贸易问题 (7): 82-92.

［13］ 林毅夫, 苏剑, 2007. 论我国经济增长方式的转换 ［J］. 管理世界 (11): 5-13.

［14］刘国光，2001. 中国经济运行与发展 ［M］. 广州：广东经济出版社.

［15］宋马林，王舒鸿，2013. 环境规制、技术进步与经济增长 ［J］. 经济研究
（3）：122-134.

［16］张成，郭炳南，于同申，2015. 污染异质性、最优环境规制强度与生产技
术进步 ［J］. 科研管理（3）：138-144.

非物质文化遗产的现状与发展策略

——以河南省清丰县的麦秆剪贴为例

作者：许鑫悦、李明通、梁伊、邱烨、黄明月、田秀、李浩矾

指导老师：董烨然

获奖情况：第十届"挑战杯"首都大学生课外学术科技作品竞赛二等奖

摘要：本文主要采取实地调研的方法，根据对清丰县三位非物质文化遗产传承人的采访和实地调研，了解麦秆剪贴的现状，发现了麦秆剪贴的几大问题：认知度低、工人队伍小、销售利润低，以及政府扶持力度不足。这些问题最终使得麦秆剪贴难以传承。通过市场研判，进一步探究问题产生的原因。我们发现宣传效果不佳是导致问题发生的共同原因，因此，我们从进行有效宣传入手，结合当代年轻人获取信息的新途径与新媒体，根据麦秆剪贴的历史价值和文化内涵、手工制作的独特表现形式等提出了具有现实意义、新颖独特的发展建议。

关键词：非物质文化遗产；麦秆剪贴；传承；新媒体

历史是一个国家发展的根基，在历史长河中留下的优秀传统文化是一个国家的文化底气。我国为保护许多优秀传统文化采取了一定的措施，其中影响范围最广的非"申遗"莫属。现在我国已经进入"后申遗时期"，意味着对前一阶段工作的反思，要求把非遗保护从重申遗转向重保护，重新认识生产性保护和文化生态保护，反思生产性保护中的权益以及非遗衍生品的经营问题，反思文化生态保护观念与措施，从而推进传统文化保护的可持续发展。

调研团队调查的河南麦秆剪贴就是典型的没有得到充分保护的非物质文化遗产。虽然 2014 年聂氏麦秆剪贴成功申请国家级非物质文化遗产，但是之后没有

得到很好的发展。此外，关于非遗的调查研究并不是很多，大多数只是对现状进行分析，并未提出合理建议。所以，我们决定走进河南，了解麦秆剪贴的发展现状，运用经济学原理进行深入分析，发现存在的问题及面临的挑战，寻找保护和发展麦秆剪贴的方法并为麦秆剪贴的发展提出合理可行的建议。希望本文能为麦秆剪贴类似的没有得到充分保护的非物质文化遗产以及手工艺品的发展提供参考和借鉴，对非物质文化遗产的弘扬和发展起到促进作用。

一、麦秆剪贴介绍及现状

（一）产品介绍

麦秆剪贴是一种传统的民间手工艺品，具有悠久的历史，可以追溯到东汉时期。利用麦秆自然的光泽和独特的性质，经过"熨、剪、贴、烙"等技术将麦秆逐层粘贴，形成麦秆剪贴。首先，选择优质的麦秆浸泡，制作开始前根据麦秆的硬度和种类决定浸泡时间长短，让麦秆变得有韧性便于裁剪。然后，用剪刀把麦秆从较细端剪开，动作一气呵成，而后放置在一边备用。接着用熨斗将麦秆反复熨平，烘干水分，在所有的步骤里，这一步尤为关键——在熨烫的过程中需避免温度过高烧坏麦秆，同时尽可能将麦秆里的水分完全烘干。随着麦秆变干，表面也变得更加脆弱，过度熨烫可能会使麦秆开裂。最后，根据制作需要进行裁剪，并利用烙铁烫出颜色变化以及纹理变化，再粘贴成画（见图1、图2）。"烙"是整个制作过程中的技术核心，没有经验的人在做的时候很容易将麦秆烤焦，无法做出颜色的渐变效果，成色差。只有经过长期训练、经验丰富的艺人才能将作品中的意蕴通过自然的颜色变化表达出来。

图1　烙　　　　　　　　　　　　　　图2　贴

清丰县作为麦秆剪贴的发源地拥有这种独特的制作技术，再加上其独特的地理优势和充足的麦秆供应，才使得这项技术在河南省留存。麦秆剪贴在民俗学、绘画艺术、民间技艺等方面都具有较高的艺术和研究价值。

(二) 清丰县麦秆剪贴的现状

1. 麦秆剪贴现状

(1) 工人现状。通过调研我们发现，麦秆剪贴三大厂商的工人数量都在20~30人。这些工人的技术都是由老艺人进行免费传授，并且签订了3~5年的合约，在合约期内制作的作品都会由厂商直接收购。工人每月的平均工资为2 000~4 000元，只有少数工人的工资在2 000元以下。河南省人均可支配收入是1 680元，即说明大部分工人的工资在平均可支配收入之上。但是，工人的工资非基本工资，而是按照作品数量计算得来，因此工人每月所得的工资实际上是不稳定的。

(2) 宣传现状。多数厂商有宣传的意愿，但由于宣传成本较高，导致销售量的增加不能补偿其投入的成本，存在亏损的风险，因此厂商不会在宣传方面投入大量的资金。目前的宣传方式仅有纸质版的宣传单和微信公众号宣传，但纸质版宣传单仅放置于店内，流传度很低；微信公众号的关注度也很低，整体宣传效果不佳。

(3) 知名度现状。作为区域经济，当前只有河南省内的一小部分人对麦秆剪贴较为熟悉，麦秆剪贴在省外鲜为人知。

(4) 销售现状。近年来，国家政策的变动导致之前比较固定的公司客户购买的数量大幅减少，而三大厂商大部分产品都出售给了各大公司和企业，这样的变动使得麦秆剪贴的销量减少 (见图3)。

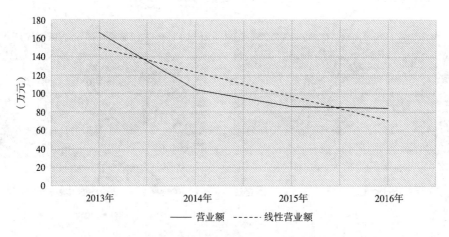

图3 2013—2016 年某规模较大的麦秆剪贴公司年营业额

在当地进行调研的过程中，我们发现虽然近几年销售量有所回升，但是整体还处于下降的状态，导致很多店铺停止经营或者已经转让。

（5）政策现状。根据我们对非遗办公室工作人员的采访，了解到目前河南省政府并没有针对各项非物质文化遗产的扶持政策或者相应的资金支持。当手工艺人需要资金发展项目时，只能自主申报项目，等待政府审批资金。

2. 行业现状

中国有各具特色的民间艺术。与麦秆剪贴同属民间艺术画的有很多：剪纸、剪刻纸……但时代的变迁引起人们生活、艺术和欣赏兴趣的变化，在世界经济一体化的浪潮下，具有中国特色与内涵的民间艺术受到不同程度的冲击。这种冲击不仅来自经济，还来自文化艺术观念。虽然这些民间艺术得到了政府不同程度的保护，但它们都在经受着或大或小的考验。如与麦秆剪贴同样具有装饰作用的剪纸，虽然受到经济全球化的冲击，但历史因素使得人们对其了解相对较深，且其价格较低。随着市场经济在城乡的不断深入，剪纸的商业化意识不断加强，艺术形式与时代特征被强化。以中阳剪纸为例，目前，中阳剪纸的创作热情与积极性空前高涨，创作剪纸的艺术氛围空前浓厚。但与麦秆剪贴和剪纸相似的剪刻纸由于市场化、工业化、城市化的社会变革，受到很大的冲击。一方面，其赖以生存的土壤遭遇瓦解；另一方面，剪刻纸也面临着失去继承者的困境。现在的剪刻纸艺术家更多的是倾向于现代的创作气息，而缺乏对已故大师的研究与深造，导致作品缺少古色古香大气的韵味。而麦秆剪贴正如下文介绍，也面临着窘境。

虽然花画工艺品行业在 2013 年到 2014 年的亏损额呈现下降趋势，从 0.64 亿元下降到了 0.11 亿元，但是从 2014 年开始亏损额逐渐上升，由 0.11 亿元扩大到了 0.47 亿元（图 4）。行业利润从 2014 年开始呈现下降趋势，从 15.27 亿元下降到 13.47 亿元（图 5）。我们以 2015 年行业亏损、资产、利润的变化加以说明。

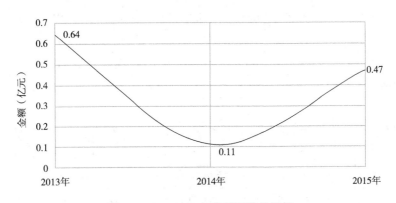

图 4　2013—2015 年花画工艺品亏损

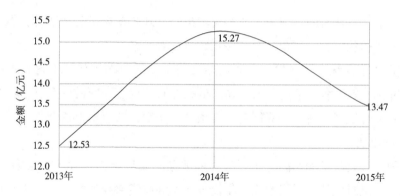

图5　2013—2015年花画工艺品利润

2016年《中国轻工业年鉴》的统计数据显示，2015年花画工艺品市场的全年累计资产83.34亿元，与同期其他行业资产相比所占份额较小，且资产总计同比降低了2.01%，在所有轻工业行业中，只有花画工艺品行业呈现显著的资产总计下降趋势。在行业负债方面，花画工艺品的累计负债在整个行业中最低，负债同比下降达到6.21%，产生这种现象有两种原因：一是行业发展较好，可以及时还清负债；二是行业发展较差，没有进行行业扩张和扩大再生产，导致负债较少。花画工艺品2015年全年累计亏损企业有13家，同比增长超过一半达到了62.5%，在整个行业中占据较高的比例。在行业的亏损企业亏损额方面，虽然亏损额较少，但是同期亏损比例为276.76%，达到了2倍以上（表1）。2015年的行业利润下降了10.02%，行业整体呈现利润低的趋势（表2）。

表1　2015年工艺美术品行业亏损情况

行业类别	资产总计		负债合计		亏损企业数		亏损企业亏损额	
	全年累计	同比增长	全年累计	同比增长	全年累计	同比增长	全年累计	同比增长
	（亿元）	（%）	（亿元）	（%）	（家）	（%）	（亿元）	（%）
合计	5 441.35	4.67	2 857.77	0.55	421	27.96	16.20	67.26
雕塑工艺品	528.51	9.16	185.88	5.64	31	29.17	0.44	5.51
金属工艺品	337.32	2.98	168.02	4.63	39	-4.88	1.05	-24.48
漆器工艺品	115.67	5.58	43.47	6.31	8	60.00	0.23	467.51
花洒工艺品	83.34	-2.01	29.62	-6.21	13	62.50	0.47	276.76
天然植物纤维编织工艺品	259.66	6.25	100.56	4.13	13	44.44	0.14	-13.93
抽纱刺绣工艺品	510.29	4.30	259.20	1.20	50	19.05	1.22	20.39

行业类别	资产总计		负债合计		亏损企业数		亏损企业亏损额	
	全年累计	同比增长	全年累计	同比增长	全年累计	同比增长	全年累计	同比增长
	(亿元)	(%)	(亿元)	(%)	(家)	(%)	(亿元)	(%)
地毯、挂毯	377.17	3.58	194.30	-1.90	52	33.33	2.57	156.15
珠宝首饰及有关物品	1 990.90	1.49	1 343.86	-2.22	93	75.47	5.78	100.44
其他工艺美术品	854.93	9.53	380.48	7.05	87	17.57	1.66	95.34
园林、陈设艺术及其他陶瓷制品	373.56	8.89	152.38	-0.05	35	2.94	2.65	46.43

表2　2015年工艺美术品行业收入与利税情况

行业类别	汇总企业	主营业务收入		出口交货值		利税总额		利润总额	
		全年累计	同比增长	全年累计	同比增长	全年累计	同比增长	全年累计	同比增长
	(家)	(亿元)	(%)	(亿元)	(%)	(家)	(%)	(亿元)	(%)
合计	**5 498**	**11 002.33**	**1.71**	**2 734.75**	**-16.65**	**948.34**	**5.28**	**631.15**	**4.77**
雕塑工艺品	817	1 064.26	9.05	118.47	1.87	134.51	8.13	96.32	8.72
金属工艺品	453	566.93	9.86	124.80	-2.39	58.02	10.95	38.39	14.33
漆器工艺品	126	217.42	10.48	28.47	-10.78	20.41	6.09	14.05	3.40
花画工艺品	159	242.68	1.32	91.98	-3.97	20.05	-10.50	13.47	-10.02
天然植物纤维编织工艺品	659	885.06	8.96	302.98	-4.18	84.41	5.70	51.36	5.78
抽纱刺绣工艺品	636	997.17	5.72	308.15	3.26	115.03	3.94	75.00	2.94
地毯、挂毯	336	653.24	1.91	140.94	0.28	49.74	1.13	30.61	-4.73
珠宝首饰及有关物品	493	3 603.09	-9.51	760.09	-44.38	179.80	1.78	129.16	-1.57
其他工艺美术品	1 284	1 923.23	10.97	686.93	9.67	192.27	8.68	124.65	11.44
园林、陈设艺术及其他陶瓷制品	535	849.24	9.17	171.94	6.85	94.09	6.88	58.14	5.59

从这些数据我们不难推断，花画工艺品行业的市场并不好，企业倒闭的数量正在逐年上升，而且大部分公司不愿意扩大再生产，使得公司濒临破产。日常经营不善和产品本身的属性，也导致了行业普遍亏损严重。对于麦秆剪贴市场，也存在这些问题，我们可以从整个花画工艺品市场的现状，推断出麦秆剪贴市场的

现状和问题。

3. 麦秆剪贴的比较优势

虽然麦秆剪贴在同行业之中发展处于劣势，但优势也非常明显。第一，取材方便，价格便宜。麦秆剪贴的原材料为常见的麦秆，而河南又是小麦大省，所以麦秆的价格便宜。第二，作为赖以生存的主要粮食，小麦历来被人们视为象征丰收和财富的神圣之物，麦秆画也因此而附加了吉祥高贵的意味。第三，麦秆剪贴具有独特的表现形式，经过特殊处理过的麦秆可保存的时间较长，有的甚至长达2 000 年。第四，麦秆剪贴被国务院纳入《第四批国家级非物质文化遗产代表性项目名录》，其保护与发展得到了政府的重视。

二、清丰县麦秆剪贴现存问题及原因分析

（一）低认同度

严重的信息不对称导致麦秆剪贴在消费者中的认同度很低。首先，麦秆剪贴属于地方文化，河南以外地区很少有人了解麦秆剪贴，也就谈不上认同麦秆剪贴的价值。其次，在听说过麦秆剪贴的消费者中，不少人对麦秆剪贴的原材料不够了解，认为原材料就是田地里随处可见的麦秆，认识不到麦秆剪贴的价值。最后，麦秆剪贴是纯手工制作，许多人认为制作过程十分繁复困难，不愿意参与其中，从而降低了潜在的制作人与传承人对麦秆剪贴的认同度。麦秆剪贴的认同度低导致了一系列问题。

（二）工人队伍少

通过调查走访，我们发现目前从事麦秆剪贴制作的工人数量虽然不会使得麦秆剪贴失传，但是仍处于一个下降的趋势，原因有两方面。

一方面，制作麦秆剪贴时需要投入大量时间与精力，老工人虽然技术娴熟，但随着年龄增长，视力变差，制作产品的质量下降，甚至无法继续制作。此外，工人们也需要顾及家庭，用于制作麦秆剪贴的时间减少，作品数量、质量就会下降。

另一方面，年轻一代崇尚现实，生活节奏快，很难静下心来制作麦秆剪贴，所以麦秆画制作队伍缺乏新鲜血液注入。同时，工人的工资只与作品质量、数量有关，没有基本工资和最低保障，完全由制作水平决定，相比之下，更多的待业人士将会选择收入更加稳定的工厂企业。尤其是目前有很多工厂迁入河南，吸引了非常多的劳动力，愿意从事麦秆剪贴的人越来越少。

（三）政策扶持力度不足

近些年，虽然国家对非遗的关注度有所提高，麦秆剪贴也被国务院纳入《第四批国家级非物质文化遗产代表性项目名录》，但是政策的扶植力度仍然不够。其主要原因是保护开展时间较短，尚未形成完善的保护制度。国家在非遗保护上投入的大量资金均摊后对每项非遗而言帮助有限。不仅如此，本次考察发现，麦秆剪贴市级、县级的资金支持申请流程繁复，且不一定能申请成功。此外，虽然国家建立了保护制度但尚未有针对具体行业的发展规划，与国外相比仍有很大不足。

（四）销售利润低

利润率降低可追溯到总销量的降低与成本的提高。

1. 总销量降低

销售方面，麦秆剪贴是地方特色文化，在本地市场、外地市场和国外市场上的销售状况完全不同，因此采取市场细分的方式，从三个市场角度分析销售量低的原因。

（1）本地市场。当地人对麦秆剪贴的总体了解与接受程度高于其他地方。作为地方文化名片，之前麦秆剪贴的主要客户是政府与大公司，它们购买大量精美麦秆剪贴用于赠礼，此时销路通畅，利润可观；后来随着送礼规模缩小，其销量锐减，利润也随之大跌。文化水平低的人，对工艺品关注度低，且大多只通过原材料判断其价值，从而麦秆剪贴的认同度极低，购买量极少。部分厂商尝试走大众路线提高销量，但这样却使麦秆剪贴失去了精美的做工与独特性，难以在同类商品中脱颖而出。因此，在激烈的竞争中，尽管走大众路线确实吸引了一部分普通消费者，但还是难以弥补客源损失，销售利润仍然不乐观。

（2）外地市场。大部分麦秆剪贴传承人不了解如何借助新媒体平台进行宣传，同时没有足够的资金进行专业宣传，因此麦秆剪贴在发源地之外地区的知名度较低，加上外地基本无销售门店和展览馆，人们了解麦秆剪贴的途径非常有限。这种情况下，人们即使看到麦秆剪贴，也无法了解其艺术价值，获得购买途径。

（3）国外市场。尽管麦秆剪贴在许多国际交流项目上，如2008年奥运会，与国外首脑会晤时，被作为文化名片赠予外国宾客，得到了许多赞赏，但仍难以拓展国外市场。一般情况下，麦秆剪贴出口为摊薄运输费用，使用可装数万幅的集装箱一次性运输，但是工人制作上万幅作品的时间只有2～3个月，对于具有少量工人的厂商而言十分困难。出口订单具有不连续性，由此意味着麦秆剪贴的工作队伍需要如同潮汐一样，在有出口订单时大量招募工人，而订单完成后只需保留少量的工人，然而制作麦秆画的培训时间需要2～3个月，短时间内很难集合足够庞大的队伍，即使可以集齐，完成订单后多余的劳动力也无法处理。所以综合以上运输和生产方面的困难，即使麦秆剪贴在国外受到欢迎，生产者也难以通过拓展国外市场改善现状。

2. 成本提高

麦秆剪贴的成本主要是要素成本、人力成本和运输成本，由于要素成本、运输成本相对较低，我们主要分析人力成本。

一般人从零基础到可以做普通作品至少需要 2~3 个月时间，加之现在的年轻人对于制作麦秆剪贴这类工作的兴趣降低，厂商为了招募工人，大多免费培训，且采取不定期赠予日用品、食品的措施。租用培训场地、购买各类设施与所需材料、聘请训练师等费用也有相应的增加。

（五）宣传力度小

在调查中我们发现，麦秆剪贴并没有得到很好的宣传。我们所了解的宣传途径只有政府在展厅对其进行展览，传承人对店内来客发放纸质宣传单。在网页上有关麦秆剪贴的信息并不多，利用微信、微博等新媒体平台对其进行宣传几乎没有。原因有如下几点。

1. 传承人自身原因

据考察，麦秆剪贴制作与售卖没有分开，传承人都是自产自销的，需要同时担任制作者、销售者和宣传者，多种角色使得传承人精力不足。

此外，由于传承人多位于濮阳市，远距离授课、指导均不方便，所以传承人本身并不倾向于把技术向外地传播，其宣传与招生范围仅限于濮阳一带。其他地区并没有人对其进行宣传。

2. 政府原因

虽然麦秆剪贴是濮阳市的文化名片，但濮阳市政府对麦秆剪贴的宣传和发展不够重视，只有展厅展览，并没有利用官方公众号、官网等途径进行宣传。

3. 宣传成本原因

厂商对当下的新媒体宣传手段并不了解，不知如何操作。如果想加大宣传力度就必须与专业团队合作，投入相当高的成本。但是提高知名度也并不意味着销量一定会上升，也就意味着这笔投入可能不能使厂商获取更高利润，厂商面临着亏损的风险。在追求利润最大化的目的下，厂商选择维持现状。

4. 厂商之间的竞争原因

麦秆剪贴中的图画尚且处于保密阶段，把图片放到网上可能会被其他厂商模仿和盗用，导致自己的产品失去竞争力，所以网上关于麦秆剪贴的宣传非常少，尤其在图画方面，在网上很少能见到制作精美的图片。

总之，消费者对麦秆剪贴的认同度低，缺乏独特的市场价值，导致市场销售状况不容乐观，加之行业工资计算方式影响了工人队伍的扩张，导致产量下降，利润大幅度降低。而宣传也因传承人无法负担高昂的成本而变得不现实，传承人没有能力扩大宣传。上述问题使得麦秆剪贴的现状难以改变，而当下整个行业的不景气使潜在的投资者与传承人缺乏信心，不愿参与行业发展，最终导致了传承难问题。

三、麦秆剪贴及相关艺术品的市场发展研判

（一）单一厂商的情况

1. 成本

麦秆剪贴的原材料成本不高，但人工成本高。麦秆剪贴的制作需要工人长时间心无旁骛地投入，制作稍有失误就会导致半成品作废，较为精细的作品甚至可能需要手艺人花费一两年的时间才能完成；因此手艺人需要静下心来研究麦秆剪贴的表现形式，且进行创新；此外传承人还会花时间教学徒怎样制作。厂商除了租用培训场地、购买各类设施与所需材料，为了招募工人，大多免费培训，且采取不定期赠予日用品、食品。

2. 原材料获得途径

由对商家的采访了解到，麦秆剪贴所用的麦秆受自然因素影响，主要产自濮阳市。有专门的厂商挑选麦秆田地，并从中选择优良的麦秆。前文所说的几大厂商或者手艺人，有购买专门相关厂商的，也有直接从田地里购买的。

3. 徒弟的培养及签订合约

传承人会与学徒签订合同，在合作的两三年里，传承人根据学徒制作的麦秆剪贴的质量、数量进行回收，然后在店里售卖。但是，由于学徒的悟性与工作时间有差异，所以在合同的有效期内并没有要求麦秆剪贴的数量与质量。合同到期之后，学徒可以自由选择以后是否与传承人进行再次合作，继续合作后，传承人会根据徒弟做出的作品数量和档次以不同价格进行收购，再进行出售。

4. 销售渠道

手艺人生产的麦秆剪贴，一部分用来参加比赛，进行展览；一部分直接进入自己品牌的门店进行销售；还有一部分会流入其他小门店进行销售。

（二）行业状况

1. 产品供应

目前，河南有三位非物质文化遗产传承人，分别是省市级和国家级非物质文化遗产传承人，能够生产高档品的仅有三位传承人所经营的三家企业。在其他中小企业中，技术娴熟的艺人较少，能做高档产品的艺人更少。麦秆剪贴店面以古城路上居多，其中包括两位麦秆剪贴传承人的店面。根据店内负责人的描述，现在基本上只有传承人的店面还有高档产品，并且均由传承人自己培养的专门制作高档产品的徒弟制作完成。其他小店面卖的都是中低档产品。总之，在整体麦秆剪贴市场上，高档产品的供应较少，中低档产品供应量较多。

2. 价格

根据市场调研情况，麦秆剪贴的价格大致分为五个区间：200元以下、200~500元、500~1 000元、1 000~5 000元、5 000元以上。据了解，大部分低档产品在500元以下，占据了大部分市场；中档产品大致为500~5 000元左右，占据了部分市场；而高档产品价格在5 000元以上，在市场中所占份额较少。

3. 企业数量及各企业之间的关系

麦秆剪贴企业中存在占据主要市场份额的三大厂商及个别小厂商，各企业之间的关系见图6。

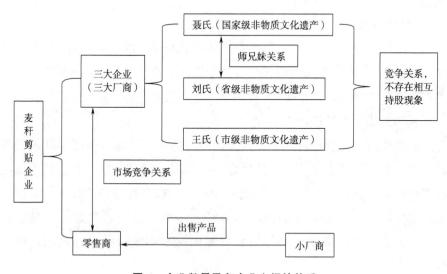

图6 企业数量及各企业之间的关系

4. 不同企业产品的区别

麦秆剪贴市场作为寡头垄断市场，不同厂商在生产或销售产品的过程中，靠的是其所生产的产品之间的差异吸引消费者，争夺市场竞争中的有利地位。由于麦秆剪贴的手艺人大多在河南，产品销售也在河南，地理位置导致的差异忽略不计，因此不同企业制作的麦秆剪贴的区别体现在三个方面：

（1）质量差异。研究制作麦秆剪贴的时间越久，生产出的产品质量越高。根据我们的实地考察，从事麦秆剪贴制作时间较长的手艺人的作品在细节处理上更加细腻，烫出来的颜色过渡更加自然，画面构图也更加复杂。

（2）设计差异。在麦秆剪贴行业，一家企业基本近似于一个派别，随着时间的推移、老艺人根据自己对麦秆剪贴的理解进行技术创新，形成了各自不同的设计风格。

（3）品牌差异。不同厂商不同品牌本身就是一种差异。例如，申请了国家级非物质文化遗产的聂氏麦秆画和最先走出国门的刘氏麦秆画。

（三）市场状况

对于麦秆剪贴的市场需求，分为省内、省外、国外三个部分加以分析讨论。总体情况是：河南的麦秆剪贴的有效市场需求主要源于省内的购买，省外由于麦秆剪贴知名度较低，需求量较少，而国外市场则较难开辟。

1. 省内市场

在河南省内部市场，我们经调研发现了三个现象。

（1）省内市场需求相较其他两个市场而言大得多，占麦秆剪贴需求的绝大部分；这主要是因为麦秆剪贴发源、发展于河南，属于地方文化特色，在历史上没有试图向外发展过，本地人对麦秆剪贴最为了解，自然也就是其最大的需求群体之一。

（2）虽然近几年河南省内的麦秆剪贴需求量在逐年上升，但是短时间内仍难以弥补因国家政策冲击带来的销量损失；其原因前文已述，这里不再赘述。

（3）消费者更青睐于传统的麦秆剪贴，如以风景、典故、古代人物为主题的作品，但偏现代主题的作品销量也在逐渐上升。这可能源于传统主题的麦秆剪贴制作工艺已然成熟，有现成的模板以辅助制作，其精美程度显然高于那些新兴主题的画作；加上不少消费者属于常客，他们更加认同传统的主题，认为这些代表的才是正统的麦秆剪贴，所以会更加青睐于传统主题的麦秆剪贴。不过随着新一代的消费者缓慢加入购买行列，一些新兴的现代化主题的作品更符合其偏好，因此新主题的麦秆剪贴的销量也慢慢增加。

2. 省外市场

在河南省外的市场，麦秆剪贴的知名度较低，且河南省几位传承人的店面基本只开在本地，在省外仅有少量的展览厅，因此省外的销售较为零散，很难找到正规的销售门店。麦秆剪贴带有"圈子文化"的属性，即真正了解它的人非常欣赏其价值，愿意购买；而不太了解或者完全不知道其存在的人，则因信息不对称而基本不会购买；而曾将其当作礼品的省外公司同样因国家政策原因不再购买。另外，如前文所述，厂商在省外开店受限，并不能在省外进行较好的宣传。因此，麦秆剪贴在省外市场的需求处于较低水平。

3. 国外市场

国外市场的需求主要来源于国内手艺人对麦秆剪贴的拓展宣传，在国外创造影响力，或者在国外建厂开店。但是厂商并没有足够的资本在国外进行麦秆剪贴行业的拓展，运输到国外也存在一定局限，麦秆剪贴相较于其他手工艺品更脆弱，容易毁坏，不适合通过集装箱集中运输。加之麦秆剪贴在国外的宣传力度微乎其微，导致国外市场几乎没有需求。

综上，全部市场的消费者对麦秆剪贴需求还处于一个较低的水平，据调研反映，王氏麦秆剪贴的非意愿存货占其总产量的20%左右，其他传承人虽未给出具体的数据，但销售状况也基本如此。可见目前麦秆剪贴存在供过于求的状况，源于消费者的购买力不足与信息不对称两个方面。

（四）替代品市场

麦秆剪贴属于手工艺产品，具有一般艺术品都有的装饰作用，也有一定的炫耀价值；除去小部分偏好麦秆剪贴和众多完全不了解麦秆剪贴的消费者，对于仅听说过麦秆剪贴的消费者而言，几乎所有身边的装饰性艺术品都是麦秆剪贴的替代品，这也间接导致了麦秆剪贴销量低迷；在本身知名度不高的前提下，普通消费者对麦秆剪贴没有偏好，而麦秆剪贴整体价格偏高，导致消费者很少购买麦秆剪贴。

如前所述，麦秆剪贴的优势无法形成独特的市场竞争力，无法在艺术品市场脱颖而出。取材自麦秆确实新颖，但是艺术品市场中取材独特的艺术品不在少数，例如树皮画等。麦秆剪贴相对自由的生产时间安排有明显的优劣势；优势是相比固定场地与工作时间的生产方式，可以在一定程度上扩大工人队伍的数量；而劣势是因为时间由员工确定，所以产出很不稳定，会出现因员工缺乏制作时间而导致产出大幅下降的情况。而目前的形势——老工人因家庭事务愈发繁杂，很难招到新工人——使得这种自由安排工作时间的优势发挥受限，且扩大了其劣势，无法帮助厂商稳定市场；其丰厚的文化内涵则很大程度依赖消费者的艺术修养和鉴赏力，限制了其消费者群体；麦秆剪贴与其他艺术品有良好的相容性固然是一个很不错的优势，但目前限于发展时间短，麦秆剪贴暂时只能和花瓶相融合，而且融合品的价格都十分高昂，一般消费者难以承担，因此也难以帮其扩大市场；作为传统文化载体的功能也不够独特，同样依赖消费者的文化水平，也不足以解决销售利润低的问题。

四、麦秆剪贴的发展策略

（一）宣传策略

通过研究我们发现，问题互相影响，互相作用，当其中一个问题得到改善时，另外的问题也会有所缓解，形成良性循环，反之则会陷入恶性循环。目前最根本的问题在于大众并没有充分地了解麦秆剪贴，这是典型的信息不对称影响了大众的选择。所以我们选择以扩大宣传为突破口来解决问题。首先，我们建议成立麦秆剪贴宣传工作小组，由专人负责河南省麦秆剪贴行业的宣传工作，这样有助于整个行业形成规模经济，从而扩大宣传的范围，加强宣传的效果。如果单个厂商进行独立宣传，则费用较高，而且会出现"搭便车"的情况。

1. 传统媒体宣传

借助媒体平台进行线上宣传是一种快捷方便的途径。在线上，店家可以以麦秆剪贴为主题制作广告，与各大卫视进行合作，让麦秆剪贴广泛传播于各大卫视频道。麦秆剪贴广告不同于传统的日用品和食品类的广告，为了更加突出麦秆剪贴这类非物质文化遗产的历史性和纯手工性等特点，广告制作需要以一个特定的主题展开，沿着既定的主题将麦秆剪贴的制作发展过程通过第一人称的视角展现出来，吸引人们观看的兴趣并达到提升麦秆剪贴认知度的目的。

（1）广告主题。非物质文化遗产发展道路上倔强的麦秆。

（2）广告思路。根据麦秆剪贴特有的历史背景，以麦秆剪贴制作的卡通形象为主角，阐述它从种子到麦秆，从麦秆到麦秆剪贴的一生。麦秆从一颗种子开始它的一生，经历了风吹雨打，长成了成熟的麦子，农民在收获麦子之后就剩下了干瘪的麦秆。本以为自己即将结束生命，可是河南的百姓发现了它的内在价值，赋予了麦秆新的生命。从此，麦秆以麦秆剪贴的形象得以延续。人们喜欢麦秆剪贴的精巧，购买的人络绎不绝。以这个故事为主线的广告，向人们展示麦秆剪贴的制作技艺和历史的积淀，也让人们更加了解非物质文化遗产的魅力。

将广告的思路交给专业人士进行广告的修改、打磨及最后制作，并联系各大卫视频道，将制作完成的广告进行投放。

2. 与综艺节目结合——以《向往的生活》为例

在泛娱乐化的大情景之中，人们奔波于繁华的都市，被快节奏的生活所累。与

《向往的生活》类似的节目犹如一股清流，记录自给自足的生活，以清新自然的画风凝聚人与人之间的关系，希望人们慢下来生活，寻求内心的平静与生活的本真。

在该档综艺中，随处可见与农村相关的事物，人们甚至需要种植玉米或者水稻赚取生活费。这样一档与麦秆剪贴有着"亲密关系"① 的综艺，借此宣传麦秆剪贴，会使两者大受裨益。

对于麦秆剪贴的好处很多，具体有三点。

（1）可以在综艺里加入明星制作麦秆剪贴的过程，从而他们可以赚"钱"，作为他们在节目活动中的生活费。

（2）将麦秆剪贴悬挂在他们住的房间里，进行装饰，从而宣传，另外麦秆剪贴与综艺的色彩也很搭配。这样可以较好地丰富综艺的画面，也不会显得突兀，反而会引起观众的好奇心。

（3）将麦秆剪贴进行广告宣传：一方面，可以在节目结束后或者开始前进行广告宣传；另一方面，可以在节目中进行小宣传，比如在明星嘉宾玩游戏的时候，问"你在玩什么 App 呀"，然后将麦秆剪贴的 App 进行间接宣传。

对于综艺本身来说也是好处颇多：①可以丰富综艺的画面。②可以增强综艺的社会责任感。麦秆剪贴是传统文化，是国家非遗，对麦秆剪贴进行宣传，可以增强社会责任感，并且增加该档综艺的文化底蕴与人文情怀。③可以利用麦秆剪贴制造一些热门的微博话题，从而提高综艺的收益率。随着各种传统工艺与当今的一些备受欢迎的元素结合，那些传统工艺重新回到我们的视野之中，现在的年轻人对此有不同的看法，可以借此引发大家的讨论，从而增加综艺与麦秆剪贴的曝光率。④可以借麦秆剪贴设计更多的活动，从而增强综艺的新颖性。

总的来说，这种方式既可以提高麦秆剪贴的知名度，又可以增加综艺的社会责任感与人文底蕴。

3. App 体验

推出以麦秆剪贴为主题的游戏 App（可参考 Pottery）。

只有体验了麦秆剪贴的制作过程，才能真正地了解它的魅力，但是并不是所有人都有机会亲自到河南省实地体验，所以我们建议开发一款可以体验麦秆剪贴制作过程的游戏 App，这也符合当今时代人们乐于使用手机 App 进行生活娱乐的特点。

首先，在游戏中，用户可以模拟感受制作麦秆剪贴剪、烫、贴的过程，制作

---

① 亲密关系：有着某种契合，比如两者都比较有人情味；两者都具有"慢"的感觉……

完成的麦秆剪贴可以在虚拟市场进行售卖（可参考各类模拟经营游戏 App），并获得积分即虚拟市场中的货币。虚拟货币可以用来解锁各种不同的工具、花纹、底图、颜色等丰富用户的游戏体验。

其次，此款游戏 App 会与河南的麦秆剪贴商家信息共享，商家可以利用大数据分析的方法了解消费者的偏好，有利于他们迎合消费者偏好进行改革创新，更好地适应市场。同时，用户也可以使用一定量的积分即虚拟货币，解锁（由手艺人在 App 上面模拟制作的）麦秆剪贴成品的功能，把自己亲手设计的麦秆剪贴买回来。这样可以让用户足不出户就体验到自己制作麦秆剪贴的成就感。

此外，据我们实地考察，很多麦秆剪贴企业都有主动开展帮扶残障人士、下岗工人等弱势群体的活动。所以此款游戏的部分收入也可投入公益事业，成立基金会由专人运营，比如为残疾人购置轮椅、拐杖等辅具。用户还可以捐赠他们的积分（类似于蚂蚁庄园），积分以众筹的形式用于公益事业如残障人士无障碍设施建设、福利院等。

4. DIY 制作

麦秆剪贴本身的制作工艺复杂，流程繁多，虽然原料和学习使用的工具都比较普遍，但是缺乏专业指导和培训，短时间内不会有很大的进步，也不容易进行普及，因此，除了麦秆剪贴本身，我们建议推出麦秆剪贴 DIY（Do it yourself，自己动手）制作产品。

该产品可分为基础版本和升级版本两种。基础版本包括图案样本、已经专业加工处理（包括烙印处理在内）好的麦秆片、画布、边框以及胶水；升级版本和基础版本的差别在于麦秆片未经过烙印处理，使用者可以自行 DIY 处理实现麦秆片不同的着色区域。

此产品具有五个特点。

（1）简洁方便。使用方法简单，基础版本只需按照图案样本进行粘贴即可，操作难度小，适合年龄段较小的人群；升级版本不仅可以粘贴，还可以按自己的喜好进行烙印上色，多针对青少年推出。麦秆片繁复的处理过程被简化。

（2）款式多样。麦秆剪贴本身具有不同系列，该产品可延续麦秆剪贴这一特点，甚至可以接受简单的照片定制，图案的选择更多样化。

（3）保留了麦秆剪贴传统手工工艺的特点。该产品依然采取手工处理方式，延续了麦秆剪贴手工制作、款式变化多样等特点，在改进麦秆剪贴的基础上保留了其传统手工工艺的特点。

（4）用材环保、健康。麦秆本身是农作物，没有添加其他化学药剂，基础版本产品的使用过程也仅涉及胶水。

（5）价格优势。与成品的麦秆剪贴相比，该产品制作流程缩短，生产效率提高，使得产品具有了一定的价格优势。

该产品的推广对麦秆剪贴的好处有三点。

第一，提高知名度和认可度。随着父母对于孩童脑力发育的重视，DIY产品的使用度大大提升，麦秆剪贴的DIY制作可以提高人们对于麦秆剪贴本身的认识，同时其用材健康、简洁方便、款式多样、适用对象广的产品特点，可以进一步提升消费者对麦秆剪贴的认可度。

第二，传承了麦秆剪贴本身的特点。不论是原材料还是加工工艺，麦秆剪贴的一系列特点都在本产品中体现。该产品仅将加工人群的跨度提高，未改变麦秆剪贴手工制作等鲜明独特的特点，更好地传承了麦秆剪贴。

第三，更易于传播。该产品不同于麦秆剪贴，其适用范围和推广范围可以更广阔，其"玩具""DIY手工艺品"等标签有利于麦秆剪贴的传播与推广。

5. 新媒体宣传

短视频App、微信公众号、微博等平台是当今网络时代下人们获取信息的主要渠道，麦秆剪贴宣传小组可以借助这些平台，对麦秆剪贴的创意广告视频、游戏App、DIY产品以及麦秆剪贴本身等内容进行推广。

（1）近几年，以抖音、快手、梨视频为代表的短视频平台十分火爆，这些平台积累了非常扎实的观众基础。麦秆剪贴宣传小组可以通过发布与麦秆剪贴制作过程、前期准备等有关的视频，展现麦秆剪贴独特的魅力从而进行宣传。具体操作可以将麦秆剪贴的制作全过程倍速播放，把视频总时长压缩在一分钟以内，便于观众在短时间内了解麦秆剪贴的制作过程。

（2）微信公众号是一个非常大众化的宣传方式。可以建立属于宣传工作小组的公众号，"刷屏式"密集地发送推送，推送的内容包含但不局限于麦秆剪贴的制作过程，比如手艺人制作时的一些趣事、参加各类活动的报道等，同时可以将前文提到的短视频插入推文，进行同步宣传。其次可以联系知名城市文化类公众号进行推广，如"那一座城""浪潮工作室"等。这些公众号有着丰富的城市、文化的文字编辑和宣传经验，并且拥有大量对城市及文化感兴趣的粉丝群体，这些优势对于麦秆剪贴的宣传非常有帮助。

（3）豆瓣、微博、知乎这类平台存在大量的"新新青年"KOL（Key Opinion Leader，关键意见领袖）用户，这些人不仅了解当下最新潮的事物，而且也对传统文化有着浓厚的兴趣。联系这些KOL转发短视频及推文，同时可以联系艺术领域的 KOL 对麦秆剪贴进行专业领域的解读与宣传。这些人拥有数量庞大并且忠诚度高的粉丝群体，他们发布的内容一天之内的阅读量可以突破十几万，庞大的数据是宣传的基础。

综上，麦秆剪贴宣传小组可以借助短视频 App、微信公众号、微博等网络平台，通过两种方式对麦秆剪贴进行宣传：

第一，注册麦秆剪贴宣传小组团队账号，定期发布麦秆剪贴相关内容，对麦秆剪贴的制作过程、文化历史进行科普，同时发布麦秆剪贴最新消息，例如各种文化活动的举办、新产品的推广、新作品的展示等，以展现麦秆剪贴的独特魅力、加深人们对麦秆剪贴的了解。

第二，在有一定资金基础的前提下，借助这些平台上拥有大量粉丝基础的"网红"，对麦秆剪贴 App、短视频、文创产品、宣传团队的账号或者麦秆剪贴本身的文化与观赏价值，进行转发、撰文、解读等。第一种方式由于需要逐渐积累粉丝，在麦秆剪贴知名度较低的情况下宣传效果不会很明显，因此需要与第二种方式相结合，重点凭借创新的、有趣的内容吸引人们的关注，进而吸引更多人了解麦秆剪贴。

6. 体验店

麦秆剪贴作为一门传统手工艺，独特的手工制作方式是其区别于其他传统艺术品的主要方式之一，也是其吸引潜在消费者的主要方式之一。当前购买者以游客为主，因为对麦秆剪贴的了解不够，大众对它的消费相对较少。因此，麦秆剪贴想要积累名气，首先就要在当地建立足够大的市场，而年轻人是现在及未来的消费主力军，因此吸引当地年轻人是很重要的。由于关注方式变化，年轻人很难对泛泛的纸质广告产生特殊的关注，因此可以通过举办免费的线下体验课，让年轻人体验一些平常生活中很难接触到的生产方式，更好地了解麦秆剪贴，这样，他们才有可能购买麦秆剪贴。

线下体验课的方式多种多样：

首先，可以在麦秆剪贴的展览馆或门店中开设专门的体验馆，在河南当地有许多麦秆剪贴的展览馆和门店，然而由于作品数量限制，空间利用程度低，因此可以选择将作品集中在展览馆中部分房间内，其他的空间用来作为麦秆剪贴的体验馆，由专门负责培训的师傅协助人们体验制作麦秆剪贴的过程。

其次，开放制作室让人们参观体验也是一个可行的方案。麦秆剪贴的特色之一就是其独特的手工制作过程，亲自体验可以有效地吸引潜在的消费者。例如，先带领参观者观摩制作过程，然后再前往专门的体验室体验制作过程，同时由专门的培训者在旁协助，为参观者提供最佳体验。

最后，可以将麦秆剪贴带入课堂让学生体验，如在一个学期内开设专门的课程，让学生体验一些基础的制作过程。

上述方案的最终目的都是让参与者欣赏作品，同时可以在专业指导下亲自体验麦秆剪贴的制作过程，实际的制作体验比普通的纸质宣传材料更能激起兴趣，而且他们成功完成一件作品后获得的成就感也能激发兴趣，进而给麦秆剪贴带来一批新客户。

当然，除了线下的体验课之外，也可以通过制作游戏 App 提供线上体验方式。

7. 开设店面

麦秆剪贴的知名度不高且主要在省内进行销售。我们考虑在人流量密集的景区开设店面来提高麦秆剪贴的知名度和销量。在景区开设店面不仅可以增加麦秆剪贴的销量，也可提高麦秆剪贴的知名度和认可度，有助于麦秆剪贴的推广。

在河南省内，景区主要有洛阳的牡丹园、龙门石窟，开封的清明上河园，焦作的云台山等。销售的麦秆剪贴可与景区特色相结合：洛阳牡丹园的店面可以出售各式各样以牡丹花为主的麦秆剪贴，龙门石窟的店面可主要出售与佛像有关的麦秆剪贴，清明上河园旁的店面可出售与《清明上河图》有关的麦秆剪贴，云台山等名山可主要销售与山水画有关的麦秆剪贴。与景区特色相结合可以迎合游客偏好、增加销量，也可让麦秆剪贴的文化与景区相结合，体现麦秆剪贴的文化魅力。

在景区也可开设线下体验店，并安排专业人员进行指导，让游客体验简易的麦秆剪贴的制作过程，在制作过程中进一步体验麦秆剪贴的独特魅力。

此外，在线下体验店和景区的礼品店也可出售麦秆剪贴的 DIY 产品。

8. 利用公共交通渠道进行宣传

公交、地铁、动车、高铁等公共交通每日的人流量数以百万计，如果能够充分利用这些平台，就相当于直接向百万乘客宣传麦秆剪贴。具体实现方式可以是在地铁里面的小电视及轨道两侧的 LED 灯箱投放宣传视频及宣传图，把河南省境内的公交车的外饰做成麦秆剪贴宣传专题，向途经河南的动车和高铁投放宣传册和宣传视频，同时在座椅枕巾上印刷宣传图进行铺盖式宣传。

9. 与国内外知名品牌和传统手工产品合作

纵观国内外，很多知名品牌在做好自己产品的同时，会与其他类型的产品进行合作，达到互利共赢的效果。对于麦秆剪贴这一传统文化产品来说，找到一个好的合作伙伴无疑是提高知名度的好方法。以景德镇的陶瓷为例。景德镇的陶瓷享誉国内外，如果麦秆剪贴可以和景德镇的陶瓷进行合作，以麦秆剪贴作为点缀，这样的创新不仅可以在陶瓷上给人一种新颖的感觉，也会宣传麦秆剪贴，从而达到共赢。尽管麦秆剪贴已经被用于花瓶的点缀和装饰，但是这种创新的成果并不理想，若以景德镇陶瓷为载体进行宣传，也许可以达到很好的宣传效果。

10. 提升整体社会服务效益，树立品牌正面形象

非遗作为文化记忆的重要载体，其公益性是不容置疑的。根据我们的实地调查，现存的麦秆剪贴企业已经开展了不同规模的对于残障人士就业的扶持。所以，我们建议麦秆剪贴行业通过服务社会为整个麦秆剪贴行业树立良好的社会形象，这样做有利于扩大其社会影响力。在当今的市场，企业社会责任越来越被看重，良好的企业形象可以使宣传事半功倍。具体可以为残疾人的作品办展或者拍卖，将利润用于提升残疾人福利，修建无障碍设施。

（二）销售策略

在加强宣传、让大家在一定程度上了解麦秆剪贴的基础上，手艺人可以在作品中加入现代元素，并且采用集中开店的方式改善销售状况。面向大众，制作一些平实但不乏艺术魅力的作品是市场的选择。麦秆剪贴多以景物、典故、古代人物为主题，加入一些现代主题元素，如动漫、游戏、影视人物等，来吸引消费者，即迎合消费者的偏好，从而扩大销路。现在麦秆剪贴的店面普遍较小，部分手艺人甚至没有销售门店。所以集中开店，形成类似麦秆剪贴一条街的销售集中地，可以增加客流量，手艺人也更有机会扩大自己的销量。

（三）传承策略

在宣传奏效的条件下，麦秆剪贴的销售量也会增加，商家获利，此时可以适当增加工人收入以吸引更多工人，当工资足以吸引大批工人以麦秆剪贴为主业的时候，便可以建立工厂，实现人工批量生产。如此一来，麦秆剪贴的产量也会得到提升，以弥补商家的部分投资，形成一个良性循环。我们也了解到，河南当地有很多剩余劳动力，尤其是一些中年妇女。可以充分利用麦秆剪贴制作工具简单、可以在家中制作的特点，对她们进行有效培训。一方面，在一定程度上可以解决剩余劳动力的问题；另一方面，也能促进麦秆剪贴的传承与发展。另外，发基本工资的同时，引入绩效考核机制，制作麦秆剪贴数量少或者质量差的酌情扣工资，数量多质量好的有奖金，刺激学员之间的竞争，加快技术进步速度。

五、结语

近些年，网络上对于"手艺人""工匠"的关注热度越来越高，"非遗""文物""故宫"都成为热门 IP。不仅有很多明星博主通过视频进行宣传，也有很多官方平台大力推广，但这些是远远不够的。大家都在关注"手艺人""匠人"的作品，但很少有人去深入了解一种艺术的传承与发展。麦秆剪贴又何尝不是我国优秀的传统文化呢？这些河南的麦秆剪贴手艺人又何尝不是"匠人"呢？他们也需要大家的关注！他们是手艺人，同时也想成为"守艺人"。

非物质文化遗产从古到今经历了无数重大变革，能够留下来的少之又少，即使能够留下来，也面临着社会的发展、不同文化的冲击，传统的手工技艺越来越脱离大家的视线。作为当代大学生，我们有责任与义务运用掌握的经济学知识去帮助他们，将我们掌握的知识、思想传达给他们，让更多的人了解我国优秀的非物质文化遗产。

六、不足

本文主要分析了麦秆剪贴的现状和存在的问题，并从三个方面为麦秆剪贴的发展提供策略。囿于学识和时间，本文在理论探讨方面不够深入，加之目前麦秆剪贴发展不完善，我们无法得到一些有关生产、成本等的有效数据，以至无法对市场方面的问题做进一步的分析，因此定量分析不足。提出的发展策略，无法确保整个麦秆剪贴行业可以获得足够的利润。同时，在实地调查的过程中，只采访到了几位较为知名的手艺人，并没有采访到正在学习制作麦秆剪贴的工人。

作者简介：

许鑫悦，2016 级首经贸经济学院本科，现就职于北汽集团；李明通，2016 级首经贸经济学院本科，现就职于中信证券北京分公司；梁伊，2016 级首经贸经济学院本科，现就职于中国乡村发展基金会；邱烨，2017 级首经贸经济学院本科，现就读于中国人民大学；黄明月，2017 级首经贸经济学院本科，现就读于首都经济贸易大学；田秀，2017 级首经贸经济学院本科，现就读于首都经济贸易大学；李浩矾，2017 级首经贸经济学院本科，现就职于毕马威。

参考文献

［1］贾鑫娜，2018. 新媒体环境下非物质文化遗产传承的机遇与挑战：以井陉拉花为例［J］. 新媒体研究（16）：36-38.

［2］任航，2013. 浅谈剪刻纸艺术的传承与发展［J］. 文艺生活·文艺理论（3）：183.

［3］王宏伟，孟峰年，李颖侠，2018. "一带一路"甘肃黄金段民族传统体育非物质文化遗产的保护［J］. 绵阳师范学院报（8）：128-133.

［4］杨娅，周毓华，2018. 非物质文化遗产视野下藏戏传统表演艺术研究：以卡卓扎西宾顿为例［J］. 四川戏剧（8）：64-69.

二元结构、粘性信息与中国通货膨胀预期研究

作者：刘心悦

指导老师：王军

获奖情况：第八届"挑战杯"首都大学生课外学术科技作品竞赛二等奖

摘要：本文基于粘性信息提出了适合我国发展现状的城乡二元结构下的通货膨胀预期模型。通过构建 VAR 模型进行估算，并利用非线性最小二乘的方法求解参数，得出了中国城市和农村的通货膨胀预期，进一步得到中国城乡二元结构下的总体通货膨胀预期。通过估计结果发现，中国农村厂商的更新比例约为 0.83，而城市厂商的为 0.25。城乡厂商都及时更新信息以做出最优决策，但更新信息的比例有差异，说明中国的通胀预期存在城乡二元性。在粘性信息的理论框架下，城乡二元结构通货膨胀预期模型的构建能较好地反映中国的实际情况，本文由此提出了实施差别化预期管理等的政策建议，为今后通货膨胀预期的测算和预期的管理提供依据。

关键词：粘性信息；城乡二元结构；通货膨胀预期

一、引言

（一）问题的提出

中国经济高速发展的同时，伴随着通货膨胀与通货紧缩现象。物价稳定是中国宏观经济政策的目标之一，而影响价格走势的重要因素是经济主体的通胀预期，因此，通货膨胀预期的管理尤为重要。CPI（Consumer Price Index，居民消费价格指数）是反映通货膨胀的重要指标。在中国，城乡差异长期存在并影响着经济，因此，国家统计局分别统计了城乡 CPI 以反映中国的城乡二元结构。但目

前通货膨胀预期的研究中，二元结构没有被充分重视，研究还仅限于一元结构。由于许多研究都需要将通胀预期纳入模型中以贴合实际，因此寻找合适的方法刻画预期是十分必要和有意义的。

（二）文献综述

通货膨胀预期对于研究经济波动和货币政策都有极为重要的意义，国内外学者对通货膨胀预期理论做了许多研究。

"预期"概念最早由瑞典学派代表人物维克塞尔（Wicksell，1898）提出，许多经济学家进一步拓展了此概念。凯恩斯（Keynes，1936）研究并运用预期理论进行经济分析后，经济学家纷纷意识到了预期在决定经济产出中发挥的重要作用。斯托克和沃森（Stock and Watson，1999）利用美国十二个月的通货膨胀数据验证了菲利普斯曲线的准确性。菲尔普斯（Phelps，1967）和弗里德曼（Friedman，1968）改进菲利普斯曲线，提出附加预期的菲利普斯曲线。由此引发经济学家对预期研究的重视，并提出许多有关预期的假说。戈登（Gordon，1970）研究的是适应性预期假说，随后卢卡斯（Lucas，1972）批判了适应性预期并提出了理性预期假说。在泰勒（Taylor，1980）和卡尔沃（Calvo，1983）交错契约模型基础上，罗伯特（Robert，1995）根据理性预期假设和名义粘性思想提出了前瞻性预期。由于前瞻性预期没有考虑到调整通货膨胀的成本，且以粘性价格为理论依据的泰勒的交错契约模型和卡尔沃的价格随机交错调整模型不能反映通胀滞后性的特点，所以加利和格特勒（Gali and Gertler，2000）提出了双粘性菲利普斯曲线模型，且曼昆和赖斯（Mankiw and Reis，2002）提出了有别于加利和格特勒粘性价格的粘性信息菲利普斯曲线模型。曼昆等（Mankiw et al.，2004）基于粘性信息研究通胀预期，并用数据进行模型验证，发现预期既不符合理性预期也不符合适应性预期，而与粘性信息较为吻合。布兰奇（Branch，2006）比较了不同种类的通胀预期模型，允许异质性程度随时间变化的模型更好地拟合数据。粘性预期考虑了微观主体的异质性和非理性，对现实更具解释力。粘性预期的想法虽比较新颖，但还不是很完善。金（King，2004）对曼昆等的评论中指出其微观假设不合理。粘性预期模型若假设每个厂商在下一期更新信息之前不改变所选择的未来名义价格路径，就会抵消平均通货膨胀率对其真实收入的影响，而且观念的异质性在菲利普斯曲线模型中没有那么重要。威廉姆斯（Williams，2004）的评论也指出，数据与模型预测结果的偏差随时间推移不是恒定不变的，并且呈现高度的持久性，说明粘性信息模型只刻画了一部分家庭预期的过程。虽然预期的不一致性在选择性更新预期信息方面很有用，但这种不一致

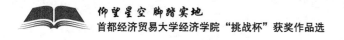

的重要程度却没有定量说明。

国内学者在通货膨胀预期方面做了许多研究。李彬等人（2007）比较了粘性价格和粘性信息模型及其在中国的解释力。杨继生（2009）基于混合菲利普斯曲线，研究了中国通胀预期的性质，指出我国同时存在适应性预期和理性预期。李颖等人（2010）利用滚动构建 VAR 模型的方法进行预测，估计出粘性信息下的通货膨胀预期，并利用 LSTR 模型刻画出非对称的通货膨胀率调整路径。邹文理（2014）在理性预期的基础上，用不同方法对中国通货膨胀进行预期，并比较了各方法的优缺点。

国内学者也对中国的城乡二元结构做了许多研究。黎德福（2005）研究了中国城乡经济二元结构下的菲利普斯曲线和奥肯法则。巩师恩和范从来（2013）在中国城乡经济二元结构下，基于新凯恩斯菲利普斯曲线模型，建立了我国的通货膨胀方程。

（三）研究方法与创新

本文以曼昆（Mankiw，2002）的粘性信息模型为研究基础。首先，结合中国的城乡二元结构现状，对粘性信息模型做了改进，提出了二元结构下的通货膨胀预期模型。其次，通过构建 VAR 模型，得到通货膨胀预期数据，并估计出通货膨胀预期。最后，比较预期值与实际值表明此模型对现实解释力较好。

国内的文献既有对通货膨胀预期的研究，又有对经济二元结构的研究，而对通胀预期和二元结构的交叉研究较少。本文将国外学者提出的粘性信息模型与中国的城乡二元结构相结合，提出我国的通货膨胀预期模型，对政府今后管理通货膨胀和制定政策都有积极的意义。

二、基于二元结构和粘性信息的通货膨胀预期模型

（一）粘性信息通货膨胀预期模型

传统的通货膨胀预期模型忽略信息的成本，假设信息的获取不会影响价格制定。而粘性信息理论则考虑到信息的成本，即信息具有粘性。信息所具有的成本包括信息本身所具有的价值和信息传递时所需要的成本。在信息传递时，信息获取的方式或传递的过程不同，使得信息的传递变得相对复杂，进而使得获取及处理信息的成本较高而不能被忽略。由于信息具有粘性，所以制定价格时就要考虑更多的影响因素。

考虑到将信息论运用到通货膨胀的研究中，曼昆和赖斯（Mankiw and Reis，

2002）提出粘性信息模型，解释总需求对产出和价格水平的动态影响。粘性信息在此模型中有如下含义：

信息在人群中传播很缓慢，是因为人们获取信息和进行重新最优化都是有成本的。

价格一直处于变动状态，且价格的决定不总是基于当前的信息。

在粘性信息模型中，每个厂商在每期都制定一个新的价格，但是厂商获取信息和重新计算最优价格的速度很缓慢。每期只有 λ 比例的厂商获取到关于经济状态的新信息，并且按照一个新的路径计算最优价格。其他厂商继续基于旧的路径和过时的信息制定价格。关于价格的调整，粘性信息模型采用与卡尔沃（Calvo，1983）模型相似的假设：不管厂商距上次更新信息的时间有多长，每个厂商有相同的概率更新信息并制定价格。这样，粘性信息模型既具有卡尔沃模型的随机调整机制，又具备卢卡斯（Lucas，1972）模型中的不完全信息假设。

粘性信息模型首先从三个基本的关系入手分析。

第一，考虑厂商的最优价格 p_t^*，其表达式如下：

$$p_t^* = p_t + \alpha y_t$$

由 $p_t^* = p_t + \alpha y_t$ 可知，厂商的最优价格 p_t^* 取决于整体的价格水平 p 和产出水平 y。这里，我们已将潜在产出做标准化处理，使之为零。所以 y 也可以解释为产出缺口。

第二，考虑厂商调整的价格 x，即厂商依据 j 期前更新的信息制定的价格，表达式如下：

$$x_t^j = E_{t-j} p_t^*$$

由 $x_t^j = E_{t-j} p_t^*$ 可知，依据 j 期前信息调整的价格等于对当期最优价格的 j 期前的预期。

第三，考虑总价格水平 p，表达式如下：

$$p_t = \lambda \sum_{j=0}^{\infty} (1 - \lambda)^j x_t^j$$

可知，总体的价格水平是经济体中所有厂商制定的价格的加权平均。更新信息的厂商的比例 λ，决定了权重减小的速度。因为厂商每期制定价格所依据的信息越陈旧，制定的价格越不准确，所以赋予这些厂商制定价格的权重越小，即信息更新得越缓慢，当期的价格水平与依据这些信息制定的价格的相关性越小。

将上述三个方程联立求解，可得粘性信息模型中的价格表达式：

$$p_t = \lambda \sum_{j=0}^{\infty} (1 - \lambda)^j E_{t-j} (p_t + \alpha y_t)$$

用迭代期望定理和代数运算，可得通货膨胀率表达式：

$$\pi_t = \left(\frac{\alpha\lambda}{1-\lambda}\right)y_t + \lambda\sum_{j=0}^{\infty}(1-\lambda)^j E_{t-1-j}(\pi_t + \alpha\Delta y_t)$$

其中 $\Delta y_t = y_t - y_{t-1}$ 表示产出缺口增长率。通货膨胀取决于产出水平、通货膨胀预期和产出增长预期。

通货膨胀率表达式可改写为：

$$\pi_t = \left(\frac{\alpha\lambda}{1-\lambda}\right)y_t + \lambda\sum_{j=0}^{\infty}(1-\lambda)^j E_{t-1-j}\pi_t + \alpha\lambda\sum_{j=0}^{\infty}(1-\lambda)^j E_{t-1-j}\Delta y_t$$

其中，令通货膨胀预期为 π_t^e，即可得到最终粘性信息下的通货膨胀预期表达式：

$$\pi_t^e = \lambda\sum_{j=0}^{\infty}(1-\lambda)^j E_{t-1-j}\pi_t$$

（二）城乡二元结构下的通货膨胀预期模型

上述的粘性信息模型，假定在所有厂商中有 λ 的厂商更新信息，并依此调整自己的价格。若所研究的国家经济结构较稳定，个体差异性不大，则可以建立模型统一研究；而中国经济处于高速发展阶段，且个体存在较大差异，最具有代表性的是城乡差异。鉴于中国的城乡二元结构，本文的粘性信息模型将城市和农村两种不同的情况分开考虑。为叙述简洁，主要提供农村消费品和服务的厂商简称农村厂商，主要提供城市消费品和服务的厂商简称城市厂商。此分类标准借鉴了国家统计局对城乡 CPI 的定义。其中大型企业，按此标准划分其分店类型。如海尔，虽不能将整个企业归为城市厂商或农村厂商，但分店都按各自面向的消费者进货，主要消费者为城市居民的分店会进新产品且折扣少，而主要消费者为农村居民的分店老款产品居多且折扣大。这样前者被认为是城市厂商，影响城市居民的通胀预期；后者为农村厂商，影响农村居民的预期。这里，本文假设有 γ 的城市厂商和 η 的农村厂商更新信息，并依据最新信息制定最优价格。因此，作如下调整构建我国的通货膨胀预期模型。

总体推导思路与粘性信息模型相同。城市和农村厂商制定的最优价格仍是 p_t^*。城市和农村厂商同样都是基于 j 期前更新的信息调整价格，调整的价格为 x。但由于主体的异质性，总价格水平 p 要考虑到城市和农村两个主体的价格。

城市消费品的价格水平 P_{Dt} 和农村消费品的价格水平 P_{Ct} 分别为：

$$P_{Dt} = \gamma\sum_{j=0}^{\infty}(1-\gamma)^j x_t^j$$

$$P_{Ct} = \eta\sum_{j=0}^{\infty}(1-\eta)^j x_t^j$$

总体价格水平的表达式如下：

$$p_t = \omega_1 \left[\gamma \sum_{j=0}^{\infty} (1-\gamma)^j x_t^j \right] + \omega_2 \left[\eta \sum_{j=0}^{\infty} (1-\eta)^j x_t^j \right]$$

其中，γ 是城市厂商更新信息的比例，η 是农村厂商更新信息的比例。ω_1 和 ω_2 是分别赋予两主体决定价格的权重。总体的价格水平是经济体中城市和农村厂商分别制定价格的加权平均。在此，我们沿用赖斯的思想，信息更新得越缓慢，当期的价格水平与依据信息制定的价格的相关性越小，即赋予那些依据陈旧信息制定价格的城市和农村厂商以较小的权重。

将最优价格 p_t^*，调整的价格 x 和总价格水平 p 的表达式联立并经过一系列变形运算，可得城乡二元结构的通货膨胀率表达式：

$$\pi_{Dt} = \left(\frac{\alpha\gamma}{1-\gamma} \right) y_t + \gamma \sum_{j=0}^{\infty} (1-\gamma)^j E_{t-1-j}(\pi_{Dt} + \alpha\Delta y_t)$$

$$\pi_{Ct} = \left(\frac{\alpha\eta}{1-\eta} \right) y_t + \eta \sum_{j=0}^{\infty} (1-\eta)^j E_{t-1-j}(\pi_{Ct} + \alpha\Delta y_t)$$

$$\pi_t = \omega_1 \cdot \pi_{Dt} + \omega_2 \cdot \pi_{Ct}$$

其中，π_t 是总体的通货膨胀率，π_{Dt} 是城市的通货膨胀率，π_{Ct} 是农村的通货膨胀率，$\Delta y_t = y_t - y_{t-1}$ 表达产出缺口增长率。通货膨胀率取决于产出水平、通货膨胀预期和产出增长预期。

由此可得，我国城镇的通货膨胀预期 π_{Dt}^e 和我国农村的通货膨胀预期 π_{Ct}^e 分别为：

$$\pi_{Dt}^e = \gamma \sum_{j=0}^{\infty} (1-\gamma)^j E_{t-1-j} \pi_{Dt}$$

$$\pi_{Ct}^e = \eta \sum_{j=0}^{\infty} (1-\eta)^j E_{t-1-j} \pi_{Ct}$$

进一步，可得我国二元条件下的通货膨胀预期 π_t^e，通货膨胀预期表达式：

$$\pi_t^e = \omega_1 \cdot \pi_{Dt}^e + \omega_2 \cdot \pi_{Ct}^e$$

$$= \omega_1 \left[\gamma \sum_{j=0}^{\infty} (1-\gamma)^j E_{t-1-j} \pi_{Dt} \right] + \omega_2 \left[\eta \sum_{j=0}^{\infty} (1-\eta)^j E_{t-1-j} \pi_{Ct} \right]$$

三、中国通货膨胀预期的实证研究

（一）估算方法

1. 通货膨胀预期 $E_{t-1-j} \pi_t$

本文采用向量自回归的方法（VAR 模型），通过不断滚动扩展样本区间，最终得到各期的通货膨胀预期数据，即 $E_{t-1-j}\pi_t$，$j = 0$，1，$\cdots$，∞。考虑到现实情况，j 不可能无穷大，所以取其最大值，记为 j_{max}。构造二元自回归模型如下（Khan et al.，2002）：

$$\begin{bmatrix} \pi_t \\ y_t \end{bmatrix} = \mu + \beta(L) \begin{bmatrix} \pi_t \\ y_t \end{bmatrix} + \varepsilon_t$$

其中，π_t 是通货膨胀率，y_t 是产出缺口。本文采用样本外预测的方法（Ball，2003）估计通货膨胀预期，总共预测 $j_{max} + 1$ 期。假设总样本区间为 $[1, T]$，$t \in [1, T]$。先在其中选择一个初始的子样本区间 $[1, T_0]$。利用构建好的二元自回归模型估计出 $T_0 + j + 1 (j = 0, 1, 2, \cdots, j_{max})$ 期的通货膨胀预期数据。此时，将样本区间扩展为 $[1, T_0+1]$。在扩展后的样本区间依照此方法继续预测，一直如此滚动，直到区间扩展为 $[1, T-1]$ 为止，即完成各时期 $E_{t-1-j}\pi_t$ 的估计。

2. 选择 j_{max}

在估算当期的通货膨胀率之前，还需确定 j_{max} 的值。由于没有一个明确的方法估算最大滞后期，所以本文倾向于选取一系列的 j_{max} 的值。一个较短的预测期会导致更新信息的厂商数，即 γ 和 η，偏离理论值；而一个较长的预测期会导致较大的预测误差，进而影响通货膨胀预期的估计（Khan et al.，2002）。基于此种考虑，本文选取 $j_{max} \in (3, 4, 5, 6, 7)$。

3. 参数 η 和 γ

本文同样采取非线性最小二乘的方法估计以下方程（Khan et al.，2002）。

$$\pi_{Dt} = \left(\frac{\alpha\gamma}{1-\gamma}\right) y_t + \gamma \sum_{j=0}^{\infty} (1-\gamma)^j E_{t-1-j}(\pi_{Dt} + \alpha\Delta y_t)$$

$$\pi_{Ct} = \left(\frac{\alpha\eta}{1-\eta}\right) y_t + \eta \sum_{j=0}^{\infty} (1-\eta)^j E_{t-1-j}(\pi_{Ct} + \alpha\Delta y_t)$$

其中 α 的值采用 0.1，与卡恩（Khan et al.，2002）的处理方法相同，且符合曼昆等（Mankiw et al.，2002）的估计。

（二）结果

1. 模型估算

本文研究 1990 年第 1 季度至 2014 年第 4 季度的通货膨胀率情况。原始数据来源于国家统计局。对于通货膨胀率，本文分别选取城市和农村的 CPI 月度数据，并将其转换为同比季度数据，再进一步计算得到城乡的通货膨胀率 π_{Dt} 和 π_{Ct}。对于产出缺口 y_t，本文用原始 GDP 季度数据除以不变基期的 CPI，得到实际 GDP，随后用 X-12 去除季节效应。用 HP 滤波得到潜在产出，并由此计算得到相对产出缺口。滞后期数 j_{max} 和通货膨胀预期 $E_{t-1-j}\pi_t$ 的数据由上述方法得到。更新比例 γ 和 η 的结果见表 1 和表 2。

表 1　城市厂商更新比例

j_{max}	3	4	5	6	7
包含预测期数	4	5	6	7	8
γ	0.318 6	0.281 9	0.256 2	0.244 0	0.249 6
标准差	0.076 1	0.071 9	0.069 0	0.068 6	0.072 0
调整后 R^2	0.321 7	0.312 1	0.306 8	0.301 3	0.296 4
t 统计量	4.19	3.92	3.71	3.56	3.47
概率	0.000	0.000	0.000	0.001	0.001

表 2　农村厂商更新比例

j_{max}	3	4	5	6	7
包含预测期数	4	5	6	7	8
η	0.830 1	0.830 5	0.830 8	0.830 6	0.830 6
标准差	0.053 1	0.052 9	0.052 9	0.052 9	0.052 9
调整后 R^2	0.410 6	0.410 5	0.410 5	0.410 5	0.410 5
t 统计量	15.63	15.70	15.71	15.71	15.71
概率	0.000	0.000	0.000	0.000	0.000

可知，主要提供城市消费品的厂商更新信息的比例约为 0.24~0.32，相当于每 $1/0.32 \approx 3.1$ 到 $1/0.24 \approx 4.17$ 个季度更新一次信息；主要提供农村消费品的厂商更新信息的比例约为 0.83，相当于每 $1/0.83 \approx 1.2$ 个季度更新一次信息。

在粘性信息模型下，中外学者都对更新信息的厂商比例 λ 做了不同的估计。其中，曼昆等（Mankiw et al.，2001）估计 λ 值为 0.25；卡恩等（Khan et al.，2002）通过非线性最小二乘法估计得到美国的 λ 值为 0.27 或 0.246，加拿大的 λ 值为 0.251 或 0.226，英国的 λ 值为 0.13 或 0.11。这些比例与城市厂商的估计结果较为接近，而与农村厂商的差距较大。这说明中国的城市居民与美英等发达国家的居民生活水平、消费结构等方面较为相似，因此，在所有中国厂商中，面向城市居民的那部分厂商的调整价格更新信息的行为类似于发达国家。而主要面向农村居民的厂商，其调价更新信息的行为则与城市和发达国家厂商有很大差异。

不同于人们的传统印象，本文农村厂商更新信息的速度要快于城市厂商。这主要是因为本文城乡厂商的划分标准，不是厂商所处的地理位置，而是厂商主要提供消费品和服务的群体。农村厂商更新信息较快是因为其消费群体自改革开放以来生活环境、收入和观念等发生较大变化，主要体现在以下三个方面：

（1）制度变动。自改革开放以来，新的教育、医疗等制度频频出台。由于城乡不同的环境背景，相对于城市，农村的制度变动更频繁。各项制度的变化旨在改善农民的生活水平，这也使其消费结构发生变化。进而农村厂商要随时调整以适应不断变化的农村，更新信息的比例自然要比城市厂商大。

（2）农村厂商竞争性强。相较于城市，农村居民对价格变化更敏感，厂商的价格调整会在很大程度上影响销售量。由于农村的收入、消费习惯等变化较大，那些随时更新信息的厂商，会赢得更多的消费者从而获利。这也迫使面向农村消费群体的厂商快速更新信息，以制定最优价格。

（3）产品异质性。由城乡恩格尔系数可知，农村的食品支出在总消费中占较大比重。农产品的生产周期短，价格对供求关系的变动较为敏感，生产调整迅速；而工业品生产周期长，生产调整相对较慢。因而农村厂商更新信息时间相对较短是合理的。

总之，由于政府立足缩小城乡差距，中国农村不断变化，且农村居民的收入受季节性因素影响，相对不稳定；而城市的发展则较成熟，城市居民收入相对稳定。为了企业的生存和发展，农村厂商比城市厂商信息调整更频繁，以适应不断变化的市场需求。这正体现了中国的城乡二元性，由于面向群体的不同，通货膨胀预期也会有差异。农村人口在中国人口总量中占很大比例，对于整体的影响是不可忽视的。因此，在中国应用粘性信息模型时，要考虑结构性差异。

对于不同厂商，本文采用 $\gamma = 0.25$ 和 $\eta = 0.83$ 作为参考值，结合如下式子计算城乡各期的通货膨胀率预期。

$$\pi_{Dt}^e = \gamma \sum_{j=0}^{\infty} (1-\gamma)^j E_{t-1-j} \pi_{Dt}$$

$$\pi_{Ct}^e = \eta \sum_{j=0}^{\infty} (1-\eta)^j E_{t-1-j} \pi_{Ct}$$

将结果与真实值相比较，见图1。由图1可知，预期值与实际值的运行趋势一致，但通胀预期的波动幅度小于实际的幅度，说明城市的通胀预期较为保守。尤其在2008年左右，预期比实际通货膨胀低得多，预测误差偏大。而且由图1可发现，通胀预期往往滞后于实际通货膨胀，存在滞后性。

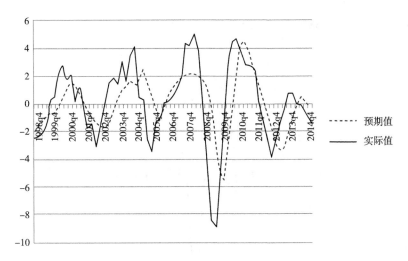

图1 城市通货膨胀预期与实际通货膨胀比较

由图2可知，预期值与实际值的运行趋势与波动幅度较为一致，说明农村厂商及时更新信息使农村居民形成较为准确的通胀预期，但其通胀预期也存在滞后性。综上，城乡通胀预期值与实际值拟合较好，说明建立的城乡二元结构模型能较好地预测通货膨胀水平。

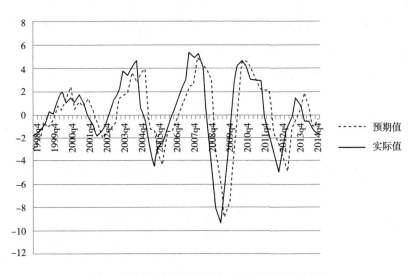

图2 农村通货膨胀预期与实际通货膨胀比较

综合城乡两个主体的通胀预期情况，可得到全国的通胀预期水平。

$$\pi_t^e = \omega_1 \cdot \pi_{Dt}^e + \omega_2 \cdot \pi_{Ct}^e$$

这里，权重为各年城乡居民消费支出占总消费支出的比重。数据来源于国家统计年鉴。将计算得到的全国预期值和实际值比较，见图3。

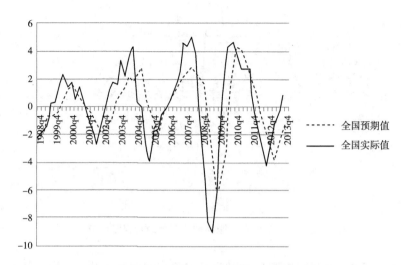

图3 全国通货膨胀预期与实际通货膨胀比较

可见，在实际通货膨胀上升时，预期往往低于实际值；而在下行阶段，预期往往高于实际值。这说明全国的通胀预期也存在滞后性。但全国实际值和预期值的走势基本一致，说明城乡二元结构下的通货膨胀预期模型的建立比较符合中国的实际情况，能够较好反映真实的通胀水平，为以后通货膨胀预期的计算提供了新思路，从定量的角度更好地对通胀预期进行管理。

2. 与一元结构模型比较

我国现有对通货膨胀预期的研究，都是在一元结构框架下考虑的。研究所得的厂商更新比例在0.3~0.4。显然，估计值介于本文计算的城乡厂商的更新比例，一元结构的估计值是综合城乡情况的结果。为更好地比较两模型的效果，分别将一元结构和二元结构下的通胀预期与实际值的误差进行比较，见表3。

表3 误差比较

	二元结构	一元结构	
		厂商更新比例0.3	厂商更新比例0.4
算术平均误差	1.75	1.98	1.95

显然，一元结构下厂商更新信息越快，制定的价格越优，由此居民形成的通胀预期越准，所以厂商更新比例0.4的误差更小。但相比较，二元结构与实际值误差最小，更准确地反映出通货膨胀的水平。因此，本文通胀预期的计算方法更

优，因为它既与实际值有较小的误差，又考虑到了城乡的结构性差异。

四、结论与政策建议

本文基于粘性信息模型，充分结合我国城乡二元结构现状，提出了适合我国的通货膨胀预期模型。运用我国 1990 年第 1 季度至 2014 年第 4 季度的数据研究发现，城乡厂商更新信息的比例是有差异的，农村厂商更新信息的比例约为 0.83，即在 1.2 个季度左右更新信息，并做出相应的通货膨胀预期；而城市厂商的反应与美国、英国、加拿大等发达国家相似，更新比例约为 0.25 左右。这是因为农村居民受季节性影响，收入不稳定，且中国农村在最近几十年发展变化迅速，而中国城市的发展和居民的收入已相对较稳定，所以农村厂商要更频繁地更新信息以制定最优决策。

通过对比通胀预期值和真实值发现，城乡二元结构下的通货膨胀预期模型能较好反映真实的通货膨胀水平。因此，如果政府想有效控制通货膨胀水平，就需要分别考虑城乡通货膨胀预期并进行管理。由于通货膨胀预期对未来通货膨胀的走势将产生更为重要的影响，政府需要制定有效的宏观政策，使民众相信经济不会出现太大的波动；否则，民众将会根据自己的预期调整自己的经济行为，从而影响经济的走向。政府不仅需要降低公众高通货膨胀的预期，还不能让公众形成通货紧缩的预期。因此，加强通货膨胀预期的差别管理对宏观经济调控是十分重要的。

（一）政策建议

由于通胀预期会影响实际的通货膨胀，所以基于本文的研究，提出四点政策建议。

1. 政策差别化和定向调控

考虑到城乡厂商更新信息的差异，政府应更注重差别化的管理，有针对性地制定宏观政策，以保证政策实施的效果。在充分了解城乡的差异性后，对于通胀预期的引导和管理需要制定不同策略。差别化可通过两种途径体现：第一，制定统一的宏观调控政策，但在统一的大前提下针对城乡差异可略有不同。例如，实施同样内容的政策，但对城市和农村的调控力度和幅度可有所区别。第二，分别考虑城乡的通胀预期对宏观政策效果的影响，制定不同的宏观政策。这样有针对性地制定政策，会产生更佳的政策效果。

2. 关注并管理农村通胀预期

农村人口众多，且变化较快，所以稳定农村的通胀预期是十分必要的。由于农产品价格不稳定，经常呈蛛网型变动，所以应充分关注农产品的价格保护制度。农村的基本收入来源主要为农产品，稳定农产品的价格可以在一定程度上稳定农村居民的收入，减少农村厂商更新信息的频率，进而达到稳定农村通胀预期的效果。

特别是近几年，新农村和城镇化的建设使农民普遍富裕起来，政府有必要合理引导农村居民投资和消费。央行在制定货币政策时不仅要关注通胀预期的管理，更要重视引导农村的通胀预期。例如，可加强农村信用合作社和银行对农民提供的金融服务功能，如制定适合农民的金融理财产品，减少大量的现金在市场上流通等。

3. 支持农村厂商及时更新信息

近几十年，中国农村生活环境、收入和观念等发生了较大变化。为了更好地调整价格，以制定最优的决策，农村厂商需要频繁地更新信息。然而信息的获取是需要成本的，这就无形地增加了农村厂商的经营难度。因此，政府可适当分担农村厂商调整预期的信息成本，如资金的扶持，增加获取信息渠道，或及时向农村厂商披露政府掌握的信息等。支持厂商及时了解并满足农民的需求，减少需求拉动型的通货膨胀。

4. 管理通货膨胀预期及构建通货膨胀监测系统

借鉴相关研究，可帮助构建通货膨胀监测系统。把本文研究纳入通货膨胀监测系统中，通过测算的通胀预期数据，可对今后的通货膨胀起到一定的预警作用。这样，相关部门可以及时调整政策，进行有效的预期管理。同时，通货膨胀监测系统可帮助发现公众产生的预期偏差并及时调整，防止由此产生对经济的不良影响。

（二）进一步研究方向

本文将粘性信息下的通货膨胀预期与中国的城乡二元结构相结合，发现中国的通货膨胀预期确实存在城乡差异。在今后研究中，可考虑城乡通胀预期的交互影响，并对信息加以界定，还可继续研究针对城乡通货膨胀预期的货币政策，进一步深化政策建议。

作者简介：

刘心悦，2012级首经贸经济学院本科。

参考文献

[1] BRANCH W, 2007. Sticky information and model uncertainty in survey data on inflation expectations [J]. Journal of economic dynamics & control, 31: 245-276.

[2] CALVO G A, 1983. Staggered contracts in a utility maximizing framework [J]. Journal of monetary economics, 12 (3): 383-398.

[3] CARROLL C D, 2001. The epidemiology of macroeconomic expectations [EB/OL]. [2024-05-23]. http: //www. nber. org/papers/w8695.

[4] FRIEDMAN M, 1968. The role of monetary policy [J]. American economic review, 58: 1-17.

[5] FUHRER J C, MOORE G R, 1995. Inflation persistence [J]. Quarterly journal of economics, 110 (1): 127-159.

[6] GALI J, GERTLER M, 2000. Inflation dynamics: a structural econometric analysis [J]. Journal of monetary economics, 44 (2): 195-222.

[7] GORDON R J, 1996. Foundations of the Goldilocks Economy [J]. Brookings papers on economic activity, 29 (2): 297-346.

[8] KHAN H, ZHU Z H, 2002. Estimates of the sticky-information Phillips Curve for the United States, Canada, and the United Kingdom [EB/OL]. [2024-05-20]. https: //www. bankofcanada. ca/wp-content/uploads/2010/02/wp02-19. pdf.

[9] LUCAS R E, Jr, 1972. Expectations and the neutrality of money [J]. Journal of economic theory, 4 (2): 103-124.

[10] MANKIW N G, REIS R, WOLFERS J, 2003. Disagreement about inflation expectation [J]. NBER macroeconomics annual, 18: 209-270.

[11] MANKIW N G, REIS R, 2002. Sticky information versus sticky prices: a proposal to replace the new Keynesian Phillips Curve [J]. The quarterly journal of economics, 117 (4): 1295-1328.

[12] PHELPS E, 1967. Phillips Curves, expectations of inflation, and optimal inflation over time [J]. Economica, 34 (135): 254-281.

[13] ROBERTS J, 1995. New Keynesian economics and the Phillips Curve [J]. Journal of money, credit and banking, 27 (4): 975-984.

[14] STOCK J, WATSON M, 1999. Forecasting inflation [J]. Journal of monetary economics, 44 (2): 293-335.

［15］TAYLOR J B，1980. Aggregate dynamics and staggered contracts ［J］. Journal of political economy，88（1）：1-23.

［16］WOODFORD M，2013. Macroeconomic analysis without the rational expectations hypothesis ［J］. Annual reviews of economics，5（1）：303-346.

［17］巩师恩，范从来，2013. 二元劳动力结构与通货膨胀动态形成机制：基于新凯恩斯菲利普斯曲线框架 ［J］. 财经研究（3）：75-86.

［18］凯恩斯，1999. 利息、货币和就业论 ［M］. 北京：商务印书馆.

［19］黎德福，2005. 二元经济条件下中国的菲利普斯曲线和奥肯法则 ［J］. 世界经济（8）：51-59.

［20］李彬，刘凤良，2007. 我国通货膨胀动态和货币政策效果的行为宏观解释 ［J］. 管理世界（3）：23-31.

［21］李颖，林景润，高铁梅，2010. 我国通货膨胀、通货膨胀预期与货币政策的非对称分析 ［J］. 金融研究（12）：16-29.

［22］魏克赛尔，1959. 利息与价格 ［M］. 北京：商务印书馆.

［23］杨继生，2009. 通胀预期、流动性过剩与中国通货膨胀的动态性质 ［J］. 经济研究（1）：106-117.

［24］邹文理，2014. 中国通货膨胀预期方法评价 ［J］. 学术研究（3）：76-83.

运河通航与周边文旅产业经济发展的双向推动

——基于北运河段的调研

作者：苑雨晴、张若帆、杜欣悦、刘润泽、黄赓誉蓓、谢佳欣

指导老师：张锦冬

获奖情况："青创北京" 2024 年 "挑战杯" 首都大学生课外学术科技作品竞赛 "青砺基层" 专项赛二等奖

摘要： 以 2022 年大运河京津冀段通航为契机，本文对通州、香河、武清三地文旅产业经济状况开展联合调查。首先，将问卷数据与经济库数据相结合，建立基于层次分析法和熵权法的综合评价机制，对大运河京津冀段周边文旅产业的循环经济发展现状进行评价与分析。在此基础上，通过一元回归模型、拟合度检验，观察到运河通航对文旅产业有很大的影响，文旅产业和运河通航是双向推动的。其次，基于拟合和规划模型，对三地在文化旅游产业方面的投资、宣传力度等资源进行优化配置。通过经济方法论，应用微观分析、宏观分析和制度结构分析，发现双向推动中的奥秘。最后，总结大运河文旅产业现阶段发展的问题，并对未来文旅产业经济发展提出基于数据模型支持的建议。

关键词： 北运河；循环经济；熵权法；城市规划；文旅产业

一、引言

（一）文献综述

经过中国期刊网全文数据库查找有关文献，发现直接研究北运河段运河通航与周边文旅产业发展双向推动的文献寥寥无几，相关文献有基于杭州段运河对周

边产业影响的研究，但针对北运河通航与周边产业双向作用的相关研究文献目前还没有，尤其是周边产业对运河通航的影响和作用，可参考文献较少。综合其他相关资料、文献研究、实地考察及调研，发现可运用多种研究形式从宏观经济、微观经济、制度结构、生态等角度对本课题进行分析。

1. 指标选取

根据夏立国等（2013）的苏北运河对沿线经济的贡献分析，以及刘辉等（2020）的南水北调东线"一期"工程对京杭大运河沿线城市经济发展的影响分析，可以梳理选取相应相关的经济类指标，再通过胡国良（2018）的再造大运河现代化的文化气质和商业生态，可以对商业数据指标进行筛选。邓绍鸿等（2014）研究了京杭大运河沿线主要城市的旅游竞争力，表明一些必要的文化指标也是理论研究的数据支撑。环境保护是新时代的重要课题，人民的新期盼也有大部分关乎生态，所以参考张文鸽（2018）的黄河干流水生态系统健康指标体系研究，以及杨静（2012）的京杭大运河生态环境变迁研究，对生态环境指标进行筛选。秦宗财等（2022）研究了我国文化带文旅融合升级，本文借鉴了他们利用熵值赋权来测定运河沿岸综合发展水平的评估方法。张浩等（2022）研究了文旅融合时代大运河文化旅游开发，指出大运河的发展还存在地区协同发展联动性差、空间渗透性不强、文旅项目精品欠缺、内容定位模糊等问题，在研究其双向推动影响的同时，找到发展中所出现或本身存在的问题，并给出相应的建议或解决方案。以上是指标数据选取的初步判断，其他指标的增减根据调研结果及模型搭建后再进行判断。

2. 模型搭建

对大运河指标数据进行模型分析的研究文献较多，本文着重对比参考了张宗耀等（2022）基于熵值法的山东省大运河城市带循环经济发展研究，和杨心蕊等（2022）基于 AHP 和熵权法的 BIM 教学评价机制及解决策略，最终选定利用熵权法进行研究，同时采用层次分析法，根据各项指标给三地进行评级分析。

3. 经济分析

张栋等（2021）在大运河绿色生态建设下的沧州市经济与生态环境耦合关系研究中表明，经济发展离不开对生态环境治理的重视。通过对比邓绍鸿等（2014）的研究、李标标等（2021）的研究、邵爱军等（2016）的研究，本文运用经济学方法论，从宏观角度、微观角度、制度结构角度进行分析，推理解释运河通航与周边产业经济发展存在的双向推动。

通过以上文献资料可以了解到，对于我国部分运河经济的研究是有充分先例的，但京津冀北运河段具有特殊地理条件、人文特点和行政功能，因此应综合考量、采取多元化的方式进行研究分析，根据指标引入模型得出数据结论，再从经济学角度综合分析并双重论证，在结论得证后才能为运河通航及周边经济发展提出现实可行性建议。

（二）现状分析

1. 预期假设

运河北运河段全线通航在 2021 年就备受关注，2022 年 7 月宣布正式通航后，各大社交媒体上出现了很多前往通州区的运河公园、千荷泄露大桥等地打卡的推文，其中不乏带着小孩浏览通州博物馆的家庭，在运河公园散步赏景的情侣，主题宣传的运河文创产品，夜晚出市的地摊经济，场面可以说是如火如荼。小组成员在前期走访中也发现，通州区的建设较 10 年前相比有了质的改变。2022 年 4 月，中共中央、国务院发布《关于加快建设全国统一大市场的意见》，伴随北运河段的全线通航，运河通航对京津冀段运河周边文旅产业经济产生了何种影响，引发了我们的思考。2022 年暑假，我们组成了大运河调研组前往北京市通州区、天津市武清区、河北省香河县开展社会实践调研，探索运河通航给周边经济发展带来的强大助推力。

2. 实地调研结果

关于预期假设的前提条件——"通航"，在调研组的探访中发现，北运河全线并未实现全线通航，并在实际通航中存在着诸多困难。根据问卷收集数据和采访结果，发现大多数周边经济建设者对大运河将要在北运河段全线贯通的事实并不了解，其中也不乏对通航持消极态度的声音，认为这不会在近期实现，真正通航的实现难度非常大。对此，本文在此明确，题目中所提及的运河通航包含两层含义：一为"实际通航"，指北运河段真正实现长线航行，起到连接三地的交通功能；二为"名义通航"，指北运河段各地着手建设通航航线，为通航做基础准备而没有实现其交通功能的阶段。由于在本文的调研阶段和写作阶段，北运河段都未实际通航，所以后文模型分析部分涉及的运河通航后的研究均指"名义通航"后的研究。

调研覆盖了不同企业、团体和社群，听到了来自不同视角的声音，其中一个很典型的声音是北运河段周边经济建设者，他们认为，运河没有实际通航无法带来客流、宣传和投资，无法对周边经济起到积极影响，所以要想发展周边经济，实现运河实际通航是现在最需要的。还有一个声音来自运河航线上的建设者，用他们的话说，实现运河通航"哪哪都困难"。

3. 现有矛盾

综合调研结果显示，现实状态和预期假设是相矛盾的，不仅运河周边经济没有得到良好发展，运河本身也没有实现贯通。经济建设者强烈需要运河通航带来的经济助力，但航线建设者又表明建设进程推动困难。这样的现实产生了一个死结，如果无法解开，那么北运河段周边文旅产业经济建设和京津冀围绕运河的统一大市场建设将破产。

4. 解决思路

调研中发现，这十年来北运河段的建设成果极为显著，甚至可以说北运河段治理是我国推进美丽中国建设的集中体现，无论是河道治理、堤岸保护，还是沿岸生态，都取得了极高成就，那么航线建设的困难到底在何处？根据航线建设者指出的"困难"，我们也进行了调研，实现通航的基础设施如船坞、码头、修理厂、加油站等都存在缺失，然而这些设施虽然是通航的必要条件，却不存在过多的技术难题或自然条件缺失，反倒是一大片企业进驻的好机会，由此可见运河通航难并非在于前期准备不足或政府建设问题，而是因为周边经济发展落后，那么现在的建设思路就应当从"实现通航，发展经济"变为"拓开运河周边市场，进驻企业实现通航，运河贯通促进经济增长"，如此死结就能解开，成为"正循环"，周边经济的增长也将是发展的必然，所以，对于运河通航与周边文旅产业之间的内在联系，本文展开了更深入的研究。

二、调研背景

（一）京杭大运河是明清以来统一大市场的重要载体

京杭大运河途经我国江南稻作区和北方产麦区，连通海河、黄河、淮河、长江和钱塘江五大水系，空间上与"一带一路"形成水、陆两路的双重对接，把历史与当代、国内与国际、经济与文化及人与自然联系在一起。在历史的长河中，京杭大运河对沿线地区的经济有显著的影响。

隋朝结束长期分割的局面后，衍生了具有漕运功能的京杭大运河，把农业和手工业发展较快、产出丰富的华中和华南水田地带的大米、茶叶等运到北方旱田地带。正向的促进使得华北农业迅速发展，京杭大运河也很快成为一条促进商品流通和服务百姓需求的大通道，低廉的运输成本有力地带动了沿线地区的商品生产。传统的、封闭的小农经济格局受到冲击，手工业商品和半手工业商品生产萌芽。在商品经济推动下，原黄河泛滥形成的涝洼贫瘠地区济宁、聊城、临清及德州等发展迅速，成为南北商品交易的转运中心。南货自此转运至晋冀鲁豫，远销陕西和关外地区。北方出产的物资也集中在此装船南运。

不难看出，京杭大运河真正实现将沿线各区域经济体组合成整体市场，而运河对中华经济的影响力从古籍中可见一斑：杭州"万物所聚，诸行百市"（《梦粱录》），"错绣连云，肩摩毂击，枫江之舳舻衔尾，南濠之货物如山"（《崇祯吴县志·王心一序》），便是运河流经苏州后带来经济盛况的体现；"四方客旅杂寓其间，人物富盛，为诸邑最"（《嘉靖惟扬志》卷十一），描绘的是运河在扬州流域的盛景。北京通州作为运河的终点站，更是因运河得名为"通"，也因运河而兴盛，通州沿岸殷商富贾云集，南北贸易兴旺，街市繁荣，酒楼旅舍鳞次栉比。

从古至今，运河经济都是京津冀三地发展中不可缺少的一部分。在元、明两代漕运极盛时期，通州作为漕运重镇，每年过往船只 3 万余艘，明代由运河漕运获得的税收占全国税收总额的 90%。天津是京杭大运河货物进京前的最后一个物流节点，在沟通南北两侧，向西部和西北地区辐射方面发挥着不可替代的作用。河北沧州段全长 253 公里，占京杭大运河总长近 1/7，自南向北留有码头十几处，真实完整地记录了沧州人民群众创造的历史。由于黄河的改道，北运河段因长期水资源枯竭而丧失了航运能力。遍布京津冀地区的古代运河码头逐渐废弃，船舶不再停靠在岸边，沿岸的城市不再有原来繁荣的景象。

（二）京杭大运河在当今统一市场中被赋予新的时代意义

随着科学的发展与技术的进步，如今运河的交通枢纽与运输功能逐步被公路铁路所替代，但大运河流淌千年的文化价值经久不衰。一方面，运河文旅产业为我国产业升级与统一大市场建设提供新的增长点；另一方面，运河水系流经数省，水资源治理与文旅资源开发需要不同地方政府鼎力合作，协同发展是统一大市场建设精神的重要体现。

在运河北端，京津冀城市群一体化协同发展，对运河的发展起到了最重要的作用。作为京津冀运河段首段起点的通州，已经正式出台规划了北运河两岸开发改造的总体策略，建成了首个万亩滨河大运河森林公园，形成了"一河两岸、六园、十八景"的整体布局，之后又开展多个活动，如北京运河文化节。运河天津段也相应出台规划战略，运河两岸将分为旅游文化、公建住宅和田园经济三大区域，其中又有十个分区，将以北运河为中心，以旅游业为龙头，带动其他产业的共同发展，最为著名的是海河下游线性文化遗产。天津段用经济和文化的同步发展提高在全市乃至全国的影响力。河北省沧州市开展南运河景观示范工程、大运河酒文化博物馆，带动河北经济文化高速发展。随着运河的发展和运河文化的传承，运河沿岸城市的 GDP 逐年上升，文化产业也在稳定提高。

三、调研方案

调研方案见图 1。

（一）调研目的

围绕大运河京津冀段周边区域进行实地调研，通过深度调查大运河京津冀段周边经济、发展情况、开发情况及所遇到的问题，实地调研评估北京市通州区、天津市武清区、河北省廊坊市香河县的基础设施建设情况，分析统一京津冀旅游产业大市场可行性，从而预测未来大运河的产业发展方向，最终利用模型给出基于实地调研数据的政策建议。

（二）调研对象

京杭大运河是明清以来统一大市场的重要载体，也在当今统一市场中被赋予了新的时代意义；2022 年 5 月，实现京杭大运河百年来首次全线水流贯通，如何将运河经济融入统一大市场建设的布局之中，利用好、发展好运河经济带，普惠运河区域城市经济发展，构成以京杭大运河为核心的统一文旅经济的大市场，成为当下我国促进京津冀经济高质量发展的重要问题。

在此大背景下，调研组于 2022 年 7—8 月前往大运河京津冀段流经城市——北京市通州区、天津市武清区、河北省廊坊市香河县，对大运河相关文化旅游产业的发展情况展开深入调研，研究内容见图 2。

（三）调研意义

通过参观走访大运河京津冀段周边多地，深入探寻了运河历史和运河文化；获得大量数据，分析发现运河及其周边产业（特别是文旅产业）发展的现存问题；通过对周边多地居民、游客的调查，了解到社会大众对大运河的认知现状存在概念界定、价值判断以及行动意愿上的落差；通过对周边多个文旅产业、政府等工作人员的采访调查，了解到大运河文化旅游产业建设中缺乏对运河文化的深入挖掘；意识到若想更清晰、有效地向公众传递大运河文化传承、保护与利用的历史、意义和影响，需要从思想认识、制度建设、学科介入、资源调集等方面弥补现存传播体系中的不足；通过模型对数据进行多层次分析，对循环经济给出针对性的政策建议，普惠运河区域城市经济发展，为促进京津冀经济高质量发展尽大学生的一份绵薄力量。

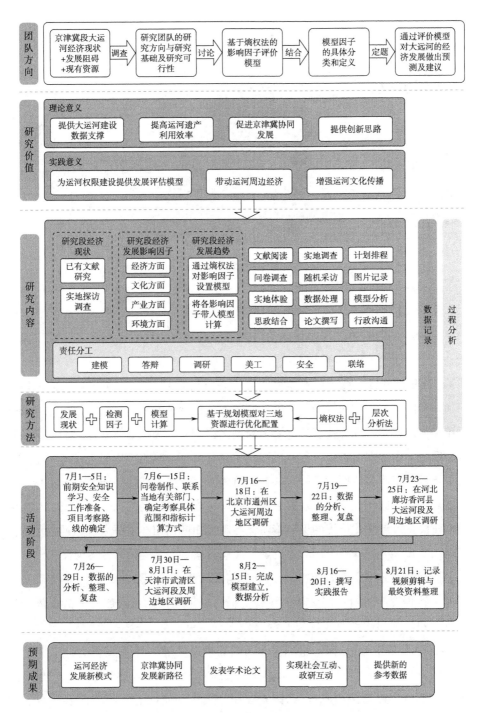

图 1　调研方案

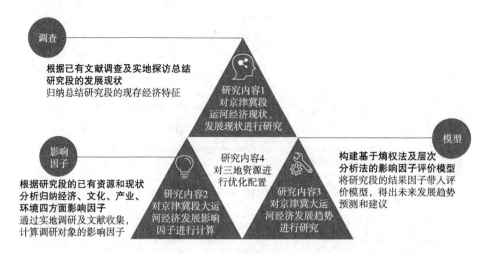

图 2 研究内容

（四）调研过程

本次社会实践调研过程中，大运河经济带调研组先后赴北京市通州区、天津市武清区、河北省廊坊市香河县展开深入调研。

8月7日至8日，京津冀大运河经济带调研组到北京市通州区进行实地考察。访问通州台湖镇东下营村政府，了解乡镇运河文化旅游发展前景和对乡村振兴的促进作用，调研以文旺阁为代表的优秀创新型文旅企业，为在此体验运河船舫文化的游客介绍运河历史文化价值，传承运河文化；参观京津冀之声广播电台，领略运河经济文化带与京津冀协同发展同频共振的重要时代意义；造访通州老字号小楼饭馆和大顺斋，品尝通州老字号、观察老字号在文化旅游区的经营痛点并给出合理的经营战略建议，思考文化传统的保护策略；参观通州博物馆，了解京杭运河的历史文化意义；参观大运河森林公园、燃灯塔、文庙等景观，感受浓浓的运河文化。

调研组在各地邀请游客与工作人员参与视频采访与问卷调研，了解游客对大运河的了解程度并进行运河文化的科普传播，了解运河附近文旅产业的发展情况及现有问题，并给出经营建议以及综合性发展意见。

8月13日至14日，调研组到天津市进行实地考察。重点调研天津非物质文化遗产展览馆和泥人张总店，了解老字号经营情况，感受天津浓厚的历史感和独特的文化魅力，并向游客发放天津（运河）文化调研问卷，收集游客建议，解答相关疑惑；探访杨柳青古镇，游览石家大院，细致考察天津段运河文化遗产的保护情况，调研以京杭大运河杨柳青段为代表的运河年画文化，及其与木版画文化相结合的杨柳青年画的新时代文化创新，邀请杨柳青文化馆馆长进行访谈，了解近年来杨柳青文旅市场发展情况，结合专业知识给出可行性建议；前往三岔河口，亲身体会澎湃奔涌的运河，采访市民，认识他们眼中的三岔河口；到访武清区博物馆、天津非物质文化遗产展览馆，于场馆内发放问卷，了解博物馆从业人员的运河文化了解度、运河治理满意度，考察天津漕运历史文化与运河文化的相关性。

8月19日，调研组到香河县进行实地考察。访问香河大运河发展研究会，向王爱民会长请教、探讨香河运河文化的现状与未来发展规划；参观香河文博馆，学习运河香河段历史知识；到访香河运河文化公园，调研商贩经营情况与公园建设情况；品尝香河地标性老字号美食香河肉饼等。在上述调研地点收集调查问卷，综合分析本段大运河文旅经济开发情况。

调研组于各调研地点发放问卷，了解游客对通州运河文化的看法、感受以及今后发展的意见和建议；采访文旅产业工作人员，了解产业发展现状和未来发展方向及前景。收集到大量数据，利用层次分析法、熵权法综合评价机制得出对大运河京津冀段周边循环经济评价结果的分析，并形成基于调研数据的政策建议。

（五）调研成果

调研组通过实地参观、视频采访、学者交流、发放问卷等方式展开实践活动。共收集问卷238份，涉及三类调研群体，分别为当地居民、旅游游客和文旅行业从业者。采访高校教授、文化传承人、历史文化研究者共八位。参观北运河运河文化遗址、博物馆、运河文化公园、文化传承基地、老字号餐饮、新兴文旅企业20余处。视频记录运河两岸商贩、游人、码头运行情况，录制时长超800分钟。

根据以上素材，调研组撰写暑期社会实践调研报告一份，形成北运河经济指标数据集及对应量表一组，剪辑实地调研视频三集，发表市级以上通讯五篇，本项目曾被北京日报、中青网、北京学联公众号特别报道。

四、基于调研数据的模型分析

（一）基于层次分析法和熵权法综合评价机制

1. 指标选取与数据来源

循环经济评价指标体系是量化循环经济发展的基础工作，对循环经济发展具有重要的指导意义，构建循环经济发展体系应当严格遵循循环经济的3R原则[①]，科学建立系统的循环经济评价体系。通过综合众多学者的研究成果以及运河沿线

---

① 即减量化（reducing）、再利用（reusing）和再循环（recycling）。

城市的发展特点，本文从经济、产业、文化、环境四个方面构建大运河京津冀段周边循环经济评价指标体系。

经济准则层指标中的人均 GDP 水平是一个地区经济总体规模的反映，人均消费水平反映该地居民的生活水平和消费能力，景区发展水平、景区经济发展速度可以反映该地区旅游业经济水平，可以在一定程度上反映该地区发展水平。产业准则层中度假村和城市全年旅游收入、地区年接待人数、地区旅游景点数和景区内公共资源建设情况，可以反映该地区旅游产业规模和发展水平，文旅产业满意度反映了人们对文旅产业的感受与评价，运河相关的行业发展状况反映了运河对相关行业的带动作用，可在一定程度上反映该地区产业发展情况。文化准则层中的文化了解度反映人们的文化素养水平，文化支持倾向反映人们对文化事业的重视程度，景点保存程度反映一个地区对文化发展的重视程度，可以在一定程度上反映文化发展情况。环境准则层中的大运河水污染情况反映当地大运河的水质情况，空气情况反映当地大气环境情况，区域居民是否态度友善反映了当地人文环境情况，可以一定程度上反映当地环境情况。

本指标体系包含 1 个目标层（京津冀段周边循环经济评价体系）、4 个准则层（B）和 15 个二级指标（C），如表 1 所示。

表 1　指标体系

目标层（A）	准则层（B）	指标层（C）		
		指标代码	指标名称	指标性质
京津冀段周边循环经济评价体系	经济情况 B1	x_1	人均 GDP 水平（元/人）	正向
		x_2	景区经济发展速度	正向
		x_3	人均消费水平（元）	正向
	产业情况 B2	x_4	度假村和城市全年旅游收入（元）	正向
		x_5	地区年接待人数（人）	正向
		x_6	地区旅游景点数（个）	正向
		x_7	文旅产业满意度	正向
		x_8	运河相关的行业发展状况	正向
		x_9	景区内公共资源建设情况	正向
	文化情况 B3	x_{10}	文化了解度	正向
		x_{11}	文化支持倾向	正向
		x_{12}	景点保存程度	正向
	环境情况 B4	x_{13}	大运河水污染情况	正向
		x_{14}	空气情况	正向
		x_{15}	区域居民是否态度友善	正向

本文选取的数据来自京杭大运河京津冀段周边 3 个区、县 2017—2022 年的统计数据，原始数据主要来源于本项目暑期实践团队于通州、香河、武清实际发放问卷调研的数据和中经网统计数据库。调研时由于疫情原因，指标中空气情况和大运河水污染情况相关数据收集不完善，暂时采用当地居民对两指标的主观打分代替，现已联络当地政府，进入下一轮数据收集，预计在下一阶段完善。

2. 层次分析法确定一级指标权重

对于准则层，我们用层次分析法确定各准则权重。

（1）建立层次结构体系。

将评价目标、决策准则和选取指标按照从属关系划分为目标层、准则层和因素层，然后应用层次分析法对准测层确定权重。

（2）构造判断矩阵。

层次分析法中广泛使用一致矩阵法构造判断矩阵，即避免整体因素一起比较，选择不同两两因素互相比较。采用统一相对尺度 1~9 标度法反映各自重要性，最大程度减少不同性质指标之间难以对比的困难。具体 1~9 标度法数值大小如表 2 所示。

表 2　数值标度

标度	含义
1	两个因素具有相同重要性
3	一个因素比另一个因素稍微重要
5	一个因素比另一个因素明显重要
7	一个因素比另一个因素强烈重要
9	一个因素比另一个因素极端重要
2，4，6，8	两相邻判断中值
倒数	与 1，3，5，7，9 相反重要性

我们对四个准则层进行比较，构建如下判断矩阵（见表 3）。

表 3　判断矩阵

准则层	经济	产业	文化	环境
经济	1	0.5	1	2
产业	2	1	2	2.5
文化	1	0.5	1	2
环境	0.5	0.4	0.5	1

（3）层次单排序及其一致性检验。

计算两两判断矩阵最大特征值 λ_{max} 及其归一化后（使向量中各元素之和为1）特征向量 W，W 中的元素代表同一层次中指标对上一层指标相对程度的权重大小。定义一致性指标 CI。

$$CI = \frac{\lambda_{max} - n}{n - 1} \tag{1}$$

当 CI 计算为 0 时，代表指标之间具有完全一致性；当 CI 接近 0 时，指标之间有较满意一致性；而 CI 越大，不一致性越严重。

为衡量 CI 具体数值大小，定义随机一致性指标 RI：

$$RI = \frac{CI_1 + \cdots + CI_{500}}{500} \tag{2}$$

随机一致性指标常用数据情况如表 4 所示。

表 4　随机一致性指标常用数据

n	1	2	3	4	5	6	7	8	9	10	11
RI	0.00	0.00	0.58	0.90	1.12	1.24	1.32	1.41	1.45	1.49	1.51

定义层次单排序一致性比率 CR：

$$CR = \frac{CI}{RI} \tag{3}$$

一般认为当 $CR<0.1$ 时，构建判断矩阵不一致性在可承受范围内，有较好一致性，因此通过一致性检验，其归一化后特征向量 W 可被用为指标权重向量；否则要重新调整各元素数值构建新判断矩阵。

（4）层次总排序及其一致性检验。

计算并排序某一层次所有指标对上一层次指标重要性权重数值大小，由最高层到最低层，将所有前一步结果组合得到层次总排序。假设准则层 m 个指标因素 U_1，U_2，$\cdots$，U_m 对目标层排序为 A_1，A_2，$\cdots$，A_m。因素层中对 A_n 指标因素单排序后通过一致性检验，得到单排序一致性指标 CI_n，其随机一致性指标为 RI_n。定义层次总排序一致性比率 CR：

$$CR = \frac{\sum CI_n \times A_n}{\sum RI_n \times A_n} \tag{4}$$

当 $CR<0.1$ 时，即可认为层次总排序有较好一致性，通过一致性检验。

通过上述步骤，我们得到经济、产业、文化、环境四个准则层的权重分别为 0.230 4，0.409 7，0.230 4，0.129 6，其中 $CI=0.009\ 2$，$CR=0.010\ 4$，因为 $CR<0.10$，所以该判断矩阵 A 的一致性可以接受，即权重有效。

本文采用层次分析法，进一步将研究的问题条理化、层次化，以此构造具有明显层次的机构模型。通过比较同一层次元素对上一层次同一目标的影响，以此更为准确地确定其在目标中所占的比重，两两比较，求出对于同一目标重要性的比例标度。本文研究中，通过层次分析法确定了一级指标权重，即经济、产业、文化、环境的指标权重。

该方法优点有三点：①系统性。层次分析把研究对象视为一个，按照分解、比较判断、综合的方式进行决策。②实用性。层次分析在研究时结合定性和定量方法，能够更好地处理实际问题，使得研究更具意义。③简洁性。层次分析的基本原理和步骤简洁明了，计算难度低。作为主观评价法，层次分析有一定的缺点。在层次分析中，通过两两比较选出更优方案，但并不能直接得出新的方案。同时由于具有简洁性的特点，它的使用过程中的比较和判断都较为粗略，精度略低。最后，个人的主观因素会对模型产生较大的影响，因此不同决策者做出的研究结果会存在差异。

3. 熵权法确定二级指标权重

在本文中，我们通过客观赋权法——熵权法确定二级指标的各个权重，再用层次分析法对得到的一级指标权重进行修正。

（1）首先对各项指标进行归一化处理。由于本次评价指标都是正向指标，则归一化处理公式为：

$$X'_{ij} = \frac{X_{ij} - X_j^{\min}}{X_j^{\max} - X_j^{\min}} \tag{5}$$

其中，$i=2017$，2018，$\cdots$，2022；$j=18$，$X_j^{\max}$、$X_j^{\min}$ 代表第 j 个指标值的最大值和最小值；X_{ij} 为原样本数据；X'_{ij} 为归一化后的样本数据。

（2）计算第 j 项指标下第 i 方案指标值的比重 R_{ij}。

$$R_{ij} = \frac{X'_{ij}}{\sum\limits_{i=1}^{n} X'_{ij}} \tag{6}$$

（3）计算第 j 项指标的熵值 e_j。

$$e_j = -k \sum_{i=1}^{m} r_{ij} \ln r_{ij} \tag{7}$$

其中 $k>0$，ln 为自然对数，$e_j \geq 0$。

（4）计算第 j 项指标的差异性系数 g_j。

对于第 j 项指标，指标的差异性越大，对方案评价作用越大，熵值就越小。
定义差异性系数：

$$g_j = 1 - e_j \tag{8}$$

定义第 j 项指标的权重。

$$w_j = \frac{g_j}{\sum_{j=1}^{n} g_j} \tag{9}$$

（5）计算综合指数和准则层指数 P_j。

$$P_j = \sum_{j=1}^{m} w_j R_{ij} \tag{10}$$

P_j 为第 i 年循环经济发展综合指数。

通过层次分析法得到的准则层权重（0.230 4，0.409 7，0.230 4，0.129 6）进行修正，最终得到人均 GDP 水平，景区经济发展速度，人均消费水平，运河度假村和城市全年旅游综合收入增长比例，地区年接待人数同比增长率，地区旅游景点数，文旅产业满意度，运河相关的旅游业、商业营业、餐饮业、住宿行业发展状况，景区内公共资源建设情况，文化了解度，文化支持倾向，景点保存程度，大运河水污染情况，空气情况，区域居民是否态度友善所对应的权重（见表 5）。

表 5　指标权重对应表

指标	权重
人均 GDP 水平	0.068 069 924
景区经济发展速度	0.059 544 644
人均消费水平	0.102 785 432
运河度假村和城市全年旅游综合收入增长比例	0.052 824 887
地区年接待人数同比增长率	0.062 399 763
地区旅游景点数	0.103 728 996
文旅产业满意度	0.044 582 748
运河相关的旅游业、商业营业、餐饮业、住宿行业发展状况	0.114 229 474
景区内公共资源建设情况	0.031 934 131
文化了解度	0.098 274 796
文化支持倾向	0.063 688 112
景点保存程度	0.068 437 092

指标	权重
大运河水污染情况	0.023 798 151
空气情况	0.057 090 502
区域居民是否态度友善	0.048 711 347

（二）北运河段周边循环经济评价结果分析

根据熵权法计算可得到武清、通州、香河2017—2022年的循环经济综合发展状况，根据计算结果绘制经济指标、产业指标、文化指标、环境指标以及循环经济发展的折线图，分析各准则层以及循环经济发展的趋势。

1. 循环经济体系准则层分析

从图3可以看出，京津冀大运河城市带的经济发展水平呈上升趋势，3个城市发展水平在2022年达到巅峰，2019—2020年3个城市经济水平发展均较缓慢，2021—2022年3个城市发展水平较为迅速。其中通州经济发展最好，武清发展较好，香河发展较弱。

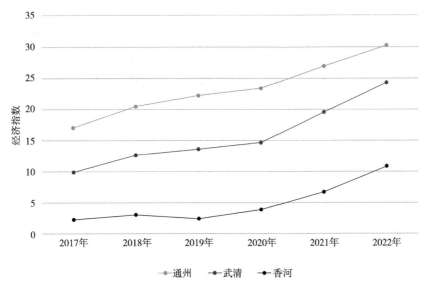

图3　经济指数分析

从图4可以看出，京津冀大运河城市带的产业发展水平在2019年前呈缓慢上升趋势，其中武清产业发展相对通州、香河较快，在2019—2020年，三个城市的发展水平均呈下降趋势，其中武清产业发展水平相对通州、香河下滑较快。

在 2021—2022 年武清产业发展水平有一定下滑，而香河、通州发展水平缓慢上升。总体来看，武清产业发展最好，且和通州、香河发展水平有一定差距，通州发展较好，香河发展较弱。

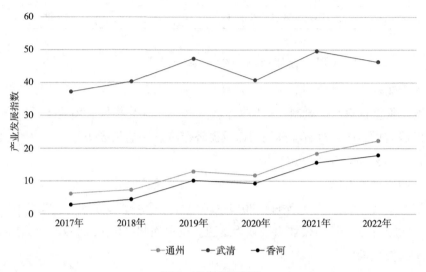

图 4　产业发展指数

从图 5 可以看出，京津冀大运河城市带的文化发展水平在 2017—2022 年呈较快上升趋势，其中香河在 6 年间发展增长相对其他两地较快。总体来看，香河文化发展水平在 2017—2022 年稳居第一位，而通州、武清两地文化发展水平相近。

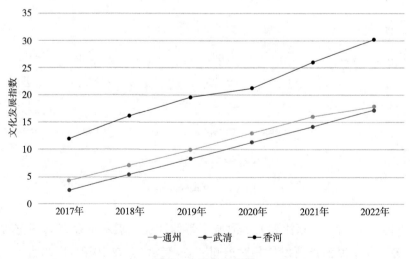

图 5　文化发展指数

从图6可以看出，京津冀大运河城市带的环境治理水平在2017—2022年呈上升趋势，其中武清的环境治理水平在2017—2022年发展呈S形曲线，在2018—2021年发展较为缓慢，而在2021—2022年发展较为迅速。通州在三地中环境治理水平增速较快，在2017年，通州环境发展指数是三地中最低的，而在2019年跃居第一位，最终一直保持在第一位。香河环境发展水平在2017—2022年一直缓慢增长。

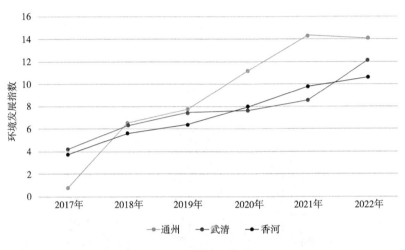

图6　环境发展指数

2. 循环经济体系综合发展分析

从图7可以看出，京津冀大运河城市带的综合发展指数在2017—2022年呈上升趋势，其中，武清综合发展水平一直稳居在第一位，通州稳居在第二位，香河稳居第三位。2019—2020年，三地发展受到疫情冲击，其中通州和香河发展呈停滞状态，而武清发展指数下降，在2020年后，三地恢复正常发展，呈上升趋势。京津冀大运河城市带循环经济综合发展水平整体呈现不断提升的趋势，随着经济、产业发展水平的不断提升，对环境的保护以及文化发展的进步，京津冀大运河城市带的循环经济发展水平，不断向着更加贴合循环经济发展的方向发展。

五、依据数据及调研结果分析双向推动的效果

依据调研结果及模型数据进行分析，尽管如今并未达到实际通航，但名义通航前后三地经济数据都有变化（见图8）。

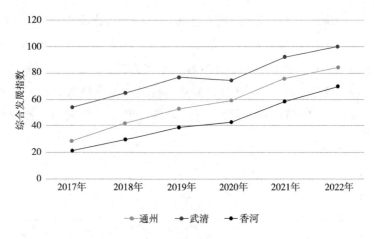

图7 综合发展指数

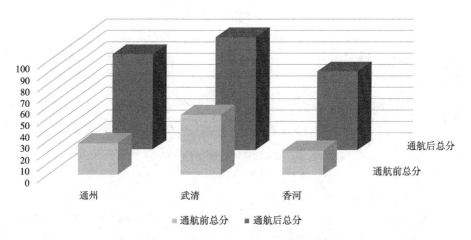

图8 北运河段通航前后循环经济发展总分对比

虽然三地名义通航落实情况不一,但从三地逐年的数据对比来看,三地经济及环境建设等都在发展,不过我们也能看到三地的增长速度并不相同,周边文旅产业经济基础越强,运河发展就越迅速,由此推测周边文旅产业经济发展基础对运河发展存在推动作用。

通过对总分增长率的分析,发现除了2020年受疫情影响部分呈现负增长,其他年份运河周边经济都在稳步提升,但随着年份增长,各地区发展的速度逐渐放缓并出现疲态,各项指标数据和总分的变化都很微弱,这与预期中运河通航极大促进周边经济增长并不相同(见图9)。

根据图10可以看出,运河通航不能稳定地、有效地拉动经济增长,目前也出现了边际增长率降低的现实,由此可证,运河通航与周边经济的关系并不是单向的，二者之间存在着被人忽视的内在联系，导致如今通航难同时发展难的问题，对此，本文将通过经济学理论继续研究二者联系内核。

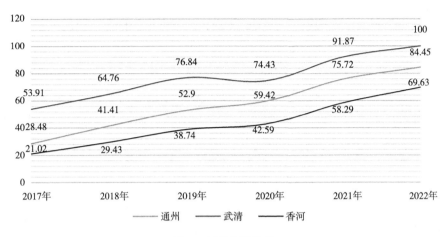

图 9　三地经济总分

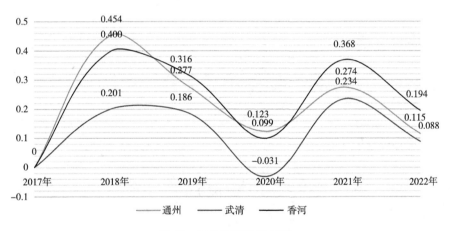

图 10　三地经济及增长率

六、运河开通和文旅产业双向推动理论分析

运河开通和文旅产业双向推动分析如图 11 所示。

（一）文旅产业对运河通航的推动作用

1. 微观分析

在走访及调研中发现，随着周边产业的发展，运河通航后沿岸地区基础设施的完善程度和丰富度较之前有明显提升，旅游特色景点数量增长了之前数量的 2

倍以上，而当地居民对地区生态环境的满意程度也达到了 90%，相比通航前的82% 有了明显提升，同时也有 76% 的景点或商家表示享受到至少一种政府政策支持。景区内针对消费者的问卷调研结果显示，超过 85% 的游客表示旅游欲望在通航后有提升。针对以上现象，从经济学角度剖析消费者心理，特色民宿、景点、博物馆等设施的增添，使消费者此次旅行的效用增加，产生更多的消费者剩余（需求曲线上移，见图 12），有意愿购买更多的"商品"，一部分原本没有消费者剩余的潜在游客产生消费者剩余，从而做出旅游的决策并消费。由此可见，通航可在很大程度上满足当地产业以及游客居民的需求，即无论是游客、居民，还是当地产业，都对通航有较大期待和需求，从而一定程度上促进推动了运河的通航进程。

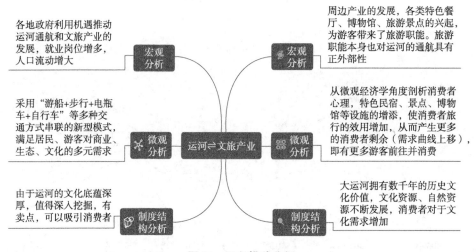

图 11　双向推动分析

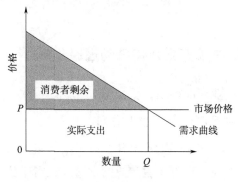

图 12　需求曲线

2. 宏观分析

周边产业的发展，各类特色餐厅、博物馆、旅游景点的兴起，为游客带来了旅游和休闲娱乐职能。而旅游职能也在侧面影响着运河通航的进程，对运河通航具有正外部性。周边地区产业转型后，第三产业占比增加，产业结构优化，同时具有产业集聚效应，共用基础设施，共享技术经验等优势。我们的调研结果表明，通航后运河通航所需的经济、生态、基础设施、客流量等条件更容易得到满足，同时这些产业对潜在的游客也具有一定的吸引作用，因此运河航运会长期作为当地热门的旅游项目，而其带来的经济收入和历史文化内涵对区域经济发展、人文发展的正向影响也是不容小视的。在此次调研中，通过网络数据收集，我们发现通航后运河周边地区人均 GDP 指标、人均消费水平、景区经济发展速度皆较通航前有所提升。由此可见运河通航的重要意义和必要性，而运河通航越早实现，当地乃至全国人民就越早享受到其带给人们的福利和便利。

3. 制度结构分析

大运河拥有数千年的历史文化价值，经久不衰。一方面，运河文旅产业为我国产业升级与统一大市场建设提供新的增长点；另一方面，运河水系流经数省，水资源治理与文旅资源开发需要不同地方政府鼎力合作，协同发展是统一大市场建设精神的重要体现。而运河周边产业的迅猛发展日益可见，唯有运河通航，才能真正做到多地合作协同发展，而通航的运河也如纽带般将京津冀及多个沿岸地区连接，共同促进，相互推动，进一步助力统一大市场建设。

(二) 运河通航对文旅产业的推动作用

运河通航对经济、产业的推动不止源于国家政策的指引，也得益于运河周边各地利用自己的优势迎合机遇的努力。与其交通职能相比，其旅游职能更为突出，主要起到观光游览作用，让游客们身临其境体验了解运河文化。以其深厚的文化底蕴、新颖的旅游模式、优美的生态环境，带动周边文旅产业吸引游客，是国家给予的一次产业转型升级的发展机遇，是由国家宏观利用，以向周边各地的持续化经济引流，带动第三产业、文旅产业，以及经济发展的有力工具。

1. 微观分析

通州因运河得名，因运河而兴，自运河开通以来，通州协同周边各类型产业，以经济发展与生态保护、绿色发展辩证统一、齐头并进为宗旨建设运河商务区。以 5A 景区大运河文化旅游景区为中心的文旅产业集群，采用多种交通方式串联、多元产业并联的新型模式，满足居民、游客对于商业、生态、文化的多元需求。运河通航后大部分运河景区采用"免费模式"，开放公园、博物馆等；从微观来看,这是个别景区做出的营销吸引策略,但实际是一份具有带动作用的、立足于区域实现全面的文旅产业发展、经济发展的宏观策略。

大运河京津冀段全线互联互通,聚焦运河周边景点,近年出现了一小批以文旺阁为代表的优秀创新型文旅企业。以运河文化为主题,以还原实景的方式向游客展示了自漕运时期起运河的发展历程,将运河文化传承渗透。这种兼具文化与商业的产业模式为运河相关文旅产业起到了示范作用,且横向对比发现,该类产业比同行盈利高出30%左右,存在超额利润,将来会有更多的企业加入市场,相关产业由此发展,区域经济发展由此促进,更多人得到了就业机会,一定程度上解决就业问题,有助于全方位推动区域发展。

2. 宏观分析

香河县是多年依靠第二产业、经济发展较为薄弱的一个小县城,产业基础最薄弱的香河县,积极抓住旅游业蓬勃发展的机遇,抓住了运河通航这一新增值点。在京津冀运河旅游协同发展机制下,县中各村依势推出带有各村特色与片区联合的区域性乡村旅游品牌,共同建设运河水上精品线路。据调查走访与网络数据收集,1年内,香河县就业率由通航前的54%,波动上涨至67%左右,上升迅猛;25%的居民,职业由较为基础的第一、二产业转型成为新兴的第三产业(旅游服务业),第三产业实现增加值165亿元,同比增长5.8%,占全部财政收入比重的67.6%。由此可见,运河通航的旅游职能逐步推动了就业,缓解了就业问题,增加了政府和居民的收入。运河的通航使相对闭锁的香河县与依托运河迅猛发展的北京通州区建立了文旅产业的发展联系,国家迅速下达产业的带动政策,推动两地建立了文化和旅游常态化联动合作机制,共同推动大运河文化和旅游融合发展。香河确立了特色的旅游形象定位,并按照"通航引领、产业带动、文旅融合、全域发展"的推进思路,打造"一带、三段、两翼、多核"的旅游通航发展格局。河北省香河县抓住国家政策机遇,变生态优势为发展优势,连同各县、村特色一起,精心构建全域旅游发展新格局,有效带动了经济转型发展,从传统产业到新型旅游产业、智慧产业的转型升级,香河县焕发了新的生机和活力。国内旅游产业迅猛发展,刺激人们在衣食住行娱乐方面的消费,居民支出资金,国家从而获得消费资金,回笼货币、稳定市场,减轻商品市场的压力、刺激旅游者新的需求,促进周边区域产业发展。

3. 制度结构分析

运河是历史文化的传承,具有浓厚的历史韵味,运河文化经久不息、源远流长。在党的二十大之际,跟随国家政策的指引,大运河文旅产业融合发展势不可挡。文旅产业必然会成为运河的最大受益者，通航后，京津冀的文旅产业将达到新的高度，国家鼓励号召京津冀一体化，促进北京周边企业的文化发展，促进沿岸地区的经济发展，更有益于三地联动，打造更具文化价值的文旅产业。运河的流动与通航，极大地促进了大运河沿线地域经济、生态、产业的高质量发展；各地消费者的心中都有文化认同感，当运河通航时，认同感会带动消费者到不同的文化领域参观，进而带动产业发展。

七、调研结论

综合以上方法论和对数据的分析，在明确运河通航和周边文旅产业存在双向推动的内在联系后，我们更进一步确认了以"拓开运河周边市场，进驻企业实现通航，运河贯通促进经济增长"为发展顺序的方案。基于已有事实论证，对于发展顺序中亟须解决的拓开市场环节，我们针对实地调研中收集的数据和探访结果，发现了如下问题并提出了解决方案。

（一）现阶段北运河文旅产业发展问题总结

1. 冷热失衡

政府对大运河文化的倡导、宣传，与公众在大运河文化方面的认知、判断及行动之间存在一定的落差。具体分为三点：①概念界定上的差异，如隋唐大运河与京杭大运河的区别；②价值判断上的误区，如大运河工程体现的是中国人民的科技智慧还是强权政治；③行动意愿上的鸿沟，如部分天津市民无法具体说出三岔河口是哪三条河流。

2. 空壳状态

在实际大运河的文旅产业发展中，一定程度上存在着忽视文化挖掘及实体化的问题。尤其是通州区的建设，餐饮老字号经营情况十分萧条，现有的多是快消的网红化餐饮业。在香河段通过香河大运河研究会了解到香河地区对香河段运河史的系统化梳理解读，但在实际走访中又发现文化实体落实取得阶段性进展，缺乏特色成形的文化创新型文旅企业，三地都存在不同程度的文化产业结构性失衡问题。

3. 木桶效应

各地在运河周边经济建设中都存在短板，而短板却决定着其发展的高度。在调研中发现，通州区最缺乏文化支撑，武清区最缺乏平台支持，香河段最缺乏资金支持，但三者又分别在平台广告宣传、政府支持、文化储备上具有绝对优势。

（二）京津冀大运河城市带循环经济发展建议

针对本文预设模型（图13），对京津冀大运河城市带循环经济进行综合分析如下。

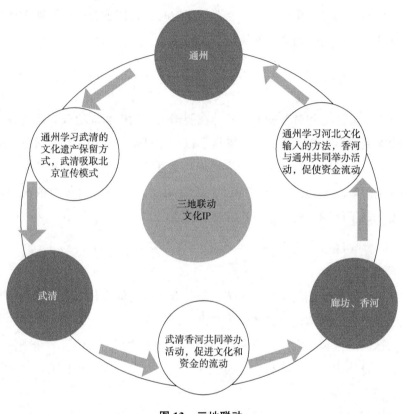

图13 三地联动

（1）协调改善京津冀大运河城市带循环经济发展的各准则层，注重各方面的均衡协调发展。由上述 AHP-熵权法评价模型可得出，香河在经济、产业方向发展较差，通州在文化、产业方向发展较差，武清在文化方向发展比较薄弱。通过分析经济、产业、文化、环境的发展优劣以及分析各准则层的发展态势，寻找影响各城市循环经济发展的短板，针对相对较弱的指标方面进行补强，从而提升京津冀大运河城市带循环经济发展水平。

（2）在资源分配上，由上述优化模型可以得到，武清对投资、宣传的利用较充分，该地区发展潜力较大。可以加大对武清的资源分配力度，促进大运河城市带循环经济的发展。根据上述对各地资源优化配置的规划模型，如果按照模型计算所得的结果对资源进行分配，2022年，三地发展的总分数将由原来的257分提升为 289 分，提高了京津冀三地文旅产业的综合得分。

（3）在文化发展上，由 AHP-熵权法评价模型分析得到，近年来，在大运河的带动下，三地文化层面有一定发展，从具体数据来看，2017 年到 2022 年，通州文化层面由 5.37 分提升至 19.39 分，武清由 2.09 分提升至 17.36 分，香河由 10.72 分提升至 30.29 分。但三地文化层面仍有一定提升空间。未来，可以在大运河文化带文化遗产的保护基础上，通过"全线发展、重点突破，融合发展、文化塑魂，创新发展、水城一体，协调发展、区段联动"的发展战略，促进京津冀大运河城市带文化方面的发展。

（4）在环境治理上，加大环境治理力度，减少污染物的排放。从评价模型得到的具体数据来看，在 2022 年，通州、武清、香河环境指标分数分别为 14.21 分、12.09 分、10.66 分，大运河城市环境治理方面有待提升，要加强对循环经济发展环境保护的财政投入，加快研发节能减排新技术、新设备，从源头上减少污染，提升废水、废气等废弃物的综合利用水平。

为了更好地推动大运河京津冀段文旅产业的综合发展，提出政策建议如下：

第一，三地共同创立北运河文化 IP，加强建设京津冀运河文化旅游城市合作组织，让更多的周边省市加入运河开发，多地依托京津冀运河文化旅游城市合作组织，加强文化宣传力度和公益宣传力度，紧紧围绕大运河文化带建设深耕厚植，进一步强化资源整合与共享共建，形成更加有效的区域联动发展机制。应将北运河段的历史文化由香河牵头穿插进中小学义务教育的素质教育中，从孩子们做起，让运河文化深入人心，增加全社会的"北运河"文化浓度。

第二，品味运河文化，深挖文化内涵，打造文旅高地，要坚持延续运河周边的老手艺、老功夫、老味道。精心打造京津冀（通武廊）文化旅游交流节，深入挖掘三地特色美食，推出"通武廊"家宴，让各地居民感受到协同发展的归属感和文化的传承感。要开展京津冀运河作品展，包括展出大运河漕运文化、自然生态、人文风俗等摄影作品。同时加强历史文化与旅游业要素相结合，走创新发展的新型经济产业发展道路，定期举办大学生创新创业大赛，举办运河市集展会以弘扬三地非遗文化为主题，让三地的文旅产品走进百姓生活，吸引更多投资者和创业者深耕新型经济发展模式。为加强文化交流发展，开展"寻遗北运河"文化交流，由三地的文化学者组成观摩团，乘坐游船进行现场直播讲解，带大家实地感受"通武廊"非遗，更应当打造"通武廊"百里运河京津冀协同发展示范带，以 120 公里的廊道为黄金主轴，三地按照分工协作、互为一体原则，打造京味文

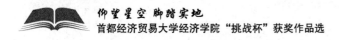
化、燕赵文化、津门文化特色集群，建设产城融合、彰显人文魅力的文化长廊。

第三，三地联合发展，各展所长，打破空间局限，紧密联系三地职能优势，相互影响。首先，将三地运河进行开发，让人口可以在水上进行流动，进而推动经济、文化、周边产业发展。针对通州区最缺乏文化支撑，应当吸取天津武清区的文化发展方式，让文化进入中小学，将文化实践带入课堂，让学生走入通州的博物馆和各式各样的相关文化产业，在学有余力之际进行文化输入。针对天津武清区的平台问题，需要向通州学习，在京津冀的各电视平台进行宣传，让北京的各类宣传行业进驻天津，带动宣传，吸引游客商户进行注入。其次，联合政府，让政府调控支撑运河文化的发展；针对香河的资金问题，需要联合其他两地进行各种活动，让资金输入香河，进行文化和周边文旅产业建设。要向政府和相关部门进行汇报，解决资金问题。良性竞争，加强沟通交流与学习，利用现有资源，相辅相成地寻找发展机遇。

作者简介：

苑雨晴，2020 级首经贸经济学院本科在读；张若帆，2020 级首经贸经济学院本科在读；杜欣悦，2020 级首经贸经济学院本科在读；刘润泽，2020 级首经贸经济学院本科在读；黄赓誉菡，2020 级首经贸金融学院本科在读，现已保研；谢佳欣，2020 级首经贸管理工程学院本科在读，曾获得校长奖学金等荣誉，现已保研至厦门大学。

参考文献

[1] 邓绍鸿，李悦铮，江海旭，2014. 京杭大运河沿线主要城市旅游竞争力研究 [J]. 资源开发与市场，30（5）：637-640.

[2] 胡国良，2018. 再造大运河现代化的文化气质和商业生态 [J]. 群众（10）：35-36.

[3] 李标标，张明哲，2021. 关于大运河"运河文化"与功能转变的思考：以河南省大运河为例 [J]. 农村农业农民（5）：4-6.

[4] 刘辉，狄乾斌，2020. 南水北调东线"一期"工程对京杭大运河沿线城市经济发展的影响分析：基于合成控制法的实证 [J]. 资源开发与市场，36（11）：1185-1191.

[5] 秦宗财，从菡芝，2022. 我国文化带文旅融合升级研究：基于大运河文化带江苏段的测度 [J]. 山东大学学报（哲学社会科学版）（6）：49-59.

[6] 邵爱军，肖庆，2016. 基于投入产出法分析江汉运河航运对区域经济的贡献 [J]. 中国水运（下半月），16（3）：62-64.

[7] 王拯，2020. 关于"十四五"时期加强大运河生态环境保护的若干思考 [J]. 江苏科技信息，37（12）：39-41.

[8] 夏立国，缪伟炜，2013. 苏北运河对沿线经济的贡献分析 [J]. 现代经济信息（11）：363，390.

[9] 轩玮，赵洪涛，王慧，等，2022. 南水北调东线北延工程助力京杭大运河全线贯通：一场复苏河湖生命的接力 [J]. 中国水利（9）：1-3.

[10] 闫烁，祁述裕，2020. 完善"十四五"时期文化经济政策　促进文化要素市场化配置 [J]. 行政管理改革（11）：10-19.

[11] 阎金明，2018. 京杭大运河经济功能回顾与前瞻 [J]. 城市（12）：75-79.

[12] 杨静，2012. 京杭大运河生态环境变迁研究 [D]. 南京：南京林业大学.

[13] 杨心蕊，赵园园，2022. 基于 AHP 和熵权法的 BIM 教学评价机制及解决策略：以《建筑工程造价管理》为例 [J]. 现代商贸工业（17）：183-186.

[14] 张栋，张伟伟，朱光，等，2021. 大运河绿色生态建设下的沧州市经济与生态环境耦合关系 [J]. 质量与市场（15）：164-166.

[15] 张浩，刘镁辰，2022. 文旅融合时代大运河文化旅游开发研究 [J]. 洛阳理工学院学报（社会科学版）（5）：55-60.

[16] 张文鸽，2018. 黄河干流水生态系统健康指标体系研究 [D]. 西安：西安

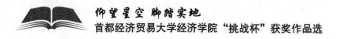
理工大学.

[17] 张宗耀，林玉文，王文慧，等，2022. 基于熵值法的山东省大运河城市带循环经济发展研究 [J]. 现代商业（6）：105-109.

第二篇　乡村振兴

融不进的城，有作为的乡

——乡村振兴背景下乡土教育水平对大学生乡村就业意愿的影响研究

作者：张海涵、陈天爱、陈奕岑、林嘉美、李诗娜、洪福旭、张丁戈

指导老师：孙宏皓、杨慧莲

获奖情况："青创北京" 2023 年 "挑战杯" 首都大学生课外学术科技作品竞赛一等奖

摘要： 当前我国在全面推进乡村振兴过程中面临前所未有的人才供给短缺问题，本研究聚焦当前社会发展面临的现实问题，以乡土教育水平（乡土技能、乡土认知、乡土认同）为观察切口，重点考察大学生乡土教育水平对乡村就业意愿的影响。研究结果表明，当前我国大学生乡土技能、认知、认同程度均普遍偏低，大学生乡村就业意愿不高。大学生乡土教育水平的提升对其乡村就业意愿提升有显著促进作用。农村户籍、家庭就业干预度低、有乡村就读经历的大学生，乡村就业意愿受乡土教育水平影响更显著。基于研究结论，本文提出针对性政策建议。

关键词： 乡村振兴；乡土教育水平；乡村就业意愿；大学生

一、研究背景与问题提出

（一）研究背景

党的二十大报告在全面推进乡村振兴部分提出，"全面建设社会主义现代化国家，最艰巨最繁重的任务仍然在农村。坚持农业农村优先发展，坚持城乡融合发展，畅通城乡要素流动。加快建设农业强国，扎实推动乡村产业、人才、文

化、生态、组织振兴"。全面推进乡村振兴离不开人才要素支持,人才振兴是实现乡村振兴发展的基本保障,是推动地方产业振兴与经济发展的关键因素。近年来,陆续有新闻媒体关注并报道大学生入乡就业创业实践,例如:祁东80后博士陈亮伟返乡办校,用爱守护留守儿童成长;永州80后村支书周长友返乡创业,带领村民甩掉"穷帽子";湖南苗家女孩施林娇大学毕业后回村创业,通过短视频、直播等方式,让家乡风景、民俗、建筑为更多人所知,将"绿水青山变成金山银山"……越来越多鲜活实践案例表明,有知识、有文化的青年人才在推动乡村振兴过程中大有可为。与此同时,统计数据表明,2022年中国高校毕业生达1 076万人,规模和数量均创历史新高,加上往届未就业人数,大学生就业压力巨大,就业形势十分严峻。一方面是乡村振兴面临巨大人才缺口,乡村对青年人才求贤若渴,国家陆续出台各类政策措施,鼓励、引导大学生回乡就业创业;另一方面是大学生群体渴望留在城市,在城市就业中面临巨大压力、步履维艰,青年大学生同时面对"融不进的城"和"有作为的乡"。在这种现实背景下,迫切需要执政者思考如何改善当前"融不进的城"局面,通过创新的体制机制设计,鼓励并引导大学生树立正确的择业、就业观,充分认识到青年才俊在乡村振兴领域同样大有可为,激励大学生在"有作为的乡"发挥自身价值、实现人生理想。

(二) 问题提出

聚焦当前社会发展面临的现实问题,本研究重点关注并考察大学生乡村就业意愿,并以乡土教育水平(乡土技能、乡土认知、乡土认同)为观察切口,剖析大学生乡土教育水平在其以城市为中心、脱离乡村社会的"离农"就业意愿中发挥了怎样的作用和影响。鉴于此,本研究聚焦回答三个方面的问题:①当前我国大学生乡土教育(乡土技能、乡土认知、乡土认同)水平如何,影响大学生乡土教育水平的因素有哪些?②当前我国大学生入乡就业意愿如何?影响大学生入乡就业意愿的因素有哪些?③乡土教育水平对大学生乡村就业意愿的影响如何,是否存在影响的异质性?为回答上述问题,本研究通过半结构式访谈、问卷调查、典型案例访谈调查等方式,获取了针对乡镇家庭教育专家及全国34个省(区、市)811份在校大学生问卷调查数据在内的丰富调查资料,运用描述性统计分析、多元Logistic计量模型及典型案例分析等方法,对问题展开系统分析。本研究有助于厘清当前大学生以城市为中心、脱离乡村社会的"离农"就业意愿原因,帮助相关部门决策者了解并掌握当前大学生乡土教育水平、乡村就业意愿,以及乡土教育水平对大学生乡村就业意愿的影响。本研究对于创新当前工作体制机制，构建人才要素城乡双向流通格局，推动乡村振兴战略实施具有重要价值和意义。

二、概念界定与文献综述

（一）概念界定

著名社会学家潘光旦在 20 世纪 30 年代提出，应该重视乡土教育，培育"乡村亲和性"人才，唯有这样才可减免乡村读书人的心灵失根问题，振兴乡村。习近平总书记在党的十九大报告中提出并强调对"两爱一懂"人才培育，"培养造就一支懂农业、爱农村、爱农民的'三农'工作队伍"。综述已有研究发现，当前学术界并未对乡土教育作出明确定义。在借鉴并参考已有研究基础上，本研究将个体乡土教育水平界定为个体在熟悉乡土技能、认识乡土环境及认同乡村价值三个维度的综合表现水平（见表1）。

表 1　乡土教育水平概念阐释和表现形式

乡土教育水平	概念阐释	表现形式
乡土技能	个体对乡土包括种植、养殖等技能掌握及熟练程度	客观层面，受访者实际乡土技能认知程度
乡土认知	个体对乡土包括地理、历史、人物及特色文化的认识程度	主观层面，受访者对乡村主观认识、对乡村生活的熟悉度、对乡土知识的了解度等
乡土认同	个体对乡土的亲近、认同程度	主观层面，衡量受访者乡土认知的主观程度，从乡村情感联结角度反映其对于乡村的认可度、对于农民身份的认同度，以及对城乡差异度的主观看法

对个体乡土教育水平的明确界定，有助于了解并测度、观察样本主体乡土教育水平程度，有针对性地培养学生对于乡土文化、情感的认同，引导个体贡献力量建设乡村，培养"乡村亲和性""两爱一懂"青年人才。乡土教育水平是一个广义的概念，其内容既包括个人对家乡的情感认同，也包括建立在与中国这片辽阔土地的情感连接基础之上的个体对农业、农村、农民的了解及认同程度。

（二）文献综述

1. 乡土教育相关研究

王成指出，在新时代背景下，中国农村社会结构发生了巨大变化，城市代表先进、希望、现代化，乡村被贴上落后、愚昧、贫困的标签（Wang，2019）。任强（2022）指出，在当代城市化的进程中，"为农"的农村教育目标迅速被"离农"的农村教育新目标所取代。农村社会文化被污名化，跳出"农门"，逃离农村，实现人的城市化成为农村教育的务实目标。陈文胜等（2021）提出，全面推进乡村振兴中需要破解乡村教育空位、教育资源偏位、乡土元素在乡村教育中的缺失三个问题。孙德超等（2020）认为，在未来一段时间内，乡村的建设与发展更需要教育发挥提升农村人口素质、培育内生动力的根本性作用。因此，在乡村振兴背景下，在乡村教育的土壤上振兴乡村文化成为时代新的命题。

马一先等（2022）认为，乡土教育助力乡村振兴的目标主要在于重新认识乡土的意义、乡土对于教育的意义、乡土对于学校的意义，充分发挥乡土教育价值，使得乡村学校的课堂成为基于乡土乡情的课堂。徐金海（2021）指出，"乡土"不再是一种自卑的符号，而是一种丰富且独有的在地资源，正是这些以乡土元素构成的在地资源，实现了乡村学校在教学模式、教学手段、教学方式上的改革。除此之外，袁利平等（2018）认为，应当理性看待不同文化类型，促进外来文化与本土文化的有效联结。杜尚荣等（2019）也认为，乡村教育不仅可以与城市教育"平等对话"，而且乡村教育还可以拥有更广阔的发展空间，实现与城市教育的深度融合与合作。

2. 大学生乡村就业相关研究

于丽卫、刘倩（2015）基于计划行为理论，运用二元 Logistic 模型，对影响大学生回乡创业意愿因素进行分析。结果显示，农村籍大学生自身态度、媒体报道及周围人意见、回乡创业未来风险感知对其回乡创业意愿有不同程度的影响。约翰逊等通过分析高校创新创业课程的内涵与特点，提出农业院校适合通过创新创业教育培养乡村创业人才（Johnson et al.，2019）。李洁、张成凤（2019）采用层次分析法，研究大学生乡村就业影响因素，得出家庭因素、性别因素及农村就业保障体系因素是大学生乡村就业的主要影响因素，而在一般城市就业中的工资待遇、就业环境等因素不是大学生主要考虑的问题。有学者分析了村庄特征与回乡移民职业选择之间的关系，结论显示高学历的回流移民更不可能从事农业职业（Chen et al.，2019）。钟云华、刘珊（2019）和徐振

（2022）等采用实证研究均发现，性别、所学专业、薪酬待遇和农村政策对大学生乡村就业有着显著的影响。

综述已有研究发现，当前在乡土教育研究方面，大多数学者仅围绕乡土教育本身展开，研究其历史发展、衍变及当今的实践等内容，对于乡土教育的具体定义与范围则各持己见，对于乡土教育的成果没有具体的测度体系。部分文献对乡土教育的理论研究较为深入，但并未将其应用于实践，也没有结合其他方面进行创新性的分析。在大学生就业方面，国内外学者采用层次分析、案例分析、实证研究等方法进行了丰富的研究，但是鲜有研究者从乡土教育水平的角度考察其对大学生乡村就业意愿的影响。已有研究为本研究奠定了坚实基础，提供了重要的参考和借鉴，但已有研究在考察乡土教育水平对大学生乡村就业意愿方面的不足也为本研究提供了创新和探索研究的空间。

三、研究设计与资料来源

（一）研究设计

本研究从大学生乡村就业角度出发，聚焦乡土教育水平对大学生乡村就业意愿的影响。按照预先拟定的分析框架，本研究核心部分主要由三部分组成：第一部分为背景分析与视角选择，提出研究问题；第二部分为实践部分，基于实地调查资料运用计量经济学模型分析评估具体影响；第三部分在总结全文研究的基础上提出针对性政策建议。本研究具体分析框架如图 1 所示。

（二）资料来源

本研究数据资料收集主要经历了三个重要阶段。第一阶段重点通过半结构式访谈方法对乡镇家庭和乡土教育专家进行了走访和座谈，该阶段受访主体向团队介绍了各地乡土教育课程开展情况，并帮助联系开展乡土教育的学校，为团队提供了丰富的研究资料；第二阶段为问卷调查阶段，该阶段团队成员讨论设计了内容翔实的调查问卷（具体见附录），以线上和线下同步开展的方式，共计搜集到全国 34 个省（区、市）811 份在校大学生问卷调查数据和部分访谈资料；第三阶段为乡土教育情况再调查阶段，该阶段基于问卷调查数据分析结果，针对相关问题开展了进一步调查访谈。具体调查阶段如表 2 所示。

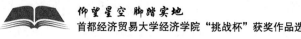
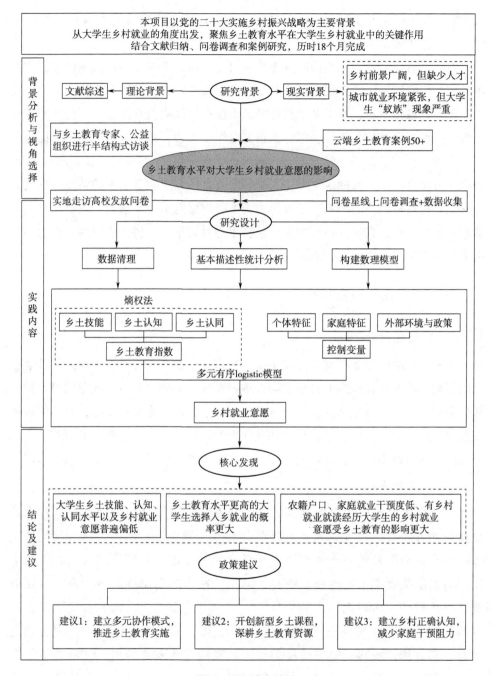

图1　研究技术路线

表 2　不同阶段研究资料搜集、方法与对象情况统计

时间	主题	方法	对象	资料
第一阶段（2021 年 9—11 月）	乡土教育情况预调研	半结构式访谈	乡镇家庭	广东湛江、北京大兴、安徽六安三地 15 户家庭
			乡土教育专家	高校教授 2 人
第二阶段（2021 年 12 月—2022 年 2 月）	乡土教育水平与乡村就业意愿	问卷调查	全国在校大学生	全国 34 个省（区、市），811 名在校大学生问卷调查数据
第三阶段（2022 年 3 月—2023 年 3 月）	现阶段乡土教育情况与效果观察	半结构式访谈	河南省巩义市河洛镇香玉小学；甘肃省临夏南龙南川小学；黑龙江省哈尔滨市胜丰镇胜业分校；湖南省花垣县石栏镇雅桥九年一贯制学校；山东省曲阜市辛庄小学；四川省遂宁大英镇天保小学；吉林省吉林金珠小学	乡土教育课程开展情况"豫剧香玉大师""寻味河州""家乡物产我代言""苗绣""小麦的一生""家乡的版图""水稻的一生"
			乡村教师；乡村学生	乡村教师河南省巩义市回郭镇柏漫小学 2 人、河南省巩义市回郭镇东庙小学 1 人、河南省巩义市河洛镇香玉小学 5 人；乡村学生河南省巩义市回郭镇柏漫小学 5 人、河南省巩义市回郭镇东庙小学 8 人、河南省巩义市河洛镇香玉小学 9 人

注：根据实际调查情况整理编制。

四、乡土教育水平与乡村就业意愿统计分析与实证检验

在数据搜集阶段，团队共计发放问卷 850 份，其中收回有效问卷 811 份，问卷有效率为 95.4%。为探究数据可靠性，对原始数据进行了 KMO 和巴特利特球形检验，结果显示 $KMO = 0.872 > 0.7$，巴特利特检验显著性取值 0.000，两个检验结果均表明问卷数据可靠性比较高，问卷数据内部一致性比较高，可以用来做后续建模分析。

（一）乡土教育水平与乡村就业意愿的描述性统计分析

针对全国 34 个省（区、市）调查获取的 811 名在校大学生问卷调查结果，将调查数据中反映乡土教育水平的各项指标和乡村就业意愿测量数据进行基本描述性统计分析，分析结果如图 2~图 5 所示。

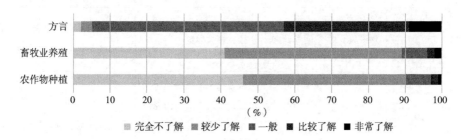

图 2　乡土技能水平分析

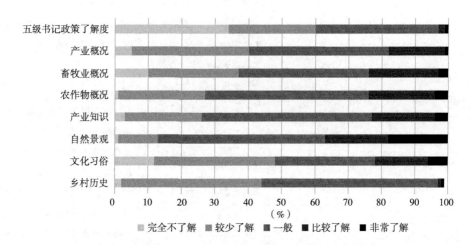

图 3　乡土认知水平分析

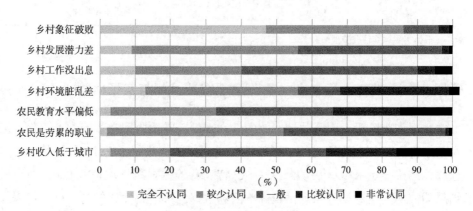

图 4　乡土认同水平分析

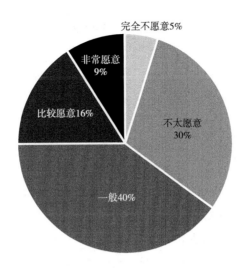

完全不愿意5%
非常愿意 9%
不太愿意 30%
比较愿意16%
一般40%

图 5　大学生乡村就业意愿分布

由上述描述性统计结果可知，大学生乡土技能水平、乡土认知水平的各项指标多分布在"完全不了解"和"较少了解"。大学生乡土认同水平的各项指标除"乡村象征破败"以外，较少分布在"完全不认同"，表明大学生乡土认同水平普遍偏低。大学生乡村就业意愿调查结果显示，"非常愿意"和"愿意"的大学生数量仅占全部样本数据的25%，反映当前大多数大学生乡村就业意愿不强烈。综上所述，调查数据描述性统计分析发现，大学生乡土技能、认知、认同程度均普遍偏低，且大学生乡村就业意愿不高。

（二）乡土教育水平对大学生乡村就业意愿影响的实证检验

1. 乡土教育水平指标体系构建

本研究核心解释变量为乡土教育水平，参考乡土教育专家建议，研究过程中从乡土技能水平、乡土认知水平和乡土认同水平 3 个维度构建乡土教育水平体系。具体评价指标见表 3。同时，考虑到问卷调查获取的信息具有无序性，不同问题分散程度不同，选择运用熵权法（EWM）计算乡土技能水平、乡土认知水平、乡土认同水平以及乡土教育水平。已有研究指出，熵权法作为一种客观赋权方法，利用信息熵计算出各指标的熵权，可以得到科学客观的权重。本报告在进行数据分析之前首先对原始数据进行标准化处理，然后使用熵权法对各指标进行客观赋权，得到权重矩阵。最后将各指标的权重与标准化值相乘再累加即为各样本的乡土教育指数①。

————————

① 考虑到研究报告字数和篇幅限制，提交版报告简化了该部分内容。

表3　乡土教育水平评价指标体系

总体层	评价维度	问卷问题	指标属性
乡土教育水平	乡土技能水平	您是否有种植农作物的经历（不包括种花养草）	正向
		您是否有养殖畜牧的经历（不包括养宠物）	正向
		您是否掌握至少一种方言	正向
	乡土认知水平	您是否对某地区的乡村历史有所了解（村名由来、历史人物等）	正向
		您是否对某地区的乡村文化习俗有所了解（集会、红白喜事等）	正向
		您是否能清晰忆起某地区的乡村自然景观	正向
		您是否对农耕、制种、园艺、养殖等农业相关产业感兴趣	正向
		您是否了解某一地区乡村的典型农作物	正向
		您是否了解某地区的乡村农畜产品	正向
		您是否至少了解一个乡村的产业情况（文旅产业、餐饮行业等）	正向
		您是否了解乡村正在推行的"五级书记"抓乡村振兴	正向
	乡土认同水平	您是否认为在乡村工作的收入低于城市	反向
		您是否认为农民这一职业是贫穷、劳累的代名词	反向
		您是否认为农民的受教育水平普遍较低	反向
		在您接受的教育中，是否认为农村环境脏乱差	反向
		您是否认为大学生在城市工作才是有出息，在乡村工作是一种没出息的表现	反向
		您是否认为乡村是城市的附属，发展潜力不大	反向
		您是否认为乡村注定会落后、衰败，没有发展的必要和意义	反向

在借鉴并参考已有研究基础上，本研究将个体乡土教育水平界定为个体在熟悉乡土技能、认识乡土环境及认同乡村价值三个维度的综合表现水平，运用熵权法测度。

2. 乡土教育水平对大学生乡村就业意愿影响的基准回归

（1）计量模型基本设定。Logistic 分析广泛地用于因变量为多分类变量的回归模型，采用极大似然法求解回归参数，通过概率值进行整体检验。就本研究而言，被解释变量指标为大学生入乡就业意愿，大学生面临入乡就业意愿的选择是多值的。因此，选用多元有序 Logistic 模型能够很好地测量变量之间的关系，以 j

为参照系，被调查对象属于其他概率与选择 j 类参与型的比值为事件发生比为：

$$\frac{P(y=j\mid x)}{1-P(y=j\mid x)}$$

将上述分式取对数作为被解释变量进入模型，具体回归模型构建如下：

$$will_i = \alpha_0 + \beta \times rural\_edu_i + \sum \gamma_i X_i + \varepsilon_i$$

其中，下标 i 表示受访者个体，$will_i$ 为被解释变量乡村就业意愿，$rural\_edu_i$ 为核心解释变量乡土教育水平，通过构建乡土教育水平指标体系，使用熵权法对各指标赋权运算后进行衡量和测度。X_i 为个体层面的控制变量，ε_i 为随机误差项，α_0 和 γ_i 均为模型估计参数，β 是本文关心的参数。

（2）变量描述性分析。为考察乡土教育水平对大学生乡村就业意愿影响，本文在借鉴已有研究的基础上设计了计量模型，本部分将对模型涉及的相关变量进行基本描述性统计分析（见表4）。

表4　变量基本描述性统计分析

变量类型	变量名称	变量定义与赋值	平均值	标准差
被解释变量	乡村就业意愿	很不愿意=1　不太愿意=2　一般=3　比较愿意=4　非常愿意=5	2.80	1.62
解释变量	乡土教育水平	熵权法处理（百分制）	41.57	16.59
	乡土技能水平	熵权法处理（百分制）	44.41	35.52
	乡土认知水平	熵权法处理（百分制）	38.72	24.36
	乡土认同水平	熵权法处理（百分制）	32.41	18.14
个人特征	性别	男=0　女=1	0.59	0.49
	政治面貌	正式中共/预备党员=1　共青团员=2　群众=3　其他=4	2.01	0.55
	民族	少数民族=0　汉族=1	0.81	0.39
	户口	城市=0　农村=1	0.49	0.50
	最高学历等级	高中及以下=1　专科=2　本科=3　研究生=4　博士生=5	2.71	0.64
	是否为毕业年级	否=0　是=1	0.40	0.49
	专业类型	哲学类=1　经管类=2　法学类=3　教育学类=4　文学类=5　理学类=6　农学类=7　医学类=8　军事学类=9　艺术类=10　历史学类=11　工学类=12　其他=13	4.68	3.62

续表

变量类型	变量名称	变量定义与赋值	平均值	标准差
家庭特征	父母学历	初中及以下=1　高中=2　专科=3　本科及以上=4	2.19	1.11
	家庭成员每月收入合计	0~5 000 元=1　5 000~10 000 元=2　10 000~15 000 元=3　20 000 元及以上=4	2.74	1.30
	父母现居地	城市=0　农村=1	0.36	0.48
	是否为独生子女	否=0　是=1	0.52	0.50
	家庭就业干预程度	非常低=1　较低=2　一般=3　较高=4　非常高=5	2.53	0.98
学校特征	就读学校属于哪一类	"双一流"高校=1　普通一本=2　普通二本=3　专科及其他类型高校=4	2.87	1.03
	就读学校开设创新创业课程情况	否=0　是=1	0.61	0.49
	就读学校开设就业指导课程情况	否=0　是=1	0.88	0.32
	是否曾就读于乡村学校	否=0　是=1	0.59	0.49
	应试教育程度	非常低=1　较低=2　较高=3　非常高=4	3.49	1.04
	学校位置	东=1　中=2　西=3	1.56	1.02
政策因素	乡村就业或创业政策	否=0　是=1	0.67	0.47

注：根据问卷调查获取的 811 份数据资料计算编制。

（3）基准回归。基于问卷调查数据建立回归模型，考察乡土教育水平对大学生乡村就业意愿的影响，在模型中加入了问卷涉及的个体特征、家庭特征、政策及外界因素等 15 个控制变量，各控制变量方差膨胀因子均小于 10，表明模型不存在多重共线性。模型分析乡土教育水平对大学生乡村就业意愿的影响，表 5 汇报了回归结果，第（1）至（3）列回归结果估计系数表明，乡土技能水平、乡土认知水平和乡土认同水平均显著促进大学生乡村就业意愿。如第（4）列所示，乡土教育水平估计系数在 1%的水平上显著为正，表明乡土教育水平越高，大学生选择乡村就业的意愿越强。综上，得出结论：大学生乡土教育水平的提升对其乡村就业意愿的提高有显著的促进作用。

表 5　乡土教育水平对大学生乡村就业意愿影响的回归结果

变量名称	（1）	（2）	（3）	（4）
	will	*will*	*will*	*will*
乡土技能水平	0.006 3 ***			
（*skill*）	(0.002 0)			
乡土认知水平		0.043 7 ***		
（*cognize*）		(0.003 5)		
乡土认同水平			0.015 5 ***	
（*identity*）			(0.004 2)	
乡土教育水平				0.043 8 ***
（*rural_edu*）				(0.004 7)
控制变量	control	control	control	control
Adj. R^2	0.043 4	0.120 0	0.046 8	0.079 3
N	811	811	811	811

注：①括号内为聚类稳健标准误，***、**、* 分别代表 1%、5%、10%的显著性水平。

②因篇幅限制，本部分简写了控制变量部分回归结果，如读者感兴趣，团队可提供完整研究资料。

3. 乡土教育水平对大学生乡村就业意愿影响异质性分析

进一步考察发现不同个体特征情况下，乡土教育水平对大学生乡村就业意愿影响的异质性。表 6 第（1）至（2）列汇报了不同户籍的大学生乡村就业意愿受乡土教育水平的影响，结果表明，农籍大学生估计系数在 1%的水平上显著为正，显著性强于城籍户口大学生。第（3）至（4）列考察了是否有乡村学校就读经历这一因素的影响，结果显示，有乡村学校就读经历大学生的估计系数在 1%的水平上显著为正。第（5）至（6）列基于父母就业干预度的视角进行考察，结果表明，父母就业干预度低的大学生样本的估计系数在 1%的水平上显著为正，而父母就业干预高的大学生估计系数并不显著。因此，农籍户口、家庭就业干预度低、有乡村就读经历这三类大学生的乡村就业意愿受乡土教育水平影响更大。

表 6　乡土教育水平对大学生乡村就业意愿影响异质性分析

变量名称	农村户籍	城市户籍	曾就读于乡村学校	未就读于乡村学校	父母就业干预低	父母就业干预高
	（1）	（2）	（3）	（4）	（5）	（6）
乡土教育水平	0.048 0 ***	0.014 2 **	0.022 5 6 ***	0.014 3 3 *	0.029 5 ***	-0.002 6
（*rural_edu*）	(0.008 5)	(0.005 6)	(0.007 4)	(0.008 2)	(8.964)	(0.008 2)

变量名称	农村户籍	城市户籍	曾就读于乡村学校	未就读于乡村学校	父母就业干预低	父母就业干预高
	（1）	（2）	（3）	（4）	（5）	（6）
控制变量	control	control	control	control	control	control
Adj. R^2	0.108 7	0.042 5	0.060 3	0.026 2	0.108 2	0.077 7
N	413	398	386	425	313	498

注：括号内为聚类稳健标准误，***、**、*分别代表1%、5%、10%的显著性水平。

五、乡土教育水平对乡村就业意愿影响的分析

本部分基于数据资料获取阶段一和阶段三的半结构式访谈资料，对乡土教育水平影响大学生乡村就业意愿的原因展开进一步分析与讨论。

（一）乡土技能水平对乡村就业意愿的影响

1. 城市户籍大学生

知农事方能爱农村，爱农村从而乐于业。

受访的多数城市大学生无法辨别玉米和麦子，也不知道骡子和马有什么区别，可以看出国内高校学子不爱农、不务农现象非常普遍，主要是因为城市大学生缺乏了解农业常识的途径。当代大学生要选择有远见的生活方式，应该深入从事农事活动，了解当地特色和民俗、风土人情，感受和体验乡村生活的乐趣，享受农耕文化精神熏陶，享受不同于城市的宁静悠然。

小时候"锄禾日当午，汗滴禾下土"的诗句常在我们的耳边萦绕，可只有我亲眼看见，亲身体会那播种的艰辛，才会知道粮食的不易得。生于城市，长于城市的我，通过了解农作物种植技巧，深入农村生活，从而对乡村生活充满了憧憬和向往。

——调研大学生案例1，2022年10月

大学生不仅要在德智体美上成为优秀的时代新人和未来实现中华民族伟大复兴中国梦的主力军，也必须从劳动中体验生活的本质，了解社会责任，明确奋斗方向。城市大学生只有熟悉农业，做到"知农事"，才能对乡村现状有一定了解，对乡村生活产生热爱，从而提高城市籍大学生的乡村就业意愿。

2. 乡村户籍大学生

社会就业竞争激烈，乡土作一片"自留地"。

大学生在面临就业问题时，与城市户籍学生相比，乡村户籍学生存在一片乡土"自留地"，作为潜在的就业选择。这片"自留地"便是乡村的田亩，这个就业选择便是大学生返乡发展。乡土教育特别是乡土技能的教育，可以提高大学生的劳动技能，是大学生乡村就业的前提基础，进一步提高潜在乡村就业收入水平，为大学生提供乡村就业的可能，避免"有田不会种"的就业困境，从而推动大学生进入乡土、回到乡土。回到乡土的大学生，在巩固和扩大脱贫攻坚成果的同时，也在实施乡村振兴战略的征程中担重任、打硬仗。

我们应当看到，当前农村劳动人口面临学历低、老龄化等现实问题；年轻人不愿务农、不会务农的现象较为突出，农村后备劳动力状况堪忧。解决明天谁来种田、谁来建设乡村的问题，需要有关方面协同发力，而乡土教育无疑担负着重要使命。

——高校乡土教育专家案例 1，2022 年 5 月

（二）乡土认知水平对乡村就业意愿的影响

1. 领略乡土文化内涵，在走近乡土人文中激发兴趣

乡土文化包括文化知识、技术技艺、传统习俗等，是不同地区长期的文化积累。2022 年全国两会期间政协委员李修松表示："乡土文化是本乡本土发端流行并长期积淀发展起来的带有浓郁当地特色的文化，是打造乡村旅游、助力乡村振兴的基础资源，必须善加利用。"因此不论是精神层面，还是经济发展，乡土文化都具有重要价值。

我之前一直生活在城市里，这是我第一次亲眼见到农田，比起课本的插画，真实的农村风光更加吸引我。而且当地的村民都很热情，跟他们聊天后，我才知道原来收割以后要晒稻谷，因为晒过的谷子不容易长蛾子，用碾米机碾出的节米碎米也少。

——线下调研大学生案例 2，2022 年 10 月

大学生可以阅读乡土文学作品，感受富有时代特色的乡村故事；还可以深入下乡实践活动中，亲自接触乡村的事物，亲自感受乡土文化的内涵。当代大学生对乡土文化的深入了解，不仅丰富了自身文化知识，还提高了对乡村的热爱程度和兴趣，使大学生和农民的心贴得更近，真切感受到耕耘的艰辛和收获的喜悦，树立为"三农"服务的意识，更好地建设社会主义新农村。

2. 了解乡村发展格局，在全面认识乡村中破除偏见

通过调研，我们发现全面了解乡村发展格局的城市大学生少之又少，大部分当代大学生仍停留在乡村经济发展缓慢、生存环境差、基础设施极不完备等刻板

印象中。而当他们对乡村经济发展现状、人居环境和新时代的农民形象等有了深层次、全面、客观的认知后，会深刻意识到乡村未来发展一片向好的前景。这不仅会破除对乡村的偏见，更会在大学生心里埋下投身乡村建设的种子。

在支教之前我一直以为乡村的教学环境是很差的，教室里应该都是破旧的板凳和黑板。但当我到实地以后，发现并不是这样的，当地小学生的学习环境并不一定比现在城市的小学生差，他们也有多功能黑板、投影仪之类的设备，确实比我想象中的乡村环境（乡村教育资源）要好很多，说不定我以后也会选择到乡村工作。

——大学生乡土教育志愿者案例 1，2022 年 11 月

如受访者所言，关于乡村的固有印象正是阻碍大学生乡村就业的主要因素之一，当代大学生唯有清晰地了解乡村后，才能客观地看待乡村，进而开始考虑乡村是否适合自身的发展，从而提高乡村就业意愿。因此打破对乡村的偏见是一项促进城乡协同发展的重要任务，关系到乡村的长远利益所在，而乡土教育的广泛实施则是行之有效的措施。

（三）乡土认同水平对乡村就业意愿的影响

"风物长宜放眼量。"习近平总书记指出，现代农村是一片大有可为的土地、希望的田野。[①] 新时代要求青年担负起时代之责，以宏阔视野观察，特别是要放眼百年历史大格局，充分发挥主观能动性，不仅要从事理上形成对乡村的客观认知，更要从情理上接纳、悦纳脚下这片"希望的田野"，视乡村振兴为己任，以主动的姿态、开放的态度，将所学知识应用于农村、所怀才干施展于农村，为实现中华民族伟大复兴而奋发向前。

我之前对乡村没有什么特别的感情，但我对接的乡土学校经常会开展一些采摘家乡物产、动手实践体验特色工艺的乡土课，每次活动后看着孩子们用灵巧的双手制作出一件件精美的艺术品时，我都有一种特殊的情愫在里头。我发现原来一个普通的红薯还能成为一盘充满爱与温暖的佳肴，一片小小的树叶在孩子们眼中都是秋姑娘的五彩裙，于是我逐渐从整理资料这些例行公事的事情中，变成有所期待、有所希望，甚至想在我完成这段志愿工作后，能够反哺家乡，探索家乡，服务家乡。

——大学生乡土教育志愿者案例 2，2022 年 10 月

正如受访志愿者所言，乡土教育不仅是热爱家乡的教育，也是人与土地关系

---

① 2019 年 3 月 8 日习近平在参加河南代表团审议时说。

的强调。现代教育是无乡村的教育，而乡土教育的匮乏导致青年对乡土缺乏文化认同感和热爱之情，多数青年人不愿留在或涉足乡下，不愿运用学识发挥才干建设农村。乡土教育所要解决的是"我是谁"、"我从哪来"，以及"我要去哪里"的终极哲学命题，是对个体价值所向以及个体生命意义的叩问。今天开展乡土教育，有助于完善升学导向型的主流教育模式，使得乡土教育在教学体系中占有一席之地；还可以填补读书人精神"失根"的教育缺位，助人重拾人与自然、与故土的深厚连结。在乡土情结的感召与国家政策的引导下，许多走出乡村的人重新返回家乡故土，发挥自己的光和热。

综上所述，立足新时代，乡土教育给予青年学子一份坚实的情感根基，让大学生认同乡土，唤起青年心灵深处发展乡村、振兴乡村的共鸣，激发青年与国家发展知行双向、同频共振。总之，提升对大学生的乡土教育水平，有助于打造一支"懂农业、爱农村、爱农民"的乡村振兴人才队伍，让大学生在乡村振兴实践中"下得去、留得住、用得上、干得好"。

六、主要结论与政策建议

（一）主要结论

近年来，在百年未有之大变局下，我国大学生城市就业压力激增，有相当一批大学生通过强化"内卷"，降低自身职业要求、生活质量等方式，努力留在城市寻找发展机会。与此同时，我国乡村振兴与可持续发展面临前所未有的人才供给短缺问题。党的二十大提出全面推进乡村振兴，坚持农业农村优先发展，坚持城乡融合发展，畅通城乡要素流动。在这种现实背景下，迫切需要思考如何改善当前"融不进的城"和"有作为的乡"问题并存局面，通过创新的体制机制设计，鼓励并引导大学生树立正确的择业、就业观，充分认识到青年才俊在乡村振兴领域同样大有可为。本研究以大学生乡土教育水平（乡土技能、乡土认知、乡土认同）为观察切口，考察研究乡土教育水平对大学生乡村就业意愿的影响。

通过2021年9月至2023年3月历时18个月的时间，研究团队设计了具体研究方案，展开了系统的调查研究，研究结果表明：首先，当前我国大学生乡土教育（乡土技能、乡土认知、乡土认同）水平普遍偏低，大学生乡村就业意愿并不强烈；其次，运用熵权法和多元Logistic回归发现，乡土教育水平越高的大学生乡村就业意愿越强烈；最后，异质性分析发现，农籍户口、家庭就业干预度低、有乡村就读经历大学生的乡村就业意愿更强烈。

本研究运用半结构式案例检验了乡土教育对大学生乡村就业意愿提升的积极

作用，在深入挖掘影响机制与路径原因的同时，提出可行的乡土课程实施方案，为进一步促成高校学生了解乡土、认同乡土、热爱乡土、扎根乡土、献力乡土提供思路。本研究有助于相关部门决策者了解并掌握当前大学生乡土教育水平、乡村就业意愿情况，同时有助于厘清当前大学生以城市为中心、脱离乡村社会的"离农"就业意愿原因，对于创新当前体制机制，构建人才要素城乡双向流通格局、推动乡村振兴战略实施具有重要价值和意义。

团队在现有研究结论的基础上，通过线上宣讲、线下走访等形式向乡村小学推广乡土教育，根据当地乡土资源禀赋条件设计所对应的乡土课程。截至目前，本团队已帮助21所乡村小学开展了特色乡土课程，获得了老师和学生的一致肯定。未来，本团队将探索更多的形式，继续为乡土教育尽一份力。希望本研究调查结果及政策建议可以对学生乡土教育水平提高及促进大学生乡村就业意愿有所帮助，通过培养学生乡村亲和感与发展乡土的使命感，解决当代人的教育失根问题，不断促进农业农村现代化，使得城乡差距进一步缩小，最终建立健全城乡融合发展体制机制和政策体系，为中国式现代化建设贡献青春力量！

（二）政策建议

1. 建立多元协作模式，推进乡土教育实施

第一，政府引导完善乡土教育体系。乡土教育程度的提高对大学生乡村就业有推动作用，为了保证乡土教育在理论和实践中不断发展，必须在政策层面对其地位和作用以及实施等方面加以规定。政府应乘其引领社会风尚之便，联合多方资源，推动乡土教育体系的完善。具体来讲，政府应在政策上引领大方向，制定鼓励开展乡土教育的新政策。各级教育行政部门也应在国家教育大方向的要求下，鼓励各级部门和学校进行具有特色的课程开发活动，促进家校社一体、产学研结合。

第二，社会基金组织助力落实乡土教育政策。除政策的出台与创新外，更应注重计划方针的落地与实施。因此，应由中国乡村发展基金协会牵头，配合政府政策落地生根，鼓励并助力基金会的建立与普及，为乡土教育提供经济上的强力支持，充分开发乡村本土资源，打造乡土课程本土化教育模式，发掘本乡特色资源环境，完善乡土课程情感培育体系。

第三，学校要主导创新乡土教育模式。学校应因地制宜，结合当地教育发展和传统文化的实际情况，开设乡土性的传承教育和终身教育，建立贯穿各阶段教育的学分体系，将具有乡土特色的知识和智慧融入生活学习的每个环节。在乡土教育过程中，乡村教师应接受外界现代性思想与理念的影响和熏陶，将新课程理

念带进校园，让教育与乡土结合，把培养面向未来的现代人同乡土实际问题解决相结合，在理想与实际中找到平衡点，形成独特的乡土课程，探寻现代化教育理念在乡土课程落地的可行路径。

第四，强调多方主体协助，弥补乡土教育不足。由高校专家引领，乡村能人协同指导，规划建成"一乡一品""一村一品"的精准特色定位课程，既可以打造本乡独有的农副产品的自然科普课，又可以融家乡特色文化于课堂，如开展、举办农事种养、耕作、采摘、收割等实践活动。同时联合当地教师共同出力，设计属于本乡的特色课程，编写独具本乡特色的教材，让学生于潜移默化中形成别有风格的乡土记忆，留住根文化特有的"乡味""乡情"。

2. 开创新型乡土课程，深耕乡土教育资源

首先，开发特色鲜明的乡土课程资源。乡土课程由系统化的乡土知识构成。深度挖掘富有乡土性与教育性的乡土知识，是乡土课程资源开发的切入点，既有利于梳理乡土知识谱系，也有助于保持乡土知识更新和乡村社会发展之间的整体性联系。乡村学校在开发乡土课程资源上有着得天独厚的优势。一是乡村的历史遗址、遗迹和文物等物质资源多，乡土资源丰富，一手资料多；二是乡村学生多为家族聚居，四世同堂，历史资料的来源广、种类多；三是新乡村建设中，可供研究的课题内容丰富，社会实践的空间大。在开发过程中，要始终坚持三个原则：第一，针对性原则。乡土资源庞杂，要结合实际，优先选择有代表性的典型事件、人物、遗存进行开发，突出地方特色。第二，适用性原则。充分利用乡土课程资源的现实意义与教育价值，研究学生和社会发展的需要，提高课程资源的适用性。第三，多样性原则。作为学科课程的一个重要组成部分，乡土课程资源的收集和整理的方式也应多种多样。应从"地利"层面为乡土课程资源开发提供富有特色、生动鲜活的乡土素材。

其次，优化乡土文化教育方案设计。第一，实施 PBL（project - based learning，项目式学习）教育方法。在实施乡土课程的过程中，可以突破传统教科书的条条框框，尝试以主题式教学为主，通过跨学科学习，综合培养学生自主学习的能力、坚毅合作的优良品质、谦虚礼让的行为方式，以及关怀他人、关心世界及未来的人文情怀。比如，让学生分小组种菜，其中涉及种植面积、秧苗间距，这是数学问题；丰收之后再进行售卖，这是经济问题。所以种什么，怎样收益高，卖多少，是不同的决策。在这个过程中，学生之间还要进行协商，培养沟通能力和决策能力。不同环节有很多内容可以使学生受益。第二，营造共建共治的文化。让学生拥有改变世界的自信和勇气，重建乡村少年作为当下生活主体的

可能性，扩展乡村少年与乡土社会的全面互动，建立乡村少年与乡村自然、乡村人文传统之间的积极对话，包括在自然中的游戏与劳作、与年长者之间的交流、传统乡村文化形式的参与等。由此塑造一种既不同于以城市化为标准的现代生活，也不同于传统乡村生活的新乡村生活方式。

3. 建立乡村正确认知，减少家庭干预阻力

首先，相关部门应积极宣传乡村正面形象，改变家庭观念。调研结果表明，大学生乡土认知水平普遍较低，对农民职业认同和农村经济发展状况认同度较差。然而通过线下走访部分乡村发现，如今的乡村经济条件已经得到较大改善，说明现实情况与人们的传统认知并不相符。因此，政府应鼓励各大媒体平台宣传乡村正面形象。通过报纸、电视、短视频等多渠道的宣传手段，对乡村进行多方面报道，提高人们对乡村的认知程度，让更多的人了解真实的乡村发展情况，从而减轻家庭因认知误区造成的就业压力，吸引更多的大学生人才乡村就业。

其次，鼓励家庭积极讨论发现乡村创业价值，发挥榜样作用。在个人就业的过程中，家庭的干预会对个人就业方向的选择造成不可忽视的影响，具体表现为子女倾向的就业方向被父母否定等。本研究发现，家庭就业干预程度越低的大学生更愿意入乡就业，因此应鼓励家庭成员之间进行协调，通过家庭成员开诚布公地讨论就业问题，进一步了解入乡就业情况，从而获得家庭对子女入乡就业的支持。

作者简介：

张海涵，获北京市三好学生等荣誉，一篇论文入选 2023 年中国国际贸易学科发展论坛，并获评中国国际贸易学会"中国外经贸改革与发展"三等奖，保研至对外经济贸易大学；陈奕岑，获国家励志奖学金等荣誉，现已保研至首都经济贸易大学；李诗娜，已保研至西南财经大学；张丁戈，2020 级首经贸金融学院本科在读；林嘉美，2020 级首经贸城市经济与公共管理学院本科在读；陈天爱，获全国高校模拟集体谈判大赛全国一等奖等荣誉，法学辅修学位优秀毕业论文获得者，发表一篇国际会议论文并作会议报告，已保研至华东政法大学；洪福旭，2020 级首经贸金融学院本科在读。

参考文献

[1] CHEN H S, WANG X P, 2019. Exploring the relationship between rural village characteristics and Chinese return migrants' participation in farming: path dependence in rural employment [J]. Cities, 88 (5): 136-143.

[2] JOHNSON G, FOSTER K, BLINKHORN A, et al, 2019. Exploration of the factors that influence new Australian dental graduates to work rurally and their perspectives of rural versus metropolitan employment [J]. European journal of dental education, 23 (4): 437-447.

[3] WANG C, 2019. The decline of rural culture and the study of modern rural social governance [J]. The frontiers of society, science and technology, 1 (11): 237-241.

[4] 陈文胜, 李珺, 2021. 全面推进乡村振兴中的乡村教育研究 [J]. 湘潭大学学报 (哲学社会科学版), 45 (5): 74-79.

[5] 杜尚荣, 刘芳, 2019. 乡村振兴战略下的乡村教育: 内涵、逻辑与路径 [J]. 现代教育管理 (9): 57-62.

[6] 李洁, 张成凤, 2019. 乡村振兴战略背景下大学生农村就业影响因素评价研究 [J]. 数学的实践与认识, 49 (11): 313-320.

[7] 马一先, 邓旭, 2022. 乡村教育助力乡村振兴的价值意蕴、目标指向与实践路径 [J]. 现代教育管理 (10): 50-57.

[8] 任强, 2020. 逆天与顺天: 农村教育文化的阙失与复归 [J]. 中国教育学刊 (3): 81-86.

[9] 孙德超, 李扬, 2020. 试析乡村教育振兴: 基于城乡教育资源共生的理论考察 [J]. 教育研究, 41 (12): 57-66.

[10] 徐金海, 2021. 从历史走向未来: 城镇化进程中的乡村教育发展 [J]. 教育研究, 42 (10): 24-34.

[11] 徐振, 2022. 乡村振兴战略背景下大学生农村就业意愿研究 [J]. 农业经济 (4): 125-126.

[12] 于丽卫, 刘倩, 2015. 大学生回乡创业意愿影响因素分析: 基于计划行为理论视角 [J]. 调研世界 (12): 33-37.

[13] 袁利平, 温双, 2018. 乡土课程开发的文化价值与实践选择 [J]. 中国教

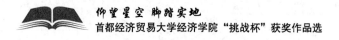
育学刊（5）：80-85.

［14］钟云华，刘姗，2019. 乡村振兴战略背景下大学生农村就业意愿的影响因素分析：基于推拉理论的视角［J］. 高等教育研究，40（8）：88-97.

以"退"为进：退耕农户教育培训决策
与家庭收入可持续发展

——基于北京市和陕西省19村的调研和实证研究

作者：王佳萍、傅圣杰、王勇琪、谢嘉欣、高媛、方海曦、王子辰

指导老师：杜雯翠

获奖情况："青创北京"2023年"挑战杯"首都大学生课外学术科技作品竞
　　　　　赛二等奖

摘要：退耕户参与退耕还林工程多年后收入情况如何？教育和技术培训在其中是否发挥中介作用？本文利用陕西省榆林市1县和北京市3区共364份有效问卷数据，构建Logit模型、多元线性回归模型和中介效应模型进行实证研究。研究发现：退耕还林政策具有积极生态效益并对退耕户具有经济补偿效应，但在政策实施较长时间后退耕户收入明显低于非退耕户；退耕户受教育程度显著低于非退耕户，且教育在退耕还林对农户收入影响中发挥显著中介作用；技术培训在退耕还林对农户收入影响中未起到显著中介作用；退耕户年龄较大和对教育接受能力较弱是其收入低于非退耕户的两个重要原因。相较于资金补助，支持退耕户加大教育投资、参与技术培训和实现非农就业是完善政策更重要的举措。

关键词：退耕还林；教育；技术培训；农户家庭收入；非农就业

一、引言

（一）选题背景

改革开放以来，我国在追求经济高速发展的同时也面临着诸多生态问题，国

家为全面治理风沙、防止环境恶化而开展退耕还林生态工程。自 1999 年退耕还林工程实施以来，国务院和国家林业局于 2002 年、2007 年、2015 年和 2020 年，相继出台了《关于进一步完善退耕还林政策措施的若干意见》《关于完善退耕还林政策的通知》《新一轮退耕还林工程作业设计技术规定》等政策文件，对退耕还林的补助要求、实施方法和管理办法等作出了指导性意见和参考。至今，退耕还林已经成为中国乃至世界范围内资金投入规模最大、覆盖面最广、群众参与程度最高的一项生态工程。党的二十大报告提出，要推进美丽中国建设，坚持山水林田湖草沙一体化保护和系统治理，深入推进环境污染防治，加快发展方式绿色转型，提升生态系统多样性、稳定性和持续性。保护森林植被作为"山水林田湖草沙一体化保护和系统治理"中的重要一环，实施了 20 多年的退耕还林工程在其中发挥了不可磨灭的作用。

然而在参与退耕还林后，退耕农户失去了世代赖以生存的土地，原有的教育程度与技能水平又难以支撑其顺利实现再就业。倘若该问题无法得到解决，即退耕农民在退耕后长期处于待业状态且其收入来源仅有退耕补贴，不但会造成大量劳动力的闲置与浪费，还不利于退耕农户的长期发展。在这个背景下，退耕还林政策是推进生态保护建设的重要抓手，同时也被国家和人民寄予提升农民收入的厚望。习近平总书记在党的十九大上指出，农业农村农民问题是关乎国计民生的根本性问题，必须始终把解决好"三农"问题作为全党工作的重中之重，实施乡村振兴战略。因此，在退耕还林工程实施 20 周年后，对退耕户进行现阶段生活状况的追踪，既是解决三农问题的必要一环，也是对退耕还林政策可持续性发展的重要补充。

关于退耕还林政策的实施效果，现有文献主要聚焦于退耕还林的可持续性及其对农户增收的影响方面，鲜有研究以教育和培训决策为切入点，讨论退耕还林对农户家庭收入增长的影响机制和长期效果。

为考察上述问题，本研究基于对国家政策与以往文献的梳理与分析，选址退耕还林最早的试点省份之一陕西省和典型地区北京市，收集数据并进行分析，探究参与退耕还林多年后农户的收入状况，以及农户受教育程度和技术培训状况在退耕还林政策效果中的影响机制，进而为退耕农民实现可持续发展提供强有力的理论依据和经验证据，为退耕还林政策的可持续性提供重要补充。

（二）研究意义

1. 理论意义

第一，从教育与培训的视角厘清退耕还林影响农民收入的作用机理，深入考察退耕还林政策对农民自身以及子代教育培训决策的影响。退耕还林政策实施20 余年政策效果显著，较多研究对该政策实施下的农民增收、非农就业情况等问题进行了跟踪与分析，但鲜有研究能够深入退耕户实现可持续增收的过程，探究教育、技术培训投资与退耕农民收入变化的具体关系。本研究围绕此问题展开深入的调查与分析，为退耕户收入增长的研究提供新思路，丰富相关领域研究成果。

第二，有助于厘清退耕还林影响农民收入的长期效应，为政策制定提供理论参考与经验证据。本研究对退耕还林政策下农户教育和技术培训状况、收入和再就业情况等方面开展实地调研，追踪退耕还林政策实施后农户教育、技术培训投资与收入的变化情况，进一步剖析教育和技术培训发挥作用的机制。研究结果具有一定的普适性，为农村教育和技术培训相关方向的研究与政策制定提供有力的经验参考。

2. 实践意义

第一，为退耕还林及此类生态工程长期可持续性的实现提供新思路。本研究选择在退耕还林工程实施 20 余年后对退耕户的生活近况进行调研，结果充分反映了此类生态工程对参与者的长期影响，寻找退耕户长期收入水平变化的关键原因，为退耕户实现可持续发展提供强有力的经验证据。

第二，有利于实现以促进退耕户再就业为前提的农村收入结构的调整。退耕还林政策通过直接作用于生产领域，改变农民生产方式而直接影响农村收入结构，本项目旨在分析退耕户对退耕补贴的依赖性并考察其对退耕户实现再就业的影响，为其收入结构转型提供指导性意见。

第三，有助于进一步完善退耕还林相关配套措施的制定，使其经济效益在长期内仍可充分实现，进一步推动乡村振兴。鼓励退耕户减少退耕补贴依赖、增强教育和技术培训意愿、实现再就业是其能够实现长期可持续发展的重要工作，更是该工程在长期内仍能不断完善的关键。

（三）研究内容与技术路线

本文选址北京市昌平区、延庆区、密云区和陕西省靖边县 19 个村落，使用文献研究法、实地调研法和实证分析法，对回收的 364 份有效问卷进行分析。其中，文献研究包括选题意义研究、退耕还林相关研究和教育、技术培训与农户收入相关研究。根据已有研究成果，我们分析了退耕还林如何通过改变退耕户教育与技术培训决策从而影响农户收入，并根据实地调研情况，对退耕还林政策实施多年后退耕户的生活情况进行了考察。通过构建 Logit 模型和多元线性回归模型，本文对教育和技术培训决策在退耕还林对农户收入影响中发挥的中介效应进行了检验，此外进行了稳健性检验与异质性分析，在实地考察和实证分析的基础上得出结论和政策建议。

本研究的技术路线见图1。

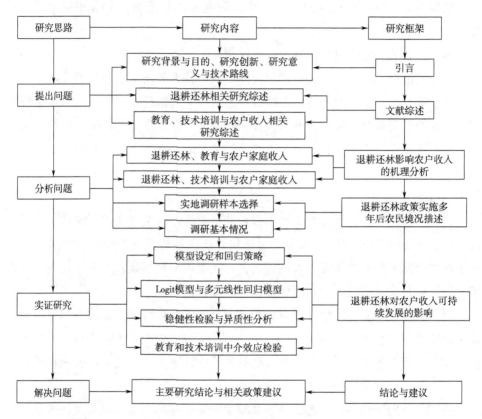

图1　技术路线

（四）研究框架与创新之处

本研究余下部分结构安排如下：第2部分为文献综述，从退耕还林与农民收入决定因素两个角度对现有研究进行综述；第3部分为理论分析，从教育和技术培训两个机制入手，分析退耕还林影响农户家庭收入的机制，并提出研究假设；第4部分为样本选择与调研基本状况；第5部分为计量模型设定和实证结果分析，实证检验并分析退耕还林对农民收入的影响；第6部分为结论与建议；最后为参考文献和附录。

相较于已有研究，本文在三方面做出了创新。

（1）视角创新。不同于以往关注退耕还林政策对地区产业发展、生产水平以及农民收入影响研究的文献，本文从农户视角，探讨了退耕还林政策实施后农户受教育程度和技术培训状况对其收入影响的中介效应。

（2）机制创新。本研究以教育和技术培训为核心中介变量，较为全面与细致地考虑影响农户收入水平的其他众多因素，包括户主、家庭和村级层面共 8 个控制变量。

（3）政策创新。本文着眼于退耕户这个特殊群体，对退耕户参与退耕还林后的长期发展状况进行追踪，进一步研究退耕还林对退耕户收入的持续性影响，以寻找退耕户实现增收的有效路径，同时关注了退耕户的主观意愿，对今后乡村建设、环境保护等政策的制定提供一定参考。

二、文献综述

本文主要探讨退耕还林、教育与技术培训和农户收入的关系，与本文密切相关的文献主要有两类，一是关于退耕还林的相关研究，二是人力资本与农民收入的相关研究。

（一）退耕还林相关研究综述

退耕还林对农户收入的影响是评价退耕还林工程可持续性的关键指标。现有关于退耕还林的文献较为广泛，从经济效益视角出发的文献大多集中于退耕还林与农民收入关系的研究。在农民的增收效果方面，王庶和岳希明（2017）发现，退耕还林有利于减贫和调节收入分配，但若不计退耕还林补贴，则增收效果不明显。谢旭轩等（2010）指出，退耕还林对农户种植业收入产生显著的负面影响，其他产业在短期内难以成为替代收入来源。韩洪云和史中美（2010）通过对陕西省眉县的调研发现，由于调研地区的政府挪用、侵吞补偿款以及产业结构未及时调整，上级下发的资金未能准确有效且及时地补贴农户等原因，政策实施效果欠佳，农户家庭收入出现下降的情况。此外，也不乏研究表明退耕还林能够促进农民增收。刘璨和张巍（2007）在河北、陕西、内蒙古三省数据的基础上，发现了退耕对于农户增收的积极效果。但深究其原因，增收部分来自退耕补贴或生产方式的转变（Yao et al.，2010），内田（Uchida et al.，2005）等、王庶和岳希明（2017）则认为增收来自政府的退耕补贴。从农民收入与就业结构来看，康子昊等（2021）指出，退耕还林促进了农户以土地为基础的收入增长，非农收入影响较小，且该政策拉大了样本农户收入的不平等。陶然等（2004）指出，在退耕还林八年补贴期结束后将会出现退耕农户的就业和收入风险，其原因主要为通过农业结构调整以增加退耕户收入的目标并没有实现。此外，有研究指出，退耕还林政策是一种有效的外部政策干预，可以促进农村生计多样化，有助于低收入群体实现多渠道增收（Liu et al.，2015）。在退耕地区农民收入差距方面，刘璨和张巍（2006）发现，经济条件较差的村庄和农户并没有得到优先纳入退耕还林工程的照顾，反而因为缺少社会资本等原因而难以参与其中，进而导致收入不平衡进一步加剧。因此，寻找到推动退耕还林可持续发展的突破口、实现退耕户收入的增加与收入结构的升级显得尤为重要。

（二）教育、技术培训与农民收入相关研究综述

现有关于人力资本的文献较为广泛，但退耕还林政策下针对教育和技术培训对农民增收的影响方面还鲜有论及。关于人力资本与农民收入增长的研究，杨晶等（2019）实证研究发现，人力资本的不均衡发展势必会带来失地农民收入不平等状况的恶化。李宪印（2009）实证研究发现，教育和技术培训、健康保健在内的多种农户人力资本投资方式，对农户非农收入增长具有重要意义。程名望等（2016）基于全国农村微观数据进行经验研究，发现基础教育和技能培训所体现出的人力资本对农户收入增长有显著作用。郭志仪和常晔（2007）进一步指出，在不同类型农户人力资本投资之间，农户教育投资对农户增收的正影响最大，而农民收入的增长又能有效促进农户教育、迁移和健康投资水平的提高，有利于形成正循环。程名望等（2015）指出，人力资本对于缩小农户收入差距具有显著成效，尤其是基础教育。此外，张烨和张兴（2018）研究发现，异质性人力资本效率的不同导致所选择的树林种类不同，可能会使退耕还林政策局部失灵，由此提出多元化的退耕补贴、增加非农就业机会等政策建议。

现有文献主要聚焦于退耕还林对农户增收的影响和对退耕还林可持续性的研究，而关于教育和培训投资的文献较多肯定了二者在农民增收上的积极作用，但退耕还林背景下教育和培训决策对农户家庭收入增长是否具有显著中介作用，退耕还林实施后期的政策有效性以及政策对退耕户的长期影响，学术界鲜有论及，本文将在理论与实证分析的基础上对该问题进行探究。

三、理论分析与研究假设

（一）退耕还林、教育与农户家庭收入

退耕还林可能会通过影响农户的教育投资决策进而影响农户家庭收入。农户参与退耕还林失去土地这一收入来源后，将面临如何继续谋生的问题。首先，该群体可能会选择继续从事其他农业工作或进行非农就业，但均需农户学习新工作

的知识和技能，这对其受教育程度提出了一定要求，故农户可能会使用退耕还林补助来投资家庭教育即子女教育。其次，退耕户减少教育投资的情况也可能存在，农户因年龄较大而难以实现再就业，退耕还林补助也无法覆盖各类生活支出，故子女为分担父母经济压力可能选择更早务农或务工。因此，退耕还林会对农户教育投资决策产生影响，但影响方向不确定。

根据以往研究，教育投资会显著促进农民收入增长（郭志仪、常晔，2007；程名望等，2016）。教育一般包括基础教育和高等教育。随着受教育程度的提高，农民的分析能力、逻辑思维能力、创造能力和对事物的辨别能力等均会得到加强，有助于增加农户的就业机会和缩短实现就业的时间，进而促进农民收入增长（Laszlo，2008；李宪印、陈万明，2009）。且教育有利于农民人力资本积累，助力其跨越技术和知识门槛，提高劳动生产率和生产能力，增加从事非农工作的机会，从而提高收入（钟甫宁、何军，2007；Parman，2012）。基于上述分析，本文提出假说1。

假说1：退耕还林会影响农户教育投资决策进而对农户家庭收入产生显著影响。

（二）退耕还林、技术培训与农户家庭收入

退耕还林可能会通过影响农户的技术培训决策进而影响农户家庭收入。农户在参与退耕还林后，如果还林类型为经济林，很可能会接受政府林业方面技术培训。退耕户失去土地后，如果需要从事种植业以外行业尤其是非农工作，对农户的技术要求会大大提高，故农户为了谋求其他生计，可能会选择增加自身的技术培训次数，也可能使用退耕还林补贴购买技术培训服务。不过，无法排除退耕户存在惰性和对补助的依赖性，即退耕户将退耕补贴作为主要家庭收入而勉强度日，不会积极参与技术培训，因而退耕还林也可能对农户技术培训影响较小。

对于技术培训而言，许多学者已经实证检验了其对农民收入的积极促进作用（李宪印，2009；程名望等，2016；杨晶等，2019）。本文考察的技术培训包括职业教育和技能培训，而技能培训包括非农职业培训和农业技术培训（李晓楠等，2015）。在一般农村地区，手艺于农民而言是十分重要的生存手段，持有一门技能是实现稳定就业的必要条件，而技术培训有助于农民短时间掌握一门技术，提高技术熟练度和劳动生产率，从而带动收入的增长（李晓楠等，2015）。其次，参与技术培训扩大了农户就业的选择范围，提升了其非农就业的可能性，有利于农民增加务工收益（钟甫宁和何军，2007；王庶和岳希明，2017）。基于上述分析，本文提出假说2。

假说 2：退耕还林会影响农户技术培训决策进而对农户家庭收入产生显著影响。

四、样本选择与数据收集情况

(一) 样本选择

北京市自 2000 年开始启动退耕还林工程，累计完成造林 7 万公顷，面积保存率达 100%，成林率在 90% 以上，退耕还林工程实施效果十分显著。此外，为攻克风沙入侵难题，陕西省成为最早实施退耕还林工程的三大试点省份之一，累计退耕还林还草 274 万公顷，国土增绿领跑全国，其中，陕西省榆林市靖边县与内蒙古接壤，先后实施了以退耕还林为中心的生态环境建设综合治理工程，全县营造防护林 25.1 万公顷，保存 15 万公顷，建成了带、片、网相结合的防沙林带体系，森林保存面积达 23 公顷，居陕北第一。以上两个调研地点的退耕还林工程实施时间之长、面积之广赋予了其在退耕还林工程实施中的典型性与代表性，使调研能够更充分准确地反映工程实施二十多年后退耕户的长期发展状况。

结合以上特征，本次调研最终确定对北京市密云区、延庆区、昌平区与陕西省榆林市靖边县的 19 个村展开调研。

1. 昌平区

昌平区的退耕还林工程自 2000 年开始试点，全区共完成耕地造林 3 334 公顷，其中经济林面积达 1 133 公顷，生态林面积达 2 200 公顷。昌平区第一轮退耕还林补助政策已到期，完善补助政策自 2006 年、2007 年开始实施，每年按照 1 000 元/亩的标准发放土地流转费，按照 1 元/米² 的标准发放林木养护费，补助期限暂为 2020 年至 2028 年。

(1) 流村镇。流村镇占地面积达 269.36 平方千米，全镇共完成退耕还林 490 公顷。其中，北流村现有集体果园面积达 6.7 公顷，是退耕还林带动经济发展的成功典范；西峰山村林场面积达 200 公顷，林果业所带来的收入是村民主要的经济来源。

(2) 南口镇。南口镇位于昌平区西北部，其中南口村于 2000 年开始实施退耕还林并于 2003 年开始产生经济收益，至 2007 年退耕还林纯收入超过 9 万元，平均每公顷纯收入达 67 元；在南口村退耕还林工程取得初步成效后，雪山村和大堡村相继实施退耕还林政策。

2. 延庆区

2000 年至 2004 年，延庆区退耕还林面积共计 5 630 公顷，工程涉及全区 15

个乡镇，276 个行政村，8 029 个地块，26 263 户。退耕类型以生态林为主，生态林占退耕总面积的 80%，经济林占退耕面积的 20%，其退耕还林荒山配套造林面积共 6 867 公顷。

康庄镇共有耕地面积 3 000 公顷，林地面积 52 公顷，至 2011 年，累计造林933.4 公顷，防护林面积达 867 公顷，经济林面积达 30 公顷。其中，刁千营村和四街村位于林场附近，退耕还林样本密度大，较为典型；西红寺村林木地面积为36 公顷，村中东河湾路南路北共有林地 36 公顷，村南有几十公顷杏林，生产杏仁，村北有丘陵林地近 6.7 公顷，大多数农民在退耕后从事果树种植与养护。

3. 密云区

密云区的山区面积占全区面积的五分之四，全区林木覆盖率达 73.63%。其退耕还林工程自 2000 年启动，补助期限暂定为 2020 年至 2028 年，共完成退耕造林 8 567 公顷，涉及全区 16 个镇、279 个行政村，至 2019 年底，其林地面积达 7 860 公顷。

(1) 新城子镇。坡头村位于新城子镇东南部，耕地面积 60 公顷，退耕还林面积达 48 公顷；新城子村耕地面积 127 公顷，山场面积 589 公顷，果园面积 80公顷，退耕还林面积 2.7 公顷；太古石村毗邻新城子村，共退耕还林 7.3 公顷，村民的收入水平在退耕后有较大提升。

(2) 古北口镇。全镇林地面积 3 848 公顷，林木覆盖率达 45%，其下辖村杨庄子村利用果园发展立体种植并发展牧草 33 公顷，结合地域特色发展糯玉米产业，每公顷收入达 67 元。

4. 靖边县

陕西省榆林市靖边县地处黄土高原，自然条件较恶劣，在 20 世纪八九十年代水土流失较为严重，对农民生产生活造成一定的负面影响。在此背景下，榆林市靖边县于 1999 年开始实施退耕还林政策。

(1) 黄家湾村。黄家湾村辖 7 个村民小组，268 户、965 人，主导产业为养殖业和种植业，现有林地 300 公顷、耕地 373 公顷。

(2) 龙腰镇村。由原阳川与榆树硷村合并而来，现有林地 473 公顷，耕地156 公顷，主导产业为养殖业和种植业。

(3) 青阳岔镇。现有林地 893 公顷，耕地 233 公顷。青阳岔镇下辖村高石崖村，主导产业为养殖业和种植业，现有林地 213 公顷、耕地 600 公顷。

(4) 乔家湾村。全村有耕地 553 公顷，林地 778 公顷，主导产业是土豆、玉米和小杂粮种植。

（二）数据收集情况

1. 问卷收集的基本情况

本次调研活动于 2022 年 5 月 15 日开始，分阶段对陕西省、北京市的 19 个样本村庄进行调研。在调研过程中，除对各村有关负责人进行访谈，团队主要通过入户问卷调查和实地访谈的方式采集数据。问卷主要包含回答者信息、户主个人特征、农户家庭特征、退耕还林相关情况、人力资本特征以及主观问题等 7 方面，共计 38 题，本文设定有效问卷的条件为未回答的题目数量小于等于 3 道，题目回答率大于 90%。问卷具体结构见附录 A。此次调研共发放问卷 400 份，收回问卷 375 份，有效问卷 364 份，问卷回收率达 93.75%，问卷有效率达 97.07%。各地问卷收集情况如表 1 所示。

表 1　各地问卷收集情况

地区	详细地点	收集问卷数量
北京市延庆区康庄镇	西红寺村	18 份
	刁千营村	21 份
	四街村	25 份
	镇中心	23 份
北京市昌平区	南口村	24 份
	大堡村	17 份
	雪山村	27 份
	北流村	21 份
	西峰山村	15 份
北京市密云区	太古石村	19 份
	坡头村	16 份
	新城子村	17 份
	龙洋村	18 份
	杨庄子村	21 份
陕西省榆林市	靖边县	93 份

本报告使用的调查问卷主要涉及退耕还林农民家庭及个人的基本特征、人力资本情况，图 2 至图 9 为调查结果的初步统计。结果显示，在调研的样本数据中，男性户主占比 81%，女性户主占比 19%（图 2）；受访者平均年龄 57.58 岁，户均人口 1.63 人，农业户口数占全体样本的 84%（图 3）。在本次调查中，58%

的受访对象参与了退耕还林工程（图4），其中71%的受访退耕户年龄在50周岁以上（图5），77.73%的受访者参与工程超过十年，较好地代表了参与退耕还林年份较久的退耕户群体，有利于在工程实施较长时间后对退耕户进行长期发展状况的考察。此外，受访者的整体健康状况较好，文化水平主要集中在初中及中专以下（图6），仅有32.24%的受访者曾接受过技术教育与培训（图7），且多数受访者的工作性质偏向于简单的体力劳动。与此同时，在退耕后再就业方面，由于在参与退耕还林初期获得了较高的经济补贴，大部分农民就业需求低，加上该群体并未得到技术培训与指导且缺少就业渠道，因此"退耕即失业"的现象较为普遍，以上原因导致的退耕户失业问题的影响在政策实施后期日益凸显，即在政策实施二十多年后的当下，较多退耕家庭呈现家庭可支配收入较低、生活较为困难的特征。

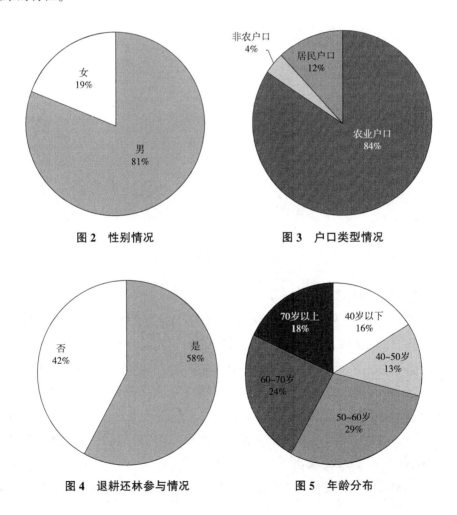

图2　性别情况

图3　户口类型情况

图4　退耕还林参与情况

图5　年龄分布

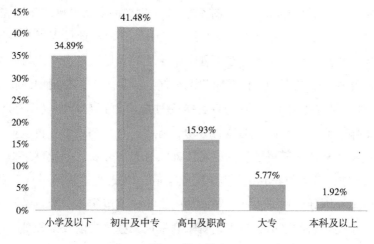

图6 教育情况

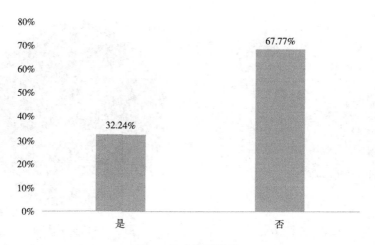

图7 技术培训情况

2. 退耕农民总体情况

（1）收入水平。根据本次的调查，受访家庭 2021 年的月平均收入为 5 007 元，其中非退耕户的月均收入为 6 132 元，退耕户的月均收入为 4 223 元（图8），总体收入水平较低、差距较小。相较退耕还林实施初期，大部分退耕户当下的收入水平、收入来源、创收能力均弱于非退耕户，该现象在一定程度上是退耕户过强的补贴依赖与较小的就业意愿导致的，因此退耕户的收入与生活状况在补贴期结束后不容乐观。本次调研中，退耕户人均土地面积为 0.235 公顷，远低于非退耕户的 1.541 公顷，因此获得农业收入的可能性较小。61.1% 的受访对象为 55 周岁以上，16.4% 的退耕户主要收入来源仅为每月政府给予的养老补贴，即新型农村养老保险金。此外，部分退耕户暂无收入来源。调研中有41.9%的退耕农民表示并未收到相关补贴，原因可能为补助期限已过、银行账户存在问题等情况。值得注意的是，除退耕还林实施初期需考虑的补贴发放等让退耕户较快得到经济补偿的措施，退耕户长期收入的可持续性问题也需要得到同等重视，从根本上改变退耕户将退耕补贴当作主要收入来源的倾向，是政策实施和参与者实现收入稳定的关键。

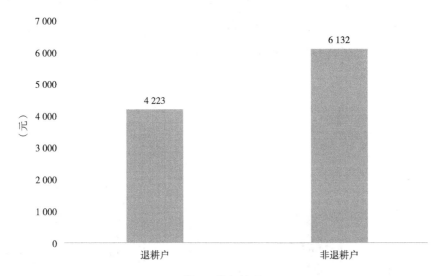

图 8　收入情况

（2）教育及技能水平。据本次调研，受访对象的平均受教育年限为9.42年，32.24%的受访劳动力接受过职业教育或技术培训。受访退耕农民中，仅有10.4%的农民表示在参与工程后享有免费技术培训或指导，且培训基本只限于果树种植养护与果林看护方面，不足以支撑退耕农民顺利实现再就业；实际上，仅有少数农民在退耕后从事与该培训相关的工作。此外，19.9%的退耕农民在退耕后增加了对自己的教育或投资，30.3%的退耕农民在退耕后增加了对儿女的教育投资。以上情况反映了退耕户自发参与就业培训的意愿较小、培训内容与需求不匹配等问题，因此，引导与鼓励退耕户参与技术培训仍应予以重视。

（3）健康状况。经统计，本次受访退耕户中，70.3%的劳动力健康状况较好，少部分劳动力认为自身非常不健康，该群体多为55周岁以上且无法从事农业生产。此外，59.9%的退耕农民表示在退耕还林后更加重视家庭成员的健康状况。

（4）就业状况。根据本次调研数据，41.20%的退耕农民在退耕后实现了再就业（图9），其中仅有55.33%的人从事非农工作，且该群体基本从事保安、清洁工、变卖废品、临时工等收入较低或无固定收入来源的工作，属于灵活就业人员。总体而言，退耕还林在实施初期较快地完成了对退耕户的经济补偿，在政策实施后期，退耕补贴到期后，退耕农民对增加家庭收入具有较为迫切的需求，但由于前期对补贴的过强依赖而导致的就业意愿较低、文化水平较低、技能掌握情况较差、获取就业信息的渠道较少等主客观条件限制，该群体脱离劳动力市场的时间过长，再就业难度大，故大部分退耕农民仍处于待业状态。因此，在政策实施后期，仍需加大鼓励退耕户再就业的力度，且技能教育与培训工作需不断完善，再就业信息、渠道的提供与指导工作也急需落实。

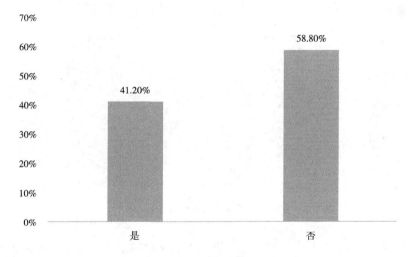

图 9　再就业情况

五、模型设定和实证结果

（一）计量模型设定与变量定义

本文主要考察退耕还林对农民收入的影响，考虑到农户是否选择退耕还林受到自身各方面因素的影响，可能存在样本选择偏差问题，故构建 Logit 模型研究其他变量对农户是否选择退耕还林决策的影响，再使用普通最小二乘法（OLS）建立多元线性回归模型研究农户是否参加退耕还林对农户收入的影响，估计方程如下：

$$\ln\left(\frac{p_i}{1-p_i}\right) = \alpha_0 + \gamma X_i + \varepsilon_i \tag{1}$$

$$\ln fincome_i = \beta_0 + \beta_1 du_i + \gamma Controls_i + \varepsilon_i \qquad (2)$$

其中，$p_i = P(du_i = 1 | control_i)$ 表示农户 i 参与退耕还林的条件概率，du_i 表示农户 i 是否参与退耕还林，$\ln fincome$ 表示农户家庭收入。X_i 则表示其他户主层面、家庭层面和村级层面的控制变量，参考王庶和岳希明（2017），户主特征变量包括户主年龄（$hage$）、户主受教育年限（$hedu$）、户主兄弟姐妹个数（$hsib$）、户主技术培训经历（$htrain$）、户主外出经历（$houtwork$），家庭层面变量包括家庭规模（$fscale$）、家庭劳动力比率（$labor\_rate$）、家中是否有党员（$fparty$）、耕地面积（$\ln land$）、生产性固定资产（$asset$），村级层面包括村到县政府距离（$\ln distance$）。为减小样本异方差和使数据具有正态性，对数值波动较大的连续变量作取对数处理，包括农户家庭收入、耕地面积和村到县政府距离。由于本研究样本量较少以及样本群体存在老龄化现象，为简化模型，多元线性回归模型中 $Controls_i$ 删减户主年龄、户主受教育年限和生产性固定资产三个变量。

（二）描述性统计

本文对退耕户和非退耕户相关特征进行描述性统计，主要变量统计描述信息见表 2。

表 2　描述性统计

变量	变量中文名	农户类型	样本数	均值	标准差	最小值	最大值
$\ln fincome$	家庭收入	退耕户	205	10.49	0.93	7.31	12.39
		非退耕户	148	10.69	1.02	8.01	13.20
$\ln distance$	村到县政府距离	退耕户	211	3.61	0.88	1.84	4.61
		非退耕户	149	3.09	0.90	1.84	4.61
$hage$	户主年龄	退耕户	207	60.56	12.46	22	87
		非退耕户	148	57.3	12.97	30	84
$hedu$	户主受教育年限	退耕户	209	7.61	3.83	0	16
		非退耕户	149	9.62	3.40	0	19
$hsib$	户主兄弟姐妹个数	退耕户	207	4.08	2.34	0	12
		非退耕户	149	3.05	1.84	0	9
$htrain$	户主技术培训经历	退耕户	210	0.36	0.48	0	1
		非退耕户	149	0.30	0.46	0	1
$houtwork$	户主外出从业经历	退耕户	210	0.43	0.60	0	4
		非退耕户	148	0.26	0.49	0	3

续表

变量	变量中文名	农户类型	样本数	均值	标准差	最小值	最大值
fscale	家庭人口数	退耕户	211	3.76	1.96	1	14
		非退耕户	149	3.34	1.51	1	9
labor_rate	劳动力比率	退耕户	209	0.42	0.29	0	1
		非退耕户	148	0.47	0.33	0	1
fparty	家中是否有党员	退耕户	209	0.33	0.47	0	1
		非退耕户	149	0.27	0.44	0	1
asset	生产性固定资产	退耕户	206	1.72	1.51	1	7
		非退耕户	145	1.72	1.61	1	7
lnland	耕地面积	退耕户	205	1.09	0.89	0	3.43
		非退耕户	146	0.88	1.06	0	8.01
aledu	劳均受教育年限	退耕户	180	8.82	4.05	0	19
		非退耕户	122	10.33	3.80	0	19
altrain	劳均技术培训状况	退耕户	167	0.40	0.44	0	2
		非退耕户	115	0.45	0.53	0	3
Job nonagri	是否非农就业	退耕户	73	0.52	0.50	0	1
		非退耕户	76	0.58	0.50	0	1
happiness	幸福水平	退耕户	207	3.58	0.88	1	5
		非退耕户	149	3.81	0.87	1	5

（三）基准回归

1. 基准估计结果分析

表3第（1）列报告了 Logit 模型回归的结果，可以看到，户主技术培训经历、户主外出从业经历、户主兄弟姐妹个数、家庭规模、家中是否有党员和村到县政府距离这6个变量对农户参与退耕还林倾向度具有显著正向影响。值得注意的是，户主受教育年限和农户参与退耕还林倾向度在1%水平上呈显著负相关，原因可能是户主受教育年限越高，往往拥有更多关于农业的经验知识和专业技能，脱离农业参与其他产业的机会成本较高，导致户主参与退耕还林的意愿较小。另一种解释是，一般教育程度较低的农户知识水平较低，对免费的退耕还林补助更为青睐。

表3第（2）~（4）列逐步增添控制变量，报告了基准回归的结果，可以发现，退耕还林估计系数均显著为负，表明退耕户的收入显然低于非退耕户，意味着退耕户在参与退耕还林多年后境况仍有待改善。其原因可能是多方面的。首先，由前文调研基本情况和 Logit 模型分析可知，参与退耕还林的农户可能本身就属于受教育程度较低、一直从事农业且收入较低的人群。其次，退耕还林政策从 20 世纪末开始实施，本文样本中，大多数退耕户在十多年前甚至二十多年前就参与到退耕还林中，根据国家验收成果报告以及以往文献，农户家庭收入在退耕还林初期会呈现积极提升趋势，而本文测算的农户家庭收入为农户 2021 年家庭总收入，所以可能是退耕户在参与退耕还林后没有积极地提升知识和技能水平，而是选择拿着免费补助的同时从事简单但收入低的工作。此外，本次调研对象大多年龄较大，且退耕户参与退耕还林之前长期从事耕作，其接受再教育和再培训的能力和意愿可能较低，以及实现非农就业和外出打工的意愿较小、难度较大。其他控制变量估计结果基本符合预期。

表 3 Logit 模型和基准估计结果

变量	(1) du	(2) lnfincome	(3) lnfincome	(4) lnfincome
du		-0.1998^{*} (-1.91)	-0.2437^{**} (-2.29)	-0.2013^{**} (-2.06)
htrain	0.6335^{**} (2.16)		0.4454^{***} (4.13)	0.2909^{***} (2.98)
houtwork	0.4844^{**} (2.02)		0.0878 (0.96)	0.1025 (1.27)
hsib	0.2135^{***} (3.32)		0.0168 (0.71)	0.0294 (1.40)
fscale	0.1539^{*} (1.92)			0.1827^{***} (7.20)
labor_rate	-0.4124 (-0.96)			0.7793^{***} (5.33)
lnland	0.0209 (0.15)			-0.1188^{**} (-2.54)
fparty	0.8755^{***} (2.90)			0.2635^{***} (2.61)

续表

变量	(1) du	(2) lnfincome	(3) lnfincome	(4) lnfincome
lndistance	0.581 4 *** (3.87)			-0.119 2 ** (-2.28)
hage	0.005 2 (0.43)			
hedu	-0.174 5 *** (-3.87)			
asset	-0.011 1 (-0.12)			
_cons	-2.139 8 * (-1.76)	10.694 6 *** (134.43)	10.491 4 *** (92.61)	9.910 4 *** (46.62)
样本量	330	353	347	335
Pseudo R^2	0.17			
LR chi2	77.30 ***			
R^2		0.010 3	0.063 0	0.300 4
F 统计量		3.66 *	5.75 ***	15.50 ***

注：括号内数值为系数的 t 统计量，*、**、*** 分别表示在10%、5%、1%水平下显著，下表同。

2. Logit 模型和基准回归模型的统计诊断

（1）Logit 模型的统计诊断。根据表3第（1）列倒数第4行，本文构造的 Logit 模型的伪 R^2 为0.17，虽然数值较小但仍存在一定解释力度。此外，由表3第（1）列倒数第3行可知，Logit 模型的似然比检验统计量（LR）为77.30，在1%水平上显著，说明模型的解释力度显著优于零模型，表明模型建立的合理性和可靠性。此外，我们使用方差膨胀因子（Variance Inflation Factor，VIF）对 Logit 模型进行多重共线性检验，结果发现所有自变量的 VIF 均位于 [1.06，1.53] 区间，远小于10，说明自变量之间不存在明显相关性，即 Logit 模型不存在多重共线性问题。

（2）基准回归模型的统计诊断。多元线性回归模型的基本假设包括正态性、方差齐性、独立性和线性，即随机误差项服从正态分布，且具有零均值和同方差，随机误差项之间相互独立，自变量之间相互独立，自变量和因变量之间呈线性相关。由于本文样本为截面数据，故不考虑序列自相关问题。为了检验样本数据是否符合线性回归模型基本假设以及模型合理性，本文在此部分对包含所有控制变量的基准回归模型（即表 3 第（4）列所对应的回归模型）进行统计诊断，包括正态分布检验、异方差检验和多重共线性检验。

图 10 为基准回归 QQ 图，可以看到，残差点基本在一条直线上，同时根据图 11，残差的核密度图几乎与正态分布核密度图重合，说明回归模型的残差十分接近正态分布。之后，我们对残差进行了正态分布检验，包括偏度-峰度检验和 Shapiro-Wilk 检验，p 值分别为 0.072 1 和 0.116 0，前者在 10%水平上拒绝正态分布，而后者在 10%水平上不拒绝正态分布，由于本文样本量较小，故可以认为样本服从正态分布，回归模型具有正态性。图 12 为残差与拟合值的散点图，图 13 为残差与自变量退耕还林的散点图，两张图中的残差点都比较均匀地分布在零值两端，表明模型不太可能存在异方差问题，同时怀特（White）检验 p 值为 0.185 2，在 10%水平上不拒绝同方差的原假设，故我们认为模型不存在异方差问题。此外，模型中所有自变量 VIF 值均位于 [1.04, 1.19]，远小于 10，即模型不存在多重共线性问题。

综上所述，模型通过了正态分布检验、异方差检验和多重共线性检验，是针对退耕还林与农民收入研究的一个合理且可靠的多元线性回归模型。

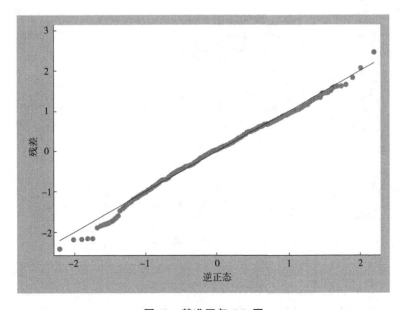

图 10　基准回归 QQ 图

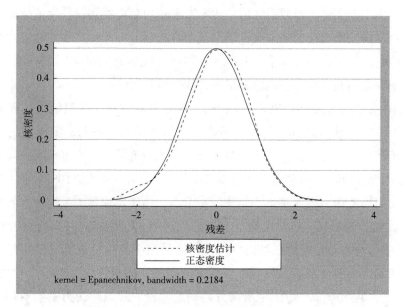

图 11   基准回归核密度图

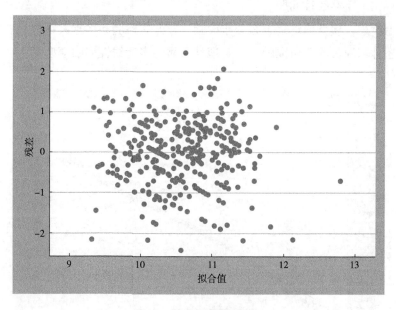

图 12   基准回归残差图 a

（四）稳健性检验

本文选取三种方式对基准结果以及教育中介效应进行稳健性检验。首先是
Sobel 法检验，中介效应检验的 Sobel Z 值为 -2.182，且在 5% 的水平上显著。其

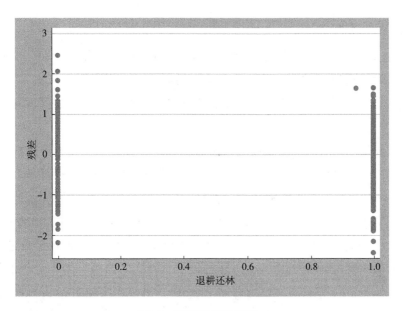

图 13 基准回归残差图 b

次，删除近十年参与退耕还林样本以考察政策长期影响，由表 4 第（1）~（3）列可见，中介效应回归结果仍然十分显著。此外，删除家中无劳动力样本以检验教育机制稳健性，结果汇报在表 4 第（4）~（6）列，可以发现主要解释变量回归系数仍然十分显著。因此，本文主要结论具有较强的稳健性。

表 4 稳健性检验

变量	（1）lnfincome	（2）aledu	（3）lnfincome	（4）lnfincome	（5）aledu	（6）lnfincome
du	−0.204 1*	−1.143 5**	−0.157 1	−0.247 4**	−1.164 5**	−0.170 2
	（−1.89）	（−2.22）	（−1.36）	（−2.22）	（−2.48）	（−1.60）
aledu			0.065 4***			0.069 9***
			（4.52）			（5.03）
控制变量	控制	控制	控制	控制	控制	控制
样本量	292	245	243	270	270	267
R^2	0.296 8	0.264 2	0.320 4	0.247 7	0.229 9	0.319 1
F 统计量	13.23***	9.38***	10.94***	9.51***	8.62***	11.99***

注：限于篇幅且控制变量不是研究重点，故正文不报告控制变量回归系数，详细结果列于附录 B，下同。

（五）异质性分析

1. 区分户主年龄的异质性分析——退耕还林和农户家庭收入

为了深入探讨退耕户难以持续性增收的原因，本部分根据户主年龄高低进行分组回归，致力于考察不同年龄人群在参与退耕还林后的家庭收入变化状况。

考虑到不同年龄人群在就业、外出意愿以及教育培训投资上可能存在差异，本文根据户主年龄是否小于 55 岁将样本分为两组，然后分别进行回归。表 5 第 (1)、(2) 列是基于户主年龄异质性视角的估计结果。可以发现，当户主年龄较低时，退耕还林的估计系数不显著，而当户主年龄较高时，退耕还林的估计系数在 10% 水平上显著为负。以上结果表明，农户年龄较大会导致其退耕还林后在就业和增收上存在一定困难，这可能有以下三方面的原因：第一，年龄较大的退耕农民脑力和体力衰减，受多年务农影响，知识和技能短时间内难以启用，脱离种植业后在二次就业上存在一定困难；第二，年龄较大的农民对再教育和再培训的接受能力和意愿较低，且重视度不高；第三，年龄较大的退耕农民可能更倾向于以退耕还林为契机进入养老阶段，对退耕还林补贴依赖程度较大，就业意愿较低。

表 5　异质性分析估计结果

变量	(1) 户主年龄<55 岁	(2) 户主年龄≥55 岁	(3) 退耕户	(4) 非退耕户
du	0.089 3	$-0.227\ 6^{*}$		
	(0.49)	(-1.90)		
$lnaledu$			$0.292\ 2^{*}$	$0.814\ 2^{***}$
			(1.79)	(3.84)
控制变量	控制	控制	控制	控制
样本量	105	230	154	113
R^2	0.336 9	0.320 5	0.241 0	0.395 3
F 统计量	5.36^{***}	11.53^{***}	5.08^{***}	7.48^{***}

2. 区分是否退耕户的异质性分析——教育和农户家庭收入

进一步考察教育对退耕户和非退耕户家庭收入影响的差异，根据农户是否参与退耕还林将样本分为两组进行回归，为比较估计系数，回归时对劳均受教育年限和农户家庭收入取对数值以计算弹性。

表5第（3）、（4）列报告了是否退耕户视角的异质性回归结果。可以看到，教育对退耕户和非退耕户均有显著的促进作用。因此，帮助农户提高教育质量和增加教育年限是增强退耕还林政策可持续性所需要重视的地方。此外，教育对退耕户家庭收入的弹性为0.2922，明显小于非退耕户的0.8142，表明教育对退耕户家庭收入可持续发展的积极作用小于非退耕户。这一定程度上为两类农户的收入差距提供了合理解释，即退耕户属于在教育方面较为薄弱的人群，对收入会产生一定影响。原因有两点：一是退耕户对教育接受能力较弱，由于他们本身受教育水平较低，以及长期从事农业而对新知识、新技能了解过少，对教育重要性认知欠缺；二是退耕户拿到退耕还林补贴后，对补助产生一定程度的依赖，而不愿意花更多精力与时间接受教育和培训。

（六）机制检验

前文得出退耕户在参与退耕还林多年后并没有缩小与非退耕户家庭收入差距的结论，本部分借鉴温忠麟等（2004）构建中介效应模型，进一步考察教育和技术培训在退耕还林对农户家庭收入影响中的作用机制，回归方程如下：

$$\ln fincome_i = \alpha_0 + \alpha_1 du_i + \gamma X_i + \varepsilon_i \tag{3}$$

$$Med_i = \beta_0 + \beta_1 du_i + \gamma X_i + \varepsilon_i \tag{4}$$

$$\ln fincome_i = \delta_0 + \delta_1 du_i + \delta_2 Med_i + \gamma X_i + \varepsilon_i \tag{5}$$

其中，Med_i 表示中介变量，包括农户 i 的教育和技术培训状况，分别使用劳均受教育年限（$aledu$）和劳均技术培训状况（$altrain$）衡量，我们主要关心参数 β_1 和 δ_2，这两个系数显著则说明中介效应成立。

表6第（1）~（3）列报告了教育中介效应的回归结果。由第（2）列可知，退耕还林对教育的估计系数在5%水平上显著为负，即退耕户劳均受教育年限在2021年显然低于非退耕户。这表明，退耕户在参与退耕还林后很可能减少了自己和子女的教育支出，以及缩减了受教育年限，可能是因为家中子女为扶持家中生计而早早务农或务工。本研究调研对象大多年龄大于等于55岁，在参与退耕还林当年，其子女可能已经不再上学，故也可能是劳均受教育年限更低的农户更倾向于在当年选择参与退耕还林。而根据第（3）列可以发现，劳均受教育年限显著促进农户家庭收入增长，可能是劳均受教育年限的增加有助于提升农民知识水平，帮助农民更容易学到新技能和从事新工作，从而提升收入。由上述分析可知，劳均受教育年限在退耕还林对农户收入影响中发挥了显著的中介作用。结合实地调研情况，可能原因为农户失去耕地后收入来源减少，且退耕农民的非农就业较难实现，在经济条件的客观约束下子女更倾向早些就业或务农而帮扶家中，

然而，教育程度较低导致家庭整体创收能力也偏低，从而使得退耕户在 2021 年的收入水平不容乐观。

表 6　教育和技术培训中介效应回归结果

变量	(1) lnfincome	(2) aledu	(3) lnfincome	(4) lnfincome	(5) altrain	(6) lnfincome
du	−0.201 3 **	−1.211 8 **	−0.165 4	−0.201 3 **	−0.017 5	−0.237 1 **
	(−2.06)	(−2.59)	(−1.59)	(−2.06)	(−0.30)	(−2.17)
aledu			0.066 7 ***			
			(5.08)			
altrain						0.367 7 ***
						(3.15)
控制变量	控制	控制	控制	控制	控制	控制
样本量	335	285	281	335	269	266
R^2	0.300 4	0.226 7	0.329 8	0.300 4	0.263 8	0.282 5
F 统计量	15.50 ***	8.96 ***	13.29 ***	15.50 ***	10.31 ***	10.04 ***

表 6 第（4）~（6）列报告了技术培训中介效应的回归结果，由第（5）列可知，参与退耕还林后农户的劳均技术培训次数并没有明显的增加，可能是本研究中退耕户大多数选择的是生态林而并没有选择经济林和接受政府的免费技术指导，也可能是退耕户拿到退耕还林补贴后并没有选择投资于技能的学习。而根据第（6）列可以发现，劳均技术培训会显著提高农户家庭收入。虽然劳均技术培训的中介效应不成立，但对农户劳动力进行技术培训指导有助于促进其收入稳定增长。

六、结论与建议

基于陕西省榆林市靖边县，北京市昌平区、延庆区和密云区共 364 份有效问卷数据，本文在使用 Logit 模型研究农户各方面因素对其参与退耕还林决策影响的基础上，建立多元线性回归模型以考察退耕还林对农户家庭收入的影响，并引入中介效应模型进一步揭示教育和技术培训对退耕农民收入影响的作用机制，同时进行了稳健性检验和异质性分析。经对实地调研过程的分析与实证分析结果的进一步考察，本文得出如下结论：第一，在退耕还林政策实施后期的 2021 年，退耕户家庭收入普遍低于非退耕户，且其受教育程度也明显低于非退耕户。第二，户主受教育年限对农户参与退耕还林概率具有显著负向影响。第三，基准估计结果显示，退耕户在参与退耕还林多年后其收入明显低于非退耕户，可能原因为退耕户务农工作收入低，退耕户对补贴依赖强且学习知识和技能意愿低，退耕户年龄较大且就业意愿低。第四，退耕户的劳均受教育年限在 2021 年显著低于非退耕户，且教育在退耕还林和农户家庭收入中发挥了显著的中介作用，可能原因为退耕户本身受教育程度较低或子女为帮扶家中提早务农务工。第五，退耕户与非退耕户的技术培训状况并没有显著差异，而技术培训对农户家庭收入有显著促进作用，可能是因为退耕户得到生态补偿后并没有积极培养自身创收能力。第六，异质性分析表明，退耕户年龄较大、退耕户对教育培训接受能力弱且对退耕还林补贴产生依赖，是退耕户与非退耕户收入存在明显差距的重要原因。

基于上述结论，针对退耕还林可持续性的进一步提高，本文提出以下政策建议。

（1）完善退耕还林补贴制度，克服退耕户对补贴产生依赖的观念，鼓励其培养自身创收能力以实现长期可持续发展。分析表明，退耕户在退耕还林实施初期得到了较快的经济补偿，该群体对退耕补贴较强的依赖性导致其接受教育和培训的主观意愿较低、就业意愿薄弱，进一步导致了在补贴到期后的政策实施后期，退耕户家庭收入和受教育程度明显低于非退耕户。在此背景下，政策制定者可以采取如下措施：一是加强对农户教育和技术培训的宣传力度，引导农户合理使用退耕还林补贴；二是优化退耕还林补贴制度，如转换现金补助为技术培训指导、自主技术培训费用报销、对吸纳退耕农民的企业进行补助，等等。

（2）引导农户加强对教育的重视，加大农村教育投入。分析表明，教育水平对家庭收入有显著的促进作用，教育部门应进一步完善农村地区的基础教育建设，加大对农村高中及中等专科教育的投入，适度推进高等教育进入农村地区，鼓励发达地区的教育资源转移至农村地区，同时做好农村居民受教育观念的引导，多方位、多主体地提高农村居民的整体受教育水平。

（3）优化财政支出结构，提高财政资金的配置效率，大力培育区域主导型产业。调研发现退耕户在退耕后未接受充分、匹配的职业技能培训，难以解决退耕后农户丧失收入来源及实现再就业的问题，故应优化财政资金配置方式，大力支持地区龙头企业发展，并从农民的实际情况出发制定与其实际需求匹配的技术培训内容，鼓励并支持兴办乡镇企业，助力农户实现非农增收，保障农民就业和收入水平。

作者简介：

王佳萍，2020 级首经贸经济学院本科在读，获全国大学生数学竞赛（非数学类）三等奖等荣誉，西南财经大学经济管理研究院读研；傅圣杰，2020 级首经贸经济学院本科在读，获校长奖学金、国家奖学金等荣誉，毕业去向为北京大学（直博）；王勇琪，2020 级首经贸经济学院本科在读，曾获国家奖学金、北京市三好学生等荣誉，去向为中央财经大学；谢嘉欣，2021 级首经贸经济学院本科在读；高媛，2021 级首经贸经济学院本科在读；方海曦，2021 级首经贸经济学院本科在读；王子辰，2020 级首经贸经济学院本科在读。

参考文献

[1] LASZLO S, 2008. Education, labor supply, and market development in rural Peru [J]. World development, 36 (11): 2421-2439.

[2] LIU Z, LAN J, 2015. The sloping land conversion program in China: effect on the livelihood diversification of rural households [J]. World development, 70: 147-161.

[3] PARMAN J, 2012. Good schools make good neighbors: human capital spillovers in early 20th century agriculture [J]. Explorations in economic history, 49 (3): 316-334.

[4] UCHIDA E, XU J T, ROZELLE S, 2005. Grain for green: cost-effectiveness and sustainability of china's conservation set-aside program [J]. Land Economics (81): 247-264.

[5] YAO S B, GUO Y J, HUO X X, 2010. An empirical analysis of the effects of China's land conversion program on farmers' income growth and labor transfer [J]. Environmental management, 45 (3): 502-512.

[6] 程名望, 盖庆恩, Jin Yanhong, 等, 2016. 人力资本积累与农户收入增长 [J]. 经济研究 (1): 168-181, 192.

[7] 程名望, 史清华, Jin Yanhong, 等, 2015. 农户收入差距及其根源: 模型与实证 [J]. 管理世界 (7): 17-28.

[8] 郭志仪, 常晔, 等, 2007. 农户人力资本投资与农民收入增长 [J]. 经济科学 (3): 26-35.

[9] 韩洪云, 史中美, 2010. 中国退耕还林工程经济可持续性分析: 基于陕西省眉县的实证研究 [J]. 农业技术经济 (4): 85-91.

[10] 康子昊, 刘浩, 杨鑫, 等, 2021. 退耕还林工程对农户收入增长和收入分配影响的测度与分析: 基于长期跟踪大农户样本数据 [J]. 林业经济 (1): 5-20.

[11] 李宪印, 陈万明, 2009. 农户人力资本投资与非农收入关系的实证研究 [J]. 农业经济问题 (5): 94-99.

[12] 李晓楠, 李锐, 罗邦用, 2015. 农业技术培训和非农职业培训对农村居民收入的影响 [J]. 数理统计与管理 (5): 867-877.

[13] 刘璨, 张巍, 2007. 退耕还林政策选择对农户收入的影响: 以我国京津风

沙源治理工程为例 [J]. 经济学（季刊）（1）：273-290.

[14] 陶然，徐志刚，徐晋涛，2004. 退耕还林，粮食政策与可持续发展 [J].
中国社会科学（6）：25-38，204.

[15] 王庶，岳希明，2017. 退耕还林、非农就业与农民增收：基于21省面板数
据的双重差分分析 [J]. 经济研究（4）：106-119.

[16] 温忠麟，张雷，侯杰泰，等，2004. 中介效应检验程序及其应用 [J]. 心
理学报（5）：614-620.

[17] 谢旭轩，张世秋，朱山涛，2010. 退耕还林对农户可持续生计的影响 [J].
北京大学学报（自然科学版）（3）：457-464.

[18] 杨晶，丁士军，邓大松，2019. 人力资本、社会资本对失地农民个体收入
不平等的影响研究 [J]. 中国人口·资源与环境（3）：148-158.

[19] 张炜，张兴，2018. 异质性人力资本与退耕还林政策的激励性：一个理论
分析框架 [J]. 农业技术经济（2）：53-63.

[20] 钟甫宁，何军，2007. 增加农民收入的关键：扩大非农就业机会 [J]. 农
业经济问题（1）：62-70，112.

附录 A

调研问卷

您好！本次调查为社会实践活动，我们的课题为《以"退"为进：退耕农户教育培训决策与家庭收入可持续发展——基于北京市和陕西省 19 村的调研和实证研究》，为了对当前民生问题进行研究和向有关部门提出政策建议，我们开展此项专项调查。您的回答将被严格保密并只用于学术研究，希望您能如实回答。非常感谢您的支持和帮助！

回答选择题时，请在选中的选项数字上画圆圈"○"或者打钩"√"；回答填空题时，请在问题后空白处写上文字或数字。

调查地点（具体到村）	_____
问卷填写时间	2022 年___月___日 上午/下午

A 部分：答题者情况

A1. 您是否为家里的户主？（家中户主一般是指家庭事务主要决策者或经济的主要支撑者）

1. 是   2. 否

A2. 您的性别是：

1. 男   2. 女

A3. 您的年龄是：_____

B 部分：户主情况（若您是答题者也是家中户主，则 B 部分问题相当于问您本人）

B1. 家中户主的性别是：

1. 男   2. 女

B2. 家中户主的年龄是_____。

B3. 家中户主所完成的最高学历是：

1. 未上过学   2. 小学   3. 初中   4. 高中

5. 职高/技校   6. 中专   7. 大专   8. 大学本科

9. 研究生

B4. 您认为家中户主的健康状况如何？

1. 非常不好   2. 不好   3. 一般   4. 好

5. 非常好

B5. 家中户主有几个兄弟姐妹？ _____个

B6. 家中户主是否有外出从业经历？

1. 是   2. 否

B7. 家中户主是否参与过技术培训？

1. 是   2. 否

B8. 家中户主现在就业状况是_____。

1. 就业（包括务农、开商店、离退休后再就业等）

2. 退休

3. 没到退休年龄但是不工作（包括家庭主妇、产假、生病在家等）

B9. 家中户主现在的户口性质是_____。

1. 农业户口   2. 非农户口   3. 居民户口

4. 其他（外籍等）

B10. （如果 B9 回答为居民户口，选做）改为居民户口时，家中户主的户口性质是_____。

1. 农业户口   2. 非农户口   3. 其他（外籍等）

B11. 家中户主从事什么职业（是干什么活赚钱的）？ _____

C 部分：家庭特征

C1. 家庭总共有多少人？ _____人

C2. 家庭中劳动力（年龄在 16～64 岁且在上班或者干活的人）人数为_____。

C3. 家庭中是否有人为村干部？

1. 是   2. 否

C4. 家庭中是否有人为中国共产党党员？

1. 是   2. 否

C5. 您家 2021 年的家庭总收入（可支配收入）为_____万元。

C6. 您家 2021 年的家庭总负债（欠的钱、贷款）为_____元。

C7. 您家拥有耕地面积_____亩。

C8. 2021 年末家庭拥有用于生产经营过程的房屋建筑物、机器设备、器具工具等资产价值多少？

1. 3 000 元以下　　2. 3 000~5 000 元　　3. 5 000~1 万元　　4. 1 万~3 万元

5. 3 万~5 万元　　6. 5 万~10 万元　　7. 10 万元及以上

C9. 您家 2021 年所有人总共的政府补助为＿＿＿＿＿＿元。

D 部分：人力资本特征

D1. 家中劳动力读了几年书？（受教育年限，有几位劳动力就填几个；如果您儿子或女儿是劳动力并且和您住在一起也算家中劳动力。）

劳动力 1：＿＿＿＿＿＿年

劳动力 2：＿＿＿＿＿＿年

劳动力 3：＿＿＿＿＿＿年

劳动力 4：＿＿＿＿＿＿年

劳动力 5：＿＿＿＿＿＿年

D2. 家中劳动力健康状况（请打钩"√"，有几位劳动力就打几个钩）：

劳动力 1：1. 非常不健康　2. 不健康　3. 一般　4. 健康　5. 非常健康

劳动力 2：1. 非常不健康　2. 不健康　3. 一般　4. 健康　5. 非常健康

劳动力 3：1. 非常不健康　2. 不健康　3. 一般　4. 健康　5. 非常健康

劳动力 4：1. 非常不健康　2. 不健康　3. 一般　4. 健康　5. 非常健康

劳动力 5：1. 非常不健康　2. 不健康　3. 一般　4. 健康　5. 非常健康

D3. 家中有多少劳动力接受过职业教育/技术培训？＿＿＿＿＿＿人

D4. 家中有多少人曾经外出从业过（包括现在正在外出从业）？＿＿＿＿＿＿人

E 部分：退耕还林相关

E1. 您家是否参加过退耕还林还草项目？（如果为否请直接跳到 F 部分回答问题）

1. 是　　　　　　2. 否

E2. 您家参加退耕还林还草项目的开始年份是＿＿＿＿＿＿年（四位数）。

E3. 您家参加退耕还林还草项目的土地总面积是（从起始年份到 2021 年末）＿＿＿＿＿＿亩（如果忘记或不知道可以不填）。

E4. 您家 2021 年收到的退耕还林补助为＿＿＿＿＿＿元。

E5. 您对退耕还林补助满意程度是？

1. 非常满意　　　　2. 满意　　　　　　3. 一般　　　　　4. 不满意

5. 非常不满意

E6. 您家是否因参与退耕还林而享有免费技术培训或指导？

1. 是　　　　　　2. 否

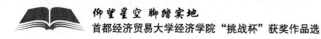
E7. 退耕还林是否促使你增加对自己教育或培训投资？

1. 是   2. 否

E8. 退耕还林是否促使你增加对儿女的教育投资？

1. 是   2. 否

E9. 退耕还林之后您家是否更加重视家庭成员的健康状况？

1. 是   2. 否

F 部分：主观问题

F1. 考虑到生活的各个方面，您觉得幸福吗？

1. 非常幸福   2. 比较幸福   3. 一般   4. 不太幸福

5. 很不幸福   6. 不知道

F2.（参加退耕还林的无须填此空）您不参加退耕还林的原因是：_____。

附录 B

回归结果

表 B1　教育和技术培训中介效应回归结果（包含控制变量）

变量	(1) lnfincome	(2) aledu	(3) lnfincome	(4) lnfincome	(5) altrain	(6) lnfincome
du	−0.201 3 **	−1.211 8 **	−0.165 4	−0.201 3 **	−0.017 5	−0.237 1 **
	(−2.06)	(−2.59)	(−1.59)	(−2.06)	(−0.30)	(−2.17)
aledu			0.066 7 ***			
			(5.08)			
altrain						0.367 7 ***
						(3.15)
htrain	0.290 9 ***	1.549 3 ***	0.187 3 *	0.290 9 ***	0.387 7 ***	0.143 0
	(2.98)	(3.44)	(1.86)	(2.98)	(6.91)	(1.24)
houtwork	0.102 5	0.100 0	0.116 7	0.102 5	0.065 3	0.117 2
	(1.27)	(0.26)	(1.41)	(1.27)	(1.39)	(1.32)
hsib	0.029 4	0.151 3	0.000 6	0.029 4	−0.002 2	0.008 2
	(1.40)	(1.56)	(0.03)	(1.40)	(−0.18)	(0.36)
fscale	0.182 7 ***	0.494 4 ***	0.150 0 ***	0.182 7 ***	−0.002 5	0.190 5 ***
	(7.20)	(4.10)	(5.45)	(7.20)	(−0.15)	(6.20)
labor_rate	0.779 3 ***	0.704 0	0.662 8 ***	0.779 3 ***	−0.190 3	0.839 9 ***
	(5.33)	(0.87)	(3.75)	(5.33)	(−1.60)	(3.73)
lnland	−0.118 8 **	−0.353 1 *	−0.073 9	−0.118 8 **	−0.017 8	−0.088 7 *
	(−2.54)	(−1.68)	(−1.59)	(−2.54)	(−0.69)	(−1.82)
fparty	0.263 5 ***	1.238 9 ***	0.184 7 *	0.263 5 ***	0.104 0 *	0.229 6 **
	(2.61)	(2.61)	(1.76)	(2.61)	(1.77)	(2.06)
lndistance	−0.119 2 **	−1.004 9 ***	−0.069 9	−0.119 2 **	−0.122 5 ***	−0.097 5
	(−2.28)	(−4.08)	(−1.25)	(−2.28)	(−4.00)	(−1.63)
_cons	9.910 4 ***	10.127 5 ***	9.411 1 ***	9.910 4 ***	0.802 2 ***	9.746 6 ***
	(46.62)	(9.30)	(34.25)	(46.62)	(5.16)	(31.62)

续表

变量	(1) lnfincome	(2) aledu	(3) lnfincome	(4) lnfincome	(5) altrain	(6) lnfincome
样本量	335	285	281	335	269	266
R^2	0.300 4	0.226 7	0.329 8	0.300 4	0.263 8	0.282 5
F 统计量	15.50 ***	8.96 ***	13.29 ***	15.50 ***	10.31 ***	10.04 ***

表 B2　稳健性检验（包含控制变量）

变量	(1) lnfincome	(2) aledu	(3) lnfincome	(4) lnfincome	(5) aledu	(6) lnfincome
du	-0.204 1 *	-1.143 5 **	-0.157 1	-0.247 4 **	-1.164 5 **	-0.170 2
	(-1.89)	(-2.22)	(-1.36)	(-2.22)	(-2.48)	(-1.60)
aledu			0.065 4 ***			0.069 9 ***
			(4.52)			(5.03)
htrain	0.270 6 **	1.378 1 ***	0.170 5	0.302 6 ***	1.412 6 ***	0.186 9 *
	(2.56)	(2.85)	(1.56)	(2.81)	(3.11)	(1.80)
houtwork	0.107 3	0.203 3	0.106 1	0.126 1	0.129 0	0.133 0
	(1.25)	(0.51)	(1.20)	(1.41)	(0.34)	(1.56)
hsib	0.026 0	0.043 0	-0.000 1	0.008 2	0.134 1	-0.002 1
	(1.13)	(0.41)	(-0.01)	(0.35)	(1.37)	(-0.09)
fscale	0.178 9 ***	0.501 5 ***	0.143 1 ***	0.185 9 ***	0.289 4 **	0.161 2 ***
	(6.55)	(3.91)	(4.81)	(5.93)	(2.20)	(5.36)
labor_rate	0.785 2 ***	0.973 2	0.625 9 ***	0.744 3 ***	-1.122 1	0.775 3 ***
	(5.03)	(1.15)	(3.30)	(3.29)	(-1.17)	(3.62)
lnland	-0.114 5 **	-0.229 6	-0.078 3	-0.089 3 *	-0.364 2 *	-0.065 3
	(-2.30)	(-1.03)	(-1.58)	(-1.80)	(-1.74)	(-1.38)
fparty	0.232 5 **	1.343 3 ***	0.137 4	0.284 8 **	1.424 4 ***	0.163 0
	(2.11)	(2.62)	(1.19)	(2.53)	(3.01)	(1.51)
lndistance	-0.139 8 **	-1.218 8 ***	-0.077 3	-0.132 1 **	-1.136 9 ***	-0.069 8
	(-2.44)	(-4.51)	(-1.23)	(-2.25)	(-4.59)	(-1.20)
_cons	10.003 1 ***	10.826 5 ***	9.518 5 ***	10.016 6 ***	12.557 8 ***	9.269 2 ***
	(43.62)	(9.22)	(31.07)	(33.54)	(9.87)	(27.67)
样本量	292	245	243	270	270	267
R^2	0.296 8	0.264 2	0.320 4	0.247 7	0.229 9	0.319 1
F 统计量	13.23 ***	9.38 ***	10.94 ***	9.51 ***	8.62 ***	11.99 ***

表 B3　异质性分析估计结果（包含控制变量）

变量	（1） 户主年龄<55 岁	（2） 户主年龄≥55 岁	（3） 退耕户	（4） 非退耕户
du	0. 089 3	−0. 227 6*		
	(0. 49)	(−1. 90)		
lnaledu			0. 292 2*	0. 814 2***
			(1. 79)	(3. 84)
htrain	0. 431 1**	0. 088 1	0. 097 3	0. 315 2*
	(2. 55)	(0. 71)	(0. 73)	(1. 90)
houtwork	0. 096 3	0. 112 2	0. 119 5	0. 113 0
	(0. 65)	(1. 16)	(1. 19)	(0. 66)
hsib	−0. 050 1	0. 063 7**	0. 023 0	−0. 008 5
	(−1. 13)	(2. 58)	(0. 84)	(−0. 22)
fscale	0. 094 0	0. 194 8***	0. 149 8***	0. 171 9***
	(1. 27)	(7. 06)	(4. 32)	(3. 36)
labor_rate	0. 786 9**	0. 642 1***	0. 640 3**	0. 674 0**
	(2. 53)	(3. 62)	(2. 44)	(2. 43)
lnland	−0. 236 7***	−0. 069 2	−0. 030 1	−0. 151 3**
	(−2. 75)	(−1. 24)	(−0. 41)	(−2. 29)
fparty	0. 028 8	0. 325 7***	0. 329 4**	−0. 026 3
	(0. 15)	(2. 72)	(2. 31)	(−0. 15)
lndistance	−0. 224 2**	−0. 081 7	−0. 061 6	−0. 128 0
	(−2. 43)	(−1. 26)	(−0. 75)	(−1. 43)
_cons	10. 871 5***	9. 626 7***	9. 052 6***	8. 456 5***
	(22. 31)	(38. 43)	(16. 93)	(13. 39)
样本量	105	230	154	113
R^2	0. 336 9	0. 320 5	0. 241 0	0. 395 3
F 统计量	5. 36***	11. 53***	5. 08***	7. 48***

百年光辉历程中的小村落

——探寻北京市昌平区延寿镇百合村的红色基因

作者：张新旭、王茜雨、杨莹、李水清、叶涵

指导老师：谷军、孙晨

获奖情况：第十七届"挑战杯"全国大学生课外学术科技作品竞赛红色专
项活动二等奖

摘要：为帮助家乡挖掘红色基因，打开红色村落传承红色基因和弘扬红色精
神的新思路，本次调研以北京市昌平区延寿镇百合村为调研地点，采用线上与线
下相结合的方式，线下开展人物访谈法和实地调研法，线上运用文献分析法和问
卷调查法。通过接受红色教育共同了解百合村的红色历史，倾听百合村的红色故
事，并在实践的过程中感悟中国共产党带领百合人民走向胜利的光辉历程；进一
步总结百合村的红色基因，即"爱党报国、百折不屈、薪火相传"的百合精神；
针对百合村现状提出了及时访谈、发挥村史馆教育价值、红色旅游规划等可实施
建议传承红色基因，弘扬红色精神。

关键词：百合村；红色基因；百合精神

一、调研的基本情况

（一）调研背景

2021 年，喜逢伟大的中国共产党成立 100 周年。在百年光辉历程中，红色基
因是中国共产党的精神内核，更是中华民族代代相传的精神纽带。红色基因孕育
了无数永垂不朽的红色精神，鼓舞着一代又一代中华儿女为实现中华民族的伟大

复兴而坚持梦想、勇往直前。为了感受党的光辉历史和宝贵精神，响应共青团中央和竞赛组委会的号召，我们利用假期返乡通过社会实践接受红色教育，深入探寻百合村革命根据地的红色基因，并向广大青少年弘扬百合村鲜有人知的红色精神，共同感悟红色精神对当代的影响和价值。与此同时，进一步针对百合村提出传承红色基因和弘扬红色精神的可实施建议，使其兼具红色村落传承红色基因和弘扬红色精神的个性与共性。

（二）调研内容与调研对象

1. 调研内容

在深入了解百合村村情与红色人物的基础上，探寻百合村的红色基因。由于红色基因的传承主要体现为红色精神的传承，因为我们利用假期熟悉家乡红色历史，重走家乡红色足迹，追溯家乡红色记忆，采访家乡红色人物，倾听家乡红色故事，了解家乡红色事迹，深入挖掘百合村的红色精神，探寻百合村的红色基因。同时，在调研的过程中找到百合村根据地的亮点，以及目前百合村传承红色基因和弘扬红色精神所面临的现实问题。

2. 调研对象

（1）调研地点是百合村革命根据地。本小组的调研地点是北京市昌平区延寿镇的百合村，百合村在党的领导下做出了卓越贡献，有诸多党的地下组织和政府机关，是名副其实的红色革命根据地。本小组重点对百合村村史博物馆、北大梁消息树、秘密会议室和卫生处四个景点进行重点调研。

（2）访谈对象为百合村红色人物：

李宗元，男，88岁，1950年加入中国共产党。

王秀兰，女，87岁，1972年加入中国共产党。

焦保坤，男，89岁，1962年加入中国共产党。

徐淑兰，女，88岁，烈士家属和党员家属。

徐有刚，男，42岁，中共党员，百合村现任党支部书记、村民主任。

（3）问卷对象是百合村中的中共党员。

（三）调研方法

本次调研应用的调研方法有实地调研法、人物访谈法、文献分析法和问卷调研法。

实地调研法是在实地通过观察获得对于百合村红色景点直接且生动的感性认识，对选取的百合村红色景点进行重点调研。人物访谈法是通过对百合村党支部书记和革命老人进行面对面的交谈，了解革命历史和百合村的发展历程。文献分析法是通过线上查找相关文献，对百合村的村情和发展进行全面了解和分析。问卷调查法就是通过有针对性地发放问卷，了解被调查对象对于百合村红色基因传承的真实感受。

以上方法的综合应用从一定程度上排除了偶然性偏差和主观因素的影响，使我们的结论和建议具有可靠性，有精度、有温度。

（四）调研意义

1. 理论意义

（1）本次调研系统地总结和阐述了百合村的红色精神，对当代人具有一定的教育意义和学习价值。

（2）通过问卷调查、人物访谈等方法，研究了目前百合村传承红色基因和弘扬红色精神所面临的问题，并为实行相关措施提出合理建议。

（3）从一定程度上打开了红色村落传承红色基因和弘扬红色精神的新思路，也为未来相关研究的问题探讨提供借鉴经验。

2. 实践意义

（1）在中国共产党建党百年之际，深入有革命根据地背景的农村调研，有助于我们深入理解党的历史，坚定党的领导。

（2）借鉴其他红色村落的成功经验，打破了从政策实施者的角度关注乡村红色基因传承和红色精神弘扬的局限性，从大学生的视角，探讨其问题所在，使调研成果更易被青少年普遍认可，具有长远意义。

二、百合村村情分析和调研的创新

（一）百合村的村情

1. 百合村基本情况

百合村是北京市昌平区延寿镇的附属村，位于北京天安门正北方的中轴线上，村域面积 10.2 平方公里。目前百合村共计 479 户，866 人。百合村党支部成立于 1943 年，全村现有 77 个中共党员。

2. 百合村根据地的由来

1937 年，中国共产党开辟红色区域。1940 年，中国共产党再次开辟北平抗日根据地，1940 年 1 月 5 日，建立昌（平）延（庆）联合县抗日民主政权。百合村隶属昌延联合县，由于地处昌平、怀柔、顺义三个区的交界处，再加上地势高，便于隐蔽的独特优势，成为京北革命根据地。三县县委县长崔兆华等曾在这里主持工作。百合村有诸多党的地下组织，很多政府机关都设在这里，包括三个县的公安局、晋察冀军区热西司令部的供给处、军需处、卫生处、机械修枪所等。因此，百合村是名副其实的革命根据地。

3. 百合村红色事迹

在党的领导下，百合村组织起人民武装（民兵自卫队），对外防范，对内除奸。李宗仁、李宗正等先后担任过民兵队长，权浩士任指导员，徐茂旺曾担任农会主席，王桂芝、徐淑珍等担任过妇女救国会主任。男同志送公粮、抬担架，女同志做军鞋，救治伤病员。曾担任过儿童团团长的李宗民也组织儿童团配合民兵站岗放哨，送情报。

解放战争时期，百合村民兵在指导员权浩士和队长李宗仁的亲自指挥下，巧妙地俘虏国民党侦察兵 8 名，另缴获 8 匹马和全部美式武器。1949 年二月初一，不足 30 人的百合村民兵集中火力堵截国民党溃军 1 个团的兵力，时间长达两个多小时，为我部队全歼顽敌赢得了时间。

（二）调研的主要问题

（1）百合村红色精神的具体内容。

（2）如何传承百合村的红色基因，如何弘扬百合村的红色精神。

（3）目前百合村传承红色基因和弘扬红色精神的现实问题。

（4）解决该问题的合理建议。

（三）本次调研的创新

1. 调研视角新颖

本小组从公众不太注意的、鲜有耳闻的红色村落的历史入手，调研和感知红色基因，不仅让更多的人关注百合村的红色基因，而且关注自身周边区域未被挖掘的红色基因。

2. 挖掘新的红色精神，保护乡村红色文化

百合村的红色精神并没有前人总结分析过。不同于在已经普遍熟知的井冈山精神、北大荒精神、长征精神等红色精神上深入研究，我们的研究具有一定的开创性。同时，本次调研有助于保护乡村的红色文化，让其不被历史的长河淹没，而是清晰地浮出"水面"。

3. 建议兼具独特性和普适性

在建议适用于百合村村情的同时，对其他有相似红色文化的乡村发展具有一定的借鉴意义和学习价值。

三、调研情况和研究的问题

（一）调研日志

本次调研始于 2021 年 2 月 10 日，止于 2021 年 2 月 25 日，共计 16 天。小组调研的全过程可分为四个阶段，见图 1。各阶段涉及小组成员：张新旭、王茜雨、杨莹、李水清、叶涵。

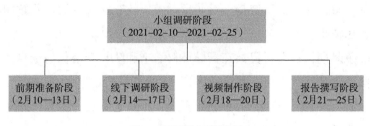

图 1 调研的四个阶段

1. 前期准备阶段

在完成组队和确认调研选题后，我们于线上召开腾讯会议，分配每位成员工作内容，设计调研思路，计划每日调研安排。讨论后询问指导老师对调研计划的建议并及时作出调整。组长通过与百合村党支部书记及家中老人的沟通，确认进行访谈的对象，并通过电话和微信提前与所有访谈对象约定具体的访谈时间。

2. 线下调研阶段

在线下调研阶段的前三天，组长在线下依次访谈了老人王秀兰、李宗元、焦保坤、徐淑兰以及书记徐有刚，并拍摄记录访谈的全过程。每日的访谈结束后，小组在线上共同观看访谈视频，接受红色教育，整理当日访谈内容。通过老人们和书记的经历讲述，提炼出红色人物的精神和内涵，同时梳理老人们的精神与百合村红色精神的关系。在线下调研阶段的最后一天，组长考察了北大梁消息树、村史博物馆、秘密会议室、卫生处、机械修枪所等百合村红色景点，拍摄视频和照片；其他成员共同收集和整理红色景点的历史事迹；小组通过线上讨论的方式总结出百合村的红色精神即百合精神。

3. 视频制作阶段

在构思视频画面后由组长编写和录制画外音，部分成员参与了制作百合精神动画和撰写局部画外音。在组长剪辑完初版短视频后，其他成员提出修改意见，在组长不断完善短视频的过程中，其他成员开始筹备下一阶段的详细计划和工作。

4. 报告撰写阶段

小组通过线上讨论设计调研报告的大纲和字数分布，并设计出调查问卷的具体题目，询问指导老师对于视频和调研报告大纲的修改意见。给百合村的党员发放调查问卷后统计相关数据，我们反思调研过程并开始正式撰写调研报告，结合文献分析讨论调研结论，并不断补充和完善调研报告。

（二）调研内容及分析

1. 深度访谈百合村红色人物

（1）老一辈红色人物。

● 经历概述。1950 年，18 岁的李宗元因表现优秀被百合村党支部推荐入党。1954 年 10 月 31 日，我国开始试行义务兵役制，李宗元于 1955 年 3 月应征入伍，是新中国成立后的第一批义务兵。王秀兰的娘家在抗战时期是党的接济住所，被日寇烧过七次。解放战争时期，王秀兰的婆家成为临时办事处和修枪所，始终支持着党的工作和事业。焦保坤、徐淑兰和她的丈夫李宗民都是百合村儿童团最初的骨干，同为百合村第一批共青团团员。

● 个人精神。自从新的党徽分发给个人之后，李宗元坚持每日佩戴。他始终铭记共产党员的身份，一直秉持革命理想高于天的信仰。这是一种仪式感，更是不忘初心的坚守。在动荡的年代里，王秀兰一家听党话、跟党走的决心未改变分毫，她曾担任妇联主任，主动承担并组织部队后勤保障，开展照顾伤病员、做饭、缝补衣物等工作。焦保坤老人 60 余年党龄，一生信念坚定、卓绝奋斗。徐淑兰的丈夫曾任儿童团团长，在给党送信的途中遇到狼，凭借自己的机智勇敢化解危机，成功传达重要情报。

● 家族传承。徐淑兰的后人也深受夫妻二人的影响，比如成为人民教师的女儿和孙女积极加入党组织。焦保坤夫妇讲述了全家三代人中有 9 位党员，孩子们有人成为律师或从事党政工作，还有考入清华大学学习的孙女。红色基因是这个家族的至宝，一代传一代，一代胜一代。

（2）当代红色人物。作为受访者中最年轻的一位，现任百合村党支部书记徐有刚一直致力于家乡的建设和发展。他在访谈中表示，深受百合村老一辈人艰苦奋斗、不屈不挠精神的鼓舞，于 2007 年开始收集和整理百合村的红色历史，也是百合村村史博物馆的主要创办人之一。他希望百合村的红色事迹能被更多人知道并了解，在新时代教育和激励更多的年轻人。

2. 实地考察百合村红色景点

（1）百合村村史博物馆。百合村村史博物馆建于 2015 年 5 月，于 2015 年 12 月建成完工。村史馆分为革命馆和民俗馆。革命馆记录了百合村及附近村落的抗战历史，介绍了延寿镇的红色人物，馆内陈列展出了战争时期的八路军军服、枪炮、生活用品等。村史博物馆是我们调研过程中了解百合村红色历史的最主要途径。

（2）百合村红色遗址。北大梁消息树位于村北 1.25 公里的西侧，地势险要，居高临下，海拔 600 多米，能观察到九渡河、南北庄、黑山寨一带。当发现敌情时放倒此树；在另一个制高点（岭东梁）看到后也发出消息，将树放倒，军民看到后就能够迅速转移，因此多次避免了重大损失。民兵昼夜轮流站岗放哨，埋设地雷。民兵张井义、权海平等人多次埋过地雷，使日本军队多次半路撤回。秘密会议室与晋察冀军区热西司令部的供给处同属一处。秘密会议室所在的二层小楼位置隐蔽，便于撤退。在抗日战争和解放战争时期，民兵组织在党组织的领导下，常在此开会、布置任务、研究对敌策略。卫生处是救助八路军、解放军伤病员的后方医院，新中国成立前为四合院，现在只剩下东、西两房。

3. 问卷调查百合村现实情况

（1）调查对象。理论调查对象为百合村的 77 位中共党员，实际调查对象为填写问卷的百合村 37 位中共党员。被调查者来自不同的年龄层（第 1 题），有 59.46% 的百合村党员正处于 40~50 岁（包括 50 岁），是人数最多的年龄层，也是目前作为百合村中流砥柱的一代人（见图 2）。

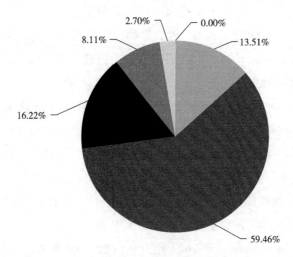

2.70%　　0.00%
8.11%　　13.51%
16.22%
59.46%

■ 30岁及以下　■ 31~40岁　■ 41~50岁　■ 51~60岁　■ 61~70岁　■ 71岁及以上

图 2　百合村党员年龄分布

（2）调查数据分析。调查问卷主要调查百合村党员的五个方面：对于百合村红色历史的了解程度（第2~4题），对后代传承的影响程度（第5题、第9题），百合村传承红色基因面临的问题（第6题），百合村红色精神的相关问题（第7题、第8题），对未来一代人的厚望（第10题）。

第2题至第4题旨在了解百合村党员对红色景点和红色历史的熟悉情况。第2题列出的百合村红色景点里，被调查的百合村党员均知道百合村村史馆，由第3题结果可知有89.19%的党员参观过北大梁消息树，说明对于景点的了解与是否参观过有较大的关系。北大梁消息树是党员们第二熟悉的景点，而知道其他三个景点的党员约占50%左右（见图3）。至于第4题，所有党员均知道本村的红色历史和红色事迹，但是能做到宣传的党员只占到35.14%（见图4）。

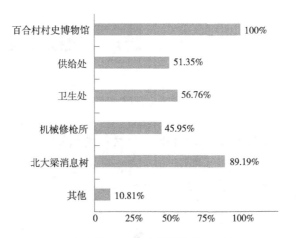

图3 知道各红色景点的百合村党员比例

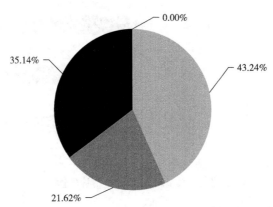

图4 百合村党员对本村红色历史的了解程度

　　调查发现，认为目前记录和讲述百合村红色故事遇到的问题是老一辈人相继离世的党员约占 83.78%，认为由于红色遗址的保护力度不够的党员占比约 75.68%（图5）。这说明大部分被调查者认为社会要照顾好老革命家，及时记录和传承红色故事；政府还应着力于建立红色遗址保护政策，带动更多人加入行动中。

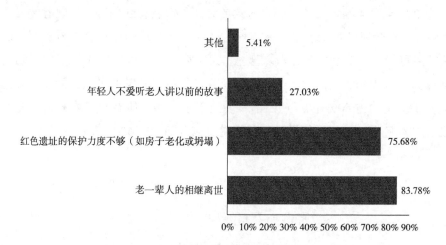

图5　百合村传承红色精神所遇到的问题

　　认为可依靠大力发展红色旅游和网络平台传播来发扬百合村红色精神的党员分别占比 91.89% 和 81.08%（见图6）。这说明百合精神的传播要与时俱进，积极合理地利用新兴网络平台，不断扩大影响力。

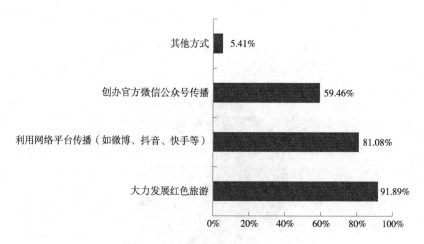

图6　发扬百合村红色精神的途径

　　调查问卷的第7题向百合村党员调查了对三个红色精神的认可度，"爱党报国"精神以 100% 的党员认可度成为最主要的百合精神（见图7）。

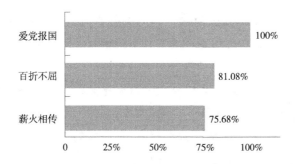

图7　认可度最高的百合村红色精神

在调查问卷的第 10 题，我们向百合村党员开放提问希望下一代人具备什么精神特征，填写问卷的 37 位党员说出了他们对百合村下一辈人的期望和寄语，回答中出现次数最多的关键词有传承发扬、爱党爱国、奋斗拼搏、不忘初心等词语。其中，代表"薪火相传"精神的相关词汇"继承""传承""保持""铭记"等出现次数最多，共计出现 20 次，占所有回答的 54.05%。这不仅反映了他们对老一辈革命者的崇高敬意，也说明了百合精神中的"薪火相传"深深烙印在每位百合村共产党人的心中，同时希望下一代人能够将百合精神代代相传。

（三）调研中的困难及难点

由于老一辈人的相继离世，我们在采访对象的选择上受到一定的限制。此外，老人们部分记忆已经模糊，我们综合了几位老人的说明和百合村其他村民的描述才完善所述事件的全部经过。未被破坏的红色遗址久经风霜，八路军在此工作生活的痕迹也难以再寻。农村 70 岁以上老人对于手机和微信的普及度要低于城市 70 岁以上老人，由于缺少该年龄层的有效数据，导致了调查问卷部分问题的数据分析产生一定误差。

（四）调研的结论

1. 百合村的红色基因是百合精神

通过本次调研，将百合村的红色精神即百合精神总结为"爱党报国、百折不屈、薪火相传"。

（1）爱党报国。作为京北革命根据地之一，百合村根据地在抗日战争和解放战争时期一直在中国共产党的领导下坚持山地游击战，联合统一战线，团结一心，同仇敌忾，谱写了一幕幕保家卫国的抗战序曲。独有的红色历史造就百合村爱党报国的红色精神，一辈辈人才坚守岗位，积极进取。变的是时代，不变的是百合村人民的爱党情怀和报国之心。

（2）百折不屈。住房几次被烧、抗战资源匮乏、情报传递员被抓……面对每一次艰难处境，百合村村民在党的带领下迎难而上，一次次化险为夷。逢山开路、遇河架桥的百折不屈的精神横跨了近一个世纪。以现任党支部书记徐有刚为首的百合村党支部、村委会，正在努力尝试乡村振兴的新思路、新道路，以百折不屈的精神面对每个困难的出现。

（3）薪火相传。时光荏苒，百合村军民百折不屈、勇于奉献的红色精神依然激励着后辈。在新时代，红色基因依然奔腾在每个百合儿女的血脉里，薪火相传，主要体现在百合村党员后代政治面貌和先进思想的传承，百合村青年在抗击疫情和建设国家方面的奉献精神。在疫情防控阻击战中，众多百合村青年纷纷贡献自己的力量，或支援核酸检测工作，或捐献物资，等等；在建设家乡方面，以徐有刚书记为首的青年人辞去外面的工作，建设家乡，寻找家乡发展的新方法。

2. 百合村传承红色基因和弘扬红色精神所遇问题

（1）传承红色基因方面。一是亲历百合村红色历史的老一辈人相继离世。截至 2020 年初，百合村 1949 年前出生的老党员仅存 8 位；截至 2021 年初，百合村 1949 年前出生的老党员仅存 6 位。二是部分年轻人不愿意听老人叙述红色往事。在访谈王秀兰老人的过程中，当询问起王秀兰老人是否给孙子孙女讲过战争时期的经历，王秀兰老人不假思索地回答："他们都不爱听，跟我说，您讲的那些事情都过去了。"对于百合村的青少年来讲，通过老人的直接讲述来接受红色教育存在一定的抵触心理。

（2）弘扬红色精神方面。一是百合村村史馆的教育应用频率低。百合村村史馆于 2015 年 11 月成为党员教育实训基地和青少年教育基地。截至目前，除了村内的教育活动常在此开展，鲜有村外的参观者和浏览者。二是没有固定的媒体平台传播百合村的红色历史和红色精神。百合村的红色历史曾被昌平区电视台和北京昌平的官方微信公众号报道过，简短的文章和几分钟时长的视频不足以真正让其红色精神深入人心。三是有意开展红色旅游，通过重走红色路线的方式能让大众更深地感悟百合精神，但目前暂无详细规划和具体旅游路线。

3. 针对百合村存在问题的建议

（1）传承红色基因方面。除了仅有的部分文献记载，百合村在战争年代红色事迹的完善，主要依靠亲历者的讲述做记录。因此，针对百合村的亲历者和了解者做及时访谈是有必要的。与此同时，可以让百合村的大中小学生加入百合村党员茶话会，以更加生动、有代入感的方式了解红色历史，传承红色基因。

（2）弘扬红色精神方面。要真正发挥百合村村史博物馆的教育价值。一方面，可以将村史博物馆作为附近学校课外社会实践学习的地点，例如百合村附近的下庄学校和黑山寨学校。创办微信公众号的短视频账号，在寒暑假期间发挥百合村广大学生的力量，融入青少年的想法和视角，定期发布百合村红色景点、红色故事等相关内容。

红色旅游可以借鉴其他地区的经验，比如，延庆区大庄科乡专门建立了"开放式红色体验基地"，项目为"红色征程"徒步行军线路和"粗茶淡饭"红色体验餐。百合村可以按行进路线串联起村史馆、供给处、修枪所和卫生处等红色景点，在景点内放置讲述故事的音响增强体验感，将红色体验餐和编成剧本的民兵抗战事迹融入红色旅游。

四、调研的收获与感悟

（一）对百合村红色精神的体验

只有亲身走访探寻，与"活历史"对话，才会深刻感悟红色精神蕴含的中国山河永不褪色的养分，感悟每个红色人物烙印在骨子里的赤胆忠心。

通过线下实践与线上学习，我们感受到每个老物件中的故事，注意到年岁已高的革命者们依然清澈的眼睛里对中国共产党的信任与忠诚。李宗元老人 70 余年党龄，几乎和新中国的年纪一般大；王秀兰奶奶始终支持着党的工作和事业；焦保坤老人全家都是党员；徐淑兰奶奶 10 岁成为百合村儿童团的副团长……当他们忆起往事，耄耋之年的老人们仍如数家珍。他们的话语里充满了对我们党今日如此之成就的骄傲与自豪，这些都是我们从文献中无法切身体会的。

在寻找消息树的线下实践过程中虽然少不了翻山越岭，但是仿佛置身故事中那个炮火硝烟的革命年代，看到了正在此处站岗值守的民兵组织和儿童团。当我们走进景点，感受到中国共产党红色历史的精神力量，我们在与历史对话中真正体会到了老一辈革命者的艰辛和不易。重走红色路线切中肯綮，聆听红色故事深受鼓舞。

（二）感悟红色精神对当代的影响和价值

1. 依托红色记忆，传承红色基因

红色基因奔腾在每个华夏儿女的血脉里，成为亘古不变的信仰与追求。红色基因内化在我们的生命里，伫立于我们的人格上。传承好红色基因，确保红色江山永不变色，是我们走向下一个胜利的法宝，需要我们在回首中铭记，在缅怀中传承。党的十八大以来，习近平总书记多次瞻仰革命历史纪念场所，缅怀革命先烈。他反复告诫全党同志，向全社会注入铭记历史、缅怀先烈的信念。只有铭记那段波澜壮阔的红色历史、红色记忆，才不至于导致红色文化的内容被虚夸、片面或极端化，不至于使红色精神的传播过程充满说教、脱离时代，使青年一代产生抵触心理。归根结底，依托于红色记忆的传承，才能使大众更好地理解红色基因的深刻内涵，更好地传承红色基因。

2. 坚持与时俱进，赋予时代养分

红色精神要与时俱进，把握时代脉搏，注重情景交融。每个时代都有每个时代的精神和价值观念。我们党在战争年代和建设年代孕育了诸多红色精神，红色精神的内容随着时代的发展需要不断增添新的元素，更加符合中国特色社会主义新时代的历史方位、时代任务、时代要求、时代挑战，将红色精神与实践结合，使其融入日常、植入心中。在实践中，传播红色文化也要尽可能采用生动活泼的形式争取大众的关注和理解，化解大众的抵触。此外，可以利用当代最流行的自媒体平台提供给大众接触红色文化的良好窗口，向更多人展现红色精神内涵，感知红色文化的魅力。总之，要利用与时俱进的传播手段，将红色精神传递给大众，促进红色基因的传承。

3. 坚持改革创新，弘扬红色精神

创新是红色基因得以赓续的根本动力，也是社会发展、时代任务、实践深化对红色文化的必然要求。可以通过调查研究的方式，引导广大青年深入调研百合村这种有红色历史的乡村，亲身体会红色文化的同时挖掘新的红色基因。弘扬红色精神最有效的方法之一是规划红色旅游，通过村史馆、供给处、卫生处、消息树等红色景点，让村民和游客回到当年的历史情境中感受红色历史，体会红色文化。作为祖国年轻一辈的建设者，新时代赋予我们实现中华民族伟大复兴的光荣使命。我们要积极运用创新的理念、手段，使红色基因结合时代元素，不断适应传播规律，以新形式、新话语传播红色基因，推动红色基因不断深入人心，让镌刻在骨子里的红色基因焕发出新时代的光芒！

作者简介：

张新旭，2019 级首经贸经济学院本科，曾获全国高校商业精英挑战赛流通业经营模拟竞赛全国总决赛二等奖等荣誉，现就职于北京市昌平区金融服务办公室下设事业单位科创金融促进中心；其他队员均为 2019 级首经贸其他学院本科生。

参考文献

[1] 付小清, 2009. 红色文化的传承价值探析 [D]. 南昌：江西师范大学.

[2] 洪芳, 王政, 褚凰羽, 2011. 红色文化传播中的受众研究 [J]. 新闻界 (2)：19-21.

[3] 胡枫, 张超, 2020. 红色文化在大学生中的传承创新研究 [J]. 法制与社会 (16)：249-250.

[4] 李海波, 2009. 论红色文化传播的价值和策略 [D]. 南昌：江西师范大学.

[5] 刘红梅, 2012. 红色旅游与红色文化传承研究 [D]. 湘潭：湘潭大学.

[6] 刘建平, 李双清, 2011. 红色文化传承的基本规律 [J]. 领导之友 (8)：4-6, 12.

[7] 孙晓飞, 2008. "红色文化" 的当代社会价值及其实现 [D]. 济南：山东大学.

[8] 王以第, 2006. "红色文化" 的价值及其实现 [D]. 济南：山东大学.

[9] 曾玉梅, 2018. 红色文化融入大学生爱国观教育研究 [D]. 上海：华东师范大学.

[10] 朱伟, 2014. 红色文化传播现状、问题与对策研究 [D]. 济南：山东大学.

走进川陕苏区，感悟革命情怀

——关于四川巴中红色精神传承与发展的调研报告

作者： 向珂汗、苏博、李傲、史佳璇、施苏娜

指导老师： 孙晨

获奖情况： 第十一届"挑战杯"首都大学生课外学术科技作品竞赛"红色
实践"专项赛二等奖

摘要： 第二次国内革命战争时期，以通江、南江、巴中、平昌等县为中心的川陕边区，以其独特优势，吸引了中国工农红军第四方面军从鄂豫皖转战来到这里创建新的根据地。红四方面军在川陕苏区两年多时间里，不断进行军事斗争，同步进行经济建设、政治建设、文化建设、社会建设，留下了丰厚的红色文化遗产。巴中作为川陕革命根据地的中心和首府，是革命的摇篮、红军的故乡，具有厚重的红军文化底蕴，革命文物总量及规模居红军时期各根据地之首，堪称"中国革命露天博物馆"。2021 年是中国共产党建立的 100 周年，100 年来，中国共产党一路栉风沐雨，步履艰辛但从未停歇。从建党到今天，中华民族几经风雨，多少个危难关头，是先烈们不畏牺牲，英勇斗争，实现了民族独立、人民解放，造就了如今强大的中国。在这个特殊的时代背景下，为探寻红色足迹，我们来到通江王坪烈士陵园、巴中将帅碑林、川陕根据地博物馆进行参观。

关键词： 红军；红色文化；川陕苏区

一、红四方面军历史概述

（一）成立之初

中国工农红军第四方面军，简称红四方面军，与红一方面军和红二方面军并

称为中国工农红军三大主力部队。自成立起，红四方面军立下战功无数，共计培养出 700 多位开国将领。土地革命时期，全国按照党的八七会议精神，开展中国式的"上山下湖"革命，其中在大别山区战斗、发展、壮大起来的成军建制的带"军"字番号的红军队伍有 11 支，而最为耀眼的就是红四方面军。红四方面军是党缔造的中国工农红军的极其重要的队伍，为中国革命事业建立了彪炳史册的不朽功勋。

红四方面军以鄂豫皖苏区部队为主力，是在党领导下仅次于中央苏区红军的军事力量。1931 年 11 月 7 日，为纪念十月革命 14 周年，红四军、红二十五军合编为中国工农红军第四方面军，在湖北省红安县（原黄安）七里坪镇西门外河滩上召开成立大会。徐向前任总指挥，陈昌浩任政治委员，刘士奇任政治部主任。下辖红四军（军领导由方面军总部兼任）和红二十五军（军长旷继勋、政治委员王平章），总兵力共 4.5 万人。这支英雄队伍从大别山打到大巴山、宝塔山，从祁连山转战太行山，书写了诸多传奇故事，铸就了不可磨灭的伟大精神。

从 1931 年 11 月至 1932 年 6 月，红四方面军先后组织黄安、商潢、苏家埠、潢光四大战役，以劣势兵力成建制歼敌 40 个团，约 6 万余人，成功击破国民党军第三次"围剿"，创造了避强击弱、包围迂回、围点打援等战法，丰富了红军的战略战术原则，逐步发展成为红军三大主力部队之一。红四方面军掌控下的鄂豫皖苏区由此进入鼎盛时期，成为仅次于中央苏区的全国第二大革命根据地。红四方面军的发展，不仅使鄂豫皖革命根据地的红军指挥更加统一，同时也标志着苏区红军进入一个快速发展阶段，为进行更大的运动战创造了有利条件。

（二）红军入川

1932 年 7 月开始，国民党以 30 万人的兵力，对鄂豫皖苏区发起"围剿"，这是第四次"围剿"战争的一部分。1932 年 10 月，由于张国焘轻敌和指挥失误，红四方面军主力红 10 师、11 师、12 师和 73 师相继在金寨燕子河会议、湖北黄柴畈会议作出战略转移的决议，即军部和方面军主力转战陕西、川东北。

1932 年 10 月，在鄂豫皖反第四次"围剿"失利后，红四方面军越过京汉线、血战漫川关、两越秦岭，12 月下旬翻越巴山天险，进入四川。12 月 18 日，占领川陕边陲重镇通江两河口，25 日解放通江，1933 年 1 月 18 日解放江口（今平昌县），23 日解放巴中，2 月 1 日解放南江。于 1933 年 2 月相继在通江召开第一次党员代表大会和川陕省第一次工农兵代表大会，成立中共川陕省委和川陕省苏维埃政府，以"通南巴"为中心的川陕革命根据地正式诞生。

1932 年 12 月，红四方面军在通江泥溪场，以总指挥部野战医院和红十师医院为基础成立了西北革命军事委员会总医院。由于战事频繁,总医院进行过五次迁移。1934年1月,为了配合粉碎四川军阀刘湘组织的"六路围攻",总医院从鹦哥嘴迁往通江以东的沙溪镇王坪村,此时的总医院规模达到最大,机构齐全,拥有工作人员3 000多人。

川陕苏维埃的各级政权组织迅速建立和发展,先后成立了西北革命军事委员会、中共川陕省委、川陕省苏维埃政府和2个道级、24个县(市)级、160个区级、990个乡级、4 300个村级苏维埃政权。其中,在通南巴平范围内,共建立了巴中特别市和1个道级苏维埃政府,10个县级苏维埃政府,占总数的42%,中心地位举足轻重。

在通南巴平,川陕苏区先后召开了四次党代会和三次省工农兵代表大会及大部分重要军事会议,制定和颁发了川陕苏区革命斗争的方针政策。川陕苏区的党政军首脑机关先后设在通江和巴州,重要的学校、医院、工厂等后勤保障机构均聚集于通江和巴州。川陕省委机关创办了十余种报刊,组建了宣传队、演出队、新剧团、錾子队,开展山头广播、阵地演出,錾刻红军标语。通南巴平人民不仅踊跃参加红军,还以实际行动拥军援军。两年多时间里,共投入运输力量100万人次,提供军粮15万吨。

1934年11月1日至9日,红四方面军在赤江县委驻地(今四川省通江县毛浴镇)召开了规模空前的党政工作会,到会代表800余人。这次会议对全军各部队军训时的训词进行了规范,统一为"智勇坚定,排难创新,团结奋斗,不胜不休",并庄严地举行了以"训词"为基本内容的军训宣誓,其基本精神是对全体指战员提出如下要求:有无产阶级的坚定性和自觉性,丰富的军事知识与战斗经验,学习无产阶级的一切聪明;勇于牺牲,吃苦耐劳,有百折不回的精神,在任何困难之下绝不动摇,为革命事业斗争到底;排除一切困难,创造新的局面和新的成果;在共产党的领导下,团结一心,共同奋斗,不实现工农民主的新中国誓不罢休。

1932年冬至1935年春,历经两年多时间,红四方面军在川北开辟以通江为首府的川陕革命根据地,相继组织了创建根据地的解放通南巴战役,巩固根据地的反田颂尧"三路围攻"战役,扩大根据地的仪南、营渠、宣达三次进攻战役,保卫根据地的粉碎刘湘"六路围攻"战役和策应中央红军长征的广昭、陕南及强渡嘉陵江战役。这些战役共计歼敌10万余人,沉重打击了国民党军阀的有生力量,取得了红四方面军战史上最辉煌的胜利。该根据地由此进入极盛时期,发展为纵横250多公里,拥有23个县市,600万人口,面积4.2万平方公里的红色区域。

二、调研实录——传承红色基因，践行初心使命

第二次国内革命战争时期，以通江、南江、巴中、平昌等县为中心的川陕边区，以其独特优势，吸引了中国工农红军第四方面军从鄂豫皖转战来到这里，创建新的根据地。经过近三年艰苦卓绝的斗争，根据地发展成为被毛泽东当时肯定的"中华苏维埃共和国的第二大区域，是扬子江南北两岸和中国南北两部间苏维埃革命发展的桥梁"；红四方面军也由入川时的 1.4 万人，增加到长征出发时的 10 万人，成为长征途中两度会师时人数最多、装备最好、对中央红军支持最大的红军部队。红四方面军在川陕苏区两年多时间里，不断进行军事斗争，同步进行经济建设、政治建设、文化建设、社会建设，留下了丰厚的红色文化遗产。

巴中作为川陕革命根据地的中心和首府，是革命的摇篮、红军的故乡，具有厚重的红军文化底蕴，革命文物总量及规模居红军时期各根据地之首，堪称"中国革命露天博物馆"。全市现有可移动文物 3 万余件，文物资料 2.6 万余件；不可移动红色文物 382 处，其中建筑遗址 141 处，石刻标语 104 处、354 幅，纪念设施和墓葬 41 处；全国革命文物保护单位 11 处，县级革命文物保护单位 111 处。同时，巴中还拥有全国规模最大的红军烈士陵园、最大的红军将帅碑林以及最大的红军石刻标语群。

（一）川陕根据地博物馆——巾帼须眉铸辉煌

川陕革命根据地博物馆现有馆藏文物资料 2 万余件。基本陈列"川陕革命根据地斗争史"，分 15 个单元，由 1 000 余件文物、400 余幅照片组成，全面反映了中国共产党领导下的红四方面军和川陕苏区人民创建、巩固和发展川陕革命根据地的光辉业绩。红军石刻园汇集了红军石刻标语文献精品，是研究红四方面军和川陕苏区历史的实物见证。川陕革命根据地博物馆在社会主义三大文明建设中，发挥着巨大作用。这些珍贵的历史文物生动地为现代人展现了当时川陕苏区的蓬勃发展和建设。

红四方面军入川两年多时间里，仅通南巴平四个县就有 12 万青年参加了红军，使红四方面军由入川时的 4 个师、1.4 万人，迅速发展壮大到 5 个军、10 万余人。除了踊跃参加红军主力部队外，120 万通南巴平人民还积极参加了雇工会、贫农团、少年先锋队、妇女生活改善会等群众团体，组织了游击队、袭击队、赤卫军等地方武装，2 万多人参加了各级苏维埃政府。获得解放的通南巴平妇女，立刻汇入革命洪流，参加各种革命组织的妇女多达 30 万名。尤其是一大

批优秀的青年妇女，毅然参加了红军队伍——中国工农红军第四方面军妇女独立团……在与川陕博物馆馆长的交谈中，她激动地为我们介绍了这支队伍。

红军到来前，川陕边的广大妇女一直过着苦不堪言的生活，深受神权、政权、族权、夫权的四大压迫，社会地位低下，劳动任务繁重，生活状况悲惨，处于社会的最底层，她们含辛茹苦伺候丈夫，充当生儿育女的工具。在当时的川北农村，很多妇女遭受公婆虐待，有的甚至被迫自尽，含冤而死，她们处于哀告无门、走投无路的悲惨境地。

红军来到川陕边后，迅速建立了土地辽阔的川陕苏区红色政权，颁布了很多保护妇女儿童的法律，比如婚姻条例明确提出"一夫一妻"制和婚姻自由，这让妇女受到了法律的保护。与此同时，以张琴秋为代表的几十名红军女战士开始在各种场合宣讲马克思主义和自由解放思想……于是，3万多名劳动妇女冲破层层阻力，走出家门，加入军队、医院、学校等领域开展工作，积极投身川陕苏区的党政、军政建设中。其中，2万多名妇女加入妇女独立营、独立团、独立师，8 000多名妇女过嘉陵江，1 300多名女战士参加西征。这些巴蜀女兵大多出身贫苦，以童养媳、乞丐、二丫鬟居多，最小者只有八九岁，多数十六七岁。有很多童养媳跑来参加红军，但是不久被夫家找回毒打，毒打后又偷偷跑来参加红军。

这些女战士具有非常高的革命热情和积极性，渴望自由和独立，有着顽强的精神和坚定的信念。在长达四年的岁月中，这支妇女武装组织先后战斗于大巴山区、嘉陵江畔、河西走廊、雪山草地，在与敌作战、发动群众、建党建政、战勤支援等方面发挥了独特而又重要的作用。

曾任红四方面军总政治部副主任的开国上将傅钟这样评价，诞生于川陕苏区的女兵队伍，是古今中外人数最多、信仰最坚定、理想最高、功勋卓著、命运最为凄凉、富有献身精神的唯一的英雄女兵队伍。徐向前在回忆录中表达了对妇女北上抗日先锋团的高度尊重，他说，我们的妇女独立团就是在与总部失去联系的情况下，遭敌重兵包围而全部损失的，她们临危不惧，血战到底，表现了中国妇女的巾帼英雄气概。川陕苏区的妇女为中国革命的胜利做出了重要的贡献，特别是在西城河西走廊的战斗中，在恶劣的自然环境和严酷的战争中，她们所表现出的意志坚定、不畏艰险、敢于斗争、不怕牺牲的崇高精神，是中华民族妇女时代精神的集中体现，谱写了中国工农斗争史和中国妇女解放史上光彩夺目的篇章。

(二) 川陕革命根据地红军烈士陵园——热血丹心映大地

川陕革命根据地红军烈士陵园，原名"红四方面军王坪红军烈士墓"，位于四川省通江县沙溪镇王坪村，距通江县城46公里。王坪村曾是中国工农红军第四方面军总医院所在地。1934 年 3 月，红四方面军将总医院迁到王坪，主要担负收治红四方面军伤病员的繁重任务。伤病员最多时达 3 000 人，因缺医少药、营养不良、伤势恶化而在医院光荣牺牲并安葬在医院附近的红军烈士达万余人，其中军、师、团职将领有 40 多人。1934 年 7 月，西北革命军事委员会决定在王坪修建烈士陵园，总医院政治部主任张琴秋题写了碑名，绘制了图案，同年冬落成。这是中国唯一一处红军为自己的烈士修建的陵园。陵园中红军烈士集墓安葬有红军 7 823 人，也是中国最大的红军烈士集墓。此陵园现为全国重点文物保护单位，2004 年被列入全国 100 个红色旅游经典景区，2009 年又被中央宣传部列为全国爱国主义教育示范基地；2011 年 9 月底，通江县又将分散于各地的 50 处，11 428 座，17 225 名红军烈士的散葬墓区全部迁入红军烈士陵园内。至此，阔别 70 多年的 17 225 名红军烈士，又重新回到了战友身边。陵园背靠大城寨，前临沙溪河，由"铁血丹心"广场、千秋大道、烈士陵园牌坊、英勇烈士墓、无名红军烈士纪念园、红军烈士纪念馆、红四方面军总医院旧址群、古堡大城寨、"赤化全川"石刻标语、王坪新村等部分组成，核心墓区及保护区现已扩至 1.2 平方公里。

2021 年 2 月 19 日，我们驱车至此。

初到陵园，背倚巍巍群山，耳听阵阵风涛，便觉中国革命的浩然正气和红军烈士的无畏精神与天地同存，与日月同辉。

在对工作人员和当地群众的采访中，我们得知，陵园建设的许多细微之处都是含有特定历史典故的。由中央美术学院设计、中国人民解放军成都军区援建的"铁血丹心"大型人物群雕塑，主雕长 19 米，宽 3.2 米，基座高 1.2 米，寓意 1932 年 12 月红军入川，高 7.8 米，表示陵园集墓中埋葬的 7 800 多名红军烈士，雕塑采用了坚硬而厚重的"中国红"花岗岩为主材，由 19 名红军将士组成，真实地再现了红军当年投身革命事业抛头颅、洒热血的英雄壮举。通往陵园核心墓区的中轴大道——千秋大道，全长 425 米，341 步青石梯步，记录着红四方面军总医院 1934 年 1 月正式迁驻王坪的时间。梯步最窄处 12 米、最宽处 35 米，"12"代表红四方面军 1932 年 12 月入川，"35"代表红四方面军 1935 年 3 月出川，取名"千秋大道"，寓意革命先烈开创的伟大事业千秋永固。英烈纪念广场中央的汉白玉主题雕塑，代表着川陕苏区的中心，也是由中央美院设计的。主雕高 17.225 米，是因为新迁来的红军烈士为 17 225 人，上刻"川陕忠魂"四个巨大的铜字，寓意是先烈们把"忠心"深埋泥土，与山川脉动！与主题雕塑遥相呼应的是英烈纪念墙，英烈纪念墙总长 102 米、高 5.9 米，如一张书页长长铺开，其上黑底白字刻录了来自 12 个省 49 个县共 7 823 名红军烈士和安息在集墓中烈士的姓名，其中有军职 9 人、师职 42 人、团职 152 人。

据工作人员介绍，园内核心区域原建有烈士纪念碑 1 座、红军烈士集墓 1 座、师团职烈士墓 40 座。"红四方面军英勇烈士之墓"碑矗立其间，格外庄严、肃穆、安静。1934 年 3 月，红四方面军总医院迁驻王坪村，当时因条件艰苦，环境恶劣，成千上万的红军伤病员因伤势过重、缺医少药，医治无效而光荣牺牲。最初将烈士一人一墓就地安葬，后来由于战事紧张牺牲的烈士越来越多，没有那么多棺材，就用地主家的楼板做成"匣子"（简易棺材）安葬，再后来只能采取软埋，一穴多人，挖大坑集中埋葬，就形成了偌大的红军烈士集墓。烈士墓碑由碑帽、碑体、碑座组成，烈士墓碑前有一张石供桌，两侧各安放着一门用石头雕琢的迫击炮。据一位守陵老人介绍，1935 年春红军北上后，以大地主王笃之为首的还乡团准备掘坟毁碑，当地群众得知后于深夜悄悄将墓碑深埋于地下得以保存。新中国成立后，中共通江县委、通江县人民政府将墓碑重新恢复。整个红军烈士纪念墓碑庄严雄伟，园内植满常青的松柏，纪念碑前摆满了参观人群敬献的花篮，人们纷纷向革命先烈致敬或肃立默哀，以深切缅怀为革命事业英勇献身的红军烈士。纪念碑后便是静谧的红军烈士集墓，集墓被人们向烈士敬献的素色菊花所覆盖，不断接受着人们对烈士满怀敬意的鞠躬。在陵园核心区后方，便是呈扇形分布、占地面积 10 万平方米的无名烈士墓区。墓区内安葬着来自通江 23 个乡镇 50 处散葬墓区中的 17 225 名无名红军烈士的遗骸，建有 17 225 座白色大理石墓碑，每座墓碑均由汉白玉制成，所有墓碑依山就势，成排成列，分 50 个区域安放，加上原陵园核心区集墓，陵园内现共有烈士 25 048 人。整个白色大理石墓群绵延远方，尤为壮观。

在烈士集墓旁，还有几座烈士墓碑。我看到了其中的一座——烈士旷继勋！工作人员对我们说，这是陵园里面军级最高的一位烈士了。他一生戎马、立功无数，终因政治原因被错杀。1937 年在延安批判张国焘的错误路线时，毛泽东指出："旷继勋同志是好同志，被张国焘错误迫害，应作烈士待遇。"中央追认旷继勋为烈士。旷继勋的一生虽然短暂，但他用青春和热血为人民的解放事业谱写了一曲壮丽的诗篇，可歌可泣。他的一生给我们留下了许多极其宝贵的精神财富，永远激励我们在革命和建设的道路上不断开拓前进。英烈忠魂，永垂不朽！

三、体会红色文化，感悟红军精神伟力

红色文化是中国共产党领导人民在革命、建设、改革进程中创造的，以中国

化马克思主义为核心的先进文化，蕴含着丰富的革命精神和厚重的历史文化内涵。中国的红色文化在中国革命和建设的各个历史阶段都发挥了难以估量的重大作用。因此，了解红色文化，有助于我们加深对国家革命历史文化的了解和传承。铭记历史，展望未来。在社会主义和谐社会的文化建设中，要重视红色文化的建设，充分发挥红色文化在党的建设、思想道德和经济建设等方面的独特作用。是历史的选择赋予了新时代更美好的未来，是历史的经验启迪引领着我们走向更辉煌的富强之路。

今天，战火已经熄灭，硝烟已经散去，青山见证了这里的辉煌，大地见证了这里的荣光，巴中大地上，红军革命遗址如同灿烂的星辰，熠熠生辉，永放光芒，红土地上的荣光永远镌刻在了历史的丰碑上，红色烙印深深地印在了人民的心中。

"智勇坚定，排难创新，团结奋斗，不胜不休"的十六字红军精神，精确地体现了红军当年在长期的革命斗争中所遵循的优良作风，揭示了红军从弱小到强大，阵势从星星之火到势如破竹的"秘诀"。这无疑是中华民族宝贵的精神财富，值得我们后人去琢磨、传承并根据时代特征践行应用，同时在实践中不断发展红军精神的内涵，让红军精神亘古绵延，永远闪耀着智慧的光芒。"智勇坚定"指的是勇敢的红军战士用先进的共产主义理论武装自己，具备坚定的信念，坚信正义终将胜利，坚信马克思主义的真理力量，以及在共产党的领导下必将取得革命斗争胜利的决心与信心。"排难创新"，即面对不断的曲折与挑战，红军将士始终在保持自立自强的基础上，发挥主观能动性，进行战略战术方面的开拓创新，将马克思主义原理与中国具体实际相结合。"团结奋斗"揭示了红军取得斗争胜利的一大原因，团结不只是军队中的上下一心，更强调与人民同心，走群众路线，紧紧依靠群众；人民群众在共产党的带领下，进行土地革命，参军参战，红军的路因而越走越宽阔。"不胜不休"彰显出红军参战的豪情壮志以及顽强拼搏的勇气，为了实现革命目标，推翻压迫人民的三座大山，哪怕要付出生命的代价，也要与敌人一战到底。

2020年6月，在中印边境加勒万峡谷，中印双方发生激烈的肢体冲突。面对印军的悍然挑衅，戍边将士们英勇奋战，与进犯的印军进行近身肉搏，誓死捍卫祖国的每一寸疆土，最终以一人重伤、4人牺牲的代价护住了祖国的尊严与领土主权。面对超过我方兵力数倍的印军，为了抢占有利地盘，团长祁发宝身先士卒冲到最前方，张开双臂，用一人之躯抵挡，却遭对方恶意用石块攻击，身负重伤。在等待增援部队时，营长陈红军、战士陈祥榕勇敢迎战，奋力反击；战士肖思远心怀战友安危，突围后义无反顾返回营地救战友；战士王焯冉不顾自身安危，在渡河途中拼尽全力救助冲散的战友……将士们的顽强抵抗为增援部队的到来赢得了宝贵时间，增援部队最终赶到，将印军一举击败，使其付出了沉重的代价。戍边英雄们怀着保卫祖国的坚定信念，用血肉之躯筑成了最坚强的界碑，守卫着祖国的尊严，他们是中华民族的荣光，值得国人永远铭记于心。这也体现出红军精神的延续与传承，将士们在冲突中互相帮助，共克难关，满怀着爱国热忱英勇战斗，直至将敌人击溃，不胜不休。

相较革命战争时期，如今国情变了，我们处在一个日新月异快速发展的时代。红军精神虽是革命时期的产物，却早已融入中华民族的血脉，成为中华文化不可分割的一部分，对当今社会有着深远持久的影响。红军精神作为爱国主义思想主题教育中的重要组成部分，有利于激发国人的爱国热忱，增强国民凝聚力。如今，国际形势风云诡谲，我国国情也日益复杂，继承和发扬红军精神，有利于坚定道路自信、文化自信，坚信中国特色社会主义制度之优越，方能不被局势迷眼，保持清晰的奋进方向；举国上下在以习近平同志为核心的党中央带领下，团结一致共克时艰，啃下了贫困这块硬骨头，夺取了脱贫攻坚战的胜利，红军精神中的"团结奋斗，不胜不休"在此也得到了进一步体现。

经过本次调研实践，我们深刻体会到了革命先烈的爱国精神和为国捐躯的意志，对红军精神有了更加深刻的认识和感悟，培养了责任担当意识和历史使命感，更加坚定了奉献社会、报效祖国的决心。战争的硝烟已逐渐消散在时间的长河里，但长眠于大地的每座丰碑都无不代表着一个曾经鲜活的生命，我们在享受国家和社会提供各种服务的同时，理应传承革命先烈艰苦奋斗的精神和高尚品德。革命先烈们用宝贵的生命呵护着新的政党，献身于伟大事业，在这片土地上挥洒热血，为了国家和人民，浴血奋战牺牲一切，作为青年的我们，又有什么理由不努力、不奋斗，为实现中华民族伟大复兴做出自己的贡献呢？

作者简介：

向珂汧，2019 级首经贸经济学院本科，现就读于首都经济贸易大学；苏博，2019 级首经贸经济学院本科，现就职工商银行北京分行；李傲，2019 级首经贸经济学院本科，现就读于首都经济贸易大学；史佳璇，2019 级首经贸经济学院本科，现就读于美国约翰霍普金斯大学；施苏娜，2019 级首经贸经济学院本科，在校期间曾获得国家奖学金、校长奖学金、北京市三好学生等荣誉，现就读于上海财经大学。

参考文献

［1］中国工农红军第四方面军战史编辑委员会．中国工农红军第四方面军战史［M］．北京：解放军出版社，1989.

［2］刘秉荣．中国工农红军全传：第十六卷［M］．北京：人民出版社，2007.

［3］刘秉荣．中国工农红军全传：第十七卷［M］．北京：人民出版社，2007.

党建促融合　家乡换新颜

——北京窦店的乡村振兴之路

作者： 史俊怡、吴迪、王雨琪

指导老师： 孙晨

获奖情况： 第十一届"挑战杯"首都大学生课外学术科技作品竞赛"红色实践"专项赛二等奖

摘要： 党的十九大报告正式提出了乡村振兴战略。加快农业现代化进程，成为帮助农村打赢脱贫攻坚战的重要战略。本文以北京市房山区窦店镇为研究对象，主要考察了其中发展较好的窦店村。首先，通过查阅相关资料，分析了窦店村结合自身条件形成的特色农业发展思路。其次，深入窦店村进行实地考察，参观农业产业示范园等场所，归纳总结了窦店村进行农业现代化改革的亮点和不足之处。乡村振兴指导方针为窦店村的乡村振兴之路提供了坚实的思想基础，窦店村坚持贯彻、积极落实，走出了自己独特的集体化路线；在农业现代化的过程中，坚持农业的科技化、商业化、开放化，使传统农业得到了进一步扩展，实现了农民增收。但窦店村在发展过程中仍存在交通不便、缺少宣传等问题，有待政府的进一步扶持。

关键词： 乡村振兴；集体经济；农业科技化；农业商业化；农业开放化

一、引言

近五年，我国农业现代化建设取得重大进展，乡村振兴实现良好开局。2021年2月21日，中共中央、国务院发布了中央一号文件《关于全面推进乡村振兴　加快农业农村现代化的意见》，再次聚焦"三农"。全面推进乡村振兴、加快农业农村现代化，是党中央作出的总体部署和有力推进。

窦店村所处的窦店镇是国家级农业产业强镇，农业人口多，耕地面积大，地理位置优越，在农业产业的发展潜力上具有显著优势。窦店村位于北京市房山区窦店镇区南部，常住人口约 1 万人，其中少数民族人口占全村人口的 1/3 以上，为特大型村庄，作为北京首批国家农村产业融合发展示范园，集合了农业方面最具有代表性的几个支柱产业。窦店村全面贯彻落实了党的十九大精神，积极进行农业现代化改革调整，逐渐生成了独特的管理思路，并在实践中取得了显著成效。在强镇的大环境下，窦店村成为农业现代化建设的典型范例，发挥了在窦店镇乃至北京的引领示范作用。

窦店村在农业方面的发展思路具有较大的借鉴意义，但以往对窦店村的研究多侧重于近几年发展迅猛的第二、第三产业，对农业具体发展情况的研究不尽翔实，大部分也集中在对农业某一分支的分析介绍，缺乏整体的农业发展思路总结。

因而本文选择深入窦店村的农业发展，通过了解党在农业振兴乡村方向上的指导思路，反观窦店村的农业发展，总结其发展中对党的思想落实，以及因地制宜产生的具有创新性的农业发展思路。除此以外，实地考察窦店村农业现代化的发展情况，感受窦店村贯彻指导思想后的建设成果，并对其农业改革进行整体调研分析，从而研究并提炼其农业现代化的思路和亮点，以及在发展过程中存在的不足，有助于进一步认识党的乡村振兴思路和我国农业现代化的进程，并尝试总结优秀经验，为农村的农业现代化发展建言献策。

二、党的农业振兴发展思路

（一）国家总体乡村振兴战略

"三农"问题一直是全党工作的重中之重，"民族要复兴，乡村必振兴"。党和国家高度重视农民的生产生活，把全面推进乡村振兴作为实现中华民族伟大复兴的一项重大任务，举全党全社会之力加快农业农村现代化，让广大农民过上更加美好的生活。

1. 乡村振兴"走"起来

2017 年，党的十九大报告将乡村振兴提升为国家战略，通过实施"三步走"的时间规划，力求到 2050 年实现新时代乡村全面振兴新篇章；2018 年，国务院印发《乡村振兴战略规划（2018—2022 年）》，从产业兴旺、生态宜居、乡风文明、治理有效、生活富裕五个方面入手，全面深化农村改革；2021 年，中央一号文件发布，这是21世纪以来第18个指导"三农"工作的中央一号文件，凸显了新发展阶段党中央对农村生产生活的高度重视。

在党和国家对"三农"问题的高度关注下，农村的生产生活正在发生巨大变化。近年来，农村人均可支配收入持续增长，生活日益改善。科学的种植模式和机械化的收割方式也使得粮食产量连年丰收，全国粮食总产量已连续多年保持在65 000万吨以上，涨势喜人（见图1）。

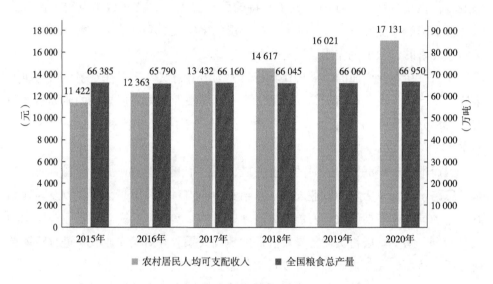

图1　农村居民人均可支配收入与全国粮食总产量

资料来源：国家统计局。

2. 党建品牌"亮"起来

"十三五"时期，农业建设取得重大进展，乡村振兴实现良好开局。农民收入的日益增加与粮食总产量的连年丰收，加速推进脱贫攻坚目标任务的如期完成。

"十四五"时期，是乘势而上开启全面建设社会主义现代化国家新征程、向第二个百年奋斗目标进军的第一个五年，社会主义现代化建设的重要突破点仍在乡村建设。从脱贫攻坚，消除绝对贫困和区域性整体贫困，现行标准下1亿多贫困人口全部脱贫，到乡村振兴，全面推进乡村产业、人才、文化、生态、组织振兴，力求到2025年农业农村现代化迈上新的台阶，仍然需要全党全社会的共同参与。

乡村振兴离不开上级政府的有力举措和政策支持，也离不开农村工作领导小组的积极推动和机构建设。上下贯通、精准施策，健全适合乡村特点的人才培养，需要加强党对乡村人才工作的领导；牵头抓总、统筹协调，强化基层组织建设和乡村治理，需要充分发挥农村党组织工作的领导；深入挖掘、推陈出新，加强乡村振兴宣传工作，需要全社会共同营造乡村振兴的浓厚氛围。

（二）窦店特有的乡村振兴战略

为深入贯彻和落实党的十九大报告提出的乡村振兴战略，窦店村党组织充分发挥引领示范作用，积极促进农村三个产业的融合和发展；同时，结合当地产业的具体情况和资源禀赋，在全国乡村脱贫的大浪潮下探索出一套适用于自身的、特有的乡村振兴战略，成功打造国家级示范园，并为全国各地的其他乡村积累丰富经验。

1. "集体"道路助推经济发展

窦店村乡村振兴的核心战略是农村集体化。与大多数包产到户的农村不同，窦店走的是另一条符合国家政策的集体化道路。首先，坚持集体经济能够更有效地把资源集中起来，从而实现效益最大化；其次，集体经济的强大实力可以集中力量办大事；最重要的是，窦店镇党委书记仉锁忠指出，农村的体制和管理的改革都要靠自己生产、自己分配、自己保障，所以农村要想实现根本性的转变只有靠发展集体经济，这样村民才有依靠、生活才有保障。同时，集体化也能充分体现社会主义公有制的优越性，彰显我党的独特优势。通过集体企业的发展，村里所有的企业在签署合作协议中，都明确"在同等条件下，优先安排本村村民就业"，以此增加村民的工资收入。另外，党组织也对企业提出要求：职工工资在上一年的基础上，每年提高10%。村党委检验各企业的成效，以是否增加职工的收入作为标准之一。

随着窦店村集体经济的不断发展，党组织在分配上为适应新形势和新要求，持续提高居民收入水平，通过股份制改革，增加村民的股份分红收入。2004年，窦店村实施农业分红之后，农业收入70%归村民所有，30%留给集体。2012年开始，全村进行了股份制和产权制度改革，3 372名符合集体经济条件身份的村民都成为股东，两年后完成了全村股份制，也就是说，每年一次农业分红，一次企业分红。这种以总公司为核算单位，将每年的收入进行按股量化的方法，使企业自2014年开始每年给职工分红的增长幅度达到了20%，有效地增加了村民的经济收入（见图2、图3）。

集体经济快速发展的同时，村党委坚持发展依靠人民，发展为了人民，发展成果全民共享。在村民就业方面，近些年，他们安排本村及周边就业劳动力4 000多人，实现了只要有劳动能力和就业愿望的全部就业，就业率达100%。

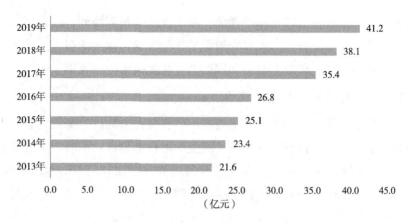

图 2　北京市房山区窦店镇窦店村集体经济收入

资料来源：北京市房山区窦店镇窦店村村庄规划（**2018—2035** 年）、窦店村官网。

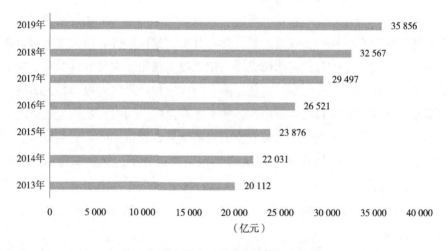

图 3　北京市房山区窦店镇窦店村人均收入

资料来源：北京市房山区窦店镇窦店村村庄规划（**2018—2035** 年）、窦店村官网。

2. 党建助推乡村振兴之路

做好基层党建工作功在当代，利在千秋，农村的发展，党组织是主心骨，也是引领者，乡村振兴的成功离不开基层的努力。窦店的经济腾飞离不开农业的发展。早在 1976 年，第一届书记仉振亮就意识到科学种田的重要性，他与请来的农学专家一道参与实验，改"三种三收"的耕作制度为"两茬平播"，每公顷产量从最初的 5 750 公斤提高到 15 600 公斤，到 80 年代末和 90 年代初，"两茬平播"耕作方式已遍及北方十几个省市，增产粮食以千亿公斤计算。

2000 年，仉锁忠成为窦店村新一届党委书记，他在上一届领导班子"走集体化道路"的基础上，进行改革，提出了"融智"和"融资"两大思路。即在发展农业方面，确立了"为牧而农""以商带牧"的总体战略，推进农业的产业化经营。

两个党委书记认识到坚持高起点布局的重要性，以农业为抓手，协同发展第二、第三产业，加快窦店新城的建设步伐，使得村民的生活水平日益提高。

目前，窦店镇党委书记创立的"八点钟约定"学习制度，即每个工作日早八点，组织村党员干部开展晨读轮讲活动学习新的文件、方针，已坚持了近40年。不断强化党组织的领导与建设，坚持理论学习，以支部为基础，对各单位工作实行责任制，要求每位党员以身作则、起模范带头作用，使得窦店乡村振兴的领航者们都具有极强的整体观念和服务精神。

三、窦店的农业现代化发展

（一）农业的科技化发展

乡村振兴根本上要实现农村经济增收和农民收入提高，重点在于坚持农业优先发展，前提是大力提高劳动生产率水平，因此，科技的不断创新与发展无疑是农业进步最根本的动力之一。窦店村在乡村振兴的道路上主要以农业发展为依托，注重科技的助推作用，因地制宜地发展当地特色农业和现代农产品加工，开拓"互联网+"等新兴业态，从而实现乡村农业兴旺、各产业间融合，促进农民生活水平的提高。

1. 机械化发展助力粮食丰收

窦店村被称为"麦收第一村"，其小麦籽种繁育千亩试验研究基地实现了机械化，先进的浇灌技术和收割方式被广泛应用。麦收时节，基地中随处可见一辆辆大型机器在成片的金黄麦田中穿梭，收割机在前方快速收割麦穗，接粒机紧跟其后，时刻准备接收"战利品"，负责收尾工作的打捆机将过滤后的麦秸扎成捆，最终成捆的麦秸又作为饲料被货车运送至牛厂。据窦店村工作人员介绍，全村有麦田73公顷，其中40公顷的农业观光园占地面积最大，在机械化的帮助下，所有麦田用时四天就可以完成收割工作。2019年，窦店村平均每公顷产量约为8 996公斤，近几年的每公顷产量最高纪录为2014年的10 222公斤，在北京市农业技术推广站举办的北京市小麦高产竞赛中，从2009年至2017年窦店村连续九年蝉联北京市小麦高产竞赛第一名。不仅如此，麦收完成之后农民会种上青贮玉米，待到玉米成熟之时，观光园内又将迎来丰收之景。

2. 数字化升级完善畜牧养殖

窦店镇恒升牧业主营销售生鲜牛羊肉，是目前京郊存栏最大、养殖水平最高的肉牛养殖基地。2020 年 9 月中旬，恒升牧业开始集中为 2 000 头肉牛办理"二代身份证"，即智能化耳标，记录肉牛的各类信息；同时也给每头牛戴上了运动计步器，检测肉牛每日运动情况，预警肉牛的健康状况。通过物联网信息传输技术，完成"一牛一档"的信息汇总和分析，再经过大数据中心处理、智能终端设备显示等信息化手段，使养殖环节实现了高质量、更安全的管理，消费者也可以通过购买终端进行肉牛信息查询，从而形成全程受控、更加完整的追溯链条。此外，恒升牧业还与中国农业大学肉牛研究中心、中加中法肉牛产业合作联盟合作成立联合实验室，开展瘦肉精、兽药残留、饲料投入品，以及铅、镉等重金属物质等检测，实施肉牛生产性能、种牛培育、饲料转化效率测定及实验等工作，培育和推广更优秀的肉牛。

由此可见，科技的创新与发展使窦店村农民的劳动条件不断改善，劳动难度不断降低，从而调动农民进一步推动技术进步的积极性，有利于推进农业内部融合、延伸产业链和发展农业新型业态等，为乡村振兴做出贡献。

（二）农业的商业化发展

乡村振兴的关键在于产业振兴，农业农村部高度重视农业农村现代化建设，鼓励乡村促进农业竞争力的不断提升和农民收入的稳定增长，因此如何提升农产品的附加值、推进农业的商业化发展，推进农村三个产业融合发展，成为农业转型升级背景下的重要一环。

1. 延伸农业产业链

早前，农业的交易对象局限于农产品本身，随着窦店村的发展，交易的范围得到了扩展，注意力转移到了怎样把基础农产品做成更好的产成品，让人们获得更多的收益，因而随之而来的就是农业产业链的延伸。

依照市委十二届十五次会议精神，窦店村根据本村历史和现实具体情况，积极探索产业融合发展新模式，创新和完善产业链联结机制，发展现代农产品加工业，健全生产、加工、仓储保鲜、冷链物流、最终销售等全产业链。

具有代表性的是窦店村的肉牛养殖产业，除了肉牛本身的精细化养殖，窦店村还注重实现牛肉从牛场到餐桌的溯源闭环。首先，建设了肉牛现代化种育养殖基地，保证了肉牛的高质量饲养。其次，设有专门的屠宰、处理等加工场所，并设有清真肉联厂和专门的高端牛肉产品加工公司，销往人民大会堂、长城饭店、建国饭店等和全国各大城市。除此以外，由于其本身少数民族集合的性质，设有大量的清真餐厅，为牛羊肉生产提供了广阔的市场空间，能够实现肉牛从工厂到餐桌的销售模式，开拓了直接的销售渠道。

除了肉牛养殖，窦店村的金梨生产也体现了农业产业链的延伸。金梨产业发展的典型范例诸如有机农产品生产基地——"三仁御园"，是房山区窦店民族农业，占地近 33 公顷。除了大面积的梨树种植，"三仁御园"还配套建立了地方特产加工中心，在房山区及朝阳区开设了有机农产品展销厅，并开通了"三仁御园"商城，已实现了从基地种养、采收加工、物流配送、终端网点的全产业链经营监控，同时，采用标准化、精细化、信息化的管理模式，在行业内率先实现了可追溯性生产。

窦店村在农业发展的过程中，围绕农业，形成了上下游配套产业体系，逐渐向注重于供应、生产、加工、流通、销售的各环节发展，使农业成为一个整体的网状结构，成为联结农户到消费者的增值链条。

2. 注重农业品牌文化建设

由于窦店村出产的农产品质优量多，深受市场欢迎，在关键时刻发挥品牌效应，打好信息化、品牌化的"组合拳"，成为提升农产品和产业竞争力，加快产业融合发展的新要求。

窦店镇党委副书记、窦店村党委书记仉锁忠提出，窦店村应积极响应北京建立"国际化大都市现代化农业"的号召，大力推进"民俗文化、民族品牌、民族精品"的发展进程。因此，窦店村农业建设的重点项目也包括品牌建设，提高农产品的质量，注重对地区农业品牌的培育和建设，明确"窦店出品"的概念。建设的重点主要包括：窦店产品标识设计，窦店产品标识推广；整合各方资源，实现优势互补，从而推动窦店农产品"走出去"、市场和消费者"走进来"，给予农产品长久的发展动力，进一步提高竞争力。

目前，"窦店"牌牛羊肉商标已被北京市工商局批准为"北京市著名商标"，"十四五"期间，窦店村将为首都提供安全优质的农产品，服务首都，富裕农民。同时，窦店村结合自身特质，走名牌发展战略，树立了窦店"清真品牌"，窦店清真肉联厂还取得了自营进出口经营权，注册了"窦店"牌商标，实现了肉牛生产的产业化经营。在种植业上，窦店村积极参加相关竞赛，其小麦连续九年蝉联"北京市小麦高产竞赛"第一名，拓宽了窦店村小麦生产以及窦店村本身的知名度。而对于金梨，窦店村则给予金梨汁"天然好梨汁，喝出健康来"的定位，力图使窦店金梨系列产品成为国家机关和企事业单位的佳品，通过精心打造"窦店金梨"这个房山区域名品，让窦店金梨系列产品成为北京著名品牌，走出北京，走向全国。

（三）农业的开放化发展

得益于农业转型的高速发展和地理位置的优越性，农业的开放化发展也在拉动窦店经济发展的道路上起到了重要作用。据调查，沿窦大路两侧已形成特色商业中心、商业广场、清真餐饮、小吃、民族文化宫等产业，从业人员千余人。

1. 乡村旅游的组合发展

人民群众对美好生活的新需求，为新时代发展乡村旅游赋予了新的使命和机遇，提供了重要的思想指引和行动指南。

2013 年，窦店村入选"北京美丽乡村"，依托自身优势，发展具有自身特色的乡村旅游业。在推动三个产业融合发展的过程中，窦店村积极探索产业融合发展新模式。2019 年入选首批"国家产业融合发展示范园"。

村党委将示范园的功能定位于多业态复合型，以打造千亩小麦试验基地为依托，建起生态休闲农业观光园，将传统农业向高精尖、高附加值深度开发转移。"十四五"期间将建成"3+1"特色现代农业发展新模式："3"是"三园"，即 33 公顷黄金梨园、40 公顷农业休闲观光园、47 公顷天然康养林木种植；"1"是"一特色"，即清真特色民族风味小吃。

"三仁御园"是房山区窦店民族农业，每年八月都会举行金梨采摘活动，作为奥运特供果品的黄金梨，届时会吸引各地的游客前来观光采摘；窦店村近年来投资 3 000 万元建设 40 公顷丰产田，打造集休闲观光、科普宣传、传承农业文化于一体的观光农业，促使更多人关注粮食生产；"北有牛街，南有窦店"，"窦店"牌牛羊肉已注册为北京商标，同时养鸡场里"树上结着水果，树下养着斗鸡"的独特而自然的培养方式，也大大提升了斗鸡的肉质，家禽畜牧养殖的蓬勃发展，"牛头宴""斗鸡宴"的佳肴也使得各地的食客慕名而来一睹"窦店"品牌。

窦店还拥有华北最大的清真寺——窦店清真寺、始建于汉代的窦店土城，以及具有民族特色的窦店民族文化宫等。目前，窦店品牌标识、全域旅游标识及导视设计工作已接近尾声，通过打好数字化、品牌化、民族化的"组合拳"，窦店将实现农业产业跨越式升级。

2. 农副市场的疏解改造

位于 107 国道旁边的窦店大集成立于 20 世纪，距今已有 60 余年的历史，是由周边的乡镇自发组织起来的农贸交易市场，占地面积高达 6 万余平方米，涉及 40 多家企业及 300 余个流动摊点。阴历逢一、六都有大集，当地的村民会带着自已种植的蔬菜水果前往交易，同时从事批发行业的小商贩也会抓住商机慕名前往。然而随着城市化的发展，大集在便利周围村民生活的同时，也给周边的环境带来了巨大的压力：交通堵塞，绿地破坏，许多不稳定因素也在潜移默化地影响着居民的正常生活，弊逐渐大于利。

2019 年 3 月，北京市窦店大集列入"疏解整治促提升"的计划，从最初的对每个商摊做工作，不断地沟通协商、约谈、发放告知书、讲解政策，到后期拆除完毕，仅用了 1 个月时间便完成了腾退，原址建成了郊野公园，旁边还建立了如优乐、物美等便民超市，原本混杂的国道变得焕然一新，环境得到了极大改善。

距离窦店村不远的交道村、南韩继村由于自身发展规划，保留了"大集"，因此窦店的农户仍然可以去邻近的村落继续参与集市交易。这不仅助力恢复首都环境面貌，也极大限度地保留了"赶集"的传统文化。窦店在推进乡村振兴的道路上，也在不断维护生态文明建设。

四、农业发展的现存问题及解决方案

（一）交通不便，物流在一定程度上受限

交通运输是农业和农村经济发展的重要基础设施之一，建立多元化农村和城镇交通运输基础设施对发展农村经济具有重要意义。然而窦店村目前的交通发展并不完善，不利于农产品进一步"走出去"，使农产品进一步扩大市场。另外，对于农业观光旅游也产生了不利影响，公共交通的不便在一定程度上使游客减少。对此，应进一步促进基础设施建设，发展公共交通，并对重要农产品生产加工点进行交通规划，加快农业现代化进程。

根据《房山分区规划》，作为房山三大组团中唯一没有通轨道交通的窦店镇，在"十四五"时期将全力做好配合工作，竭力提升乡镇宜居程度，满足区域群众日益增长的美好生活需要，届时随着市郊铁路副中心的进一步完善，窦店村的交通将得到长足发展。

（二）商标知名度发展停留在初级阶段

近年来，窦店更加重视品牌建设，建设知名度高的品牌有利于给予产品长久活力，实现窦店镇农业产业跨越式升级。但在调查中发现，窦店商标的知名度还停留在初级阶段，品牌知名度有待进一步打响。对此，建议顺应当下的新形势，将"窦店"商标的推广与互联网相结合，运用直播等新形式进行品牌推广，开

拓品牌推广新思路。

（三）农业发展受到其他产业的影响

随着北京高端制造业落户窦店镇，科技产业成为焦点，意味着可能引发当地农田减少、农民失地、新增居民等问题。对于此类问题，窦店村应保护基础农业产业，强化政府的主导作用，政府各相关部门就发展农业制定相对应的优惠政策，搞好扶持。另外，政府应当进一步推进新农村建设，主要表现在基础设施建设方面的进一步投入，完善各村道路、公厕及相关基础设施，使得环境优美整洁，可进入性强，保证农业发展的人力和物力基础稳定。

五、总结

2010 年，窦店村被定位为特色民族村，2014 年入选"北京美丽乡村"，2015 年被评为"全国文明村"，2019 年入选首批国家农村产业融合发展示范园名单，2020 年入选全国乡村特色产业亿元村名单。从"破街烂镇穷窦店"，发展到现在的现代化新农村"窦店特色新城"，窦店村经过十多年的改革发展蜕变，离不开老一届领导班子坚持走集体化道路的指导方向，也得益于新一届领导班子积极响应国家号召加快推进乡村振兴，逐步形成了"四业""三园"的大格局，初步实现了"新城新业新生活"的宏伟目标。

通过窦店村的案例，我们不难发现窦店之所以能够成为首批国家农村产业融合发展示范园，靠的是科学化的种植方式、多元的产业升级以及开放化的组合发展，因地制宜发展乡村经济；同时坚持生态优先，深入发掘乡村产业的生态涵养、文化体验和健康养老等多重功能和多种价值，不断完善乡村的供水供电、道路、通信仓储、物流垃圾污水处理、环境美化绿化等设施条件，才能从根本上使村民的收入更加多元化、生活便利化，持续改善村民生活质量，共同建设美丽乡村。

作者简介：

史俊怡，2018 级首经贸经济学院本科，曾获校级优秀毕业生等荣誉，现就读于商务部国际贸易经济合作研究院；吴迪，2018 级首经贸经济学院本科，现就读于首都经济贸易大学；王雨琪，2018 级首经贸金融学院本科，现就读于英国杜伦大学。

参考文献

［1］北京市房山区人民政府．按农业强农村美农民富要求　建好窦店现代农业产业园［EB/OL］．（2018-03-28）［2024-06-01］．http：//www.bjfsh.gov.cn/zhxw/fsdt/201812/t20181228_39949038.shtml．

［2］北京市房山区人民政府．房山分区规划（国土空间规划）（2017年—2035年）［A/OL］．（2019-11-27）［2024-06-01］．http：//www.bjfsh.gov.cn/zwgk/tzgg/201912/t20191211_39986818.shtml．

［3］北京市房山区人民政府．提问标题：窦店生活区亟待市郊铁路副中心线［EB/OL］．（2020-12-11）［2024-06-01］．http：//zmhd.bjfsh.gov.cn/zixun/detail.html?searchCode=fsq16076639097902169866．

［4］江山．北京也有一个走集体化道路的响当当村庄：窦店［EB/OL］．（2020-07-31）［2024-06-01］．http：//www.crt.com.cn/news2007/news/jryw/2020/7/20731910148a68a8kb363aifa0gg6e_2.html．

［5］中共中央 国务院关于全面推进乡村振兴加快农业农村现代化的意见［N］．人民日报，2021-02-22（01）．

［6］中华人民共和国农业农村部．农业部关于大力实施乡村振兴战略加快推进农业转型升级的意见［A/OL］．（2018-02-13）［2024-06-10］．http：//www.moa.gov.cn/xw/zwdt/201802/t20180213_6137182.htm．

决战脱贫攻坚，服务家乡发展

——行程万里，初心不忘

作者： 贾真淼、胡帅祺、赵文博、王冉、崔睿康、王乃天

指导老师： 孙晨、杜雯翠

获奖情况： 第十一届"挑战杯"首都大学生课外学术科技作品竞赛"红色实践"专项赛三等奖

摘要： 甘肃省天水市贾家寺村在 2015 年便完成了脱贫任务，成为当地的"发展模范村"。本文选取此研究对象，通过线下实践与线上调查相结合的方式，依托统计学方法，分析当地发展模式、现状及疫情所受影响。调研发现，贾家寺村在国家精准扶贫政策的支持下，基础设施逐渐完善，全村产业发展活力被激发，就业、医疗、教育、科技、文化等综合发展，村民的物质和精神层面都得到了质的提升，欣欣向荣的景象随处可见，幸福的小康生活成为现实，而其发展经验也将为天水地区乃至甘肃省其他地区带来借鉴意义。

关键词： 脱贫攻坚；贾家寺村；可持续发展

一、背景介绍

党的十八大以来，习近平总书记高度重视脱贫攻坚工作。2015 年，国务院印发《关于打赢脱贫攻坚战的决定》，提出"到 2020 年稳定实现农村贫困人口'两不愁三保障'"，2020 年因此成为全面建成小康社会、决战脱贫攻坚的一年。在党的十九大报告中，习近平总书记再次强调要坚决打赢脱贫攻坚战，他指出："确保到 2020 年我国现行标准下农村贫困人口实现脱贫，贫困县全部摘帽，解决区域性整体贫困，做到脱真贫、真脱贫。"从 2015 年开始，国家相继出台一系列

扶贫政策，针对习近平总书记在减贫与发展高层论坛上首次提出的"五个一批"进行了具体的工作部署。在完整的工作部署和踏实充分的工作落实下，根据国家统计局公布的数据，我国农村贫困人口从 2012 年末的 9 899 万人减少到 2019 年末的 551 万人，贫困发生率从 10.2% 降至 0.6%，脱贫攻坚工作效果显著。2021 年 2 月 25 日，习近平总书记在人民大会堂庄严宣告，经过全党全国各族人民共同努力，在迎来中国共产党成立一百周年的重要时刻，我国脱贫攻坚战取得了全面胜利，现行标准下 9 899 万农村贫困人口全部脱贫，832 个贫困县全部摘帽，12.8 万个贫困村全部出列，区域性整体贫困得到解决，完成了消除绝对贫困的艰巨任务，创造了又一个彪炳史册的人间奇迹！

甘肃省位于我国西北腹地，气候条件恶劣，贫困发生率高，贫困程度深，是全国最贫困的地区之一，但经过近年来精准扶贫工作的良好开展后，2018 年，甘肃省贫困人口减少 77.6 万人，贫困发生率和贫困县数量均大幅下降，在精准扶贫方面取得显著成绩。在经过大量资料收集后，我们决定以一个发展效果较为突出的案例——甘肃省天水市秦州区贾家寺村为例，分析地区脱贫后的可持续发展问题。

贾家寺村位于甘肃省天水市秦州区皂郊镇，距天水市秦州区城区西南 5 公里，与董家坪村、皂郊村等 13 个建档立卡贫困村相邻，拥有人口 1 300 余人。2009 年灾后重建期间，时任中央政治局常委的习近平，来到贾家寺村看望并慰问当地受灾的群众，并亲自指导灾后重建工作。在近年来国家精准扶贫政策的扶持下，贾家寺村成功通过平转土地等方式建立起以果蔬种植、家畜养殖为主的自主产业，并凭借连霍高速 G30 段、兰渝高铁天水段的建成，依托周边工业园区，既解决了贫困问题，也促进了村中劳动力的就业。同时，随着电商向农村市场的下沉与生鲜冷链物流的发展，贾家寺村的农业产品也随着网络云仓和微直播走出了大山。

目前，贾家寺村已经实现了小康生活，成为当地脱贫攻坚的模范村、明星村。与之相邻的董家坪村、皂郊村等 13 个建档立卡贫困村中的 10 个也于 2018 年顺利脱贫，另外的老湾里村、刘家沟村、榆林村于 2019 年顺利脱贫。根据秦州区政府网公开数据，目前秦州区下辖 84 个建档立卡贫困村、17.5 万贫困人口已顺利实现脱贫摘帽工作，贾家寺村作为早期脱贫的模范村，必定能为周边地区及甘肃省乃至全国其他地区脱贫后的乡村振兴问题提供宝贵的发展经验。

二、调研结果展示

(一) 村主任访谈结果 (节选)

1. 基础信息

(1) 人均年收入:1万元。

(2) 贫困村发展情况:皂郊镇下辖36个村,其中18个村曾为贫困村,目前均已脱贫。贾家寺村发展最好,现今已经步入小康。

2. 发展现状

问:我们注意到贾家寺村在早年间就已经实现了脱贫,但周边有13个建档立卡贫困村(兴隆村、孙家河村)直到2018—2019年才实现脱贫目标,作为贾家寺村发展的领路人,您觉得贾家寺村的方法是什么?

答:贾家寺村主要是通过流转土地,农业生产的机械化、现代化这几方面提高生产效率,解放生产力,并鼓励由此解放出来的劳动力进入制造业、服务业,从而使人均收入得到较大提高。

问:这些年贾家村建立的自主产业有哪些?成果如何(经济收益、就业)?这些产业采取了怎样的发展方式?是否有失败经历?

答:第一,村内自营4家仓储物流企业。第二,以合作社形式经营种植业(樱桃、苹果)、养殖业(猪、奶牛、鸡)。第三,贾家寺村樱桃销售价格为60元/公斤,市场零售价约为90元/公斤。第四,农产品销售本地(天水地区及周边)占比约60%,省外占比约40%,以四川、陕西为主,且以老客户为主,目前市场呈现供不应求的情况;互联网销售占比较少,主要以直播带货等方式,作用在于扩大知名度与影响力。

问:这些年由于天水市城区的扩张建设,贾家寺村周边建起了工业园区,吸引了娃哈哈等众多企业入驻,这些企业对村子经济发展有无带动效应(直接、间接)?有无负面影响(污染、排放问题)?

答:周边企业的建立提供了大量的工作岗位,很大程度上解决了贾家寺村务工问题。污染的排放受到政府相关部门严格监管,所以不存在污染问题,负面影响较小。

问:如今中国农村地区普遍面临着年轻劳动力流失的问题,这一现象在贾家寺村有无体现?对村子的影响大不大?村子的发展对这一现象有无改善?

答:贾家寺村的地理位置较好,距离天水市城区较近,且周边产业完善,故不存在劳动力流失问题。

问：在贾家寺村的发展中，政府部门的帮扶力度如何？具体政策有哪些？贾家寺村从中受到了怎样的影响？

答：由于贾家寺村在近年的发展情况较好，已步入小康，所以未获得政府扶持政策。

问：近年来贾家寺村一直作为天水地区脱贫成果示范村，也得到了许多媒体的曝光，您觉得媒体报道对贾家寺村的发展有帮助吗？

答：媒体的曝光提高了贾家寺村的知名度，有助于农产品销售。

问：贾家寺村对于"三保障"问题（义务教育保障、基本医疗保障、住房安全保障）的当前和计划的解决措施有哪些？

答：贾家寺村撤销了原有的村办小学，因为目前村内的家长倾向于让孩子在镇、区、市级学校接受教育。贾家寺村设有村卫生室，并有市级医院定期进村体检和宣传。由于目前贾家寺村居民住房条件还不尽如人意，所以未来几年计划在天水市政府的支持下，建设并将全村居民搬入政府安置房，提高居民住房条件，并借此增加村内土地利用率。

3. 疫情影响

问：由于新冠疫情，全国经济都受到了很大影响。此次疫情对贾家寺村影响大不大？具体体现在哪些方面？工业园区停工停产的影响如何？

答：疫情对贾家寺村影响较大，由于周边企业、市内商场等在防疫期间停工，以务工为主的贾家寺村收入受到较大影响。

问：对村里种植业、养殖业等影响如何？（生产、销售）

答：疫情对村内种植业、养殖业影响不大，由于疫情期间未到产品收获期、出栏期，所以在产品生产、销售方面均未受到较大负面影响。

问：贾家寺村在疫情期间和复工复产阶段是否采取措施？具体措施是什么？

答：在疫情期间，秦州区政府为各村建立劳务输出群，为因疫情原因失业、待业的农村劳动力提供就业途径，但贾家寺村因为几乎不存在失业现象，所以报名较少，报名人员主要为周边刚脱贫村镇。村内无具体措施。

4. 未来发展

问：您对贾家寺村未来的发展有什么展望与规划？

答：贾家寺村计划协调当地政府建设安置房，将村民搬入安置房，增加土地利用率。此外增强基础设施建设，并入天水市排污系统网络。人文方面，贾家寺村"秦州小曲"为甘肃省省级非物质文化遗产，曾赴敦煌等地展演，此外，通过广场舞、宣传栏等方式进行精神文明建设（见图1）。

图1 村主任访谈

(二) 村民问卷结果 (部分)

在针对贾家寺村和周边村镇（杨川村）村民的问卷调查中，在贾家寺村共发出问卷150份，收回137份，其中有效问卷125份，问卷回收率为91.3%，有效问卷率为91.2%；在杨川村共发出问卷80份，收回问卷67份，其中有效问卷60份，问卷回收率为83.8%，有效问卷率为89.6%。由于我小组课题以贾家寺村为核心对象，受篇幅限制，以下仅对贾家寺村125份有效问卷中部分重点问题数据进行展示（见表1至表6）。

表1 脱贫前后（2015年前后）年平均收入

脱贫前			脱贫后		
年平均收入	人数（人）	占比（%）	年平均收入	人数（人）	占比（%）
1万元及以下	105	84	1万元及以下	2	1.60
1万~3万元	20	16	1万~3万元	123	98.40
总计	125	100	总计	125	100.00

注：由于贾家寺村在2016年天水市贫困村认定前已实现脱贫，所以以2015年为界，分析2015年前后贾家寺村居民收入变化情况。

表2 家庭收入主要来源

家庭收入主要来源	人数（人）	占比（%）
务工	45	36.0
务农	77	61.6
低保	2	1.6
外界援助①	1	0.8
总计	125	100.0

①指社会人士捐款、慈善基金会资助等。

表 3 食品支出占总支出的比重

食品支出占总支出比重	人数（人）	占比（%）
10%以下	8	6.4
10%~30%	78	62.4
30%~50%	39	31.2
50%以上	0	0.0
总计	125	100.0

表 4 曾经遇到的家庭困难

曾经遇到的家庭困难	人数（人）	占比（%）
收入少	55	44.0
家庭劳动力不足，子女离家	30	24.0
工作难找	18	14.4
抚养子女费用高	20	16.0
自然灾害损失	0	0.0
其他	2	1.6
总计	125	100.0

表 5 仍未解决的家庭困难

仍未解决的家庭困难	人数（人）	占比（%）
收入少	19	38.78
家庭劳动力不足，子女离家	11	22.45
工作难找	6	12.24
抚养子女费用高	10	20.41
自然灾害损失	0	0.00
其他	3	6.12
总计	49	100.00

注：在原问卷中，第（6）题为条件题，即若仍有家庭困难未得到解决，则填写第（6）题。故第（6）题人数由 125 人变为 49 人。

表6 疫情期间月平均收入变化

疫情期间月平均收入变化	人数（人）	占比（%）
下降不超过10%	6	4.88
下降10%~30%	28	22.76
下降30%~50%	38	30.89
下降50%~80%	39	31.71
下降80%以上	12	9.76
总计	125	100.00

三、贾家寺村发展成就

（一）"两不愁三保障"落实情况

2014年底，我国存在现行标准下贫困人口7 017万人，严重制约了农村地区的发展，"三农"问题一直是农村农民生活的根本问题。解决好"三农"问题才能实现农业农村现代化，进而推进国家现代化建设。为此，2015年11月，中共中央决定全面打响脱贫攻坚战，并提出了"两不愁三保障"与部分贫困人口自愿基础上易地搬迁的基本要求。其中，"两不愁"即稳定实现农村贫困人口不愁吃、不愁穿，"三保障"即实现义务教育、基本医疗和住房安全保障。

全面脱贫前，贾家寺村仅是皂郊镇一个名不见经传的小村子，道路雨天泥泞不便出行；地区教育水平不高，甚至出现小学、初中辍学的情况；食品支出占家庭支出的绝大部分，恩格尔系数较高。村民们以务农为生，很少外出务工，与邻近的城市地区发展出现了脱节，二元经济结构较为明显，城乡收入差距较大。尤其受到汶川地震的波及，村民受灾严重，房屋倒塌，更加重了村子的贫困程度。

2015年，在党中央与国家领导下，贾家寺村开始打响脱贫攻坚战，政策的扶植对村子的发展产生了较大的影响。政府对种植农作物的村民给予专项补贴，组织生产合作社，同时，还为村民设立公益性岗位与职业培训帮助其就业，在很大程度上缓解了村民务农低收入的困难，使村民能够吃得饱、穿得暖。为深入贯彻落实住房安全的基本要求，当地政府为每户村民做了房屋安全鉴定。其中，鉴定结果为A级与B级的房屋允许村民们居住；鉴定为C级和D级的危房给予村民补贴，并采取改造和重建的方式确保村民的住房安全（见图2）。不仅如此，村子里通上了干净的自来水，与附近城区集中供水，保障了村民饮用的水源与水质安全。为了满足村民的就医需求，政府规定村里设立卫生室（见图 3），村医时常入户帮助村民们量血压等，方便村民就医，并将建档立卡的贫困户免费纳入合作医疗体系，至此村民们的医疗得到基本保障，天水市重点医院也会定期进村巡诊。为了更深层次了解和解决村民的困难，政府对建档立卡的贫困户分配一至两名帮扶责任人，旨在解决村民随时出现的困难。在党和国家的不懈努力下，政策上的倾斜与帮助使得贾家寺村全体村民在 2018 年全部脱贫。此外，在教育方面，贾家寺村在前些年取消了村内小学，村内所有适龄儿童现均前往师资力量更好、教学设施更完善的皂郊镇小学学习。

图 2　贾家寺村住房条件

图 3　贾家寺村卫生室

（二）自主产业建设

"半辈子没出门打过工，没想到现在在家门口就能打工挣钱，这儿离我家不远，每天有 50 多元的工钱，我既挣了钱，又能照顾上家，很开心。"村民段长生在面对采访时这样说道。63 岁的段长生家中共有 6 口人，儿子和儿媳在村里开蔬菜超市，他闲时就在村里的合作社上班。早已超过退休年龄、没有退休金的他仍能取得不低的收入，缓解了儿女的养老压力与家里的经济压力，这也是贾家寺村大多数村民的真实写照。

贾家寺村依托区位优势，在村党支部的引领和促进下成立了以建材、食品加工为主的村办企业 4 家，种植业、养殖业产业数十家，涵盖大樱桃、苹果、花椒、生猪、禽类等品类（见图 4、图 5）。这些自主产业首先整合村内土地、劳动力、设备等资源，促进了农业生产科学化、机械化发展，提高了生产效率；同时也形成了统一的品牌，扩大了产品的知名度与影响力；此外，这些自主产业也为村内创造了许多就业岗位，为许多像段长生一样无法就业的村民提供了二次就业的机会，提高了村民收入。

图4　生猪养殖　　　　　　　　图5　苹果树种植

(三) 周边工业园区

根据天水市政府颁布的《新版暖和湾–西十里片区控制性规划》,北起预备役南至皂郊镇,沿南沟河东西两侧总规划区域1 159.26公顷面积的土地,将建设成为以四大工业核心区域为依托,突出培育发展电子和低压电器、装备制造与加工、电子信息、新型建材、农产品深加工五大特色产业的现代工业集群区(见图6、图7)。而坐落于国道G314、身处皂郊镇腹地的贾家寺村也被纳入了此规划中的征地范畴。经过10余年的发展,贾家寺村周边已建成以京东物流天水集散中心、天水市秦州区暖和湾建材城等规模企业为核心,数十家中小微企业协同发展的工业园区。这为贾家寺村提供了大量就业岗位,解决了贾家寺村就业问题,促进了贾家寺村劳动力解放,避免了村内劳动力流失问题,提高了居民收入;同时,工业园区的建成,也加速了贾家寺村公共交通的发展,目前,秦州区公交第7路、2路、88路已直通村口,方便了居民日常出行。

图6　娃哈哈食品加工厂　　　　　图7　天水市秦州区暖河湾建材城

(四) 基础设施建设

"5·12"地震以后,贾家寺村多户居民受到较大影响,居民住房安全、生命与财产安全受到严重影响。贾家寺村村委会按照城郊型新农村建设的需要，结合实际，对村内居民住房做出了具体规划。目前，搬迁户已全部入住，村内规划区域实现了村庄绿化、道路硬化、安全饮水全覆盖。共栽植香花槐、侧柏 500 余枝，硬化道路 3.5 公里，安装太阳能路灯 40 盏，并在村庄入口处建设了贾家寺新农村牌坊（见图 8、图 9）。新修北坪产业路 2 公里，河堤维修 110 米，道路维修 400 米，对村阵地、文化广场等进行了提标改造，高标准打造了"一阵地二馆舍一舞台"，对全村农电进行改网升级，基础设施功能更加完善，在成为全镇新农村建设示范村的同时，先后被评为全省"先进基层党组织"和天水市的"文明村"。

图 8　贾家寺村入口牌坊

图 9　村内主干道

（五）精神文明建设

在实地调研的过程中，我们发现贾家寺村在作为天水市"经济发展模范村"的同时，也在 2019 年 2 月被皂郊镇政府评为"乡风文明示范村"。为贯彻落实党的十九大报告所提出的加强文物保护利用和文化遗产保护传承，贾家寺村党支部创新探索了以"党建+文化传承"模式激活传统文化。打造秦州小曲非遗馆，从"党建+秦州小曲"服务模式入手，发挥非遗馆示范带动作用，"秦州小曲"被评为甘肃省省级非物质文化遗产，并曾赴敦煌等地展演（见图 10）。"秦州小曲是我市的传统曲艺，属于省级非物质文化遗产。它以演唱具有人文情节的剧目（折子或段子）为主，配以文、武、器乐组合而成的完整的传统曲艺表演形式，以民俗实物做道具，地方方言道白，朴实无华，乡土气息浓厚。"被评为甘肃省非物质文化遗产秦州小曲的唯一传承人的贾家寺村村民李亮曾这样描述。村内设有大小戏台两个（见图 11），供村民日常休闲、排演。此外，村内还设有运动广场、文化宣传栏等设施，丰富了贾家寺村居民的精神文化生活。

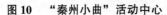

图10　"秦州小曲"活动中心　　　　　　　图11　大戏台

　　总体来看，脱贫攻坚对贾家寺村的改变是巨大的，也是极深刻的。在国家相关政策的精准推行和落实下，村庄的基础设施逐渐完善，全村产业发展活力被激发，就业、医疗、教育、科技、文化等方面综合发展，村民的物质和精神层面都得到了质的提升，欣欣向荣的景象随处可见，幸福的小康生活成为现实。习近平总书记曾说过："社会主义道路上一个也不能少，全面小康大家一起走！"党和国家的有力支撑和温暖关怀一直鼓舞着每个人。在党中央的带领下，人们心往一处想，劲往一处使，贾家寺村正在携手奔向更美好的明天，创造更加光明的未来。

四、贾家寺村现状描述

　　调研小组在甘肃省天水市秦州区皂郊镇为期四天的实地调查，走访了皂郊镇下辖36个村中的5个村子。我们行走于乡村和城市之间，迫切地寻找出农村人口的经济、生活等问题。皂郊镇下辖所有村子均已脱贫，其中贾家寺村发展最好，现如今已经步入小康。通过走访询问，我们统计出贾家寺村全村共218户，1 068人。其中村民0至16岁211人，17至59岁729人，60岁以上129人，有效劳动力总计729人。全村的耕地面积有143.8公顷，已经成立了5个合作社，以种植大樱桃和苹果为主，退耕还林38.9公顷，种植散户30余户，其中蘑菇种植4户，大樱桃和苹果种植20余户，花椒种植10余户，生猪养殖7户。还有3户为私办小企业，5户从事家庭小作坊，小超市经营8家，此外还有村企业2家。全村经济收入以青壮力的劳务输出为主，村内还有一些中年务农赚取小部分的收入。但仍然存在低保户，大约 8 户 21 人，其中一类 2 户 2 人，二类 4 户 7 人，三类 2 户 12 人。

同时，这些村子还存在一些问题有待进一步解决，比如基础设施仍不完善，影响居民生活质量；农业专业化、机械化生产水平低；农产品销售渠道单一，缺少互联网销售人才；子女教育费用高等。因此我们在走访之后，带着问题去思考，用我们所学的知识尝试寻找一条解决路径，希望能把贾家寺村值得借鉴的东西推广出去，让更多农民从中受益。

五、结语

自 2015 年中共中央政治局审议通过《关于打赢脱贫攻坚战的决定》以来，国家高度重视脱贫攻坚任务，从中央的统筹部署到地方的贯彻落实，我国脱贫攻坚工作分工明确、稳步前行。2021 年 2 月 25 日，习近平总书记在全国脱贫攻坚总结表彰大会上庄严宣告，在全党全国人民的共同努力下，我国脱贫攻坚战取得了全面胜利。

几年前，贾家寺村就已经在党中央与国家的正确领导和村党支部的积极建设下，通过基础设施建设、产业结构调整、人居环境政治、文化遗产传承等方面大力实施乡村振兴战略，成功脱贫并成为当地脱贫攻坚的模范村。村内基础建设较之前有了很大改善，可谓旧貌换新颜，自主产业建设为村民提供二次就业机会，提高了全村村民的收入。优质的物质生活保障了贾家寺村丰富的精神文化，提高了村民的生活幸福感。在看到贾家寺村喜人变化的同时，我们也意识到贾家寺村仍然存在农业专业化、机械化生产水平较低，农产品销售渠道单一，互联网销售人才缺失等问题亟待解决。相信在党的坚强领导和地方政府、党支部的努力下，贾家寺村一定能够书写出更加出彩的崭新篇章。

最后，感谢此次调研过程中贾家寺村、杨川村村主任与村民们的积极配合，感谢小组成员的努力保证了此次调研的顺利进行。贾家寺村不仅摆脱了贫困对经济发展的限制，让人民逐渐奔赴小康生活，而且其脱贫经验对周围及其他贫困地区具有一定的借鉴意义。截至目前，我国脱贫攻坚战取得了全面胜利，现行标准下农村贫困人口全部脱贫，消除了绝对贫困和区域性整体贫困。我们将要面临的是持续推进脱贫地区乡村振兴、加强农村低收入人口常态化帮扶，这是更高的发展目标和要求。只要我们坚持党的领导，做到"上下一股绳，全国一盘棋"，定能早日实现中华民族伟大复兴的中国梦！

作者简介：

　　贾真森，2018级首经贸经济学院本科，曾获北京市优秀毕业生等荣誉，现就读于新加坡国立大学；胡帅祺，2018级首经贸经济学院本科，曾获北京市三好学生等荣誉，现就读于伦敦大学；赵文博，2018级经济学专业，2022级首经贸商务学院在读，现就职于北方国际合作股份有限公司；王冉，2018级首经贸经济学院本科，在校期间获得全国高校商业精英挑战赛流通业经营模拟竞赛全国一等奖等荣誉，现就职于琥珀创想科技公司；崔睿康，2018级首经贸经济学院本科，曾获院长奖章等荣誉，现就职于中国建设银行；王乃天，2018级首经贸经济学院本科，现就读于巴黎萨克雷大学。

参考文献

［1］李京京，2020. 脱贫攻坚决胜阶段精准扶贫的重难点及对策研究［D］. 石家庄：河北师范大学.

［2］刘小晴，2020. 甘肃省农村普惠金融减贫问题研究［D］. 兰州：甘肃农业大学.

［3］牛胜强，2020. 多维视角下甘肃深度贫困地区脱贫攻坚困境及重点突破方向［J］. 山西师大学报（社会科学版）（2）：51-57.

［4］乔泽浩，金光益，吕弼顺，2020. 延边州后攻坚脱贫时期精准脱贫问题及对策［J］. 延边党校学报（4）：84-88.

［5］王亚博，2017. 1978—2009年甘肃省人才流动研究［D］. 兰州：西北师范大学.

［6］徐晓明，2020. 打赢疫情防控和脱贫攻坚两场硬仗［N］. 光明日报，2020-02-28（06）.

［7］左停，刘文婧，李博，2019. 梯度推进与优化升级：脱贫攻坚与乡村振兴有效衔接研究［J］. 华中农业大学学报（社会科学版）（5）：21-28.

第三篇　社会治理

"为爱减负"：小镇青年男方结婚成本问题的辨析与化解

——基于"信号理论"视角

作者：包诗尧、胡鑫、田世琪、韩一婷、刘泽玉、张涵林、张兴格

指导老师：孙宏皓、杜雯翠

获奖情况："青创北京" 2023 年 "挑战杯" 首都大学生课外学术科技作品竞赛一等奖

摘要：近年来，天价彩礼问题逐渐成为我国青年婚恋困难的重要原因，由于小镇青年自身经济能力和结婚成本的不对称，这一群体面临着严峻的"结婚难"问题。本文研究结婚成本的影响因素及各因素的作用机制，选取了具有典型性和代表性的陕西省洛川县作为调研地点。通过"田野调查法"进行预调研，运用信息经济学中的信号理论、结婚挤压说以及婚姻市场说，设置研究模型，选取 4 个层面共 12 个解释变量，以问卷调查和个案访谈相结合的方式收集数据，分别对男方家庭彩礼支出占比和婚房购置中男方家庭出资情况进行回归分析并得出结论。基于结婚成本影响因素及其作用机制，本文分别从个人与政府视角提出建议，以期为化解小镇青年"结婚难"的问题提供启示与借鉴。

关键词：小镇青年；男性婚姻挤压；结婚成本；信号理论；信息不对称

一、引言

"30 万彩礼我要干多少年才能赚得到啊……" 一名来深圳务工的男青年在街头向女友哭诉道。

近年来，天价彩礼事件层出不穷，小镇青年为了结婚几乎要掏空家庭的全部积蓄，高彩礼导致的结婚难成了各地小镇普遍出现的问题。这不禁引人深思，究

竟什么原因导致彩礼价格逐年升高，为何小镇青年受高彩礼影响如此深刻？

（一）研究背景及意义

1. 天价彩礼问题亟待解决

长期以来，一些地区尤其是乡村等地的婚俗领域存在的高价彩礼、大操大办等问题，已成为适婚青年及其家庭的沉重负担，为社会所诟病。同时，青年结婚率低已成为重要社会问题。

针对此类问题，2018年，国务院下发的《乡村振兴战略规划（2018—2022年）》提出，"遏制大操大办、相互攀比、'天价彩礼'……陈规陋习"，2020年，《中华人民共和国民法典》用法律的形式确定了反对高额彩礼，2021年，民政部确定了32个全国婚俗改革实验区，倡导简约适度婚俗礼仪，2023年，中央一号文件提出"扎实开展高价彩礼等突出问题专项治理"，以治理天价彩礼等婚嫁陋习，构建新型婚育文化，引导乡镇青年树立正确的婚恋观、家庭观。

截至2019年，小镇青年高达2.27亿人，是一、二线城市青年的3倍以上。其中，男性在婚姻市场中面临的婚姻挤压问题，即男性供给大于需求的问题，是导致结婚率低的直接原因。这会间接导致生育率降低，致使我国的人口红利逐渐消失，加剧人口老龄化问题，最终可能会影响经济增长。

2. 研究结婚成本问题意义重大

研究小镇男青年结婚成本不仅对解决中国青年婚恋问题有重大意义，而且可以挖掘影响青年婚姻及生育选择的症结所在，为政府出台生育政策建言献策，从而缓解未来人口年龄结构失衡问题。微观视角下，对男性而言，通过研究男方在婚姻要约中取得女方信任的影响因素，为小镇男青年缓解彩礼支出以及婚房支出的压力提供借鉴，帮助小镇男青年减轻结婚压力，促进婚姻关系及和谐家庭的建立与维系；对女性来说，通过研究女方学历及婚姻中男女双方学历差异对婚姻的影响，揭示婚姻中女性人格独立与经济独立的重要性，为来自小镇的女青年提供启示。此外，本研究还关注小镇青年在经济发达城市与乡镇之间的迁移经历，探究了大城市的入迁经历能否帮助其提高在婚姻市场中提供婚姻担保的能力，从婚姻择偶角度出发，为传统城乡资源均衡配置，促进城乡融合的研究提供新的视角。

综上，本研究基于信息经济学的信号理论，解释我国小镇青年婚姻市场中男女双方家庭在结婚成本分担上的不对称性，综合使用实证研究法、田野调查法，将经济学理论与现实问题相联系，旨在为减轻小镇男青年结婚经济压力的政策制定提供参考，同时为人口结构失衡、老龄化等问题的解决和城乡一体化的推进提供新思路。

（二）研究思路框架

本文研究思路如图 1 所示。

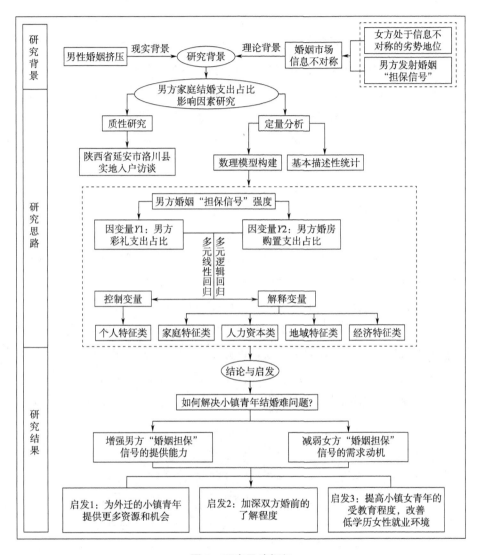

图 1 研究思路框架

二、相关理论与假设提出

（一）理论综述

本文基于信息经济学视角，使用信号理论和信息不对称理论解释小镇男青年结婚难的原因。斯彭斯（Spence）1973 年提出的信号理论指出，一个求职者为了降低信息不对称，会通过发射信号的方式表现自己，提高雇主选择自己的机会，从而影响潜在雇主的选择。在我国当前小镇青年的婚姻市场中，男女双方也存在着像人力资本市场中求职者和雇主的信息不对称关系。当结婚成本过高时，男女双方倾向以接受到的信号筛选结婚对象。男方为了在婚姻市场胜出，会对外不断发射自身的优势信号，如自身的财力、教育背景、工作能力等。

为什么小镇适婚青年男女之间会存在信息不对称？从男性来看，我国的生育率逐年下降，出生性别比却逐年升高，由此造成男女比例失调，男性的婚姻竞争明显加剧；从女性来看，比起家境、外貌、学历等外在因素，女方在择偶时比男方更关注隐性因素，如性格、人品、家庭关系、是否尊重女性等，而这些隐性因素的信号往往较难被识别，需要较长时间的相处才能观察得出，因此女性在婚姻市场中处于信息不对称的劣势地位。

基于此不难了解到，我国男性在婚姻中处于被挤压的一方，同时女性处于更大的信息不对称的地位。针对这两个现实情况，学者从不同角度创立了结婚补偿说、结婚资助说、结婚交换说等理论，将结婚支出聚焦在彩礼、嫁妆等方面。但本文调研组在实地调研过程中发现，现实婚姻市场上嫁妆和彩礼是无法分离讨论的，此外男性家庭会承担更大比例的结婚支出，并且男性家庭的大部分支出可能不以彩礼的形式出现，已有的学说及理论并不能完整地解释和分析为什么我国小镇男青年结婚需要付出更多费用。因此，本文基于信息经济学视角，将嫁妆、彩礼等所有结婚支出归纳到同一主题下，以更好地解释和衡量小镇青年结婚难的问题（图2）。

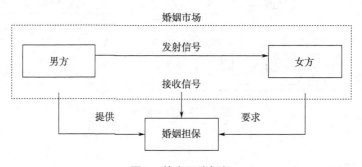

图 2　基本理论框架

（二）假设提出

基于上述的解释与分析，首先，设置家庭特征变量，具体包括新婚夫妻相识时间、是否有亲兄弟姐妹。择偶时，女性更看重男性的收入潜力和未来配偶关系终止的风险，包括履行婚姻契约和家庭责任感等因素（Pawlowski and Dunbar，1999）。这些隐性因素的信号往往较难被识别，需要较长时间的相处才能观察得出。基于此，本文推断男女双方相识时间越长，女方对男方的信息了解得越深入，越能降低信息不对称带来的不安全感，使得女方所需"担保"强度减弱，所以男方家庭能降低发射"担保信号"的成本。

阎云翔（2006）认为，当代农村彩礼不再是两个家庭之间礼节性的礼物交换或者支付手段，而是财富从上一代往下一代转移的新途径。新房和彩礼构成新婚夫妇的基本财产，是其未来独立生活的基础，它实际是亲代财富向子代提前转移（王跃生，2010）。本文推断，在彩礼承担家庭资产代际转移的功能下，子女特别是儿子的数量会直接影响结婚支出。兄弟姐妹越多，对家庭资产的代际继承竞争越激烈，从而会在结婚费用上索要更多。

基于以上两点，本文提出假设 H1：

H1：家庭特征类变量中，男女双方从相识到结婚历时越长，男方原生家庭在结婚礼金和婚房购置支出中的占比会下降。双方家庭中兄弟姐妹数量越多，男方原生家庭在结婚礼金和婚房购置支出中的占比会上升。

本文设置了衡量人力资本的变量，具体包括女方受教育年限、双方受教育年限差异。在总资源不变的情况下，女方的受教育程度可以帮助其提高社会地位，做出更优的生育决策（蔡昉，2001），从而提高离婚后的抗风险能力。曾美申（Tzeng Meei-shenn，1992）的研究揭示，结婚时双方社会地位相差越大，婚后家庭地位的差异就越大。因此，本文推断男女双方婚前社会地位的差异会导致婚后地位差异，进而影响女方对婚姻担保的要求。基于以上分析本文提出假设 H2：

H2：人力资本类变量中，女方受教育年限越长，对于婚姻担保要求的动机相应减弱，男方原生家庭在结婚礼金和婚房购置支出中承担的比例下降。男女双方受教育年限差距越大（男方学历相较于女方越高），女方对于婚姻担保要求的动机越强，男方原生家庭在结婚礼金和婚房购置支出中承担的比例上升。

本文设置的地域特征类变量包括男方迁移经历、女方迁移经历、双方成长地差异。有迁移经历的青年在迁入地会获得更好的工资水平、就业机会、公共服务资源（蒋浩君、苏群，2022）。无论是男方还是女方，均在迁移中提升了自己的"社会价值"，因此在选择结婚对象时，男方会不断释放自身"高价值"的信号，女方则会考虑自身的"社会价值"匹配程度及预期所花费的结婚成本。即有迁移经历的男方会投入更多经济信号，有迁移经历的女方会索要与自身价值匹配的担保信号。

拉姆（Lam，1988）发现，由于婚姻中男女双方可以共同享受婚姻产出，因此在择偶时男女双方都存在向上匹配的激励动力。袁晓燕等（2017）重点研究了中国夫妻户籍匹配对于婚姻满意度的影响，发现夫妻同质户籍会带来更高的婚姻满意度，夫妻户籍差距越大，婚姻满意度越低，而且跨户籍的婚姻数量明显少于同户籍婚姻。当一个女性"向上婚"（嫁入经济发展水平更高的区域）时，虽然自身的生活环境和社会资源可能会得到改善，但出于对婚后双方家庭地位不对等、双方原生家庭实力上的差距的担忧，女方可能反而会索要更多结婚费用以保障未来生活。基于以上调研与分析，本文提出假设 H3：

H3：地域类变量中，男方迁移经历与女方迁移经历均与男方原生家庭在结婚礼金和婚房购置支出中承担的比例呈正相关关系。

本文设置了经济特征类变量，具体包括新婚夫妻年收入、男方家庭年收入、是否购置婚房。新婚夫妻年收入可以反映双方的经济能力，在一定程度上分担男方家庭面临的高结婚费用的压力。男方家庭年收入则反映其父母的经济实力及其社会资源的积累。

婚姻市场中，女性会向地理位置好、经济水平高的地区流动，这种"弱势积累"在婚姻要价上表现为，在局部区域，越贫困、越边远地区的农村婚姻要价越高（桂华，2010）。当男方家庭经济及社会资源状况较好时，一方面，男方家庭长辈的社会资源有助于其子代的社会交往和经济来源的获取；另一方面，男方家庭父母的经济资本也可以通过代际传递影响男方的个人收入。收入作为一个显性因素，也是向女方发射出的强有力"担保"信号，从而使女方更倾向于降低对男方家庭物质保障方面的要求。

住房投资具有大额度、固定性、长期性等特征，很适合成为传递男方能力、家庭财富与社会地位的信号载体（方丽、田传浩，2016）。在农村地区，婚房成为第一结婚要件（陶自祥，2011）。如果男方家庭提供婚房甚至只是承担婚房的大部分费用，则因女方已接收到男方较强的诚意担保信号，在其他结婚支出上女方反而会少提要求。此外，由于房价过高，依靠单个家庭的力量可能无力负担，因此在男方家庭愿意购置婚房的情景下，女方家庭可能也会承担一部分购房款，或者在男方家庭全额支付购房款或首付的情况下，女方家庭更有可能会支付数额可观的嫁妆，如为新婚夫妇购置汽车等。因此，在购置婚房的情况下，女方家庭也可能配置更多的嫁妆以与男方家庭支出的大额可信担保相匹配，这样男方家庭在结婚礼金（彩礼与嫁妆总和）费用中承担的比例反而可能下降。

基于此，本文提出假设 H4：

H4：经济类特征变量中，新婚夫妻年收入、男方家庭年收入越多，男方家庭在结婚礼金及婚房购置支出中所占的比例下降。相比未购置婚房家庭，购置婚房的家庭在双方支付礼金的过程中由男方支付的彩礼占比下降。

三、男方家庭结婚成本影响因素分析

年轻人待在村里的少，多进县城或外出务工，挺多外地人嫁到县里来。农村经济水平不如城里，城里姑娘不愿意嫁到农村。

——入户访谈的家庭10

种苹果收成不稳定，有时 10 万多，很多时候会赔钱，苹果近几年越来越不值钱，前几年下冰雹都赔进去了。而且村子里男孩多女孩少，男孩更困难，家里主要靠农作物挣一些钱。

——入户访谈的家庭6

彩礼、婚礼规模、车房等，取决于各家的经济条件，但是婚房最好有，彩礼看人品，有些地儿风气不好不给彩礼不结婚。

——入户访谈的家庭11

洛川县位于陕西省延安市南部，支柱产业为农业，主要从事苹果种植，由于地形与技术限制，受自然条件影响较大，因此劳动力常年被束缚于果园中。故洛川本地小镇青年多选择进入城镇生活与工作。

基于实地访谈内容，我们可以得出洛川本地结婚成本高的三个原因：一是女性外迁导致本地适婚女性比例降低，本地女性人数的减少造成了选择不外迁的小镇青年面临"男多女少"的局面；二是本地支柱产业不稳定，造成居民收入不稳定，同时由于"男多女少"的婚姻现状，使女性有更高的要价底气，而家庭收入的不稳定在一定程度上使小镇青年在婚姻市场竞争力下降，进而造成小镇青年结婚难；三是彩礼风俗依旧存在，且大部分女方家庭要求提供婚房，对收入微薄的小镇青年及其家庭而言是巨大的经济负担，高彩礼与低收入的矛盾加剧了小镇青年结婚难与结婚成本高的现状。以上各方面原因造成了洛川地区男性结婚成本高的问题，基于此，调研组进行了问卷调查与入户访谈。

（一）样本情况及描述性统计

本研究选取陕西省洛川县为调研地点，洛川县男性婚姻挤压现象普遍，结婚成本高昂，对于彩礼问题的研究具有典型性。洛川县位于黄土高原沟壑区，与周围其他村庄在自然条件、文化传统等方面相似，统计数据显示，2021 年，洛川县农民人均可支配收入为 1.59 万元，相较于东南沿海地区突破 3 万元的农民可支配收入存在较大差距。由此可见，研究洛川县青年结婚成本对于研究我国乡镇青年的民生及婚姻问题具有一定的代表性。

本次调研主要采用两种方式：一是实地访谈法，对洛川县居民进行了入户个案访谈；二是问卷调研法。在问卷星在线调查平台上制作和发布"小镇青年婚恋状况调查问卷"，向洛川当地居民实地发放问卷进行调研。为了保证数据可靠性，我们设计了第二次补充调研，并对数据进行深入分析。共回收问卷 749 份，剔除无效问卷，最终获得有效问卷 625 份。变量定义如表 1 所示。

表 1　变量定义

变量类型	变量类别	变量名称	变量定义与赋值
被解释变量		男方彩礼支出占比	连续变量，范围为 0~1
		婚房购置出资比例	连续变量，范围为 0~1
解释变量	家庭特征	相识时间	连续变量
		是否有亲兄弟姐妹	否 = 0，是 = 1
	人力资本	女方受教育年限	连续变量
		双方受教育年限差异	连续变量，即男方受教育年限减去女方受教育年限
	地域特征	男方是否向大城市迁移	否 = 0，是 = 1
		女方是否向大城市迁移	否 = 0，是 = 1
	经济特征	新婚夫妻年收入（万元）	连续变量
		男方家庭年收入（万元）	连续变量
		是否购置婚房	否 = 0，是 = 1
控制变量	个人特征	性别	女 = 0，男 = 1
		年龄	连续变量
		婚恋状况	未婚 = 0，已婚 = 1

资料来源：依据本研究调查问卷整理。

描述性统计结果如表 2 所示。

表 2　描述性统计

变量名称	观测数	均值	标准差	最小值	最大值
男方彩礼支出占比	625	0.75	0.287	0	0.923
婚房购置出资比例	625	0.67	0.313	0	1
相识时间	625	2.444	1.256	1	5
是否有亲兄弟姐妹	625	0.862	0.345	0	1
女方受教育年限	625	11.729	3.16	0	16
双方受教育年限差异	625	-0.28	2.66	-12	6
男方是否向大城市迁移	625	0.316	0.466	0	1
女方是否向大城市迁移	625	0.409	0.493	0	1
新婚夫妻年收入	625	15.899	9.542	6	34
男方家庭年收入	625	10.443	8.873	4	50
是否购置婚房	625	0.76	0.428	0	1
性别	625	0.365	0.482	0	1
年龄	625	32.106	8.338	20	40
婚恋状况	625	0.244	0.431	0	1

调研组分别于 2021 年 8 月和 2022 年 8 月跟随当地乡镇工作人员走进陕西省延安市洛川县,进行了"田野调查"与个案访谈。近两年,持续跟进来自 20 户家庭的 33 位小镇青年的婚恋状况,其中 14 名未婚 19 名已婚。访谈样本基本情况见表 3。

表 3　受访者基本信息

受访者家庭编号	受访者身份	受访者性别	小镇青年婚恋状况
1	父亲	男	儿子适龄未婚
2	小镇青年	女	适龄未婚
3	母亲	女	儿子适龄未婚
4	奶奶	女	小儿子未婚,大儿子恋爱备婚
5	父亲	男	三个儿子已婚
6	母亲	女	儿子已婚
7	父亲	男	大儿子大龄未婚,小女儿已婚
8	父亲	男	儿子恋爱备婚
9	母亲	女	女儿恋爱备婚

受访者家庭编号	受访者身份	受访者性别	小镇青年婚恋状况
10	奶奶	女	大女儿已婚，小儿子适龄未婚
11	父亲	男	大女儿恋爱备婚，小儿子适龄未婚
12	母亲	女	三个女儿已婚
13	小镇青年	男	适龄未婚
14	父亲	男	一儿一女已婚
15	母亲	女	儿子适龄未婚
16	小镇青年	女	适龄未婚
17	父亲	男	大儿子已婚，小儿子适龄未婚
18	母亲	女	三个儿子已婚
19	小镇青年	男	已婚
20	母亲	女	大儿子已婚，小女儿未成年

（二）回归模型构建与假设检验

1. 男方彩礼支出占礼金比例

根据实地调研走访发现，小镇适龄青年结婚支出的主要部分为礼金（即彩礼和嫁妆）和婚房购置，故本研究分别以男方家庭承担的彩礼支出在礼金总额中的占比、婚房购置中男方家庭的出资情况作为因变量 Y_1 和 Y_2，构建两组回归模型。两组模型均设置为多元线性回归，过程中引入控制变量，以保证结果的稳健。

为验证假设 H1 至 H4，设置回归模型（1）。

$$Y_1 = \alpha_1 X_1 + \alpha_2 X_2 + \alpha_3 X_3 + \alpha_4 X_4 + \alpha_5 X_5 + \alpha_6 X_6 + \alpha_7 X_7 + \alpha_8 X_8 + \alpha_9 X_9$$
$$+ \beta_1 Z_1 + \beta_2 Z_2 + \beta_3 Z_3 + \mu \tag{1}$$

其中：因变量 Y_1 指男方家庭承担的彩礼支出在礼金总额（彩礼与嫁妆之和）中所占的比例。控制变量 Z_1 是样本的性别，0 代表女性，1 代表男性；Z_2 是年龄，为连续变量；Z_3 代表样本婚恋状况，0 代表未婚，1 代表已婚。

回归模型（1）中自变量包含：相识时间（X_1），指双方从相识到结婚的时间，以年为单位；是否有亲兄弟姐妹（X_2），指男方家庭中是否有同辈直系亲属，情况包括独生子女、有兄弟、有姐妹、兄弟姐妹都有；女方受教育年限（X_3），是反映"女方能力"或"女方质量"的一项指标，在本研究中指女方结婚时的受教育程度（受教育年限）；双方受教育年限差异（X_4），即男方受教育年限减去女方受教育年限，若 X_4 大于 0，则男方受教育水平高于女方，若 X_4 小于 0，则男方受教育水平低于女方；男方是否迁移至大城市（X_5），即男方结婚前是否曾有过向发展水平更高地区迁移的经历；女方迁移经历（X_6），即女方结婚前是否有过向发展水平更高地区迁移的经历；新婚夫妻年收入（X_7），即双方组建家庭后的总收入；男方家庭年收入（X_8），指双方结婚当年男方家庭的年收入，是衡量经济能力的显性要素；以及是否购置婚房（X_9）。回归结果如表4所示。

表4　模型（1）回归结果

变量类别	变量名称	（1）	（2）
		男方彩礼支出占比	男方彩礼支出占比
家庭特征	相识时间	-0.426 **	-0.455 *
		（0.012）	（0.012）
	男方是否有亲兄弟姐妹	0.203 **	0.214 **
		（0.014）	（0.019）
人力资本	女方学历	-0.017 8 **	-0.016 5 *
		（0.017）	（0.018）
	双方学历差异	0.063 4 *	0.021 5 **
		（0.019）	（0.019）
地域特征	男方迁移经历	-0.064 4	-0.083 3
		（0.014）	（-0.014）
	女方迁移经历	-0.013 7 *	-0.013 0
		（0.017）	（0.017）
经济特征	新婚夫妻年收入	-0.245 ***	-0.257 ***
		（0.008 6）	（0.089）
	男方家庭年收入	-0.098 8 ***	-0.104 ***
		（0.020）	（0.207）
	是否购置婚房	-0.323 *	-0.369 **
		（0.035）	（0.360）
个人特征（控制变量）	性别		-0.025
			（0.032 4）
	年龄		-0.024
			（0.017）
	婚恋状况		0.057
			（0.042）

续表

变量类别	变量名称	(1)	(2)
		男方彩礼支出占比	男方彩礼支出占比
常数		0.573 ***	0.585 ***
		(0.082 7)	(0.116 0)
观测量		625	625
R^2		0.175	0.186

注：括号内为聚类稳健标准误，***、**、*分别代表1%、5%及10%的显著性水平。

表4回归分析结果显示，在控制了年龄、性别、婚恋状况的影响后，相识时间、男方是否有亲兄弟姐妹、女方学历、双方学历差异、新婚夫妻收入以及男方家庭年收入、是否购置婚房，对男方家庭承担的彩礼在双方礼金支出中的占比具有显著的影响。具体而言：第一，随着男女双方从相识到结婚时间的增长，男方家庭在礼金支出中的占比降低，假设H1得到进一步支持；第二，随着男方家庭兄弟姐妹数量的增加，男方家庭的彩礼支出占双方礼金总支出比例显著上升，假设H1得到进一步支持；第三，新婚夫妻年收入与男方家庭承担的彩礼支出占礼金的比例呈现显著负相关关系，假设H4得到进一步支持；第四，结婚当年男方家庭年收入与彩礼在礼金总额中占比呈显著负相关，假设H4得到进一步支持；第五，相比没有购买婚房的样本及女方购房支出较多的样本，购买婚房样本的男方家庭承担的彩礼费用占礼金总额比例下降，假设H4得到进一步支持；第六，女方学历（X_3）、双方学历差异（X_4）与男方家庭承担的礼金支出的相关关系较弱，但系数仍为负，因此假设H2得到支持。

然而，尚无足够证据表明男方迁移经历（X_5）、女方迁移经历（X_6）对男方家庭承担的彩礼支出在礼金总额（彩礼与嫁妆之和）中所占的比例有显著影响，H3得不到支持。

2. 婚房购置中男方家庭出资占比

我儿子是24岁结婚的，那时候和他对象已经处了四年多，两个人感情挺稳定的。后来结婚姑娘家都没向我们要彩礼，我们家主要出了办婚礼宴请的钱，其他的也就是儿媳妇的礼服和首饰，经济上没有让我们有什么为难的。

——一位与对象相识4年结婚的小镇青年的母亲

我家三个都是儿子，现在都成家了。我们家在这一带还算宽裕，但彩礼和房子钱还是越来越拿不出来了。老大那会儿彩礼有 30 多万元，还付了首付 20 多万元。老二老三的媳妇家听说我们三个都是儿子，还想彩礼上多要点，但是再算上首付钱实在是不够了，就商量着首付女方家也帮着分担点，后来也就各花了 20 万元的样子。

——一位小镇青年的父亲

我们更换男性婚姻支出的指标，用婚房购置中男方出资占比作为被解释变量，从购买婚房角度计算男方承担的经济压力，并分析造成这一现状的原因，验证前文提出的家庭特征、人力资本、地域特征、经济特征四个角度的假设是否正确。构建回归模型（2）：

$$Y_2 = \alpha_1 X_1 + \alpha_2 X_2 + \alpha_3 X_3 + \alpha_4 X_4 + \alpha_5 X_5 + \alpha_6 X_6 + \alpha_7 X_7 + \alpha_8 X_8 + \beta_1 Z_1 + \beta_2 Z_2 + \beta_3 Z_3 + \mu \tag{2}$$

其中，被解释变量 Y_2 为男性婚房支出占比情况。由于部分受访者没有购房打算，在进行回归时，我们仅保留结婚购买婚房的样本。模型设置男女双方相识时间、男方是否有亲兄弟姐妹、女方受教育年限、男女双方受教育年限差异、男方是否迁移至大城市、女方是否迁移至大城市、新婚夫妻年收入、男方家庭年收入 8 个解释变量，从家庭特征、人力资本、地域特征、经济特征四个角度验证本文假设是否正确。其中，与模型（1）的解释变量不同的是，解释变量减少了"是否购置婚房"一项。模型（2）的控制变量为个人层面特征，即性别、年龄、婚恋状况，与模型（1）的控制变量相同。

表 5 回归结果显示，相识时间、男方是否有亲兄弟姐妹、女方学历、双方学历差异、女方迁移经历、男方家庭年收入对男方在婚房购置中出资占比具有显著的影响。而男方迁移经历和新婚夫妻年收入对男方家庭婚房购置的出资占比影响不显著。具体而言：第一，随着双方从相识到结婚时间的增长，男方家庭的婚房出资的占比降低，假设 H1 得到进一步支持；第二，随着男方家庭兄弟姐妹数量的增加，男方家庭在婚房购置中的出资比有所下降，假设 H1 得到进一步支持；第三，女方学历越高，男方在婚房购置中承担的比例越低，假设 H2 得到进一步支持；第四，随着男女双方学历差距的扩大（男方学历较女方更高），男方家庭在婚房购置中承担的比例显著上升，假设 H2 得到进一步支持；第五，女方过往迁移经历与男方的婚房购置出资占比呈显著正相关关系，假设 H3 得到进一步支持；第六，男方家庭年收入越高，其在婚房购置出资中的占比越低，H4 得到进一步验证。

表5 模型（2）回归结果

变量类别	变量名称	（1）婚房购置中男方出资占比	（2）婚房购置中男方出资占比
家庭特征	相识时间	−0.335 ** (0.620)	−0.366 ** (0.123)
	男方是否有亲兄弟姐妹	−0.208 ** (2.080)	−0.287 * (0.152)
人力资本	女方学历	−0.035 ** (0.026)	−0.032 ** (0.183)
	双方学历差异	0.029 *** (1.450)	0.027 *** (0.196)
地域特征	男方迁移经历	−0.191 (0.145)	−0.223 (0.157)
	女方迁移经历	−0.183 * (−0.092)	−0.121 * (0.178)
经济特征	新婚夫妻年收入	−0.038 * (−0.018)	−0.048 (0.175)
	男方家庭年收入	−0.031 ** (0.111)	−0.035 * (0.0911)
个人特征（控制变量）	性别		0.279 *** (0.328)
	年龄		0.038 * (0.196)
	婚恋状况		−0.174 * (0.439)
	常数	2.651 *** (0.602)	3.043 *** (0.414)
	观测量	625	625
	R^2	0.255	0.270

注：括号内为聚类稳健标准误，*** 、** 、* 分别代表1%、5%及10%的显著性水平。

3. 稳健性检验

为检验结论的稳健性，我们对样本进行分类，选取样本中相识时间较短（相识时间≤2年）和相识时间较长（相识时间≥3年）的部分分别进行回归分析，回归结果如表5所示。由结果可见，相关解释变量仍保持显著，即在改变样本容量或对于不同相识时间的样本，上文得到的结论仍成立。稳健性检验结果如表6所示。

表6 稳健性检验结果

变量名称	婚房购置出资比例		男方彩礼出资占比	
	相识时间短	相识时间长	相识时间短	相识时间长
相识时间	-0.360*	-0.480**	-0.326**	-0.513**
	(0.036)	(0.023)	(-0.059)	(0.070)
是否有亲兄弟姐妹	0.201**	-0.195*	-0.251*	0.173*
	(-0.002)	(-0.014)	(0.080)	(0.074)
女方受教育年限	-0.016**	-0.012	-0.007	-0.013*
	(-3.079)	(3.022)	(0.080)	(2.48)
双方受教育年限差异	0.032*	0.027**	0.024**	0.020**
	(0.029)	(0.031)	(0.035)	(0.039)
男方是否向大城市迁移	-0.061*	-0.076**	-0.061**	0.068**
	(-1.035)	(0.006)	(0.69)	(0.24)
女方是否向大城市迁移	-0.014	-0.028*	-0.024*	-0.034*
	(-0.034)	(0.002)	(0.032)	(0.047)
新婚夫妻年收入（万元）	-0.203**	-0.233**	-0.204*	-0.230**
	(1.015)	(0.054)	(1.51)	(0.13)
男方家庭年收入（万元）	-0.093***	-0.104***	-0.009***	-0.099***
	(9.056)	(9.557)	(10.078)	(9.653)
性别	-0.020*	-0.029*	-0.025*	-0.119*
	(-0.015)	(0.029)	(0.063)	(0.051)
年龄	-0.021	-0.014*	-0.022*	-0.020*
	(0.009)	(-1.004)	(0.033)	(-0.201)
婚恋状况	0.057*	0.030*	0.009**	0.178*
	(0.009)	(-0.086)	(0.017)	(-0.055)
常数	4.503***	4.342***	4.400***	4.695***
	(2.209)	(2.630)	(2.721)	(2.614)
观测数	148	47	148	47
R^2	0.091	0.109	0.125	0.364

注：括号内为聚类稳健标准误，***、**、*分别代表1%、5%及10%的显著性。

(三) 原因分析

1. 家庭因素影响分析

根据以上访谈，本研究分析得出相识时间及男方家庭兄弟姐妹数量影响男方结婚成本的作用机制：

随着双方从相识到结婚的时间增长，女方对男方的认识了解不断加深，女方在婚姻市场中信息不对称的劣势地位有所改善，不再需要向对方提出更高的结婚出资要求，便可以得到"担保"，因此，男方家庭在婚房出资中的占比随之降低。

在资产代际转移的背景下，结婚支出可看作父母家庭财产向子女小家庭财产进行转移的"提前继承"行为，因此，随着男方家庭兄弟姐妹数量的增加，女方会更倾向于以高彩礼的形式提前继承更多家庭财产，即在"手足竞争"的情景下，男方支出的彩礼占礼金总额的比例增加；然而，在婚房购置方面，由于房价过高，一个家庭往往难以负担多个儿子的婚房费用，故随着男方家庭兄弟姐妹数量的增多，父母能够提供给每个子女的购房资金有所减少。

2. 人力资本影响分析

女儿在西安交大读的本科和硕士，毕业之后留在西安教书，已经谈了男朋友，我们家相信女儿自己的能力和眼光，对未来女婿彩礼、车、房没那么多要求。说心里话，要是姑娘没这么争气，学历、工作不如男方，我们还会担心万一以后两个人处不来关系不稳定，可能会多要点彩礼，算是给女儿的生活留一份保障吧。

——一位高学历的小镇女青年的母亲

根据以上访谈，本研究分析得出女方受教育程度及双方受教育程度差异影响男方结婚成本的作用机制：

在养育后代、照顾家庭等问题上，女性的"亲本投资"更多，外貌、身材、生育能力等女性拥有的自身"资源"会随着时间逐渐"贬值"，而且女性婚后在亲子投资、离婚后再婚等方面的成本比男性更高，故女方的结婚隐性成本也相对高。女方学历越高，其经济和社会资源的获取能力相对越强，因而即使婚姻关系不幸破裂，相较学历更低的女性，拥有更多就业机会和更稳定的经济收入，对离婚后独自负担生活的担忧更少，对于婚姻担保的要求动机相应减弱，因此男方在婚房购置和礼金总支出中承担的比例都有所下降。

男女双方学历差距越大（男方受教育年限较女方更长），女方因此可以获得更多社会资源甚至社会地位跃迁，但双方差距导致的不安全感，使得女方对婚姻担保的需求增强，男方的结婚花销反而越多，因此男方家庭在婚房购置支出中承担的比例显著上升。

3. 迁移经历影响分析

女儿常年在外地打工，杭州、苏州、深圳、西安都待过，到适婚年龄后回本地相亲，眼光相对比较高，彩礼比我们这一片要得多些，对男方的文化水平以及能力都更加看重了。女儿在外这么"漂着"，我们还挺想让她嫁人后定居，扎下根来，男方家能置办婚房是最好的。

——一位迁到大城市务工多年的小镇女青年的父亲

我来北京打工三年多了，但还没遇到合适的结婚对象，本来想着"北漂"工作机会多、发展好，但是大城市生活开销太大，攒不下什么钱，房子太贵了，算上爸妈的积蓄也买不起，那个购房资格对我们小城市来务工的来说很难拿到。但是就这么回去，还是不太甘心，再干两年看看吧。

——一位在北京务工的小镇男青年

据以上访谈，本研究分析得出女方迁移经历影响男方结婚成本的作用机制：

小镇女青年的迁移经历能够帮助其开阔眼界，获得更好的发展机会，同时也客观地提高了生活成本。因此，女方在选择结婚对象时，更倾向于提高对男方经济条件的要求，具体表现为女方可能会要求更高数额的彩礼。同时，在外务工的租房经历和长期的"漂泊"生活方式，会使女方更渴望稳定的住所，因此增加对男方提供婚房担保的需求。

然而，尚无足够证据表明小镇男青年的迁移经历对男方彩礼及婚房支出有显著影响。迁入大城市的小镇青年常受限于出身和教育环境，其学历与能力与城市青年相比难以形成较强竞争力。由此可见，大城市的入迁经历并未能向小镇青年提供与其预期相符的收入和资源，也难以帮助其发射更强的经济担保信号。此外，城乡户籍制度和大城市购房资格限制等规定，也是阻滞小镇男青年婚房购置的重要客观因素。

4. 经济情况影响分析

我儿子早成家了。我们家前些年苹果收成好，在这谷咀村都是排得上的，儿媳妇家里觉得我们条件靠得住，同意我们把现有的空房子翻新一下做婚房，有了婚房，彩礼钱就没往高了要，所以儿子结婚没给我们太大经济压力。

——一位家庭相对宽裕且有婚房的小镇青年的母亲

女儿和现在的男朋友谈了快三年了，两个孩子工作体面，收入也不错，女儿是医院的护士，她男朋友在西安的一家省企工作。我们家对彩礼金额没有什么要求，但房子钱靠两个孩子自己还是有些困难的，所以想看男方能不能凑个首付，我和她妈妈也可以再给添一点。

——一位收入较稳定的小镇青年的父亲

根据以上访谈，本研究分析得出新婚夫妻年收入、男方家庭年收入以及婚房购置情况影响男方结婚成本的作用机制：

新婚夫妻年收入是其经济能力的直观反映，随着年收入的提高，一方面，其成家立业所需的亲代财务支持减弱；另一方面，子代一定程度上也能帮助分担男方亲代面对的高结婚费用的压力；但由于近年来房价尤其是城市房价居高不下，仅依靠子代积蓄购房的困难往往较大，因此新婚夫妻年收入对于男方家庭在婚房出资中的占比无显著影响。

男方家庭年收入能够反映男方亲代经济实力及其他社会资源的积累，其中，经济资本可以通过代际传递影响男方的个人经济状况，且会对男女方婚后生活提供更好更稳定的支持，亲代的社会资源也有助于子代的社会交往和经济来源的获取。收入作为显性因素，向女方发射出强有力的"担保"信号，从而使女方倾向于降低对男方物质保障方面的要求，男方家庭在婚房和礼金出资中的占比都有所降低。购置婚房作为住房投资具有大额度、固定性、长期性等特征，是传递男方能力、家庭财富与社会地位的较强信号载体，如果男方家庭提供婚房甚至只是承担婚房的大部分费用，则因女方已接收到男方的"诚意"和经济实力信号，在彩礼等其他结婚支出上就会适当降低要求。

四、建议与启示

（一）个人

1. 女方加强独立能力，做好迎接爱情的准备

女方创造经济及社会价值的能力作为女方的"人力资本"信号，女方学历越高或收入越高，表示其未来预期获取资源的能力越强，而低学历女性或能力较弱的女性则更依赖男方的承诺和可信的婚姻担保。女方所要求的担保信号额度越大，则男方承担相应费用的困难越大，担保信号供需额度不对称无疑阻碍了双方婚姻关系的缔结。因此，小镇女青年独立意识与独立能力的培养与建立，对于弥合担保信号的供需差异具有重要作用，不仅能够助推小镇青年"结婚难"问题的解决，还能够避免女性由于个人能力和男方的差异所造成的两性关系中的不安全感乃至家庭地位悬殊等问题，起到引领正确婚姻观，营造健康家庭氛围的作用。

2. 男方提升综合实力，夯实爱情的基础

在推进乡村振兴、鼓励人才返乡的背景下，小镇青年应结合自身现有优势与小镇发展特点，灵活选择就业方向，在政策呼吁下扮演"辅助者"的角色，推动小镇经济发展。面对乡村振兴新形势，面对充满变数的新兴发展道路，小镇青年需要用自己的方式适应各种各样的变化，充分发挥作为新青年一代的思维与适应能力，在社会建设中实现自我价值，形成行业中的个人竞争力。在追求更高理想与价值的过程中，积累人力资本，提高经济能力，以此减轻家庭的结婚经济负担。

3. 婚前加深彼此了解，牢固坚守爱情的根基

男女双方从相识到结婚历时越长，双方对彼此的了解程度越深入，双方信息不对称程度逐渐下降，女方在婚姻市场中信息不对称的劣势地位有所改善，不再需要向对方提出更高的结婚出资要求，便可以得到"担保"，进而对于婚姻担保的需求下降，一定程度可以降低男方家庭支付的结婚费用比例。因此，双方在婚前应加深对彼此的了解，减弱女性处于弱势地位的不安全感，更应从双方经济、家庭、学历、情感等方面加深了解，减少双方信息不对称，增加女性心理安全感，建立和谐信任的夫妻关系。

4. 认识物质保障与婚姻幸福，掌握爱情的真谛

无论是对彩礼还是对婚房的担保需求，其内在原因都是对物质生活保障和稳定婚姻关系的迫切需求。然而，高额的担保并不能与稳定的婚姻画等号，加大彩礼筹码不是婚姻幸福的根本，也不是儿女幸福的必要条件，更不是家庭致富的康庄大道，将婚姻与彩礼、婚房等"担保"要素捆绑，只会使更多适龄小镇青年陷于婚恋难的困局。因此，小镇青年及其家庭迫切需要转变思想观念，正确认识经济基础与婚姻幸福之间的关系。

男方家庭收入可以作为较强的证明经济能力的信号，有助于女方降低对提供其他"担保"的信号需求，从而减少以彩礼形式索要的，给予小家庭的经济支持；但和婚房购置这个长期性、高投入的资产无直接关联。

结婚支出可视为家庭资产的代际"提前继承"行为。当子代中男性较多时，在结婚彩礼方面可能出现财产提前继承权的"手足相争"问题，不仅会加重家庭经济压力，还可能引发亲代之间的利益冲突，不利于家庭和谐与社会稳定。在此情境下，树立摒弃"重男轻女"思想桎梏的意识至关重要。

（二）政府

1. 提供更多发展机遇，提高小镇青年婚姻担保能力

小镇青年是消弭城乡融合阻力的主力军，其生活条件与生活幸福感无疑同时

受到城乡发展的双重影响。

对于外迁小镇青年，首先，增强职业培训体系，提高就业质量，就业市场中设立一定的政策倾斜，提供物质基础上的保障。其次，推进基本公共服务均等化，保障平等地享受公共服务资源。最后，通过社区、单位组织增强小镇青年的身份认同感与融入度，有效提高生活满意度，减少择偶时因身份认同导致的低信任感。

对于回流小镇青年，首先，紧密乡村振兴战略与小镇青年的联系，出台小额信贷等方面的优惠政策，为返乡小镇青年给予帮扶，为他们在乡镇安身立命提供保证和资源。其次，农村社区与单位组织开展多样化、个性化服务，满足小镇青年的物质与精神文化需求，与本地建立社会联系，降低在婚恋市场中的择偶与婚姻"担保"成本。

2. 开展德智教育与咨询疏导，培育正确婚姻家庭观

为加强情侣之间了解，培养正确婚恋观，政府需要加强婚前指导与咨询，同时继续推进婚俗改革，通过制定更加细致且具体的政策，拒绝天价彩礼、整治攀比之风。此外，社区及单位组织应定期举办线下青年交友活动，举办"从恋爱步入婚姻主题讲堂""情侣知多少"等活动，帮助更多青年人与他人交往的同时，树立正确的婚恋价值观。

此外，政府还可以引导有关企业例如交友网站，发布婚前婚后男女之间可能会出现的各类话题，引导用户讨论，例如"结婚以后谁管钱？""彩礼嫁妆收多少？"，并在活动后统计相关数据，制作报告，梳理男女双方对于亲密关系、敏感话题的观点，促进男女之间深入了解。

社会各方力量应根据社会发展和时代推进，不断深入分析婚恋观念的变化，梳理男女双方在亲密关系里的价值，调整男女双方对待情感关系的期望值，进而指导他们解决情感关系不同阶段的交往困惑和问题。

3. 改善小镇女青年教育与就业环境，降低生育成本

乡镇地区仍存在着"重男轻女"的观念，家庭对女孩的教育投资相对更少，政府应着力提高小镇女青年的受教育率和平均受教育年限，帮助低学历女性提升就业竞争力，从而减弱女方婚姻"担保"信号的需求动机。例如，建设地方公立幼儿园、小学，鼓励大学生特别是回流小镇青年到地方支教，监督小镇女孩在义务教育阶段上学。

此外，政府应着力提高女性职场福利，监督企业贯彻落实政府的方针政策，优化女性职场环境，加强女性生育保障，减少女性就业的后顾之忧。生育保障政

策的加强能有效降低生育压力，从而降低高彩礼费用。新时代，政府不仅要让群众过上好日子，更要解决群众关于婚姻的困难和苦衷。

4. 运用大数据等高科技手段，解决婚恋信息不对称的问题

目前，农村彩礼呈现不均衡发展，经济水平高、生活幸福的家庭彩礼较低，而以畜牧业为主的经济欠发达地区彩礼较高。有关部门可以建立农村适龄青年的大数据平台，促进婚恋信息均衡，缓解结婚支出上的信息不对称问题，以使适龄青年有更多的选择，防止"坐地起价"现象，有效遏制高彩礼的不正之风。在建立平台之初，要制定相应数据监督把控机制，防止高彩礼这种负面信息外溢，并在平台的醒目位置进行宣传指导，抵制高额彩礼，反对盲目攀比的不良社会风气。

作者简介：

包诗尧，2020 级首经贸经济学院本科在读，曾获国家奖学金等荣誉，外文期刊收录论文一篇，现已保研至对外经济贸易大学；胡鑫，2020 级首经贸经济学院本科在读，现已保研至首都经济贸易大学；田世琪，2020 级首经贸经济学院本科在读，现已保研至中国人民大学；韩一婷，2020 级首经贸经济学院本科在读，现已保研至西南财经大学；刘泽玉，2020 级首经贸经济学院本科在读，曾获美赛 H 奖、"挑战杯"全国大学生课外学术科技作品竞赛省级一等奖等荣誉；张涵林，2020 级首经贸经济学院本科在读，本科毕业后出国留学；张兴格，2020 级首经贸经济学院本科在读。

参考文献

［1］ LAM D，1988. Marriage markets and assortative mating with household public goods: theoretical results and empirical implications ［J］. Journal of human resources，23（4）：462-487.

［2］ PAWLOWSKI B，DUNBAR R，1999. Impact of market value on human mate choice decisions ［J］. Proceedings of the Royal Society of London B: Biological Sciences，266（1416）：281-285.

［3］ SPENCE M，1973. Job market signaling ［J］. The quarterly journal of economics，87（3）：355-374.

［4］ TULJAPURKAR S，LI N，FELDMAN M W，1995. High sex ratios in China's future ［M］. Science，267：874-876.

［5］ TZENG M，1992. The effects of socioeconomic heterogamy and changes on marital dissolution for first marriages ［J］. Journal of marriage and the family，54：609-619.

［6］ 陈友华，乌尔里希，2000. 中德婚姻市场供需情况的比较研究 ［J］. 人口与经济（5）：3-17.

［7］ 董春栎，2022. 农村彩礼现象分析及对策 ［J］. 当代农村财经（4）：34-37.

［8］ 方丽，田传浩，2016. 筑好巢才能引好凤：农村住房投资与婚姻缔结 ［J］. 经济学（季刊），15（2）：571-596.

［9］ 符国群，李杨，费显政，2021. 为何男方家庭支付更多的结婚费用：基于信号理论的解释 ［J］. 经济评论（5）：152-166.

［10］ 桂华，余练，2010. 婚姻市场要价：理解农村婚姻交换现象的一个框架 ［J］. 青年研究（3）：24-36，94-95.

［11］ 果臻，李树茁，FELDMAN M W，2016. 中国男性婚姻挤压模式研究 ［J］. 中国人口科学（3）：69-80，127.

［12］ 姜全保，果臻，李树茁，2010. 中国未来婚姻挤压研究 ［J］. 人口与发展（3）：39-47.

［13］ 李斌，蒋娟娟，张所地，2018. 丈母娘经济：婚姻匹配竞争对住房市场的非线性冲击 ［J］. 现代财经（天津财经大学学报），38（12）：72-81.

［14］ 李斌，张越，张所地，2022. 适婚人群性别失配背景下的婚姻挤压与住房市场：基于空间异质与空间溢出两个维度 ［J］. 经济与管理（6）：67-76.

［15］李树茁，姜全保，阿塔尼，等，2006. 中国的男孩偏好和婚姻挤压：初婚与再婚市场的综合分析［J］. 人口与经济（4）：1-8.

［16］李永萍，2018. 北方农村高额彩礼的动力机制：基于"婚姻市场"的实践分析［J］. 青年研究（2）：24-34，94-95.

［17］李永萍，2018. 联合家庭再生产模式：理解低额彩礼的一种视角：基于粤北宗族性村庄的考察［J］. 当代青年研究（3）：96-102.

［18］梁日盛，2022. 代际支持视角下小镇青年进城购房策略与家庭关系［D］. 上海：华东师范大学.

［19］柳清瑞，刘淑娜，2020. 高价彩礼对农村家庭消费的挤出效应：基于扩展OLG 模型的实证检验［J］. 人口与经济（5）：87-102.

［20］汪永涛，2013. 城市化进程中农村代际关系的变迁［J］. 南方人口，28（1）：73-80，18.

［21］王跃生，2010. 婚事操办中的代际关系：家庭财产积累与转移：冀东农村的考察［J］. 中国农村观察（3）：60-72.

［22］魏国学，熊启泉，谢玲红，2008. 转型期的中国农村人口高彩礼婚姻：基于经济学视角的研究［J］. 中国人口科学（4）：30-36，95.

［23］于潇，祝颖润，梅丽，2018. 中国男性婚姻挤压趋势研究［J］. 中国人口科学（2）：78-88，127-128.

［24］袁晓燕，2017. 众里寻他!? 一个基于婚姻匹配理论的综述［J］. 南方经济（2）：87-101.

［25］章韬，潘艳，牛晴晴，2022. 出生地对个体工资的影响：代际流动性与空间固化［J］. 经济学（季刊），22（4）：1213-1234.

［26］阎云翔，2005. 私人生活的变革：一个中国村庄里的爱情、家庭与亲密关系（1949-1999）［M］. 龚小夏，译. 上海：上海书店出版社.

［27］王跃生. 婚事操办中的代际关系：家庭财产积累与转移：冀东农村的考察［J］. 中国农村观察，2010（3）：60-72.

［28］蔡昉，2001. 2001 年：中国人口问题报告：教育，健康与经济增长［M］. 北京：社会科学文献出版社.

［29］蒋浩君，苏群，2022. 早期迁移经历对农村个体教育人力资本的影响［J］. 南京农业大学学报（社会科学版）（5）：170-184.

［30］袁晓燕，石磊，2017. 户籍如何影响婚姻稳定性：基于中国经验数据的解释［J］. 学术月刊（7）：45-57.

北京胡同的绿色情怀：
居民满意度视角下探究垃圾分类实施效果的影响因素

——以北京市西城区为例

作者：仲凯音、王淑瑶、刘晶雨、陈佳一、宁佩佩、潘田雨、张在竹

指导老师：崔颖

获奖情况：第十一届"挑战杯"首都大学生课外学术科技作品竞赛三等奖

摘要：本研究选取北京市西城区12个街道的居民进行调研分析，运用结构方程模型，检验他们对垃圾分类整体效果的满意度与垃圾分类效果之间的关系，满意度有四个观察变量，即配套设施齐全、宣传工作到位、人员职责明确、回收清运高效；垃圾分类效果由覆盖比率、达标比率、发放比率以及居民知晓率决定。研究发现，胡同垃圾分类效果与居民对垃圾分类满意度存在共变关系；同时，配套设施的摆放对居民满意度有较大影响，居民对垃圾分类的知晓情况对垃圾分类效果有显著影响。基于此，要想提高垃圾分类效果，应注意合理安排垃圾桶等配套设施在胡同内的摆放，不占用过大空间又能使居民满意；加大垃圾分类的宣传教育，采用不同形式对胡同内的居民进行垃圾分类知识普及，使居民更好地参与到垃圾分类工作中。

关键词：垃圾分类；胡同居民；满意度

一、绪论

（一）研究背景和研究意义

1. 研究背景

垃圾分类已经被提出多年，但在之前并无很大的宣传力度，也没有引起居民

足够重视，导致分类实施效果并不理想。就北京而言，从图 1 可以看出，过去北京市生活垃圾清运量始终高于无害化处理量，表明大量城市生活垃圾未经处理直接堆放。

图 1　2010—2018 年北京市垃圾清运量及无害化处理量

中国垃圾分类政策演进经历了多个阶段。中国垃圾回收利用的启蒙阶段为 1957 年到 1991 年。1957 年 7 月 12 日，《北京日报》一篇名为《垃圾要分类收集》的文章，呼吁市民对垃圾中的废报纸、旧衣服、水果皮、火柴盒、牙膏皮等按照要求进行分类回收。生活垃圾分类法律法规制定的初期阶段为 1992—1999 年。改革开放以后，我国经济得到了快速发展，人民生活水平不断提高，垃圾的产生量越来越大，包括厨余垃圾、有害垃圾和其他垃圾等其他生活垃圾并没有得到妥善处理，导致"垃圾围城"。在此背景下，我国逐渐意识到需要制定相关的法律法规来规范垃圾分类。1995 年，《中华人民共和国固体废物污染环境防治法》通过。2000—2015 年是基于垃圾分类实践的分类标准制定阶段。2000 年，建设部下发《关于公布生活垃圾分类收集试点城市的通知》，确定北京、上海、广州、深圳、杭州、南京、厦门、桂林 8 个城市作为生活垃圾分类收集试点城市，正式拉开了我国垃圾分类工作的序幕；2007 年出台《城市生活垃圾管理办法》；2011 年出台《关于进一步加强城市生活垃圾处理工作的意见》；2015 年出台《生态文明体制改革总体方案》。在 2016—2017 年生活垃圾分类制度筹建阶段，出台了《关于进一步加强城市规划建设管理工作的若干意见》《垃圾强制分类制度方案（征求意见稿）》等政策文件。2017 年之后，生活垃圾分类进入制度的确立和实施阶段。2017 年 3 月，我国发布了《生活垃圾分类制度实施方案》，标志着生活垃圾分类制度的基本确立。2019 年 11 月，住房和城乡建设部发布了《生活垃圾分类标志》的新版本。相比 2008 版标准，新标准的适用范围进一步扩大，生活垃圾类别调整为可回收物、有害垃圾、厨余垃圾和其他垃圾 4 大类 11 小类，标志着我国生活垃圾分类标准基本确定。

随着绿色发展的要求不断被强化，垃圾分类再次进入大众视野，成为近几年的大热话题之一。新版《北京市生活垃圾管理条例》于 2020 年 5 月开始实施，虽然时间不长却暴露出了很多问题，特别是在胡同这种传统居住形式中暴露出来的垃圾分类问题最为明显。目前由于胡同居民传统的生活方式，他们无法像其他现代化社区居民那样快速调整并适应新型分类政策，很多传统胡同仍然处于无分类、无意识、无监管的"三无"状态中。胡同作为北京的传统居住形式，处于城市中心，广泛分布于东西城区，具有街道狭长、住户密集、常年居住、人口老龄化等特点。而在垃圾分类过程中，胡同的这些特征造成了垃圾收运车难以自由进出、过多的居民共享过少的垃圾桶、老年人居多难以改变投放垃圾习惯等各种不利于垃圾分类推行的状况。

若实行新型垃圾分类政策，胡同面临的垃圾分类问题有三点：第一，胡同具有过道狭窄的特点，一味要求在胡同中实施垃圾分类措施，垃圾桶站摆放距离过近会拥堵过道、影响行人，垃圾桶站摆放距离过远会导致居民扔垃圾不方便。第二，胡同居民多为老年人，这类人群对于垃圾分类知识掌握能力不如年轻人、中年人，使得落实垃圾分类难度较大。第三，老胡同代表着北京特色并且极具历史文化价值，如果为适应新政贸然改造，会影响到胡同的面貌和韵味。

若不实行，胡同居民每天产生大量生活垃圾，北京市整体垃圾分类效果势必会受影响。我国其他省份的各个历史文化街区，例如西安横跨老城墙内外的老城区碑林区、老上海的各条弄堂、重庆沙坪坝地区的土湾民居、尘土飞扬的黄土高坡窑洞居住群等，也面临着同样的问题。发展过程中不能忘本，传统也不应该成为现代化建设中的难题，应该找到平衡两者的方式，发掘适合于传统民居的绿色情怀，这样才能让城市在物质和精神层面同时进步。

2. 研究意义

本研究以北京市胡同为研究对象，重点从胡同居民对垃圾分类实施的满意度切入，探讨其影响垃圾分类实施效果的显著程度，并构建理论模型。本研究的理论意义有：第一，结合目前北京市在生活垃圾管理方面的现状和特点，在原有的基础上扩展了居民满意度与垃圾分类实施状况的影响关系，为相关研究提供了新的视角；第二，运用实证分析研究方法，构建并检验了居民垃圾分类满意度影响因素的理论模型。

《北京市生活垃圾管理条例》正式实施后，各行各业与社区积极采取行动并取得一定成效，但胡同这个特殊地域却由于建筑布局等原因遇到重重困难，同时如何鼓励、监督居民高效进行垃圾分类工作一直是垃圾分类的难题。在大力实行新型垃圾分类政策时，比旧时更加严格的垃圾分类要求、分类桶站的位置重设等，会对居民的日常生活造成不便，甚至可能会影响居民的满意度，使居民产生抵触心理。本研究选择非商业用途、以居住群为主的北京老胡同作为研究对象，为其找到更合理的垃圾分类实行方案，并推广至全国各省市，助力各地传统建筑群落的环境改善。此外，目前大多数有关垃圾分类实施效果的研究是从各种影响因素综合分析，而忽视了单个因素对垃圾分类效果的影响。本研究从胡同居民对垃圾分类的满意度这个单一因素重点切入，对垃圾分类实施效果进行定量分析，为相关聚焦于北京市垃圾分类实施效果的研究提供理论支撑。

（二）研究方法

1. 问卷调查法

设计问卷并发放、回收、整理和分析，调查居民对所在社区内的垃圾分类知识的知晓率、社区垃圾分类工作的满意度，以及居民对于垃圾分类的看法、建议。先进行线上发放问卷的预调查，再结合线下发放的形式开展。

2. 实地调研法

实地考察西城区新街口街道与广安门内街道的平房胡同社区，并联系街道相关开展垃圾分类实施工作的居委会或物业工作人员，深入了解居委会或物业对垃圾分类政策贯彻效果以及相关普及工作的部署情况，包括垃圾分类的配套设施设置情况、社区垃圾分类反馈机制及监管情况、社区垃圾分类组织动员情况、厨余垃圾分出率等。

3. 实证分析法

本文建立理论的居民满意度影响垃圾分类效果的结构方程模型（Structural Equation Model，SEM），将 SPSS 和 AMOS 结合使用，对数据的信度和效度进行分析。运用 AMOS 对假设结构方程模型进行拟合验证，修正分析，使模型达到较优。

二、文献综述及相关理论

（一）居民满意度文献综述

根据传统心理学理论，满意是一种心理状态（Bardo，1983）。美国著名社会心理学家克拉克（Clark，1990）从发生逻辑的角度提出满意度形成的核心要素，主要强调关系、付出、回报、期望和公正知觉；其中，关系强调人与人之间因事物发展所建立起来的各种联系；付出、回报与期望强调个人或群体在参与事物发展过程之中和之后的利益感知与事前期望的整体认知；公正知觉则强调对综合认知的权力感知，为再次发生的行为决策提供主观依据。

20世纪60年代至90年代，国外学者将满意度理论应用到社会学中并进行了广泛的研究，其中社区满意度是研究的一个主要焦点。拉德温和麦肯（Ladewig and McCann，1980）将社区满意度定义为居民对于社区服务的社会心理反映，或者狭义地理解为对于环境质量的主观感知。随后，这一概念得到不断扩展。较为广义的社区居民满意度是指居民对于所在社区包括人际互动（Rauwald，2002）、价值系统（Hart，1980）和生活经验等在内的主观认知。我国学者的研究主要集中于心理学领域的"生活满意度"和经济领域的"顾客满意度"。

瑞典是第一个在全国范围内进行顾客满意度指数调查的国家，美国密歇根大学国家质量研究中心的费耐尔博士及其研究团队首先为瑞典构建了具有因果关系的瑞典顾客满意度指数模型，该指数模型包括5个结构变量和6个关系。1994年，美国密歇根大学商学院研究提出的顾客满意度指数模型具有普遍代表性和广泛实践价值。美国顾客满意度模型是一种新型的以顾客为基础的用来评估并改善组织绩效的测评体系，该模型包括6个变量和9个关系。在结构变量中，顾客期望、顾客对质量的感知和顾客对价值的感知是顾客满意度的原因变量，顾客抱怨和顾客忠诚是顾客满意度的结果变量。通过顾客满意度研究，企业可以把握顾客现有的和潜在的需求欲望，及顾客对企业产品与服务水平的评价，从而找到优势和劣势，使企业经营更具有针对性，最终获得满意的利润。

这种商业经营中的理念被引入公共行政领域。早在1936年，国外学者就提出，顾客满意标准在政府运作过程中的运用应当与企业中的运用一样广泛……如果行政官员能够像企业管理者那样始终关注最终结果，即顾客满意度，那么政府内部运作就会得到改善（罗森布鲁姆、克拉夫丘克，2001）。我国学者蔡立辉（2003）认为，根据公众的需要提供公共服务与公共产品，并根据公众对公共服务与公共产品的满足程度来评估政府管理绩效，从而确定政府管理对公众负责、提高服务质量的公共责任机制与运行机制，是政府绩效评估的宗旨。尤建新（2007）将私域部门的"顾客满意"概念引入城市管理，认为"公众"是城市管理部门的"顾客"，城市管理应当"以公众满意为导向"。社会公众既是城市政府服务的对象，又是为其提供财政支持的纳税人，理应享受城市管理部门提供的优质服务。他认为，公众满意度是指在对政府工作有一定了解的基础上，公众对政府工作的满意程度，是对公众心理状态的量化与测量。

社会生活满意度作为衡量社会发展的一个重要指标，在20世纪60年代就已经引起某些社会学者、心理学者和管理学者的重视，与此相关的实证研究也逐渐增多。国内学者李宁宁等（2001）综合了国内外研究成果，提出了社会满意度的核心理念，它是人们在对社会满足其需求的程度加以认知的基础上所产生的心理体验。

（二）垃圾分类文献综述

我国垃圾分类的相关研究数量很多，有一部分文献通过介绍发达国家垃圾分类治理经验来分析我国垃圾分类现状并提出建议。贺俏毅、陈松（2009）通过研究加拿大安大略省的垃圾分类体系，提出了一套完整的垃圾分类回收体系；红光（2006）着重分析了日本环境保护法律体系形成的历史沿革和垃圾分类的具体做法，为我国的垃圾分类事业提出了建议；中国各地环境部门专家和领导也去往瑞士、奥地利、德国对当地城市垃圾管理和处理技术进行考察并做了详细报告。更有研究者根据我国垃圾分类现状，对具体城市做出了分析报告。马婧一、陈殷源等（2014）从政策目标、政策框架、干系人责任、政策实施机制、政策效果等方面，对北京市生活垃圾分类政策进行了系统分析，提出未来可能影响政策效果的因素。张兰霞、李国学等（2020）选取北京市典型单位和典型地区的垃圾进行采样，分析了不同功能区生活垃圾物理组成及特征差异。陈子玉、赵静等（2016）通过对南京市居民的问卷调查，运用政策执行模糊-冲突模型，对南京市垃圾分类政策进行了分析。在生活垃圾政策方面也有学者进行了研究。刘锦、何迎敏（2020）分析了政府部门如何运用具体的强制性政策推进生活垃圾分类工作，以及强制性政策工具的实施效果及其优化选择。有不少学者将居民垃圾分类作为源头进行研究，分析如何影响居民进行垃圾分类行为的因素，希望通过改变居民垃圾分类行为进而改善垃圾分类效果。曲英（2011）分析了影响我国城市居民生活垃圾源头分类行为的影响因素，并借鉴层次分析方法解释说明了影响因素对源头分类行为的影响力。孟小燕（2019）运用结构方程模型，综合考虑主观因素和外部情境因素，构建居民垃圾分类回收处理行为概念模型，结合实地问卷，通过对调查结果进行结构方程统计分析，探讨了居民生活垃圾处理行为的决策机制，深入分析了居民行为决策的主要影响因素及其作用路径，并定量表征了各影响因素的重要程度，为城市生活垃圾分类回收管理政策制定提供理论支撑。

三、模型构建

（一）结构方程模型

结构方程模型被广泛应用于影响因素、满意度、绩效评价等研究中。例如，在影响因素研究中，杜明军（2021）利用结构方程模型研究省会城市人口吸引力的影响因素；罗敏等（2020）通过问卷构建结构方程模型，得到影响村民返乡参与乡村振兴意愿的因素；王晓茜等（2022）基于多群结构方程模型研究了大学生参与大学内部治理行为的影响因素。在满意度的研究中，何惠倩等（2021）建立结构方程模型在互联网医疗的背景下研究患者满意度；徐冬梅等（2020）基于结构方程模型，从农户满意度出发，研究精准扶贫成效；李睿等（2020）利用结构方程模型定量分析定制公交乘客的满意度。在绩效评价研究中，王小兵等（2021）利用结构方程模型对数据进行分析，得到中国高等教育融资的绩效测评结果；张凤彪等（2020）根据结构方程实证分析了我国公共体育服务的绩效评价；吴继英等（2019）基于问卷数据并运用结构方程模型，考察了共享单车监管的绩效评价。

本文研究垃圾分类满意度与效果之间的关系，并且研究满意度与效果各自的影响因素。但是由于满意度和效果无法直接测量，所以需要用具体的观测变量代替。由于模型中既有可以观测到的显变量，也有无法观测到的潜变量，同时许多变量之间有着相互关系，所以本文的研究更适合采用结构方程模型，可以清晰地分析垃圾分类满意度与效果之间的关系，同时得到各影响因素对满意度和效果的影响。

（二）影响居民垃圾分类满意度和垃圾分类效果的因素

1. 垃圾分类居民满意度的影响因素

在针对垃圾分类居民满意度的影响因素上，国内外研究较少，但许多研究者针对居民垃圾分类行为的影响因素提出了模型构建的思路。娄敏、顾巧论（2016）认为，对政策措施的了解程度、分类参与意识、软硬件设施以及社会约束力4个因素影响了居民的垃圾分类行为；孟小燕（2019）认为，环境态度、社会规范、环境知识和宣传教育、环境设施和服务是对居民垃圾分类行为影响较显著的4个主要方面；曲英（2011）的研究表明，利己的环境价值、主观规范和环境态度对居民垃圾分类的间接影响较为明显。考虑到影响居民垃圾分类行为的因素与居民的主观能动性有关，也必然与居民对垃圾分类的满意度存在直接或间接联系，本文通过文献调研和综合考量，选取了"配套设施齐全程度"、"宣传工作到位程度"、"人员职责是否明确"以及"回收清运效率"5个因素作为可观测变量，测量居民满意度。

与之前仅从单一角度分析的大多数研究不同，本文的创新点在于结合了基于居民满意度的主观层面和基于各种实际指标的客观层面对垃圾分类工作进行评价，从互补的两个角度共同分析垃圾分类在胡同的实施情况。通过调研居民对胡同内配套设施、宣传工作、人员职责、回收清运情况四项指标的满意程度，主观评价居民对宏观政策及对政府与社区提供的相关垃圾分类服务的满意度，由此反映出目前垃圾分类实施情况。通过对居民的垃圾分类知晓率、设施达标率、大件垃圾堆放处覆盖比率、"两桶一袋"发放比率四项硬性定量指标的衡量，客观评价社区内垃圾分类政策是否全面普及，垃圾分类设施是否按需配备，垃圾分类工作是否有序开展，综合评价垃圾分类实际效果，由此体现出胡同内垃圾分类的实施情况。两相结合，希望达成既使垃圾分类清晰高效，又给胡同居民带来便利和满意的目标。

度量居民满意度的方法主要有两种：单项量表（Single-Item Scales）和多项量表（Multi-Item Scales）。垃圾分类实施情况变量具有复杂性，通过单一问题无法准确度量。居民满意度作为不能直接观测的理论，显然采用多项量表更加合适。常用的多项量表有李克特量表、评比量表、沙斯通量表、语义差别量表。本研究采用李克特5分量表。具体到居民满意度测量，就是分值的高低衡量居民满意的不同程度，1分表示非常不满意，5分表示非常满意。

2. 垃圾分类效果的影响因素

垃圾分类效果即垃圾分类实行进展的状况，本文通过相关政府部门提供的工作日报拟定并采用了"垃圾分类知晓率""设施达标率""大件垃圾堆放处覆盖比率""'两桶一袋'发放比率"4个可观测变量测量垃圾分类效果。

（1）垃圾分类知晓率。垃圾分类知晓率是指居民对垃圾分类政策的了解程度以及对垃圾分类知识的掌握程度，通过问卷题目的设置，可通过表1公式计算得到居民垃圾分类知晓率。

（2）设施达标率。根据北京市规定，每150~200户设置一处垃圾分类桶站，我们选取每150户配备一桶站作为标准，可通过表1公式计算得到西城区15个街道的设施达标率。

（3）大件垃圾堆放处覆盖比率。大件垃圾堆放处覆盖比率是对在一街道内专门设置为居民丢弃大件难处理垃圾的地点数量的衡量指标。本文将每一大件垃圾堆放处对应桶站数作为测算标准,并以西城区 15 个街道的测算结果中位数作为基准,可用表 1 公式计算得出大件垃圾堆放处覆盖比率。

(4)"两桶一袋"发放比率。"两桶一袋"原则指导居民准备两个垃圾桶,一个放置厨余垃圾,一个放置其他垃圾;而类似纸张、塑料瓶、易拉罐等可回收物单独装在一个袋子里。街道为每户发放"两桶一袋"是以户为单位贯彻垃圾分类指导思想的政策,其发放比率可以反映政策实行的全面程度,发放比率可以从表 1 公式计算得出"两桶一袋"发放比率。

以居民的年龄、性别、学历、婚配状态、室内居住环境、是否独居以及工作状态作为控制变量,分组讨论居民满意度与垃圾分类效果之间的关系。

表 1　垃圾分类效果相关影响因素计算公式

影响因素	计算公式
垃圾分类知晓率	正确题数/垃圾分类知识题总数
设施达标率	固定桶站数/(户数/150)
大件垃圾堆放处覆盖比率	每一大件垃圾堆放处对应桶站数/(桶站数/中位数)
"两桶一袋"发放比率	已发放"两桶一袋"户数/总户数

(三) 垃圾分类居民满意度和效果模型

国际上对满意度模型已有研究,其中以美国顾客满意度指数(American Customer Satisfaction Index,ACSI)模型运用最为广泛。目前直接用于衡量居民垃圾分类满意度并与垃圾分类效果进行结合的模型还没有。继承 ACSI 的核心概念和架构,结合影响居民垃圾分类满意度的因素,对一些变量进行了调整和更新,本文构建模型如图 2 所示。该模型是一个具有共变关系和因果关系的结构方程模型,包括测量模型和结构模型两部分。椭圆形与长方形连接的路径为测量模型,长方形与长方形连接的路径为结构模型。8 个长方形中的变量为观测变量,两个椭圆形中的变量为潜变量。各变量之间的关系假设见表 2。

表 2　模型研究假设汇总

标号	研究假设	预期符号
H1a	配套设施齐全对居民满意度成正向的显著影响	+
H2a	宣传工作到位对居民满意度成正向的显著影响	+
H3a	人员职责明确对居民满意度成正向的显著影响	+
H4a	回收清运及时对居民满意度成正向的显著影响	+

标号	研究假设	预期符号
H5a	知晓率对垃圾分类效果成正向的显著影响	+
H6a	达标比率对垃圾分类效果成正向的显著影响	+
H7a	发放比率对垃圾分类效果成正向的显著影响	+
H8a	覆盖比率对垃圾分类效果成正向的显著影响	+
H9a	垃圾分类效果和居民满意度具有共变关系	+

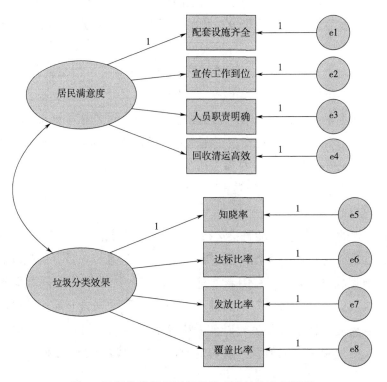

图2　垃圾分类效果及居民满意度结构方程模型

（四）垃圾分类效果调查及问卷质量检验

为了确认所选变量的有效性及对模型进行验证，需调查了解居民对垃圾分类的主观感受。居民垃圾分类满意度问卷设计质量，在很大程度上决定了测评结果的有效性和准确性，本节就居民垃圾分类满意度调查准备工作及数据处理加以讨论，并通过预调研检验问卷设计质量。

1. 调查准备

居民满意度调查是通过调查居民的主观感受，反映其对垃圾分类政策的满意程度。为保证调查顺利实施、调查结果真实可靠，在实施居民垃圾分类满意度调查之前，需要进行周密的准备，主要包括确定调查目的、调查内容、问卷设计原则、调查方式以及数据搜集方法。开展满意度调查首先要明确调查目的。通过居民满意度调查可以了解居民对垃圾分类配套设施的满意度，了解居民对反馈机制及动员组织活动的满意度，了解居民对垃圾分类政策及知识的掌握程度。

本研究主要围绕胡同居民展开，外来务工人员和胡同老居民是胡同的居民主体，具有高度的稳定性和可预测性。为避免因为居住时间长短问题造成偏差，被访者主要集中于在胡同居住时间半年以上的住户，如实了解居民的真实感受，避免偶然事件的发生，以获取垃圾分类情况最新资料。以性别、年龄、学历、在京居住时间为划分标准，尽量覆盖各种类型的胡同居民。

为设计好调查问卷，第一，要求被调查居民近半年居住在被调研的胡同内；第二，被访者多为非专业的普通市民，问卷设计不易带有较强的技术性，避免使用专业术语和生僻词汇，应该采用通俗易懂的指标，问卷措辞要准确；第三，设计一个均衡的等级量表，避免出现正向偏差和负向偏差（为了能充分体现居民满意度，居民满意度问卷所有问项均采用5级李克特量表，5分表示非常满意，1分表示非常不满意）；第四，问卷长度最长不超过50个问题。

2. 数据处理

调查得到的原始数据不能直接运行模型，需要对其进行处理。本研究满意度调查的数据处理主要包含两个内容：数据缺失的处理和异常数据的处理。

（1）数据缺失的处理。在问卷调查中，由于各种原因会出现数据缺失的情况。数据缺失的处理方法可归纳为两种：一是删除对应的记录，是最简便的处理方法，但易造成样本量不足，以至无法满足样本规模的要求。二是插值处理方法，即人为地用一个数值替代缺失的数值。本次调研处理数据缺失时主要采取插值法。

（2）异常数据的处理。某些数据与其他数据相比，显得过大或过小，这些就是异常数据。当被试人员不多时，少数异常数据就可能对分析结果造成非常大的影响。这些极端或离群的数据，应予以矫正或删除。本次调研处理异常数据是选择直接将异常数据删除。

四、实证分析

（一）调研基本情况

本次调研在西城区12个街道（椿树街道、牛街街道、广内街道、天桥街道、陶然亭街道、什刹海街道、大栅栏街道、白纸坊街道、金融街街道、新街口街道、展览路街道、德胜街道）共发放问卷 600 份，回收问卷 580 份，有效问卷 537 份，有效回收率为 92.59%。本报告使用的调查问卷主要涉及胡同居民的基本情况、垃圾分类知识掌握程度、垃圾分类实际情况。表 3 为调查结果的初步统计，可以看出，在调研的样本数据中，男性占比 46.00%，女性占比 54.00%；受访者平均年龄 51.38 岁；文化水平主要集中在高中及以下；大多数人家室内环境宽敞，具备垃圾分类的条件；家中基本上是一对夫妻共同居住，独居情况较少；工作的居民和退休的居民人数基本相当，少部分是待业居民。垃圾分类实施的整体满意度集中在非常满意、比较满意，可以看出近七成胡同居民认可垃圾分类，三成胡同居民对垃圾分类工作满意度较低。

表 3　调查结果初步统计

特征	类别	占比（%）	特征	类别	占比（%）
性别	男	46.00	学历	初中及以下	35.20
	女	54.00		高中	28.86
年龄	40 岁以下	25.51		大专	12.10
	41~60 岁	34.45		大学本科及以上	23.84
	60 岁以上	40.04	婚姻状态	已婚	70.76
室内情况	宽敞	68.53		未婚	14.53
	不宽敞	31.47		离异	9.68
是否独居	独居	17.13		丧偶	5.03
	不独居	82.87		待业	10.80
居民满意度	非常满意	37.80	工作状况	工作	46.55
	比较满意	52.58		退休	42.65
	比较不满意	11.17			
	非常不满意	15.55			

（二）调查研究

1. 信度分析

利用 SPSS 软件，对问卷内容进行内在一致性信度分析，内在一致性信度多用 Cronbach's α 系数值衡量，分别计算每个潜变量的 α 系数和总体的 α 系数。

一般来说，Cronbach's α 值大于 0.7 表明数据可靠性较高。从研究变量的信度检验表可以看出总量表为 0.849，由此可以认为研究变量的测量条款具有较高的内在一致性信度,调查数据是较可靠的。

2. 效度分析

效度分析是指评估的有效性,本研究采用探索性因子分析(EFA)检验量表的结构效度。在做因子分析前,需用 KMO 和巴特利特样本测度检验数据是否适合做因子分析,KMO 越接近 1 表明数据越适合做因子分析,经验表明,KMO 大于 0.9 表明极适合,KMO 大于 0.8 小于 0.9 表明适合,KMO 大于 0.7 小于 0.8 表明尚可做因子分析。本研究的巴特利特球形检验统计量的观测值为 953.136,相应的概率 P 接近 0,表明相关系数矩阵与单位矩阵有显著的差异。同时,KMO 值为 0.780。此外,巴特利特球形检验统计值的显著性为 0.000,小于 0.001,说明该数据具有很高的相关性。根据 Kaiser 给出的度量标准可知变量适合进行因子分析。

采用主成分分析法对数据进行探索性因子分析,得到各指标的因子载荷均大于 0.5,说明配套设施、宣传工作、人员职责、回收清运可以较好地反映垃圾分类满意度(表 4)。

表 4　居住满意度探索性因子分析结果

潜变量	观察指标	因子载荷	均值	标准差	分析个案数
垃圾分类满意度	配套设施	0.798	3.02	0.627	537
	宣传工作	0.858	3.01	0.693	537
	人员职责	0.856	2.81	0.705	537
	回收清运	0.814	3.34	0.539	537

运用 AMOS 23.0 得出潜变量的组合信度(Composite Reliability,CR)为 0.908,CR 临界值达到 0.6 就有较好的一致性(Bagozzi and Yi,1988)。其次平均方差提取(Average Variance Extracted,AVE)可为衡量观测变量解释潜变量的程度,AVE 值越大,解释潜变量的程度越高。由表 5 可见,AVE 达到了 0.713,说明题项对变量的解释性较好。

表 5　效度分析

潜变量	观测变量	标准化因素载荷量 λ	组合信度(CR)	平均方差提取(AVE)
垃圾分类满意度	配套设施	0.814	0.908	0.713
	宣传工作	0.866		
	人员职责	0.874		
	回收清运	0.821		

（三）问卷知识题答题情况

外卖餐盒为其他垃圾，有 48.98% 的受访者答对；一次性口罩属于其他垃圾，有 58.03% 的受访者不知道正确答案；废纸盒属于可回收垃圾，88.83% 的受访者知道正确答案；烟蒂属于其他垃圾，仅有 56.42% 的受访者回答正确；过期药品属于有害垃圾，大部分受访者回答正确，所占比例为 78.21%；大骨头属于其他垃圾，此问题属于易错题，统计结果显示，仅有 25.14% 的受访者知道答案，可以看出大部分居民不了解大骨头属于什么垃圾；可回收垃圾桶是蓝色的，有 47.67% 的受访者回答正确，说明大家对可回收垃圾桶颜色的关注比较少；厨余垃圾桶是绿色的，有 70.2% 的受访者知道正确答案，相较于可回收垃圾桶的颜色，人们更加关注和了解厨余垃圾桶的颜色。问卷知识类题目所有受访者整体的正确率为 57.05%，仅有半数多一点的受访者能够全部答对问题，说明垃圾分类知识普及以及居民关注和学习垃圾分类的程度尚有欠缺，有待进一步加强。

（四）模型检验

本文构建的胡同居民垃圾分类满意度及垃圾分类效果的结构方程模型通过因子分析调整观测变量后，共包含 8 个观测变量和 2 个潜变量，相关关系如表 6 所示。

表 6　模型中潜变量与观测变量对应关系

潜变量	观测变量	潜变量	观测变量
η_1：满意度	$X1$：配套设施齐全	η_2：垃圾分类效果	$Y1$：知晓率
	$X2$：宣传工作到位		$Y2$：达标比率
	$X3$：人员职责明确		$Y3$：发放比率
	$X4$：回收清运高效		$Y4$：覆盖比率

采用极大似然估计法对模型进行参数估计，最终得到模型的参数估计结果以及标准化路径系数（图 3）。

采用 t 检验法对路径系数进行显著性检验。结果发现，居民对垃圾分类的满意度和垃圾分类实际效果在 0.001 置信水平下有显著相关性，其 t 值为 4.255，通过了 t 值检验。

然后，对模型的整体拟合度进行分析。各拟合指数通常采用以下标准：拟合优度指数 GFI 和比较拟合指数 CFI 的取值范围是 0~1，当两者取值大于 0.9 时拟合效果较好；残差均方根 *RMR* 小于 0.05 时较好；而近似误差指数 *RMSEA* 取值在 0.1 以下，且越小模型拟合效果越好。从结果来看，指标 *GFI* 略低于 0.9，而 *RMSEA* 明显高于 0.1 标准，*RMR* 值高于 0.05，*CFI* 指标作废，模型整体拟合不良，必须进行后续的模型修正（表7）。

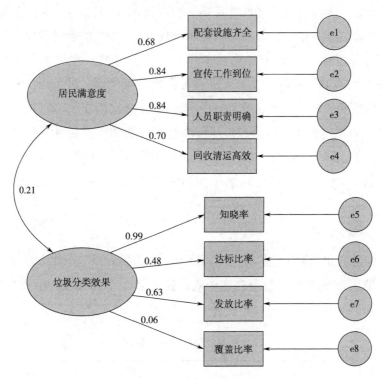

图3 垃圾分类满意度及效果模型标准化参数估计路径

表7 模型的配适度分析

X^2	df	X^2/df	GFI	CFI	RMR	$RMSEA$
1 256.864	23	54.646	0.715	0.000	0.106	0.316

（五）模型修正

当模型拟合效果很差时，研究者可以根据初始模型的参数显著性结果和 AMOS 提供的模型修正指标进行模型扩展（Model Building）或模型限制（Model Trimming）。模型扩展是指通过释放部分限制路径或添加新路径，使模型结果更加合理，通常在提高模型拟合程度时使用；模型限制是指通过删除或限制部分路径，使模型结构更加简洁，通常在提高模型可识别性时使用。AMOS 提供了两种模型修正指标，其中修正指数（Modification Index，MI）用于模型扩展，临界比率（Critical Ratio）用于模型限制。

修正模型主要依据修正指数 MI 值以及 t 值，通过比较拟合指数的变化来分析是否可取；同时，模型修正还须考虑变量在理论上的实际意义。

此外，结构方程模型的拟合优度主要通过相对卡方（CMIN/DF）、近似误差均方根（RMSEA）、残差均方根（RMR）、拟合优度指数（GFI）、调整拟合优度指数（AGFI）、非规范拟合指数（TLI）等指标反映。初始模型运算结果中，各指标都有些许偏离建议值（表8），初始模型勉强可以接受，但模型还需要进一步改进。

表8　模型配适度分析

	CMIN	DF	CMIN/DF	RMSEA	RMR	CFI	GFI	AGFI	TLI
建议值			2~5	<0.08	<0.05	>0.9	>0.9	>0.9	>0.9
初始模型	1 256.864	23	54.646	0.316	0.106	0.000	0.715	0.554	0.672
修正模型	97.724	13	7.517	0.110	0.073	0.927	0.952	0.897	0.882

首先，考虑进行模型限制，以提高模型整体精度。找到模型 t 值最小的路径（效果至发放比率），删除该路径后的模型，各拟合指数基本无变化，卡方值增加不显著，故支持删除该路径。删除该路径在理论上可以解释为，垃圾分类物资的发放对胡同居民垃圾分类没有显著的影响，需要其他更有效的措施改善垃圾分类效果。因此，在删除"发放比率"后再次建模，并得到修正模型适配值。

其次，考虑增加新路径。由于 e5 和 e7 的 MI 最大，达到95.618，表明如果增加覆盖比率和达标比率之间的残差相关的路径，则模型的卡方值会减少较多。从实际考虑，分类设施覆盖越广，其建设达标情况一般而言就越好，说明二者实际上确实存在相关性。因此考虑增加 e5 和 e7 的相关性路径。之后重新估计模型，发现 e1 和 e4 的 MI 较大，为34.403，增加 e1 和 e4 之间的路径可以理解为，配套设施越齐全，在路上乱堆的垃圾就越少，越能方便回收清运。因此考虑增加 e1 与 e4 的相关性路径。

经过增加和删除路径，在原假设模型基础上最终得到修正模型，标准化参数估计路径如图4所示。修正的模型拟合指标比原假设模型较优，大多数指标都达到标准（见表8）。

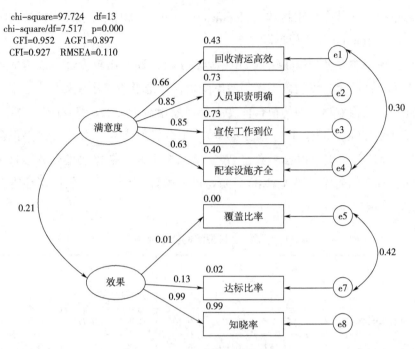

图4　模型修正标准化参数估计路径

（六）结果分析

对模型检验结果分析如下：

在理论模型假设中，对国际主流 ACSI 模型做了几大改进，从模型检验结果看：①居民满意度与配套设施齐全、人员职责明确、宣传工作到位和回收清运高效的路径系数分别为 0.63、0.85、0.85、0.66，且均通过了 t 值检验，说明增加可达程度这一潜变量的设计是合理的；②效果的 4 个观测变量经过修正后剔除了发放比率，其余三个观测变量（知晓率、覆盖比率和达标比率）的外载荷系数较大，说明观测变量对潜变量的作用明显，因此，对效果潜变量的改进是有意义的。在理论假设模型基础上，修正模型通过调整误差因子之间的共变关系（$e1$ 和 $e4$ 存在共变关系，$e5$ 和 $e7$ 存在共变关系），因而具有更强的现实解释能力。

在居民满意度的众多因素中，人员职责明确和宣传工作到位对居民满意度的影响最大（直接效应分别为 0.85、0.85），对潜变量作用更明显，说明以上两因子对居民满意度的影响更大。

知晓率是影响垃圾分类效果的一个重要因素（直接效应为 0.99）。进一步分析，在垃圾分类效果观测变量因子中（知晓率、覆盖比率、达标比率），覆盖比率的作用最不明显，因子载荷仅为 0.01 以上，说明垃圾桶站的覆盖情况对垃圾分类效果的影响不大。

垃圾分类效果和居民满意度之间的因子系数为 0.21，说明虽然两者之间的相互影响不很大，但是如果不注重居民满意度也会对垃圾分类效果产生影响。

（七）多群组分析

以上模型只能分析所有样本对垃圾分类满意度和垃圾分类实际效果的认知水平差异，对不同群体之间的差异分析却无能为力，而多群组结构方程模型可以弥补这方面的不足。因此，本研究采用构建多群组结构方程模型的方法，分析居民性别特征和是否独居对前文假设中前五条路径影响的差异。

1. 基于性别特征的多群组结构方程模型分析

利用 AMOS23.0 对数据进行运算，并对运算结果进行整理得到表9。

表 9　基于性别特征的多群组结构方程模型估计结果

路径	性别	
	男	女
H1a	0.653	0.623
H2a	0.868 ***	0.837 ***
H3a	0.861 ***	0.852 ***
H4a	0.861 ***	0.625 ***
H5a	0.994	0.994 ***

注：* 表示 $p<0.05$，** 表示 $p<0.01$，*** 表示 $p<0.001$；路径 H1a~H5a 等与表 2 中假设一致。

多群组结构方程模型结果表明，在配套设施齐全对居民满意度成正向影响的路径 H1a 中，男性和女性影响均不显著，表明居民的性别特征几乎不在配套设施对其满意度的影响中起作用。在宣传工作到位对居民满意度成正向影响的路径 H2a 中，男性群体（$\beta=0.868$，$p<0.001$）比女性群体（$\beta=0.837$，$p<0.01$）影响更为显著，主要原因是与女性相比，男性更加关注和支持国家政策，从而他们更加注重胡同宣传工作的开展和推进，使得男性群体在路径 H1a 中更为显著。在人员职责明确对居民满意度成正向影响的路径 H3a 中，男性群体（$\beta=0.861$，$p<0.001$）较女性群体（$\beta=0.852$，$p<0.001$）影响略显著，因为男性比女性更愿意与社区工作人员交流，因而更关注垃圾分类相关人员的工作水平和工作态度。在回收清运及时对居民满意度成正向影响的路径 H4a 中，男性群体（$\beta=$

0.861，$p<0.001$）比女性群体（$\beta=0.625$，$p<0.001$）的影响更为显著，主要原因在于受中国传统文化"男主外，女主内"的影响，在一天的大多数时间中女性都待在家中料理家务，而男性离家的时间较长，每天更可能看到垃圾车回收清运垃圾的情况，因此垃圾是否被及时回收清运成为影响男性群体对垃圾分类满意度的重要因素之一。在知晓率对垃圾分类效果成正向影响的路径 H5a 中，女性群体（$\beta=0.994$，$p<0.001$）影响显著，因为与男性相比，女性更擅长也更经常参与和自身家庭生活有关的垃圾分类活动，所以提高女性对垃圾分类的知晓率对提升垃圾分类实际效果有更显著的正向影响。

2. 基于是否独居的多群组结构方程模型分析

为了获得更加丰富的研究结论，按照样本独居情况，将样本分为独居和非独居两组，在调研过程中发现独居组中老人居多。利用 AMOS23.0 对数据进行分析，并对运算结果进行整理得到表10。多群组结构方程模型结果表明，在配套设施齐全对居民满意度正向影响的路径 H1a 中，独居群体（$\beta=0.656$，$p<0.001$）比非独居群体（$\beta=0.628$，$p<0.001$）影响略显著，其原因是，当独居居民看到垃圾桶、雨棚等配套设施完备齐全时，更能激发其垃圾分类意愿，并对垃圾分类作出积极评价。在宣传工作到位对居民满意度正向影响的路径 H2a 中，独居群体（$\beta=0.878$，$p<0.001$）比非独居群体（$\beta=0.845$，$p<0.001$）影响更显著；到位的宣传工作有助于营造积极的垃圾分类氛围，更能激励一直独居的居民主动参与社区活动，投身于垃圾分类的行动之中。在人员职责明确对居民满意度正向影响的路径 H3a 中，独居群体（$\beta=0.880$，$p<0.001$）仍比非独居群体（$\beta=0.854$，$p<0.001$）影响要显著；因为对独居群体中的老人而言，他们在社交活动中更容易获得社会支持、家庭支持和情感支持，而垃圾分类相关人员明确的职责有助于独居者与他们进行有效的沟通，从而获得更多垃圾分类和生活方面的支持，进而居民满意度相比更高。在回收清运高效对居民满意度正向影响的路径 H4a 中，独居群体（$\beta=0.706$，$p<0.001$）比非独居群体（$\beta=0.647$，$p<0.001$）影响显著；原因是独居者有比较多的自由时间，比起非独居者大部分时间与家人在一起，独居者可以更多地外出从而观察到回收清运情况，对回收清运车清运情况有更全面详细的了解，从而满意度更高。在知晓率对垃圾分类效果正向作用的路径 H5a 中，两组都呈显著影响且显著程度相当，说明独居与否并不影响垃圾分类知晓情况与效果之间的正向关系。

表 10　基于独居情况的多群组结构方程模型估计结果

路径	独居情况	
	独居	非独居
H1a	0.656 ***	0.628 ***
H2a	0.878 ***	0.845 ***
H3a	0.880 ***	0.854 ***
H4a	0.706 ***	0.647 ***
H5a	0.995 ***	0.994 ***

注：＊表示 $p<0.05$，＊＊表示 $p<0.01$，＊＊＊表示 $p<0.001$；路径 H1a~H5a 等与表 2 中假设一致。

五、主要结论及政策建议

本文采用结构方程统计分析方法，结合北京市西城区胡同平房社区居民垃圾分类满意度问卷数据，对胡同居民垃圾分类实施效果和居民满意度的关系和影响因素进行研究。

从整体看，胡同垃圾分类实际效果与居民对垃圾分类满意度存在共变关系，两者相互影响。基于认同效应，满意度的提升会给居民带来心理上的满足与成就感，导致居民个人认同并实施行动，即"内部激励"提高了分类效果。但对于胡同居民整体来说，趋同效应的影响程度更为广泛。研究表明，家庭成员、邻里、同事等个体均是影响居民垃圾分类的重要参照群体（Salient Social Referents），他们的期望和做法往往左右着个体的行为选择。一般而言，现实生活中居民所感受到的参照群体对分类的积极期许越大，就越有可能参与到垃圾分类中。趋同效应带来的连锁反应使垃圾分类"规模化"，在整体层面上提高了垃圾分类实施效果。因此，对于影响居民满意度的四个潜变量，"人员职责明确"和"宣传工作到位"影响居民对垃圾分类综合满意度的程度最为显著。而垃圾分类实际效果良好则意味着居民的居住环境得到有效改善，居民对垃圾分类的整体满意度必然会上升，形成良性循环。对于胡同垃圾分类效果的三个影响因素，从客观因素看，"大件垃圾堆放处覆盖比率"和"设施达标率"对胡同社区垃圾分类的影响均未达到统计学显著水平。作为主观因素的"垃圾分类知晓率"则对垃圾分类效果作用结果非常显著。因此，在垃圾分类配套设施齐全的前提下，政府应更注重居民自身对垃圾分类知识与相关政策的正确认知等主观因素对垃圾分类实施效果的影响。

根据以上研究结论，我们提出五点政策建议。

（1）改进配套设施建设。考虑到胡同特殊的空间布局，垃圾分类配套设施的规划和清运车辆的出入较为困难，部分社区采用更改或减少垃圾投放点，减少垃圾桶数量，或撤除全部垃圾桶改用人力定时上门清运垃圾的整改方式，以减少占用空间，但效果不太理想。本文建议，在公共设施区域设立固定垃圾投放点，结合人力与垃圾车定时定点清运。在同一社区内，对垃圾桶摆放距离采用统一标准，在固定投放点基础上，定期轮换垃圾桶排布位置且提前通知到位，形成周期性、规律间隔性的摆放模式，达到公平与效率的最大均衡。

（2）完善生活垃圾分类收运规划建设。由研究结果可知，回收清运高效是影响居民满意度的关键因素。然而在所调研的北京市西城区胡同中，垃圾分类收运呈现的标准不统一、设施不到位、收运低效率严重影响胡同居民前端分类的积极性，适用于社区及普通街道的大型垃圾收运车并不适用胡同狭长的街道，目前也并未出现针对胡同的垃圾分类清运车，也影响回收清运工作人员的工作效率。因此，应明确完善胡同生活垃圾分类回收设施及体系规划，统一回收标准和清运时间，打造出更适合胡同的回收清运系统。

（3）加强教育与宣传，充分发挥工作人员的作用。调研中发现居民的垃圾分类知晓率并不高，部分老年居民抗拒垃圾分类，所以相关社区应充分发挥"宣传工作到位"、"人员职责明确"和"垃圾分类知晓率"对于整体满意度和效果的显著影响，着重就垃圾分类的重要性、必要性等方面，多途径地开展宣传教育，多开展垃圾分类知识的普及活动，垃圾分类指导员将现场指导、入户指导、集中培训等相结合。政府定期宣传分类的阶段性成果，以提升胡同居民对垃圾分类相关工作的了解信任。除此之外可以借鉴欧盟各国实施的经济鼓励政策，将经济政策运用到垃圾管理领域中，为垃圾处理提供资金，激励和改变居民垃圾投放行为，促成相互监督、人人自觉的垃圾分类氛围。

（4）明确细化相关法律条例。目前具有参考价值的政策性文件较少，导致胡同实施垃圾分类过程中出现的问题无法可依，不能及时解决。因此，政府需要加强顶层设计，做到垃圾分类有法可依，使法律规定覆盖面更广，操作性更强，责任更明确。例如，可以借鉴日本以垃圾减量控制和回收再利用为核心的完善的法律制度和体系，在针对各种产品的性质制定的专项法律法规上，对不同行业的废弃物处理和资源循环利用等都做出具体规定。

（5）历史文化街区改造工作和垃圾分类工作相协调。属于居住性历史文化街区的北京老胡同，是活态的文化遗产，有其特有的社区文化。为了适应现代化发展而进行的整改过程中产生的大量工业垃圾、生活垃圾，应单独设置垃圾投放点与合理回收方式，并设置专人监督。为了整体文化的协调性，在胡同内设置的宣传海报及布告栏应融入胡同文化元素，使改造工作与垃圾分类工作协调并行，最大化地改善居民的生活环境，且不影响、破坏胡同传统文化形态，体现胡同里的绿色情怀。

作者简介：

仲凯音，2019级首经贸经济学院本科，现就读于山东大学；王淑瑶，2019级首经贸经济学院本科，现就读于对外经济贸易大学；刘晶雨，2019级首经贸经济学院本科，曾获第十二届全国大学生数学竞赛（非数学类）三等奖等荣誉，现就读于中国社会科学院大学；陈佳一，2019级首经贸经济学院本科；宁佩佩，2019级首经贸经济学院本科，曾获美国大学生数学建模比赛H奖等荣誉，现就读于中央财经大学；潘田雨，2019级首经贸经济学院本科，曾获2020年美国大学生数学建模竞赛一等奖等荣誉，现就读于曼彻斯特大学；张在竹，2018级首经贸经济学院本科，曾获中国数学会第12届全国大学生数学竞赛（非数学类）三等奖等荣誉，现就读于中央财经大学。

参考文献

[1] BAGOZZI R P, YI Y, 1988. On the evaluation of structural equation models [J]. Journal of the academy of marketing sciences, 16 (1): 74-94.

[2] BARDO J W, BARDO D J, 1983. Re-examination of subjective components satisfaction [J]. Journal of social psychology, 120: 35-43.

[3] CLARK R D, 1990. Minority influence: the role of argument refutation of the majority position and social support for the minority position [J]. European journal of social psychology, 18 (3): 304-323.

[4] GANS H J, 1962. The urban villagers [M]. New York: Free Press.

[5] HART O D, 1980. Perfect competition and optimal product differentiation [J]. Journal of economic theory, 22 (2): 279-312.

[6] HELLER K, RASMUSSEN B R, COOK J R, 1981. The effects of personal and social ties on satisfaction and perceived strain in changing neighborhoods [J]. Journal of community psychology, 9 (1): 35-44.

[7] LADEWIG H, MCCANN G C, 1980. Community satisfaction: theory and measurement [J]. Rural sociology, 45: 110-131.

[8] RAUWALDK S, 2002. Environmental attitudes as predictors of policy support across three countries [J]. Environment and behavior, 34 (6): 709-739.

[9] 蔡立辉, 2003. 西方国家政府绩效评估的理念及其启示 [J]. 清华大学学报哲学社会科学版, 18 (1): 76-84.

[10] 陈迅, 2007. 尤建新城市政府"服务型管理"模式研究 [J]. 上海管理科学, 29 (6): 53-55.

[11] 陈子玉, 赵静, 马国强, 2016. 我国城市生活垃圾分类政策实施研究: 以南京市为例 [J]. 地域研究与开发, 35 (3): 64-68.

[12] 杜明军, 2021. 省会城市人口吸引力的支撑因素识别与政策启示 [J]. 区域经济评论 (1): 64-78.

[13] 何惠倩, 张瑞秋, 孙炜, 等, 2021. 互联网医疗患者满意度影响因素分析与研究 [J]. 包装工程, 42 (22): 204-211.

[14] 贺俏毅, 陈松, 2009. 安大略省城市垃圾分类介绍 [J]. 城市问题 (12): 88-91.

[15] 红光, 2006. 日本处理城市生活垃圾的做法及启示 [J]. 内蒙古环境保护

（4）：42-46.

［16］李宁宁，张春光，2001. 社会满意度及其结构要素［J］. 江苏社会科学
（4）：143-148.

［17］李睿，陈坚，傅志妍，等，2020. 基于结构方程模型的定制公交乘客满意
度分析［J］. 科学技术与工程，20（25）：10499-10503.

［18］刘锦，何迎敏，2020. 特大城市垃圾分类强制性政策工具的实施及优化研
究［J］. 探求（6）：72-79，102.

［19］娄敏，顾巧论，2016. 基于因子分析的天津市居民垃圾分类影响因素研究
［J］. 价值工程（3）：12-14.

［20］罗敏，陈宝玲，2020. 村民返乡参与乡村振兴意愿的影响因素及效应研究
［J］. 湖南社会科学（6）：69-78.

［21］罗森布鲁姆，克拉夫丘克，2001. 公共行政学：管理、政治和法律的途径
［M］. 北京：中国人民大学出版社：28.

［22］马婧一，陈殷源，姜薇，2014. 北京市生活垃圾分类政策分析［J］. 环境
卫生工程，22（2）：43-44，47.

［23］孟小燕，2019. 基于结构方程的居民生活垃圾分类行为研究［J］. 资源科
学，41（6）：1111-1119.

［24］曲英，2011. 城市居民生活垃圾源头分类行为的影响因素研究［J］. 数理
统计与管理，30（1）：42-51.

［25］荣泰生，2009. AMOS与研究方法［M］. 重庆：重庆大学出版社：3-122.

［26］孙晓杰，王春莲，李倩，等，2020. 中国生活垃圾分类政策制度的发展演
变历程［J］. 环境工程，38（8）：65-70.

［27］王小兵，胡青青，洪敏，等，2021. 基于结构方程模型的中国高等教育融
资绩效测度研究［J］. 系统科学与数学（6）：1693-1714.

［28］王晓茜，姚昊，2022. 大学生参与大学内部治理行为的影响因素研究：基
于多群组结构方程模型的实证分析［J］. 重庆高教研究（2）：49-59.

［29］吴继英，张梦宇，2019. 共享单车监管绩效的影响因素及测度［J］. 江苏
大学学报（社会科学版），21（6）：52-59.

［30］徐冬梅，刘豪，林杰，2020. 基于农户满意视角的精准扶贫成效评价［J］.
统计与决策，36（17）：66-69.

［31］徐海云，黎青松，翟力新，等，2001. 高级管理人员赴欧洲技术考察报告
［J］. 环境卫生工程（1）：39-44.

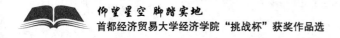

［32］张凤彪，王家宏，2020. 基于结构方程模型的我国公共体育服务绩效评价实证研究［J］. 上海体育学院学报，44（11）：44-54.

［33］张兰霞，李国学，罗文海，等，2020. 北京城乡不同功能区生活垃圾组成特性及分类研究［J］. 环境卫生工程，28（6）：15-21.

除夕社区书记工作的落实

——基于北京、贵阳和新疆部分社区书记工作的实地调研

作者：刘臣华、沈煜琳、陈丽杰、桂澜珊、高滢、刘栩冰、卢垚

指导老师：孙晨

获奖情况：第十一届"挑战杯"首都大学生课外学术科技作品竞赛"红色
实践"专项赛三等奖

摘要： 本文对北京、贵阳、新疆等部分社区居委会干部春节期间的工作进行梳理，了解他们的工作范围和责任，明确疫情背景下社区居委会工作的落实情况。研究发现，在疫情背景下，即便遇到中国的传统佳节，各社区干部尽职尽责，严谨认真，为社区工作的顺利开展打下了良好的基础。

关键词： 社区；居委会干部；疫情

一、绪论

（一）研究背景

党的十九届四中全会以来，国家越来越重视城市基层治理体系的建设，加强党建，实现社会治理升级，已经成为我国新时期、新时代下的具体要求。城市社区是社会基层的重要组成部分，也是维持社会稳定的关键所在。近年来，国家开始注重党员干部、社区干部的组织建设，发挥社区委员会的主观能动性，切实解决居民的基本要求，已经成为社区工作人员的主要责任和任务。2020年是很不寻常的一年，突如其来的疫情给社区居委会干部的工作带来了巨大的挑战，在这种情况下，社区居委会工作能否顺利落实成为许多人关注的焦点。在这个特殊的

时期，基于社区干部工作的重要性，本文从各社区干部的工作内容出发，探究社区居委会工作的落实情况。

（二）研究内容

本文选取北京、贵阳和新疆的七个社区作为观察对象，从社区居委会负责人的日常工作、疫情防控、党建活动和志愿服务等方面入手，探究在疫情防控期间特别是春节期间，社区居委会工作的落实情况。

（三）研究方法

本文采用参与式观察法和非结构式访谈法，了解各个社区的工作情况。

1. 参与式观察法

研究者事先与当地社区委员会取得联系，得到了可以跟拍如党委副书记、社区副主任的机会，通过实地观察和感受疫情防控下和春节期间社区工作人员的工作情况，了解主要工作人员的工作性质和责任。调研者通过对社区、疫情防控站、社区服务站等地点的勘察，了解社区工作人员的工作进展情况。

2. 非结构式访谈法

研究者通过询问主要负责人关于门区管控、高龄党员、社区巡逻、基层工作、人员保障、民情驿站和居民关系等有关情况，更深入地了解社区的基本情况。

二、调研结果

（一）北京市五棵松紫金长安小区

北京市五棵松紫金长安小区位于五棵松奥运场馆以北、金沟河以南，西临四环路，东为西翠路，面积约为 1 平方公里，常住人口 3 214 户。本次调研通过采访跟拍社区副主任史玉良，了解社区关于门区管控、慰问高龄党员、社区安全巡逻（中控室）、民情驿站、志愿者工作等基本情况。

1. 门区管控

调研发现，该社区共有五个大门，每个大门由两名保安值守。在疫情期间，大门上都贴着全国最新高风险地区公示牌和北京健康二维码。保安 12 小时一轮班，落实进出人员的测温、扫码、验证和登记，严格把控人员流动。为响应国家号召，2021 年所有工作人员留京过年，为社区的安全做出了重大贡献。

2. 慰问高龄党员

调研者在史主任的带领下探访了 2 户高龄党员，为他们送去了新年祝福和温暖。第一户是有 40 多年党龄的赵菊莲奶奶，今年 80 岁，她的心脏装有起搏器，但是依旧支持社区各种志愿活动，从疫情防控到垃圾分类都少不了她的身影。第二户是有 63 年党龄的姜菊芬奶奶，今年 85 岁。姜奶奶 2010 年开始居住在五棵松紫金长安社区，经常参加社区的各种志愿者服务活动，还加入了社区的老年合唱团。

3. 社区安全巡逻（中控室）

社区一共有 400 多个摄像头，100 多个在地下车库。一般两个人值班，一个人负责处理现场紧急突发情况。工作人员今年基本没返乡过年。由于今年很多业主都没有离京，工作任务更重。春节期间社工和保安会实地双重巡查，不仅在院区巡查，楼宇也要巡查。

4. 民情驿站

民情驿站是街道为社区量身打造的治理机制创新，主要是搭起了社区和居民、居民和物业、社区和物业三位一体的沟通桥梁，物业有人每天参与民情驿站合署办公，负责接诉即办，了解居民诉求，并对民意诉求实现快速反应、快速处置。驿站中所有工作人员的手机必须 24 小时开机，以保证可以随时服务居民。

5. 志愿者工作

志愿者的工作主要负责居民垃圾分类，志愿者大多是共产党员。

（二）北京市朝阳区八里桥社区

八里桥社区是一个拥有 3 000 多户居民的庞大社区，八里桥社区居委会管辖着包括西军庄、东军庄、航天工业部六二五所在内的四个住宅小区，常住人口 4 500 多人，管辖任务重。八里桥社区一共有 13 名工作人员，其中 9 名社区工作者是女性。本次调研通过跟拍社区副主任倪国庆，了解该社区居委会的工作。

倪副主任每天九点到达社区工作站，主要负责视察社区疫情防控工作，进行店铺安全巡查，同时帮助居民解决日常生活需要等。

（三）北京市西城区德胜街道双旗杆社区

北京市西城区德胜街道双旗杆社区是 2000 年 6 月新建立的社区居委会，本次调研通过跟拍社区党委副书记刘毅冬，了解居委会的基本工作。

在这个特殊的时期，社区工作紧密围绕疫情开展，居委会每天需要对各疫情站点进行检查，同时做好疫情防控工作。通过志愿值班的方式，合理安排人员到岗，安排好返乡人员的核酸检测，把好社区安全的最后一关。

（四）北京市延庆区香水园街道和润社区

本次调研通过跟拍延庆区香水园街道和润社区李燕主任，并通过社区工作者介绍、实地考察、街头采访等方式,了解在新年伊始社区基层干部的主要工作。

1. 志愿服务

志愿服务是指社区服务站为本小区居民提供志愿服务岗位与上岗前培训教育。和润社区主要提供两类志愿服务岗位,一为社区垃圾分类工作桶前值守,二为疫情防控卡口执勤。桶前值守志愿服务主要是志愿者监督居民进行垃圾分类,帮助居民进行必要的垃圾分类知识学习;而卡口执勤则是测量居民体温,并督促其出示出入证或扫码登记。

2. 社区垃圾分类

在垃圾分类方面,社区张贴了分类注意事项海报,提供了垃圾分类宣传语音播放,也为居民提供了智能回收屋。李主任主要负责督察相关事项是否按规定执行,按要求实施。

3. 疫情防控监督

疫情防控督导主要包括卡口执勤、社区服务站疫情督察。卡口执勤主要是在社区招募志愿者,监督居民进行体温测量或提供健康宝二维码。

4. 居民采访

通过进一步采访社区居民,发现和润社区工作落实情况与描述基本相符。社区居民对工作基本满意,能够满足其对于社区工作的要求。

(五)贵阳市云岩区文昌阁街道

文昌阁街道辖区面积 2.203 平方公里,有 30 078 户,总人口 88 756 人,地处贵阳市首善之区的核心区。云岩区文昌阁街道党工委、办事处于 2020 年 1 月 18 日正式挂牌成立,通过落实"1+5+N"的自上而下的组织架构("1"即街道党工委办事处,"5"即派出所、市场监管分局、税务分局、司法所、交管中队,"N"即 5 办 4 中心 1 站所各社区居委会),明晰组织机构,细化部门责任,实现高效沟通、高度统一、科学有序地推动街道的日常运转。本次调研通过跟拍社区书记的日常,了解社区的相关治理。

1. 巡查辖区,排除异常

对所管辖区域进行巡查,并向上级报备有无异常情况出现。巡查不仅是为了确认当地居民是否有突发状况出现,也是为了对辖区内文物、旧房危房、建筑工地、流动摊贩进行评估。疫情期间,社区还要对药店、网吧、酒店、农贸市场等人群聚集场所进行检查,确保社区安全。

2. 春节期间开展节假日党员温馨服务活动

为发扬中华民族爱老敬老的传统美德,居委会开展"我们的节日"主题活动，组织党员志愿者、少年儿童为辖区空巢独居老人贴春联、送祝福。同时，还进行了冬季防火、假期防疫等宣传工作。

（六）新疆社区

新疆是少数民族聚居的地区，少数民族众多是新疆的特色，但也为社区工作造成了很多困难。本次调研通过电话、微信和实地考察的方式，了解新疆的社区。

1. 社区基本情况

社区主要分为两个部门：社区党支部和社区。两个部门分工合作，保证整个社区日常生活的稳定。社区党支部的工作内容主要包括三个方面：开展民族团结教育活动；日常安保工作的监督；疫情防控工作的开展和检查。社区工作包括三个方面：日常信息统计；民生工作；通过走访了解居民家庭情况。

2. 社区党支部书记工作情况

社区工作从早上10点开始，10点到10：40为晨会时间，主要进行一天工作的安排。晨会结束后，社区党支部书记及社区主任开始监督走访工作，其中包括防火防盗防疫设施的监管。然后走访社区居民，了解近期家庭情况，普及最新惠民政策，并为居民答疑解惑，同时开展民族团结主题教育宣讲活动，为社区带来了温暖祥和的氛围。

三、社区居委会工作的落实情况

（一）尽职尽责，做好居民群众的传声筒

社区居委会的工作人员是社区和谐稳定的保障，是居民互信互利的桥梁。通过调研发现，每个社区的工作人员都尽职尽责、恪尽职守，即便是春节期间也守护着自己的岗位。面对内容庞杂、数量众多的工作，他们没有抱怨，而是通过严谨认真和一丝不苟的态度将所有问题处理得井井有条。社区居委会成员加强与社区居民的沟通，了解居民的诉求，为居民生活提供了很好的保障。同时，将国家的惠民政策传达给社区，为居民谋得了福利，得到了群众的一致好评。

（二）珍视荣誉，传播积极向上的正能量

通过调研发现，各社区党组织定期举办党员活动，通过不断学习党的基本思想和基本要求，提高了党员干部的思想觉悟和道德标准。同时，通过不断宣传党内文化和党员宗旨，提高了社区整体居民的素质。党组织在居民社区中扮演着重要的角色，各个社区对老党员给予了最高荣誉的尊重，并通过不断慰问老党员的

方式，向社区居民展示了要以党员标准严格要求自己的决心，同时展示了成为一名合格党员的光荣所在。

（三）一丝不苟，打好疫情防控阻击战

疫情的到来不仅给居民的出行带来了极大的不便，也给社区的治理带来了严重的阻碍。但是，在居民委员会的共同努力下，各社区制定了一系列疫情防控措施。如各社区采用一人一卡制严格控制进出的人员，超市、菜市场等人员聚集的场所需要进行测温和扫码登记。同时通过定期消毒、定期检查、限制外来人员进入的方式，保护社区的安全。对于春节返乡人员，社区第一时间安排了核酸检验，保证了群众的安全。在领导的带领和群众的配合下，取得了疫情防控的阶段性胜利。

（四）助人为乐，做好社区组织的志愿兵

调研发现，每个社区干部都在无私奉献着自己的时间和精力，他们甘当社区的志愿者，服务好每位社区居民。在社区中，他们通过设置社区服务驿站，帮助居民解决生活上的问题，即便是自己能力之外的琐事，也耐心地倾听和讲解。他们通过设置志愿者岗位，帮助居民学习垃圾的分类和处理，为居民提供了良好的生活环境。即便是春节假期，他们也不忘自己的岗位工作，不断检查由于燃放烟花爆竹可能存在的安全隐患。他们把助人为乐当作自己的责任，成为一名社区组织的志愿兵。

（五）就地过年，成为响应号召的第一人

突如其来的疫情为春节返乡带来了不便，为了响应国家号召，大部分人选择就地过年，为社区的管理带来了很大的压力。各社区人员在这种情况下，迅速提出应对意见和措施，为滞留人员提供了生活上的保障。通过问候值班人员如保安，举办春节联欢活动，为他们带去了春节的祝福和温暖，在一定程度上安抚了民心。同时，书记选择春节期间不放假，认真在岗，不断巡逻，为居民的生活提供了保障。

四、总结

通过对北京、贵阳和新疆部分社区书记工作的实地跟拍，进一步了解了社区居委会成员的工作内容。调研发现，各社区工作人员严谨认真，不仅为疫情的防治做出了实质性努力，也为社区居民的生活提供了良好的保障。社区居委会成员在书记的带领下，合理安排自己的工作内容和进度，并根据社区居民的需求制定相应的应对政策，给居民的生活带来了极大的便利。

居委会工作对居民生活起着十分重要的作用，因此，国家应该加大对居委会人员的支持力度，通过不断为其提供资金、人员和教育培训等内容，让居委会成员的实力更强、权力更大，从而更好地为人民服务。

作者简介：

刘臣华，2019 级首经贸经济学院本科，曾获第七届中国国际"互联网＋"大学生创新创业大赛总决赛铜奖等荣誉，现就读于对外经济贸易大学；沈煜琳，2019 级首经贸经济学院本科，现就读于首都经济与贸易大学；陈丽杰，2020 级首经贸经济学院本科，现就职于中国银行；桂澜珊，2019 级首经贸经济学院本科，曾获美国大学生数学建模三等奖等荣誉，毕业后在国内读研；高滢，2019 级首经贸经济学院本科；刘栩冰，2019 级首经贸经济学院本科，曾获北京市优秀毕业生等荣誉，现就读于香港城市大学；卢垚，2019 级首经贸经济学院本科，现就读于英国格拉斯哥大学。

北京市新型垃圾分类政策实施情况的原因分析和政策建议

作者：仲凯音、王淑瑶、陈佳一、刘晶雨、宁佩佩、许紫涵、姚顺、张东蕾

指导老师：章潇萌

获奖情况：第十一届"挑战杯"首都大学生课外学术科技作品竞赛"红色实践"专项赛三等奖

摘要：我国城镇生活垃圾在以每年5%~8%的速度增长，垃圾分类在我国已有初步发展，但目前的垃圾处理能力有限，急需提高。本文通过案头分析明确垃圾分类的现有政策及实施情况；根据垃圾分类条例实施后各区基本情况，选取海淀、丰台两个区进行问卷调研、实地调研及访谈；运用SPSS分析数据，明确垃圾分类的现状和产生问题的原因；通过对两个区域的分析、借鉴，建议使用内部奖励激励居民，在中小学开展相关课程，健全基础设备并完善法律法规，充分发挥社会的监督作用。

关键词：北京市；垃圾分类；居民满意度

一、引言

（一）研究目的及意义

1. 研究目的

垃圾分类是国家治理现代化的重要内容之一。经济发展和生活方式越现代化，垃圾产生就越多。根据中国再生资源回收利用协会调研数据，中国每年垃圾总量以8%~10%的速度增长，全国2/3以上城市"垃圾围城"。2018年，上海每天生活垃圾清运量接近2.6万吨，总量超过900万吨。垃圾侵占侵蚀大量土地资源，污染海洋河流湖泊，甚至引发"跨区域偷倒垃圾"等现象，给社会治理带

来很大挑战。通过研究北京市居民生活垃圾分类现状背后的原因，可以达到如下目的。

（1）提高资源利用效率。在垃圾分类与资源利用的关系上，由于垃圾分类工作对日常生活有影响，越来越多的人会考虑使用物品后会产生什么样的垃圾，这有助于大众形成减少有害垃圾产生的意识，在可回收垃圾上也能够形成资源的节约意识，通过垃圾分类工作，资源的利用减少了，资源的循环利用增加，对于资源的消耗量形成了良好的降低效果。

（2）保护环境。在垃圾分类与环境保护的关系上，由于垃圾得到有效的分类，许多不需要燃烧与堆埋处理的垃圾得到了回收利用，因此减少了垃圾处理工作量，也保护了环境。

（3）提高居民综合素养。在垃圾分类与社会发展、群众素养的关系上，垃圾分类工作能够让越来越多的人重视垃圾分类，提高自身综合素养，不乱扔垃圾，减少垃圾的产生量，这对于社会整体发展是有积极效果的，能够提高大众的意识水平与综合素养，促进社会和谐发展。

2. 研究意义

垃圾分类是习近平总书记高度重视、亲自部署、着力推动的"关键小事"。习近平总书记对垃圾分类工作作出重要指示，强调推行垃圾分类，关键是要加强科学管理、形成长效机制、推动习惯养成。这阐明了垃圾分类对社会文明、生态文明的重大意义，明确了重点方向和长远目标。目前，我国垃圾分类工作从点到面、由表及里，取得了积极进展和初步成效，但居民垃圾分类的知晓率和认可度还有很大的提升空间，还存在垃圾分类的法治体系、政府统筹推动力度、分类处理设施的能力、全民参与的文化氛围等方面的不足。

本文选取北京市的两个城区，通过调查居民生活垃圾分类现状，发现生活垃圾处理面临的困境，分析其背后的原因，探索一种更高效的垃圾分类模式，推动垃圾分类工作的实施，使得居民垃圾分类意识增强，逐渐形成良好的习惯，进而改善环境质量，带动绿色发展，引领绿色生活，为建立适合北京市居民生活垃圾协同治理提出建设性意见。

（二）文献综述

1. 国内文献综述

黄中显、付健（2015）认为，在实现生态文明建设的路上，需要企业和政府的共同努力，但目前的情况是在生态文明建设的各个环节之中，企业缺乏内在动力去参与循环经济的建设和自身结构的改革，这是因为循环经济发展比线性经济发展需要更高的成本，因此需要国家和政府的激励机制进行鼓励和引导，迎合企业作为"经济人"对利益的需求；但激励并不意味着单纯的资金支持和提供政策便利，所以要对循环的不同层次进行激励，区分重点区域和重点企业进行激励，实现资金的最优化使用。

在生活垃圾减量化的法律方面，黄中显、付健（2015）认为，立法者尽管在垃圾源头减量化的工作中通过了《中华人民共和国环境保护法》《中华人民共和国循环经济促进法》《中华人民共和国固体废物污染环境防治法》《中华人民共和国清洁生产促进法》等一系列法律法规，但这些法律规范大多是示范性、倡导性和宣传性的，缺乏切合实际、具体明确的可操作性规范体系。目前垃圾分类体系和物流系统的科学性不够完备，导致我国可回收垃圾的循环率低，垃圾资源化的绩效低，因此要进行消费者义务主体减量化行为的路径调整和减量化规则工具的调整。

乔露（2017）设计并发放了针对城市居民垃圾分类认知与执行情况的调查问卷，结合调查后的数据发现，居民在垃圾分类行为和认知上存在偏差，且垃圾分类的基础设施存在缺陷。他认为要推进垃圾分类的市场化运动，以实现垃圾分类的经济效益、社会效益和环境效益的统一。

2. 国外文献综述

日本的垃圾管理是一个逐层深入的过程，其垃圾管理体制经历了几代更新变迁，经历末端处理、源头治理向资源循环的转变，从最初政府被动的自上而下的管理体制，逐步转变为以日本公民、社会团体、非政府组织、企业等社会主体协同治理的社会性体制，除政府以外的其他社会性主体的作用逐渐明显。美国和德国的垃圾管理充分利用市场经济力量，通过经济利益驱动，促进全民参与，同时用完善的法律法规保证执行严密到位，其押金制度也具有借鉴意义。比利时的垃圾分类采取强制性措施保证，实行专业化运作，成立专业公司参与市场竞争，相关循环利用材料的出售为比利时政府带来了每年约 1 亿欧元收入。相比之下，我国的垃圾处理工作还处于初级阶段，应积极借鉴发达国家的管理经验，从加强顶层设计、提升国民素质、完善处理设施等方面着手，构建一套适合我国国情的垃圾分类长效机制。

环境治理（environmental governance）与环境善治（good environmental governance）理论是环境领域的国际认可度较高的分析工具。环境治理主要关注环境福祉的利益相关者中谁来制定环境决策和执行对象，行使权力并承担相应的责任而达到一定的环境绩效、经济绩效和社会绩效；环境善治是近年来国际倡导的环境治理理论和政策体系，强调社会伙伴关系的形成、合作与博弈的良性互动过程。

二、北京市垃圾分类发展历程

20 世纪 90 年代，北京开始提倡垃圾分类收集处理。

1993 年，北京率先制定《城市市容环境卫生条例》，要求对"城市生活废弃物逐步实行分类收集"。北京早期的垃圾处理比较粗放，居民产生的垃圾都是散倒在垃圾池，由车装运至城外掩埋处理，那时多为生活垃圾。

1993 年 8 月，北京部分地区的居民改变过去散倒垃圾的方式，开始使用塑料包装袋倒垃圾，以减少垃圾污染，净化环境。

1998 年 4 月，北京开始提倡并推广垃圾分类收取，有关部门先后在大商场、公园及繁华闹市区设置了几十处垃圾分类箱。图 1 为西单北大街路口的三组式分类垃圾箱，这种垃圾箱设计超前、功能非常实用，投放口根据垃圾种类有所区别。

图 1　三组式分类垃圾箱（程至善摄）

2009 年，北京市委市政府发文开始推广垃圾分类工作。

2010 年前后，北京在全市推广垃圾分类处理，居民社区内都摆着三个一米多高的垃圾桶，绿、蓝、灰三个垃圾桶按照分类指示，可回收厨余垃圾、可回收垃圾和其他垃圾。

2012 年，北京市出台了《北京市生活垃圾管理条例》，明确了政府部门、物业等管理责任人、收运处置单位、垃圾产生单位的责任和罚则。

2019 年 11 月 27 日，北京市十五届人大常委会第 16 次会议表决通过市人大常委会关于修改《北京市生活垃圾管理条例》的决定。修改后的条例（以下简称《条例》）对生活垃圾分类提出更高要求，于 2020 年 5 月 1 日起施行。生活垃圾分为厨余垃圾、可回收物、有害垃圾、其他垃圾四类。

三、北京市新型垃圾分类现状及原因分析

（一）北京市新型垃圾分类现状

为更加全面地了解目前北京市垃圾分类现状，团队以问卷调查和深度访谈相结合的方式分别在海淀区、丰台区进行了实地调研。此次共收回有效问卷 191份，从数据总体结构看，调研样本具有以下特点：调研对象年龄多在 41 岁以上，约占 70%，25~40 岁人群次之，占 18.62%；从所在地区看，海淀区样本居多，占 31.94%，剩下三区均不到 30%；从学历看，大学本科学历最多，占 37.04%，初中及以下学历次之，而研究生及以上学历者寥寥无几；最后从职业看，已退休人群占比较大，为 32.80%，剩余各个职业分布较均匀。接下来从不同角度介绍问卷数据统计概况和实地调研情况并进行分析。

1. 政策解读

《条例》明确，生活垃圾管理条例针对单位和个人在日常生活中或者为日常生活提供服务的活动中产生的固体废物，以及法律、行政法规规定视为生活垃圾的建筑垃圾等固体废物进行分类投放、收集、运输、处理和再生资源回收。

针对垃圾收费管理，《条例》指出，将按照多排放多付费、少排放少付费、混合垃圾多付费、分类垃圾少付费的原则，逐步建立计量收费、分类计价、易于收缴的生活垃圾处理收费制度，加强收费管理，促进生活垃圾减量、分类和资源化利用。产生生活垃圾的单位和个人应当按照规定缴纳生活垃圾处理费。

《条例》要求，经营快递业务的企业在北京市开展经营活动，应当使用电子运单和可降解、可重复利用的环保包装材料，减少包装材料的过度使用和包装性废物的产生。鼓励经营快递业务的企业采取措施回收快件包装材料。鼓励各行各业无纸化办公，减少一次性物品用量。超市、商场、集贸市场等商品零售场所不得使用超薄塑料袋，不得免费提供塑料袋。餐饮经营者、餐饮配送服务提供者和旅馆经营单位不得主动向消费者提供一次性筷子、叉子、勺子、洗漱用品等，并

应当设置醒目提示标识。将采取措施逐步推行净菜上市。

《条例》指出，产生生活垃圾的单位和个人是生活垃圾分类投放的责任主体，应当按照下列规定分类投放生活垃圾：按照厨余垃圾、可回收物、有害垃圾、其他垃圾的分类，分别投入相应标识的收集容器；废旧家具家电等体积较大的废弃物品，单独堆放在生活垃圾分类管理责任人指定的地点；建筑垃圾按照生活垃圾分类管理责任人指定的时间、地点和要求单独堆放；农村村民日常生活中产生的灰土单独投放在相应的容器或者生活垃圾分类管理责任人指定的地点。

《条例》明确，单位违反规定，由城市管理综合执法部门责令立即改正，处1 000元罚款；再次违反规定的，处1万元以上5万元以下罚款。个人违反规定，由生活垃圾分类管理责任人进行劝阻；对拒不听从劝阻的，生活垃圾分类管理责任人应当向城市管理综合执法部门报告，由城市管理综合执法部门给予书面警告；再次违反规定的，处50元以上200元以下罚款。应当受到处罚的个人，自愿参加生活垃圾分类等社区服务活动的，不予行政处罚。

2. 因地制宜落实政策，但落实程度参差不齐

各区在垃圾分类问题上各显神通，因地制宜选择合适的分类模式，落实新型垃圾分类政策。

在海淀区，社区内专门设有垃圾定时定点投放机制，这样可以提高垃圾清运的效率。社区负责人介绍道，由于孩子好奇心强，接受新事物的能力普遍比较高，孩子与父母之间的沟通交流基本上也是畅通无阻，所以为了有效全面开展垃圾分类，社区有专门对孩子进行高效持续的垃圾分类知识普及，并借此希望动员全家参与垃圾分类。

在丰台区的日月天地大厦，青年会的工作人员开展主题讲座，为大家普及垃圾分类知识。

在一次讲座中，宣讲员全面讲解了北京市垃圾分类的现状和总体情况，以及北京市委对于垃圾分类工作的部署。

然而，各区垃圾分类情况却天壤之别，比如海淀区完善的定时定点投放机制与丰台区居民可以根据自己的时间随意扔垃圾形成鲜明对比。每个社区有自己的一套垃圾分类体系，但是各社区也不能闭门造车，还需多多借鉴其他社区的优秀措施，使其"本土化"，实现垃圾有效分类。

3. 分类工作持续推进，但公共设施保障不足

垃圾分类相关设施的有效配置，是保证居民准确分类投放垃圾以及社区环境干净整洁的重要一环。

利用 SPSS 软件，将居民对基础设施配置情况、配套设施配置情况（如摄像头、雨棚、照明灯、洗手池等）、物业保洁情况的满意度进行描述性统计分析，统计结果见表 1。

表 1 设施满意度分析

		SMEAN （基础设施配置）	SMEAN （配套设施配置）	SMEAN （物业保洁垃圾分类）
个案数	有效	141	141	141
	缺失	0	0	0
平均值		3.65	3.20	3.49
中位数		4.00	3.00	3.00
标准差		0.964	1.064	0.997
最小值		1	1	1
最大值		5	5	5

由上述分析结果可以看出，所调查居民的回答都比较集中，均值都在 3.2~3.7。这意味着被调查居民对设施配置及其保洁情况的满意度总体介于"比较满意"和"满意"之间。其中，居民满意度最高的是"基础设施配置"一项，均值达到 3.65；相对而言，居民最不满意的是"配套设施配置"一项，均值仅为 3.20。同时各项的标准差均在 1 左右，说明居民对小区内垃圾分类设施配置及其保洁情况的满意程度差异比较大。

根据实地调研情况也可以知道，海淀区万寿路的大部分社区垃圾桶布置完善、布局合理，这可以很好地解释大部分居民对相关设施还是比较满意的；而丰台区部分社区的垃圾桶只分了两类，即厨余垃圾和其他垃圾。

由此可见，社区垃圾桶摆放布局、数量基本合格，但相关配套设施（雨棚、洗手池、照明灯等）仍不足，居民垃圾分类还存在垃圾桶旁有异味、破袋投放时脏手、垃圾桶盖脏等问题，居民没有处在一个干净整洁的社区中，就很难引起一起为保护环境参与垃圾分类的共鸣。

同时我们也通过调查问卷"您认为小区的垃圾分类站还有什么地方需要改进？"一题发现，希望垃圾桶周边环境可以更加干净整洁无异味的居民占 44.50%，其次，居民还希望垃圾桶的布局更加合理（31.41%），标识更加清晰易懂（30.37%），周围放置指示牌以指导居民垃圾分类（26.18%），社区可以配置智能垃圾桶（30.37%），见图 2。在"您认为小区垃圾投放点附近配套设施还应添置什么？"一题中，居民的偏好依次是洗手池（48.17%）、照明灯（32.46%）、雨棚（30.37%）以及摄像头（25.66%），见图3。

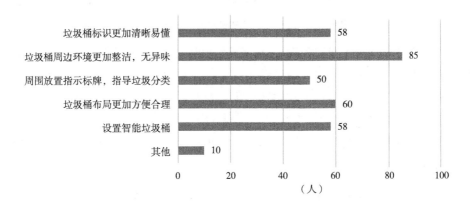

图2　垃圾分类站可改进的方面

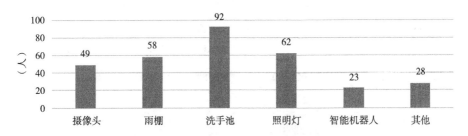

图3　垃圾投放点附近配套设施应添置物品

4.监督管理体系缺失，奖惩措施有待完善

垃圾分类的有效开展有赖于外部监管措施的实施，在众多监管主体中，地方政府、行业协会、社区组织是几个重要的监管主体。政府监管是方向盘和压舱石，行业自律和社区监管是推进器。它们相互支撑、互为补充关系。

在社区监管中，社区垃圾分类志愿者不足，监管时间短，监管期间不作为的现象较多。垃圾分类志愿者多为党员干部，普通群众少，有的志愿者自学垃圾分类知识，没有受到统一培训，导致居民乱投乱放，分类纯净度较低，过于依赖志愿者二次分拣，没有形成良好的投放习惯。很多小区志愿者只在上午和下午的某个时间段监管，不能做到全方位监管，不在监管时间内居民投放的垃圾纯净度低。而在垃圾分类中后端也缺乏对分类运输系统、垃圾分类处理的有效监管，居民时常抱怨垃圾清运不及时，存在混收混运的现象，这会严重挫伤前端居民垃圾分类的积极性。

5. 政策宣传声势浩大，但不够深入效果欠佳

自五月出台《北京市生活垃圾管理条例》后，北京市绝大部分地区都积极做好了垃圾分类宣传，我们的实地调研及访谈也印证了这一点：海淀区万寿路街道通过党员带头、全楼参与，发挥党建引领物业服务企业等活动有序宣传垃圾分类，并发挥创新思维"从娃娃抓起"，对孩子进行知识普及进而带动整个家庭进行垃圾分类。丰台区方庄地区有青年会的工作人员专门组织讲座，为居民介绍北京市垃圾分类现状和总体情况，传达中央精神，宣讲北京市委对垃圾分类工作的部署，描述政府推进垃圾分类工作的基本框架。

为更加直观地了解社区垃圾分类宣传工作的推进程度，我们在给居民的调查问卷中也设计了相关问题。

在"您是否在社区内看见过垃圾分类宣传员、分拣员？"一题中，112 人选择"经常有"，占有效问卷数的 59%；52 人选择"有时有"，占有效问卷数的28%；11 人选择很少有，占有效问卷数的 6%；另外还有 13 人选择"从来没有"，占有效问卷数的 7%（见图 4）。可见，经常或有时能看见垃圾分类宣传员、分拣员的居民占比将近 90%，说明绝大多数社区注重加大人力资本的投入，以使居民能够早日摒弃随意丢垃圾的行为习惯而加快适应垃圾分类政策。

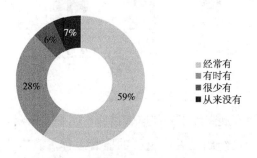

图 4　是否能看见宣传员、分拣员

居民是否知晓和理解垃圾分类知识直接影响其垃圾分类的正确率，从而影响垃圾分类政策能否成功实行。在"您是否了解垃圾分类相关知识？"一题中，共计 170 人选择"了解"，19 人选择"不了解"（见图 5），表明绝大多数居民认为自己已经对垃圾分类基本知识有一定了解，侧面反映出社区在宣传方面做得比较到位，至少在居民心中已经有了垃圾分类知识的概念。

在"您对您所居住的小区垃圾分类宣传情况的满意程度"一题中，共计 130 人选择"非常满意"、"满意"和"比较满意"，占总调查样本的 92.2%（见表 2），说明大多数居民对社区的垃圾分类宣传工作持满意态度，证实了北京正式实行新型垃圾分类政策以来，各社区的确在普及垃圾分类方面有所作为。

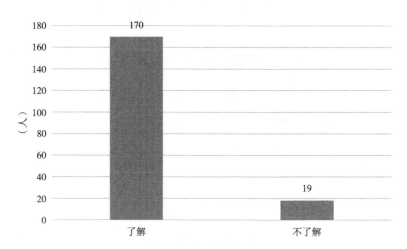

图5　是否了解垃圾分类知识

表2　宣传情况满意程度

	频率	百分比（%）	有效百分比（%）	累计百分比（%）
非常不满意	3	2.1	2.1	2.1
不满意	8	5.7	5.7	7.8
比较满意	53	37.6	37.6	45.4
满意	58	41.1	41.1	86.5
非常满意	19	13.5	13.5	100.0
总计	141	100.0	100.0	

接下来我们又具体询问了社区内的垃圾分类宣传方式。在"您社区内有怎样的垃圾分类宣传方式？"一题中，选择"社区有专门的宣传板、发放手册"的居民有127人，占有效问卷数的66.49%；34人选择"社区统一培训"，占有效问卷数的17.80%；55人选择"志愿者讲解"，占有效问卷数的28.79%；25人选择"网络平台宣传"，占有效问卷数的13.09%；10人选择"其他"，占有效问卷数的5.23%（见图6）。由此可见，大多数社区主要通过宣传板和发放手册宣传垃圾分类，其次是通过志愿者讲解普及垃圾分类知识，统一培训、网络平台宣传和其他宣传方式占比并不大。

与此同时，为探究现有垃圾分类宣传方式与大众偏好或接受的垃圾分类宣传方式之间的差异，团队在问卷中设计了"您认为较有效的宣传途径是什么？"一题，并结合年龄进行分析。城市三区交叉表（见表3）显示，各年龄段的居民普遍认为，社区宣传垃圾分类最有效，学校或单位组织教育次之。

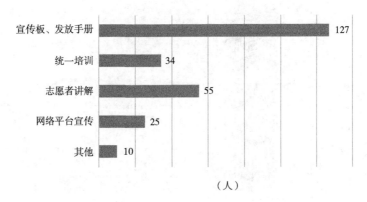

图6　社区现有宣传方式

表3　城市三区被调查者年龄与其认为有效的垃圾分类宣传途径交叉表

年龄		电视新闻或广告	网络媒体宣传	社区宣传	学校或单位组织教育	书本杂志宣传	其他	总计
18岁以下	计数	3	3	5	4	1	1	7
	百分比（%）	2.4	2.4	4.0	3.2	0.8	0.8	5.6
19~24岁	计数	4	7	9	5	1	0	9
	百分比（%）	3.2	5.6	7.1	4.0	0.8	0.0	7.1
25~40岁	计数	13	11	18	17	7	0	26
	百分比（%）	10.3	8.7	14.3	13.5	5.6	0.0	20.6
41~60岁	计数	21	21	47	31	13	1	50
	百分比（%）	16.7	16.7	37.3	24.6	10.3	0.8	39.7
60岁以上	计数	17	12	27	18	5	2	34
	百分比（%）	13.5	9.5	21.4	14.3	4.0	1.6	27.0
总计	计数	58	54	106	75	27	4	126
	百分比（%）	46.0	42.9	84.1	59.5	21.4	3.2	100.0

对于不同年龄的群体，应考虑采取不同的宣传方式，以加强垃圾分类的普及程度。然而由上两题对比可知，目前许多社区宣传方式单一传统，缺乏创新；宣传内容繁多冗杂，枯燥无味，不利于垃圾分类的宣传。

社区中普遍缺少令居民有体验感的宣传方式，几乎所有宣传都停留在字面和话语上，居民无法切身感受到从源头到末端处理的整个过程，自然意识不到垃圾分类的意义和重要性。另外，根据我们在实地调研中的观察，大多数社区都在墙上或公告板上张贴了垃圾分类宣传海报，但海报的篇幅十分有限，内容也不具体，部分海报已经出现了磨损、字迹不清等问题。垃圾分类宣传工作开始声势浩大但缺乏后续跟进，这样不仅不利于社区垃圾分类工作的展开，还会使居民对垃圾分类政策失去信心，认为只是一时之策。不可否认，各个社区宣传工作已有很大进步，但若维持现状不加改进，垃圾分类政策的继续推广将严重受阻。

6. 居民分类意识不强，未养成分类习惯

为了解影响居民参与垃圾分类的因素，在调查问卷中设计了"您认为可能导致您没有垃圾分类的原因有哪些？"。在有效回收的 191 份问卷中，58 人选择"垃圾分类意识淡薄"，占有效问卷数的 30%；85 人选择"垃圾分类占用家庭空间、一定时间和精力，比较麻烦"，占有效问卷数的 44%；50 人选择"基础配套设施不完善"，占有效问卷数的 26%；60 人选择"即使分类，也会混装混运处理"，占有效问卷数的 31%；58 人选择"宣传力度不够大"，占有效问卷数的 30%；另有 10 人选择"没有政府支持，只是形式主义"，占有效问卷数的 5%（见图 7）。

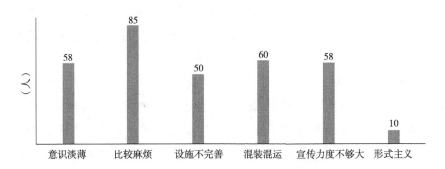

图7　居民认为导致他们未垃圾分类的原因

在走访过的小区中，居民虽然参与垃圾分类，但整体积极性不高，做不到每次都分类。从居委会负责垃圾分类的工作人员中得知，垃圾分类工作的开展主要靠社区居委会制定并实施，很少与居民协商讨论。从政策的下达到社区的宣传再到居民执行，居民始终处于一个被动的地位，由于居民一直是"执行者"而不是"参与者"，最后的结果就是居委会制定了一系列的计划，居民却鲜有参与，致使最后垃圾分类依赖于分拣员二次分拣。

居民从传统混装垃圾的习惯到正确进行垃圾分类是有难度的，需要社区作为中间媒介与居民沟通。在实施较好的小区中我们发现，居委会经常与居民代表沟通协商，征求居民的建议。在实施较差的小区中，整个社区没有垃圾分类的氛围，在撤桶并站、更换投放地点等方面，居委会没有与居民协商，对于居民反映的问题也不能及时解决。

（二）北京市垃圾分类现状的原因分析

1. 政府、企业、社区协同作用不足

《北京市新型垃圾分类管理条例》的出台，意味着社会各方应当配合起来促进北京市垃圾分类的有效实行，政府主导、社区落实、企业促进，但依照垃圾分类现状，可见部分工作仍存在问题，三方协同不足，合力还未形成。

（1）政府主导作用有待提升。垃圾分类作为一项政策，必然由政府主导整个垃圾分类的进程，从社区设施配置到终端处理，都需要政府的监督指导，仅下达命令是不足的。政府应当增强其主导作用，循序渐进，从家庭内垃圾分类、垃圾投放、垃圾回收各环节引导居民养成垃圾分类的习惯，促进垃圾分类政策的实行。

（2）政府、社区责任分工不够明确。某些地区的政府扮演着管理者、监督者、执行者等多重角色，而社区同时承担着监督者、执行者的角色，责任分配不清。职权的混乱会打消双方的积极性，都期待对方完成某项工作，使垃圾分类的推进变得缓慢而低效。同时，由于政府、社区权责不分明，当居民存在问题或者想要提出意见时，出现推卸责任、改正缓慢等问题。

（3）垃圾分类的产业链仍然不完善，前端垃圾分类回收设备，中间清运车、中转站、再分类设备，以及终端垃圾分类设备之间没有有效的链条，各部分之间缺乏联系。要实行四分类垃圾分类，传统的绿色箱式垃圾桶不能满足现有的需求。同时，简单更改垃圾桶颜色和标识只是推进垃圾分类实行的一小步。政府应鼓励企业进行相应的创新，企业应抓住机遇，创新性地改造垃圾桶、改善垃圾投放点的周边环境，为居民提供良好的垃圾分类环境，推进垃圾分类的实行。

但是，仅依靠企业的自主性完成垃圾分类处理链是不可能的，没有政府的有效措施激励企业投入，建成垃圾分类处理体系需要几十年甚至上百年的时间。政府应该给予投资在垃圾分类方面的企业部分优惠政策，比如降低贷款利率，允许中小型企业进行投资；降低企业税率，减少企业负担；政府投资、入股企业，给予企业一定的保障。垃圾分类可以算作同铁路、医疗一样的公共事业，缺乏政府的支持与激励，几乎没有企业能够撑过漫长的回报期，所以，若想有效、高效地实施垃圾分类政策，如何激发企业的积极性、创新性是政府需要考虑的一个重要问题。

2. 宣传、教育混淆

许多社区简单地将宣传与教育合二为一，只是进行张贴海报、居民宣传，忽视了教育问题。要使居民普遍接受一个新生事物，就要让居民了解这项事物，对于垃圾分类来说，配合相应的教育才可以更好地实行。北京市目前实行大类粗分的策略也是因为居民不了解垃圾分类的知识，逐渐培养居民细分类意识将为未来的垃圾分类事业奠定良好的基础。

（1）居民缺乏分类知识基础。若想让居民真正了解、践行垃圾分类，就得让居民知道为什么进行垃圾分类，怎么进行垃圾分类，垃圾为何这样划分，有什么作用。只有当居民意识到了垃圾围城问题的严重性，他们才会真正自觉践行垃圾分类。

（2）需要更加重视校园教育。垃圾分类是一个循序渐进的过程，要从儿童抓起，让儿童从小养成垃圾分类的意识。在学校进行垃圾分类教育、添加垃圾分类课程有助于垃圾分类工作的有序进行、长久发展，在垃圾分类工作的后期，将有利于减少工作量，使垃圾分类工作高效进行。

3. 法律等强制性手段的缺失

目前，我国垃圾分类工作只是在北京、上海等地试点，也只有各地出台的相关条例，没有整体的法律体系支撑将使垃圾分类进程缓慢、低效。法律是推进垃圾分类的手段，也是垃圾分类的最后保障。纵观德国垃圾分类几十年的历程，1972年，联邦德国政府制定《废弃物处理法》，经过4次重大修订，1986年开始推行垃圾减量化、分类管理和回收再利用。1991年又颁布实施《废弃物分类包装条例》，完善从源头上减少生活垃圾的法律体系。日本也颁布了《有关增进环保意愿以及推动环保教育的法律》《促进建立循环社会基本法》《资源有效利用促进法》《固体废弃物管理和公共清洁法》等法律促进垃圾分类的有效实行。因此，垃圾分类作为未来必然流行的趋势，应在试点的同时考虑法律法规的制定。

4. 居民意识与行动的背离

通过北京市政府联系街道、社区进行大范围的垃圾分类知识宣传，大部分居民已经意识到垃圾分类是一项极具社会意义与经济效益的举措。尽管居民已经从思想层面接受了垃圾分类，但是现实情况却导致了意识与行动的背离。

（1）居家空间小，四分类垃圾桶缺少空间。居民要践行垃圾分类，就要在家内摆放四分类垃圾桶，但是考虑到北京的实际情况，工薪族工作繁忙，还要在不大的住处摆放四分类垃圾桶，实施起来困难较大。

（2）定时投放机制存在缺陷，忽视居民情况。部分社区考虑到清运车清运时间以及厨余垃圾存放过久有异味、污染环境，选择定时定点投放垃圾，并且基本选择早七点到早九点、晚七点到晚九点两个时间段。然而，对于上班族来说，加班到九、十点钟是常有的事，就会延误垃圾处理时间。

（3）习惯养成，难以改变。大部分居民习惯了装袋混投，时常会无意识将垃圾混扔，匆忙中垃圾就会分错类，混装混投。通过积极引导能让居民逐步接受垃圾分类并且在日常生活中实践，但是改变习惯是一件长久的事情，急于求成是不行的。

（三）2021年垃圾分类现状

距离社会实践半年后，小组成员又重新走访了海淀区、丰台区两个社区，发现经过半年的垃圾分类工作推进，社区垃圾分类面貌有了重大变化。

北京市垃圾分类政策实施以来，针对初期实施出现的一系列问题，政府与社区在发现问题、解决问题的不断探索中，逐渐寻找到因地制宜的垃圾分类模式。北京市垃圾分类工作取得成效，主要体现在四个方面。

（1）厨余垃圾"量率齐升"。聚焦"设桶、盯桶、管桶"三个关键环节，居民分类参与率逐步提升，厨余垃圾分出量从《条例》实施前的309吨/日增长至4 248吨/日，增长了12.7倍，厨余垃圾分出率达到21.78%。加上餐饮服务单位厨余垃圾1 861吨/日，厨余垃圾总体分出量为6 109吨/日（不含园林垃圾）。

（2）分类实施全链条提升。建立健全分类投放、收集、运输、处理体系，大力开展"桶""车""站""楼"全链条设施设备改造提升。全市建成分类驿站1 258座，现有固定桶站6.32万个，达标改造6.28万个，涂装垃圾运输车3 290辆，改造提升密闭式清洁站805座，生活垃圾分类投放、收集、运输设施建设基本完成年度目标。目前，北京现有生活垃圾处理设施46座，总设计处理能力3.38万吨/日，基本满足我市分类处理需求。

（3）社会动员持续深入。全市6 747个社区、村发布桶前值守项目，招募志愿者37.7万人次，服务时长352万小时。对照"八个基本百分之百"的要求，推进示范小区、村创建工作，继第一批创建174个小区、村之后，目前正在开展第二批创建，发挥典型引路作用，带动更多的居住小区、村积极参与。

（4）在完善减量措施方面，开展了垃圾减量和垃圾分类的要求。在强化分类投放方面，垃圾分类上升为义务性条款。在加强社会共治方面，规定生活垃圾管理工作坚持党委领导、政府主导、社会协同、公众参与、法治保障、科技支撑，明确街道办事处和乡镇政府应当将生活垃圾管理纳入基层社会治理工作。

《条例》中很多规定讲究"因地制宜"。比如，并没有对垃圾定时定点投放进行全市统一的强制性规定，各区政府可以采取设立固定桶站、定时定点收运等方式开展垃圾分类工作。此外，没有强制要求垃圾在投放时必须"破袋"。关于垃圾分类的权与责，条例指出，谁产生谁负责，因此我们每个人都要对自己产生的垃圾负责。

垃圾分类工作不断深入推进，一方面，从硬件服务看，为方便居民将垃圾分类投放，全市垃圾分类容器设置率基本满足了垃圾分类的硬件要求；另一方面，从"软件"服务看，垃圾分类指导员值守率明显上升，为宣传引导居民垃圾分类提供了有力保障。做好生活垃圾分类服务工作，越具体、越方便、越有效，越能让居民积极参与其中，保证分类投放质量，推动《条例》全面严格实施到位。

对于垃圾分类违法行为，相关部门监管执法力度持续提升。一是严罚生活垃圾"混装混运"违法行为，对违规单位及时向社会曝光。二是加大对个人垃圾分类违法行为的执法力度。从垃圾分类的装运和个人投放两个环节加强执法检查力度，压实各方责任，以执法效力规范各方垃圾分类行为，有助于垃圾分类习惯养成，切实提高城市绿色生活质量和文明意识。九个月以来，各方垃圾分类服务与监管责任主体落实执行《条例》，执法检查和市级抽查的问题率均呈下降趋势，居民、小区物业等相关各方积累了垃圾分类的好经验和好做法。

四、垃圾分类的政策建议

本文通过分析北京市新型垃圾分类政策实行过程中存在的问题，以及借鉴其他城市垃圾治理的手段，从宣传、制度、设施、教育等方面提出推进垃圾分类的优化建议，调动全民参与到垃圾分类中。

（一）加大垃圾分类宣传力度，促进居民养成垃圾分类的习惯

通过制作宣传牌、宣传册、横幅或创意动画等方式，广泛宣传垃圾分类对维护公共环境的重要意义，营造垃圾分类的良好氛围。通过问卷结果也可以看出，发放垃圾分类指导手册，开展短期分类知识培训活动，对提高居民垃圾分类意识有很大的效果。同时，统筹市、区、街乡等不同层级单位，联合居委会、业委会及志愿服务团体形成宣传的合力。宣传过程中为市民讲清楚垃圾分类的重要性和必然性，讲清楚垃圾混装的危害以及从垃圾回收中可得到经济价值和环保价值，让居民明白这项活动的意义，自愿投入垃圾分类中。

（二）建立规范的分类垃圾收运体系，严格落实源头至末端的分类处理

有居民反映即使自己进行分类，也存在少数垃圾收运中混装混运的情况，极大打击了他们分类的积极性，同时也阻碍了新型垃圾分类政策的实施。明确分类后垃圾的处理问题对垃圾分类体系的正常运营至关重要。不同种类的垃圾应当由专门的垃圾车进行统一装运，投放到指定堆放处理场所。对于可回收垃圾进行资源再利用；有害垃圾运至专门的处理单位进行统一处理；大件垃圾先进行拆解，再根据不同材料进行处理；厨余垃圾进行增肥、厌氧消化；其他垃圾进行焚烧处理。充分运用北京市已有的 40 座生活垃圾处理设施，对垃圾进行焚烧发电、生化处理及卫生填埋。全面实现生活垃圾资源化处理，同时推进生活垃圾转运站的密闭化改造，进一步降低对周边环境的影响。

（三）健全垃圾分类所需的基础设施，利用好高技术产品

垃圾分类设施的优化是实行垃圾分类的基础，目前各社区四类垃圾桶基本配备齐全，颜色有所区分，易于辨认。但是根据调研发现，部分居民希望垃圾桶的分布位置再科学一些，尽量减少异味的存在。还有居民表示垃圾桶边若配置洗手池或雨棚，会提高居民扔垃圾时进行分类投放的积极性。除此之外，充分利用互联网及高技术产品能够以更有效的方式践行垃圾分类的措施。例如，在小区放置自动开箱式垃圾桶，可以避免手接触到细菌；积分换购的自助兑换机器，可以让人们在乐趣中养成分类的好习惯。

（四）建立健全垃圾分类法律法规，实行一定的奖惩措施

文明需要通过一定的约束进行培育，制定法律法规及相应可操作的劝阻、引导或举报、惩戒等措施，才能督促居民将垃圾分类贯彻到底。一线执法人员要依法从严办事，使垃圾分类制度成为"硬约束"。各部门也要加强监管，确保工作人员在分类、收集、运输和处理环节中认真履责，对违规人员进行处罚，切实保障垃圾分类取得实效。奖励方面，垃圾分类的初期依靠政府补贴，可以从生活细微处入手，如对于进行垃圾分类的居民，按照一定的等级给予超市代金券或生活日用品等激励措施；或对实行垃圾分类较好的小区及单位发放奖励金，鼓励大家再接再厉。在惩罚上，通过问卷也可以看出，居民认为对不进行垃圾分类而处以罚款过于严苛，但普遍认同义务劳动的惩罚方式。由于北京市的垃圾分类正处在起步阶段，应当层层递进，可先采用一定的志愿服务活动来警醒不进行分类的群众；到中后期垃圾分类基本成为共识时，可以对不进行垃圾分类的个人或集体处以较高的罚款，对情节严重的单位采取吊销营业许

可等措施。

（五）充分发挥社会监督作用，形成健全的监督管理体系

垃圾分类政策的实施需要层层传导压力、逐级落实责任，发挥社会监督作用。目前一些社区的垃圾分类制度实施效果良好，但是，因为推进工作不均衡，仍然有部分社区的实施效果无法得到居民认可。主要原因是，政府系统内的执法检查和监督覆盖面有限，而最具发言权的公众以及生活在社区之中的人大代表、政协委员参与度不高，社会参与和监督作用没有充分发挥，一些社区的真实情况很难到达市级决策和指挥机关。建议市委、市政府建立垃圾分类党政同责制度，明确各层领导的责任，做到管业务必须管垃圾分类、管行业必须管垃圾分类；针对各区和乡镇、街道的党组织、人大常委会和行政机关建立专门的垃圾分类职责清单，责成市委督查室和市政府督查室开展评价和考核。在对社区进行评价和考核时，可以根据垃圾分类的实际效果，采取以奖代补的措施，提升基层开展垃圾分类的责任感。另外，对于前端分类、后端混装的环卫单位，要依法予以处罚，不要手软，确保区域垃圾分类的责任落实到位。

五、总结

2020 年 5 月 1 日，随着新版《北京市生活垃圾管理条例》的正式实施，北京市进入了垃圾分类的"新时代"，北京市民也迎来了升级版垃圾分类的"新生活"，垃圾分类自此变成了一项法定义务。追本溯源，自 2000 年北京市被确定为第一批垃圾分类试点城市以来，至今已有 20 年的时间，宏观层面上看，北京市各区城市管理委员会为有效落实垃圾分类管理，从政府角度提出垃圾分类倡议书并采取有效的生活垃圾管理措施，取得了一定的效果，让垃圾分类的理念深入人心。同时，北京市各区也在严格落实各方责任，进一步推动条块结合形成合力，强化全流程精细化各区监管，因地制宜坚持调度机制，进一步建立健全垃圾分类考核指标体系，引导市民形成了良好的生活习惯。然而，在政策的实施过程中仍存在一些问题，尽管北京的垃圾分类有容错机制，会给居民一些缓冲的空间，在执行上暂不要求一步到位，但是社区居民作为城市的主体，同时也是实现垃圾分类真正落地的关键，需要在政策上积极引导居民认识并参与垃圾分类，协同高效才能起到应有的效果。

根据社工机构和媒体对北京市新型垃圾分类政策实施情况的调研结果，发现尽管一些小区配备了分类垃圾桶，但很多居民仍没有分类。在此基础上，团队成员通过国内外文献回顾以及社区实践调研，进一步对北京市各区居民垃圾分类落

地实施情况做具体了解，以问卷调查和深度访谈相结合的方式分别在海淀区、丰台区进行实地调研，利用 SPSS 对垃圾分类的现状进行数据验证，总结出基础配套设施不完善、部分居民的参与度不高、奖惩措施不完善、多方社会力量协同不足等问题。通过项目评估以及在访谈和问卷调查中发现：以积分兑换礼品等奖励措施会大大地提高居民参与度；居民更倾向于通过在中小学开展普及垃圾分类相关课程做宣传引导，进一步实现新型垃圾分类条例宣传进社区、进家庭、进课堂，以此提高居民知晓率和参与率。

此外，团队成员运用问卷调查和访谈的方法介入居民参与垃圾分类工作中存在一些不足之处。首先，覆盖群体年龄层次不够完整。调研对象年龄在 41 岁以上人群占比偏高，约占 70% 以上，忽略了部分青少年群体，这部分群体在新型垃圾分类参与程度上可能会受到影响。其次，团队在海淀区、丰台区进行实地调研，仅覆盖了 4 个城区，6 个社区，无法完全反映北京市其他城区垃圾分类情况。最后，社区居民对大学生社会实践调研的了解和认可度较低，很多居民不太了解大学生社会实践调研是做什么的，因此配合度会受到影响，导致项目的执行缺少专业督导，受众群体有限，很难及时总结与反思项目中的不足。

作者简介：

仲凯音，2019 级首经贸经济学院本科，现就读于山东大学经济研究院；王淑瑶，2019 级首经贸经济学院本科，现就读于对外经济贸易大学；陈佳一，2019 级首经贸经济学院本科；刘晶雨，2019 级首经贸经济学院本科，现就读于中国社会科学院大学；宁佩佩，2019 级首经贸经济学院本科，曾获全国高校商业精英挑战赛流通业经营模拟竞赛全国总决赛一等奖等荣誉，现就读于中央财经大学；许紫涵，2019 级首经贸经济学院本科，现就读于美国宾夕法尼亚大学；姚顺，2018 级首经贸劳动经济学院本科，现就读于首都经济贸易大学；张东蕾，2018 级首经贸经济学院本科。

参考文献

［1］常纪文，2020. 北京垃圾分类制度的思考和建议［N］. 中国环境报，2020-07-02（003）.

［2］崔海波，2007. 美国消费主义兴起、传播及其对我国大学生消费价值观的影响［J］. 教育前沿（综合版）（3）：83-85.

［3］黄发友，陈沙麦，2003. 对当前大学生消费状况的调查分析与思考［J］. 统计与信息论坛（5）：57-60.

［4］黄中显，付健，2015. 循环经济视域下我国城市生活垃圾减量化的法律调整［J］. 法学杂志（6）：58-66.

［5］刘峥颢，安稳飞，2020. 我国城市生活垃圾标准制定实施现状及建议［J］. 中国标准化（2）：99-104.

［6］吕维霞，杜娟，2016. 日本垃圾分类管理经验及其对中国的启示［J］. 华中师范大学学报（人文社会科学版）（1）：39-53.

［7］乔露，2017. 城市生活垃圾源头分类管理实效调查及对策研究［J］. 经济研究导刊（1）：117-118.

［8］许德琦，张新国，严学军，1998. 青年与现代消费［M］. 长沙：湖南人民出版社.

［9］于点，王冲，石如岳，等，2020. 北京农村生活垃圾处理现状与对策研究［J］. 现代农村科技（8）：111-112.

［10］张英民，尚晓博，李开明，等，2011. 城市生活垃圾处理技术现状与管理对策［J］. 生态环境学报（2）：389-396.

北京市失地农民市民化对生活满意度的影响：户籍身份还是身份认同？

作者：管智超、杨玥、高艺菲、宋志峰、黄馨慧、李莹萱、台瑶

指导老师：杜雯翠

获奖情况：第十六届"挑战杯"全国大学生课外学术科技作品竞赛三等奖

摘要：本报告基于 2018 年北京市 3 区 6 村 432 名失地农民的调查数据，从户籍身份和心理认同两个维度，运用定序对数（ordered logit）模型，分别检验它们对失地农民生活满意度的影响。研究发现，相比于户籍身份，失地农民对城市身份的心理认同对其生活满意度的影响更为显著。失地农民与城市人的交流意愿越强烈，对城市人身份自我认可程度越高，生活满意度也会随之提高。心理认同每提高一个单位，失地农民居住条件、征地补偿和福利保障满意度分别提高 0.23、0.48、0.35。另外，心理认同对提高男性居住条件满意度作用不大，但对女性影响显著。户籍身份主要提高 58 岁以下失地农民的生活满意度。基于此，要想进一步提高失地农民满意度，实现可持续的城市化，一要进一步加快失地农民非农户籍转变，弱化失地农民与普通市民间的制度差距；二要增强失地农民的社会参与度，提高其市民身份认同感。

关键词：失地农民；生活满意度；市民化；心理认同

一、引言

（一）选题背景

失地农民是指城市化进程中，由于城乡建设征占农用地（包括耕地、林地、园地、牧草及其他农用地）产生的，失去集体土地所有权或经营权的、从事农业

活动的人。自 1979 年第一次出现失地农民至今，北京市征地与失地农民的相关
政策经历了只发放基本征地补偿的初期阶段（1979—1995 年），不断增加生活补
助标准的增长阶段（1995—2012 年），以及建立完善医疗保障体系的成熟阶段
（2012 年至今）。图 1 统计了 2006—2015 年北京市耕地面积的减少量，并由此估
算相应的新增失地农民数量。可以看出，随着北京城市化进程的推进，耕地减少
面积和失地农民数量经历了一个变化过程。总体看，2009 年是近年来北京失地
农民增加量最多的年份，随后几年逐年下降。这与北京城市建设的规划与速度有
关。10 年间，北京市新增失地农民数量累计达 30 万人，年均增加约 3 万人。如
果再考虑到因农村集体土地流转造成的耕地减少，实际产生的失地农民数量将远
不止于此。

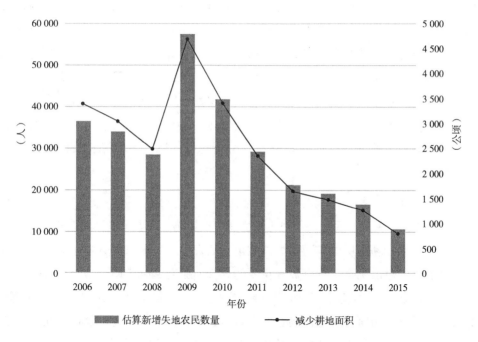

图 1　2006—2015 年北京市耕地减少面积与新增失地农民数量估算

资料来源：《北京统计年鉴》（2007—2016 年）。

　　失地农民是城市化发展历程中，农村人口向城市人口转变的"中间身份"，
失地农民能否顺利实现身份和心理上的市民化，是关系城市化发展质量的重要因
素。为此，针对失地农民的一系列政策都十分关注失地农民的生存现状和生活满
意度。这些政策大致包括两类：一类政策旨在解决失地农民的户籍身份，加快失
地农民的户籍身份转变；另一类政策旨在消除失地农民与城镇居民在社会保障方

面的差距，提高失地农民的获得感，使失地农民真正心理认同自己的市民身份。那么，作为失地农民市民化的双重内涵，即户籍身份和心理认同，究竟哪种含义的市民化对于失地农民来说更为重要，哪个对于提高失地农民满意度的作用更大？回答这个问题能够为"识别影响失地农民满意度的关键因素，制定针对失地农民的相关政策"提供重要的理论和实践依据。

然而，现有关于失地农民市民化对其生活满意度影响的研究均认为，只要实现户籍身份的转变就能实现市民化，却忽视了"市民化"包含的双重含义：户籍身份和心理认同。市民化指的是失地农民从制度和心理认同感两方面逐渐融入城市的过程。其中，制度性转化主要指失地农民由农业户籍转为非农户籍，从而在社会保障方面享有与市民同等的权利；心理认同感指失地农民愿意与城市人交往，主动融入城市生活，认可自己城市人的新身份。要想使失地农民享有与市民同等的公共服务，需要户籍身份的转变，而要想使失地农民在心理认同感方面真正实现市民化，则需要失地农民真正认可市民这个身份。由此可见，户籍身份和心理认同，即市民化对居民幸福感有显著影响。问题是，户籍身份和心理认同在多大程度上影响生活满意度？究竟何者起决定性作用？现有研究未有定论。

为此，本报告聚焦失地农民这个特殊群体，基于土地流转理论，从户籍身份和心理认同两个维度（即市民化角度）分析这些问题，为学界相关研究提供实证证据。

（二）研究意义

本报告研究失地农民市民化对生活满意度的影响，主要有以下两点意义：

首先体现在理论层面。随着中国城市化的发展，失地农民数量不断增加，研究这个群体的生活满意度具有极其重要的意义。已有文献表明征地补偿方案、人际关系、民族、受教育程度和抗风险能力等（胡荣华等，2012；王立勇等，2014；赵雪雁，2014）对生活满意度有显著影响，但鲜有研究涉及市民化对生活满意度的影响。本报告创新性地从土地流转角度将市民化和生活满意度相联系，分析了不同维度的市民化对生活满意度的影响，提供了中国实证，丰富了国内有关生活满意度的理论。

其次，具有重要的现实意义。近几年农村问题是一个重要的社会问题，是政府与学者共同关心的焦点。失地农民的生产与生活保障，无疑是农村可持续发展和社会稳定的关键，也是促进城市化的重要环节。本文通过对失地农民生活满意度的实地调研，反映了失地农民的生活现状与心理认同感，有效表达了失地农民对生活的各种诉求，有利于相关部门辨证施治，切实提高农民福利，改善农民生活。

（三）研究方法

1. 问卷调查法

为了获得更真实、可靠的数据，访问人员从居住条件满意度、征地补偿满意度和福利保障满意度三个层面，针对失地农民的生活满意度设计问卷。同时深入实地，对北京市 6 个村庄的失地农民进行问卷调查。

2. 实地观察法

为了全面了解失地农民的生活满意度，使调查结果更具有客观性，访问人员直接到失地农民村居观察当地村（居）民的实际生活，并进行记录。

3. 计量分析法

利用 ordered logit 模型，检验户籍身份和心理认同两个市民化维度对失地农民生活满意度的影响。

（四）研究创新

调研问卷使用不同的指标将影响失地农民满意度的制度性因素（即户籍身份）和心理性因素（即心理认同）分开，从而将市民化划分为户籍身份和心理认同两个维度，分别研究两个维度对生活满意度的影响。相较于以往文献，突出了心理认同在提高失地农民生活满意度中的重要作用，补充了影响生活满意度的因素。

根据 ordered logit 模型做出的实证结果，利用边际分析和弹性的概念，将市民化对生活满意度的影响加以量化，从而直观地比较户籍身份和心理认同两个维度对失地农民生活满意度的影响大小，有利于相关部门有针对性地提高失地农民生活满意度，实现可持续的城市化。

二、文献综述与理论假设

失地农民的生活满意度一直是学术界关注的主题，一些学者利用调查的方法，对失地农民满意度进行了调查。安徽省财政厅调研组（2006）对无为县、含山县、和县等六县调研发现，土地征用使农民收入降低，就业困难，社会保障缺失，生活水平严重下降。彭代彦等（2008）根据湖南、湖北 240 个农民的调查样本，运用有序概率模型检验影响农民生活满意度的因素，发现农业收入差距越大，农民生活满意度越低，并提出消除导致收入差距的制度因素有助于提高满意度水平。冀县卿等（2011）基于江苏省 469 户失地农民征地制度评价的调查结果，得出人力资本、物质资本和社会资本的匮乏是失地农民城市适应性较差的主要原因。李永友等（2011）基于在杭州、宁波和湖州调研得到的 324 份数据，研究发现失地农民当前的工作安排较差，失地农民的生活条件较失地前不仅没有提高，反而有所下降。总体来看，大部分研究发现失地农民的生活满意度不高。

究竟是什么因素造成失地农民生活满意度不高？密尔（Mill）（2020）在《功利主义》一书中曾说，"人类行为的唯一目的是求得幸福，所以对幸福的促进就成为判断人的一切行为的标准"。幸福感是个体从生理、心理、认知、社会和经济等多个维度对自身整体生活质量的主观评价，可以用生活满意度、正性情感和负性情感三个指标测量（Diener，1984）。因此，判断影响失地农民生活满意度的因素，需要追溯到幸福感的相关研究。自伊斯特林（Easterlin，1995）最先研究了收入对幸福感的影响后，经济学界对主观幸福感的研究进入了更为广泛和深刻的领域。研究发现，失业、通货膨胀、政府支出、环境污染、城市化以及年龄等个体特征变量显著影响幸福感（Alesina et al.，2004；Welsch，2006；Graham et al.，2006；Ng，2008；Clark et al.，2008）。

在诸多因素中，户籍身份和心理认同被看作是影响幸福感的重要因素。户籍身份的区别意味着城乡居民社会保障等权利的不均等（Solinger，1999），户口制度带来的身份差异是影响居民幸福感的重要因素（Jiang et al.，2010），而户籍身份转换主要通过"城市保障"机制提高居民的幸福感水平（霍鹏等，2018）。以北京市为例，2018年城镇职工医疗保险的门诊报销比例为70%~90%，住院报销比例为85%~99.1%，而新型农村合作医疗保险主要报销住院费用，报销比例为65%~80%。由此可见，城市的户籍身份会给失地农民带来更多的福利，会增进其幸福感，进而促进城市的和谐发展（陈钊等，2012）。基于此，得出本研究的第一个研究假设：

研究假设H1：城市人的户籍身份会提高失地农民的生活满意度。

事实上，与城市户籍身份相比，心理上的满足对于失地农民能否顺利实现市民化，完成身份的转变，提高生活满意度才是最为关键的。近年来，随着我国社会保障制度的健全和人们生活质量的普遍提高，失地农民不仅仅满足于基本需求得到保障，心理认同等发展需求层次方面的因素对其生活满意度影响越来越大。这是因为，心理认同对个体的幸福感具有显著的预测作用（Smith et al.，2011），清晰的文化心理认同能够降低个体的不确定性，对个体幸福感具有积极的促进作用（Usborne et al.，2014）。郁晓晖和张海波（2006）调查了南京市561位失地农民，发现他们虽然拥有城市户籍却缺乏城市人的社会认同感，不具备承担"市民"角色的能力，这种对制度环境认同的强烈失衡导致其对政策、管理和服务的强烈不满。林乐芬等（2010）对无锡和南京进行了入户调查，得到173个有效样本，分析后发现，征地后，一半以上的失地农民生活状况逐渐变差，接近一半的失地农民并不认可自己的市民身份，成为生活无保障的城市边缘群体，心理满足感较低。基于此，得出本研究的第二个研究假设：

研究假设 H2：城市人的心理认同会提高失地农民的生活满意度。

三、样本选择与调研基本情况

（一）样本选择

在抽样调查的基础上，分阶段选取样本。根据北京市各地区城市化发展程度的不同，本项调研最终确定的调查地点是大兴区的东芦城村、西芦城村和宋庄村，通州区的大松垡村和次渠南里以及门头沟区的潭柘新区。

1. 大兴区

大兴区的基础设施、工业园区以及房地产等方面开发建设较快，在东芦城村、西芦城村和宋庄村都出现了大量的外地租客。当地土地征收时间不同，征地补偿标准也不同，且差异较大。

当地政府征收黄村镇东芦城村集体土地 2.677 5 公顷，西芦城村 5.100 0 公顷。征地采取货币补偿形式，东芦城村、西芦城村的征地补偿安置费标准均为 1.33 万元/亩①。2016 年，当地政府在黄村镇宋庄村征收集体土地 16.660 4 公顷。宋庄村的征地采取货币补偿，征地补偿费共计人民币 6 836.19 万元，土地补偿费标准为 9 万元/亩，安置补助费标准为人民币 18.354 6 万元/亩。

2. 通州区

通州区的住户多为本地村民，在大松垡村，当地村民与外来人口的居住区域有较为明显的界限，当地大部分土地流转给村集体，多采取货币补偿的形式，补偿标准均为 2 500 元/（亩·年）。同属于通州区的次一村，其征地补偿主要为一次性补偿。由于次一村涉及住房拆迁（村民迁往次渠南里），政府还为其安置了住房，当地村民大多参与了政府的"农转居"政策。

当地政府征收次一村集体土地 1.686 2 公顷。次一村的征地采取货币补偿，征地补偿标准为 17.5 万元/亩，共计 442.627 5 万元人民币。

大松垡村的土地主要用于流转，村集体将所有家户的土地集合起来，整体出租。用地单位每年给予失地农民一定的货币补偿，流转补偿为每年 2 500 元/亩。

3. 门头沟区

门头沟潭柘新区的村民安置政策也和次一村类似，村里的居民基本都已回迁

---

① 1 亩约等于 0.066 67 公顷。

至安置房。但潭柘新区失地农民的补偿主要为青苗补偿费，很少有村民拿到征地补偿款。

政府征收门头沟区潭柘寺镇北村集体土地，总计 22.412 2 公顷，征地补偿费（土地补偿费和安置补助费）标准为 27 万元/亩，总计 9 076.941 万元。征地补偿费优先用于人员安置。

（二）调研基本情况

1. 问卷调查的基本情况

调研活动于 2018 年 8 月 11 日开始，除了同各村居有关负责人进行座谈外，主要通过入户问卷调查和实地访谈的方式采集数据。此次调研共发放问卷 500 份，收回问卷 470 份，有效问卷 432 份。其中，大兴区芦城村 88 份、宋庄村 30 份、通州区大松垡村 64 份、次渠南里社区 174 份、门头沟区潭柘新区 76 份，有效回收率为 86.4%。

本报告使用的调查问卷主要涉及失地农民家庭及个人的基本情况、征地情况、社会福利情况（问卷设计见附录）。表 1 为调查结果的初步统计，可以看出，在调研的样本数据中，男性占比 37.04%，女性占比 62.96%。受访者平均年龄 58.52 岁，户均人口 4.05 人，非农人口数占全体样本的 33.8%。受访者的整体健康状况一般，文化水平主要集中在初中及以下，人力资本水平普遍较低。从劳动力供给方面看，大部分农民失去土地后为无业状态，只有 23.15% 的失地农民可以实现再就业，工作性质基本为简单的体力劳动，仅有 36% 的失地农民接受过职业的技术培训，"失地即失业"的现象较为严重。

表 1　样本的初步统计

特征	类别	占比（%）	特征	类别	占比（%）
性别	男	37.04	文化水平	小学及以下	34.26
	女	62.96		初中	44.91
年龄	45 岁及以下	7.87		高中	2.78
	46~59 岁	41.13		大专	14.35
	60 岁及以上	50		本科及以上	3.7
婚姻状况	未婚	93.52	是否就业	就业	23.15
	已婚	6.48		未就业	76.85
户口类型	农业户口	66.2			
	非农户口	33.8			

2. 失地农民总体情况

（1）收入水平。根据本次调查的数据，受访失地农民 2018 年的人均月收入为 1 416 元。因本次调研对象多为 55 岁以上的失地农民①，55.09% 的失地农民的收入来源主要为每月政府给予的养老补贴，即新型农村养老保险金。值得注意的是，有 33.33% 的受访失地农民无收入来源。

（2）就业状况。根据本次调研数据，61.11% 的受访失地农民认为就业安置不理想，仅有 25% 的受访失地农民在失地后实现再就业，但工资水平不高，平均月工资仅为 2 932 元。一次性的货币补偿使失地农民缺少稳定收入来源，因此，他们的工作意愿十分强烈。但实际上，失地农民一方面限于自身文化水平较低，另一方面由于没有或少有从事非农劳动的经验，很难达到城市用工的标准，即使实现再就业，大多也是保安、物业、清洁工等低薪工作。据调查，该类工作平均月工资仅有 2 000 元，根本不足以维持生存。失地农民出现失业率较高、再就业率低，渴望就业但无法就业、大多赋闲在家的现象。

（3）社会保障。通过实地与当地失地农民及村干部的交谈得知，由于各被征地地区的"农转居"名额有限，多通过抽签的方式确定转居人员名单，因而无法实现全部失地农民"农转居"。受我国城乡二元社会结构的影响，该部分未获得转居资格的失地农民在社会保障上处于劣势地位。他们既无土地作为生活保障，也无法享受与城市人一样的市民保障。以医疗保障制度为例，顺义区 2016 年新农合规定，住院和特殊病门诊核准医药费报销，三级医院起付线 1 000 元，实报资金封顶 18 万元。然而，据北京地区统计年鉴数据可知，2016 年顺义地区农民的可支配月收入仅为 2 054.08 元，医疗保险起付标准接近当地农民半个月的收入，且失地农民相对于手里还有耕地的农民来说收入更低。相比之下，2016 年顺义区城镇居民的可支配收入为 36 448 元，当年城镇居民的医疗报销起付标准为 1 300 元，封顶金额为 20 万元，比农村居民高出 2 万元限额。因此，针对失地农民的医疗保障制度还需要不断完善，以真正实现全民无差异覆盖。

---

① 由于大多数年轻人通过上学、工作等途径已转为城市户籍，因此失地农民的年龄分布不同于普通的人口年龄分布，调查研究对象的普遍年龄偏大。

四、失地农民市民化与生活满意度现状比较

(一) 失地农民市民化的现状比较

1. 不同村居失地农民市民化的现状比较

本报告采用户口类型衡量失地农民的户籍身份,用"与城里人交流意愿程度"和"我现在已经是一个城市人"两个问题衡量失地农民对市民身份的认同感。

表2比较了不同村居失地农民的市民化状况。由表2可知,宋庄村、芦城村和大松垡村失地农民的户口类型大多为农业户口,而次渠南里和潭柘新区的非农业户口相对占比较大。这是因为次渠南里和潭柘新区不仅征用了农用耕地,还征用了宅基地,故非农业户口失地农民较多。从与城里人交流意愿的角度看,五个村居里意愿程度为一般的人群占比较大,说明失地农民社会交往的规模较低,失地农民的社会交往并未融入城市生活中,这与李飞和钟涨宝(2010)的研究结果一致。在城市人身份自我认同上,大松垡村中认为"非常不符合"的人群比例明显低于其他四个村居。从征地补偿方式看,大松垡村以每年发放租金的方式补偿失地农民,相比一次性补偿的方式,其收入更接近城市人的收入水平,也更稳定,这使大松垡村失地农民在经济层面更认可自己的市民身份。从区位条件看,潭柘新区和芦城村距离城区更近,故失地农民的城市认同感更高。

表2 不同村居失地农民市民化的现状比较   %

市民化程度		次渠南里	宋庄村	芦城村	大松垡村	潭柘新区
户口类型	农业户口	37.93	100	93.18	96.88	60.53
	非农业户口	62.07	0	6.82	3.13	39.48
与城里人交流意愿程度	非常不愿意	25.29	20.00	27.27	10.00	23.68
	比较不愿意	12.64	13.33	11.36	16.67	10.53
	一般	40.23	53.33	40.91	43.33	31.58
	比较愿意	10.34	0	9.09	26.67	5.26
	非常愿意	11.49	13.33	11.36	3.33	28.95
我现在已经是一个城市人	非常不符合	47.13	46.67	52.27	23.33	47.37
	比较不符合	9.20	13.33	11.36	30.00	7.89
	一般	28.74	26.67	40.91	10.00	21.05
	比较符合	8.05	6.67	9.09	30.00	13.16
	非常符合	6.90	6.67	11.36	6.67	10.53

2. 不同年龄段失地农民市民化的现状比较

表 3 比较了不同年龄段失地农民的市民化状况，可以看出，随着失地农民年龄的增加，其市民化程度在不断提高。在与城里人交流意愿程度上，失地农民的年龄越大，与城里人交流意愿越低。中青年需外出工作，与各类人交往不可避免，与城市人交往排斥感较低。但无论是哪个年龄段，对与城市人交往呈积极态度的比例均较低。由此可见，大家普遍认为自己更趋近于农民，这一点充分揭露了目前大规模城市化的低质量（李永友、徐楠，2011）。在城市人身份自我认同上，45 岁及以下的失地农民城市人心理认同感明显更高，这是因为年轻人往往会主动学习和接纳城市生活和文化，更容易接纳自己城市人的身份。

表 3　不同年龄段失地农民市民化的现状比较　　　　　　　　　%

市民化程度		45 岁及以下	46～60 岁	60 岁以上
户口类型	农业户口	73.68	56.60	74.73
	非农业户口	26.32	43.40	25.28
与城里人交流意愿程度	非常不愿意	0.00	20.75	29.67
	比较不愿意	10.53	10.38	15.38
	一般	73.68	46.23	27.47
	比较愿意	10.53	12.26	8.79
	非常愿意	5.26	10.38	18.68
我现在已经是一个城市人	非常不符合	26.32	43.40	48.35
	比较不符合	26.32	11.32	9.89
	一般	47.37	21.70	23.08
	比较符合	0.00	18.87	6.59
	非常符合	0.00	4.72	12.09

（二）不同维度市民化下失地农民的生活满意度比较

1. 不同户籍身份下的生活满意度比较

表 4 比较了不同户籍身份失地农民的生活满意度，可以看出，在居住条件满意度和征地补偿满意度方面，不同户籍身份的失地农民生活满意程度无明显差异，户籍为农业户口的失地农民的不满意程度略高。在福利保障满意度方面，户籍身份为非农业户口的失地农民满意程度较高，户籍为农业户口的失地农民普遍呈现不满意的现象。总体上看，除对福利保障的满意程度存在较为不一致的看法外，无论是农业户口还是非农业户口对生活的满意程度都具有趋同现象。

表 4　不同户籍身份失地农民生活满意度比较　　　　　　%

生活满意度		农业户口	非农业户口
居住条件	非常不满意	17.73	6.94
	比较不满意	9.93	11.11
	一般	39.72	45.83
	比较满意	19.15	20.83
	非常满意	13.48	15.28
征地补偿	非常不满意	45.39	45.21
	比较不满意	16.31	16.44
	一般	29.79	24.66
	比较满意	2.84	10.96
	非常满意	5.67	2.74
福利保障	非常不满意	19.15	15.07
	比较不满意	18.44	8.22
	一般	35.46	38.36
	比较满意	17.73	27.40
	非常满意	9.22	10.96

2. 不同心理认同下的生活满意度比较

心理认同由问卷中的"与城里人交流意愿程度"和"我现在已经是一个城市人了"两个方面刻画，以下分别简称"交流意愿"和"自我认可"。表 5 比较了不同交流意愿失地农民的生活满意度，可以看出，在交流意愿方面，非常不愿意与城里人交流的失地农民对居住条件、征地补偿和福利保障的满意程度，显著低于非常愿意与城里人交流的失地农民，特别是在征地补偿满意度上，非常不愿意与城里人交流的失地农民持比较满意和非常满意态度的人数均为零。在自我认可方面（见表 6），非常不认可自己城市人身份的失地农民对居住条件、征地补偿和福利保障的不满意程度远高于认可自己城市人身份的失地农民，在征地补偿方面表现得尤为突出，仅有 2.1% 的人认为满意（包含比较满意和非常满意）。认可自己城市人身份的则对生活的各个方面呈现出满意态度，对福利保障的满意程度高达 81.25%，同时对居住条件感到不满意的人（包含非常不满意和比较不满意）仅占 6.25%。可见，失地农民市民化的衡量不仅要考虑户籍身份的转变，还要将失地农民的心理认同纳入研究范围，并且对生活满意度的影响要远大于户籍身份转变对生活满意程度的影响。

表5　不同交流意愿失地农民生活满意度比较　　　　　　%

生活满意度		交流意愿				
		非常不愿意	比较不愿意	一般	比较愿意	非常愿意
居住条件	非常不满意	22.92	11.11	4.35	4.35	10.34
	比较不满意	12.50	11.11	17.39	17.39	13.79
	一般	39.58	25.93	26.09	26.09	24.14
	比较满意	16.67	37.04	21.74	21.74	34.48
	非常满意	8.33	14.81	30.43	30.43	17.24
征地补偿	非常不满意	61.22	55.56	13.04	13.04	51.72
	比较不满意	18.37	22.22	8.70	8.70	10.34
	一般	20.41	14.81	43.48	43.48	17.24
	比较满意	0.00	3.70	21.74	21.74	10.34
	非常满意	0.00	3.70	13.04	13.04	10.34
福利保障	非常不满意	34.69	11.11	0.00	0.00	20.69
	比较不满意	10.20	18.52	17.39	17.39	20.69
	一般	20.41	48.15	17.39	17.39	13.79
	比较满意	24.49	18.52	39.13	39.13	34.48
	非常满意	10.20	3.70	26.09	26.09	10.34

表6　不同自我认可程度的失地农民生活满意度比较　　　　　　%

生活满意度		自我认可				
		非常不符合	比较不符合	一般	比较符合	非常符合
居住条件	非常不满意	23.16	7.69	6.00	7.69	6.25
	比较不满意	11.58	19.23	8.00	7.69	0.00
	一般	38.95	42.31	44.00	53.85	31.25
	比较满意	20.00	11.54	28.00	11.54	18.75
	非常满意	6.32	19.23	14.00	19.23	43.75
征地补偿	非常不满意	64.21	38.46	30.00	15.38	37.50
	比较不满意	18.95	15.38	14.00	23.08	0.00
	一般	14.74	38.46	38.00	46.15	31.25
	比较满意	1.05	3.85	14.00	7.69	6.25
	非常满意	1.05	3.85	4.00	7.69	25.00

续表

生活满意度		自我认可				
		非常不符合	比较不符合	一般	比较符合	非常符合
福利保障	非常不满意	31.25	11.54	8.00	3.85	0.00
	比较不满意	12.50	30.77	12.00	15.38	12.50
	一般	33.33	30.77	52.00	42.31	6.25
	比较满意	17.71	15.38	20.00	23.08	50.00
	非常满意	5.21	11.54	8.00	15.38	31.25

五、市民化对生活满意度的影响分析

(一) 模型设定与变量定义

考虑到户籍身份会对心理认同产生影响，本报告除了在问卷设计中用不同指标体系区分户籍身份和心理认同，还计算了二者的 Spearman 相关系数，得到的结果为 0.22，小于 0.75，可以初步认为二者对生活满意度的影响是相互独立的。为了从户籍身份和心理认同两个角度检验市民化对失地农民生活满意度的影响，基于现有研究变量定义的经验和基础（彭代彦和吴宝新，2008；Smith&Silva，2011；陈钊等，2012），设定如下实证模型：

$$Satisfy = \alpha_0 + \alpha_1 Register + \alpha_2 Identify + Controling + \varepsilon \tag{1}$$

其中，因变量为失地农民满意度（*Satisfy*），自变量为户籍身份（*Register*）和心理认同（*Identify*），分别用来检验户籍身份和心理认同对失地农民满意度的影响。*Controling* 表示控制变量，包括样本的性别（*Sex*）、年龄（*Age*）、文化水平（*Edu*）、健康状况（*Health*）、家庭支出（*Expenditure*）、就业状况（*Employment*）、征地补偿（*Compensation*）和居住面积（*Area*）。失地农民满意度（*Satisfy*）的衡量方式有三个，分别为居住条件满意度（*Satisfy_jz*）、征地补偿满意度（*Satisfy_bc*）和福利保障满意度（*Satisfy_fl*），通过居住条件、征地补偿和福利保障三个角度，基本能够较为全面地衡量失地农民的满意程度。本研究主要变量的定义如表7所示。

表7　变量定义

变量	定义
居住条件满意度（*Satisfy_jz*）	1—非常不满意；2—比较不满意；3——一般满意；4—比较满意；5—非常满意

续表

变量	定义
征地补偿满意度（*Satisfy_bc*）	1—非常不满意；2—比较不满意；3——般满意；4—比较满意；5—非常满意
福利保障满意度（*Satisfy_fl*）	1—非常不满意；2—比较不满意；3——般满意；4—比较满意；5—非常满意
户籍身份（*Register*）	0—农业人口；1—非农户口
交流意愿（*Communication*）	1—非常不愿意；2—比较不愿意；3——般愿意；4—比较愿意；5—非常愿意
自我认可（*Citizen*）	1—非常不符合；2—比较不符合；3——般符合；4—比较符合；5—非常符合
性别（*Sex*）	0—男性；1—女性
年龄（*Age*）	受访者的实际年龄（单位：岁）
文化水平（*Edu*）	1—小学及以下；2—初中；3—中专；4—高中；5—大专；6—本科及以上
中共党员（*Party*）	0—非中共党员；1—中共党员
婚姻状况（*Marriage*）	0—已婚；1—未婚
健康状况（*Health*）	1—很差；2—较差；3——般；4—较好；5—很好
家庭支出（*Expenditure*）	受访者的家庭月支出（单位：元）
就业状况（*Employment*）	0—就业；1—未就业
征地补偿（*Compensation*）	受访者接受的用货币衡量的人均补偿款（单位：元/人）
居住面积（*Area*）	受访者家庭人均居住面积（单位：平方米/人）

（二）描述性统计

表8是对北京地区失地农民市民化程度、生活满意度以及自身基本情况的介绍。可以看出，失地农民居住条件满意度与福利保障满意度大体为一般，而征地补偿满意度总体为比较不满意。市民化程度方面，失地农民的户口类型更多为农业户口，与城市人交流的意愿程度更多表现为一般愿意，自我认可市民化程度较低。

表8　主要变量的描述性统计

变量	样本量	均值	标准差	最小值	中位数	最大值
居住条件满意度（*Satisfy_jz*）	412	3.078	1.195	1	3	5
征地补偿满意度（*Satisfy_bc*）	414	2.101	1.180	1	2	5
福利保障满意度（*Satisfy_fl*）	414	2.928	1.203	1	3	5

续表

变量	样本量	均值	标准差	最小值	中位数	最大值
户籍身份（Register）	414	0.348	0.477	0	0	1
交流意愿（Communication）	414	2.768	1.279	1	3	5
自我认可（Citizen）	414	2.295	1.338	1	2	5
性别（Sex）	414	0.643	0.480	0	1	1
年龄（Age）	414	58.333	9.706	27	59	80
文化水平（Edu）	414	3.087	1.154	1	3	6
健康状况（Health）	414	3.362	0.985	1	3	5
就业状况（Employment）	414	0.768	0.423	0	1	1
家庭支出（Expenditure）	410	1 402.357	1 191.155	100	1 000	12 500
征地补偿（Compensation）	401	744.030	2 368.705	0	0	26 000

注：由于个别样本没有回答所有问题，但为了保留更多样本，这里个别变量的样本量存在差异。

（三）基础回归结果

基于 ordered logit 模型，对实证模型（1）进行估计，结果见表 9。可以看出，当以居住条件满意度和征地补偿满意度表示失地农民生活满意度时，户籍身份（Register）的估计系数均不显著，说明是否为非农户籍对于失地农民的居住条件和征地补偿满意情况没有影响。只有当以福利保障满意度表示失地农民的生活满意度时，户籍身份的估计系数才显著为正，说明当失地农民具有非农户籍后，对福利保障方面的满意度会明显提高，这主要是因为福利保障的相关制度都与户籍密不可分。在以三种满意度为因变量的回归中，自我认可（Citizen）的估计系数均显著为正，说明失地农民与城里人交流的意愿越强烈，越从内心认同自己已经成为城市人的现状，其各方面的生活满意度越高。可见，影响失地农民生活满意度的关键因素并不是其户籍身份，而是对城市人身份的心理认同。

表 9　基础回归结果

变量	居住条件满意度（Satisfy_jz）	征地补偿满意度（Satisfy_bc）	福利保障满意度（Satisfy_fl）
户籍身份（Register）	0.483	0.215	0.669 **
	（1.55）	（0.67）	（2.24）
自我认可（Citizen）	0.314 ***	0.448 ***	0.448 ***
	（2.68）	（3.63）	（3.63）

变量	居住条件满意度 （Satisfy_jz）	征地补偿满意度 （Satisfy_bc）	福利保障满意度 （Satisfy_fl）
性别（Sex）	0.035	0.289	−0.289
	(0.12)	(−0.93)	(−0.93)
年龄（Age）	0.067***	0.042**	0.042**
	(3.45)	(2.10)	(2.10)
文化水平（Edu）	0.229	0.009	0.009
	(1.54)	(0.06)	(0.06)
中共党员（Party）	−0.024	−0.256	−0.256
	(−0.04)	(−0.45)	(−0.45)
婚姻状况（Marriage）	0.469	−0.751	−0.751
	(0.79)	(−1.19)	(−1.19)
健康状况（Health）	0.384**	−0.030	−0.030
	(2.54)	(−0.20)	(−0.20)
就业状况（Employment）	−0.771*	−0.779*	−0.779*
	(−1.87)	(−1.95)	(−1.95)
家庭支出（Expenditure）	0.000	−0.000	−0.000
	(1.20)	(−1.13)	(−1.13)
征地补偿（Compensation）	0.000	0.000	0.000
	(0.07)	(1.43)	(1.43)
居住面积（Area）	0.001	−0.002	−0.000
	(0.53)	(−1.34)	(−1.34)
LR chi2	33.69	28.46	28.46
Pseudo R^2	0.061	0.055	0.055
样本量	382	384	384

注：*、**、***分别代表估计系数在 0.1、0.05、0.01 的水平下显著，括号中的数字为 Z 值，常数项的回归结果略去。

除此之外，控制变量也给出了一些有用的结果。在以三种满意度为因变量的回归中，年龄（Age）的估计系数均显著为正。健康水平（Health）仅对居住条件满意度有显著正影响，主要是因为失地农民身体状况直接影响了其对居住环境的要求，健康状况越差越需要居住环境便利与舒适。就业状况（Employment）在以三种满意度为因变量的回归中估计系数均显著为负，这是因为职业是失地农民获得身份转变与社会认同的关键，失地农民就业状况越好，越是认可自己成为城市人的现状，其各方面生活满意度就越高（周军等，2010）。

综上，市民化两个维度中对失地农民生活满意度有显著影响的是心理认同而非户籍身份。心理认同感是个人对外在环境和自身状况的综合反映。由农民到市民的转变意味着失地农民对自我身份的重新界定，只有进行心理上相应的身份重组，失地农民才能真正融入城市生活。被动城市化群体在城市适应性与现代性的获得过程中，自我认同缺乏基本的心理过渡和弹性，心理认同的普遍失调让失地农民难以适应城市生活，而失地农民户籍身份发生变化后，大多数人居住环境并未发生改变，因此户籍身份对失地农民的生活总体影响不大（张海波等，2006）。

为了进一步确定户籍身份对生活满意度的影响，本报告加入了"户籍身份 * 自我认可"一项，估计结果如表 10 所示。从表中可以看出，户籍身份的估计系数并不显著，而交叉项的估计系数显著为正。这进一步证明，即使失地农民获得非农户籍，也不会提高满意度，只有从心理上认同自己是城市人，满意度才会显著提高。

表 10　加入"户籍身份 * 自我认可"项的回归结果

变量	居住条件满意度 （Satisfy_jz）	征地补偿满意度 （Satisfy_bc）	福利保障满意度 （Satisfy_fl）
户籍身份（Register）	0.317	0.032	0.541
	(1.04)	(0.10)	(1.80)
户籍身份 * 自我认可 （Register * Citizen）	0.113 ***	0.182 ***	0.097 ***
	(4.12)	(6.18)	(3.81)
控制变量	控制	控制	控制
LR chi2	45.55	54.2	33.14
Pseudo R²	0.082 7	0.105 3	0.057 5
样本量	382	384	384

注：*、**、*** 分别代表估计系数在 0.1、0.05、0.01 的水平下显著，括号中的数字为 Z 值，常数项的回归结果略去。

为了具体直观地反映市民化两个维度对生活满意度的影响，我们根据基础回归结果进一步进行了边际效应分析。自我认可的结果如表 11 所示，可以看出，当自我认可程度提高时，失地农民生活满意度会全面提高。以居住条件满意度为例，当自我认可提高一个单位时，失地农民感到非常不满意和比较不满意的倾向分别下降 0.04 和 0.121，而比较满意和非常满意的倾向分别提高 0.024 和 0.042。此外，当失地农民实现非农户籍转变时，仅福利保障满意度会有所提高，其中感到非常不满意和比较不满意的倾向分别下降 0.091 和 0.042，比较满意和非常满意的倾向分别提高 0.074 和 0.057。

表 11　边际效应分析

变量	1	2	3	4	5
居住条件满意度（Satisfy_jz）	−0.040 ***	−0.018 ***	−0.009	0.024 ***	0.042 ***
征地补偿满意度（Satisfy_bc）	−0.121 ***	0.004	0.063 ***	0.026 ***	0.028 ***
福利保障满意度（Satisfy_fl）	−0.052 ***	−0.023 ***	0.003	0.040 ***	0.032 ***

注：*、**、*** 分别代表估计系数在 0.1、0.05、0.01 的水平下显著，括号中的数字为 Z 值，常数项的回归结果略去。

（四）组间差异分析

为了获得更加丰富的研究结论，按照样本性别，将样本分为男和女两组，分别对模型（1）进行估计，结果见表 12。可以看出，不论是男性组，还是女性组，户籍身份（Register）的估计系数均不显著，说明户籍身份对于男女性别样本的生活满意度都没有影响。当以居住条件满意度衡量生活满意度时，自我认可（Citizen）的估计系数在女性样本的回归中显著为正，而在男性样本的回归中并不显著，说明心理认同与提高男性居住条件满意度的关系不大，而对女性的影响显著。这可能是因为大多数女性相比男性而言承担的分工角色不同，居住在家里的时间较多，因此对居住条件的变化更为敏感。

表 12　不同性别的分组回归结果

变量	居住条件满意度（Satisfy_jz）		征地补偿满意度（Satisfy_bc）		福利保障满意度（Satisfy_fl）	
	男	女	男	女	男	女
户籍身份（Register）	0.561	0.283	0.6	−0.498	0.595	0.357
	（−0.89）	（−0.75）	（−0.92）	（−1.20）	（−0.98）	（−0.96）
自我认可（Citizen）	0.125	0.501 ***	0.463 **	0.719 ***	0.401 **	0.399 ***
	（−0.65）	（−3.63）	（−2.14）	（−4.86）	（−2.03）	（−3.03）

续表

变量	居住条件满意度 (Satisfy_jz)		征地补偿满意度 (Satisfy_bc)		福利保障满意度 (Satisfy_fl)	
	男	女	男	女	男	女
年龄	0.095 **	0.057 **	0.113 ***	0.019	0.076 *	0.034
(Age)	(−2.16)	(−2.53)	(−2.74)	(−0.81)	(−1.91)	(−1.55)
文化水平	0.419	0.255	0.182	−0.113	0.228	−0.083
(Edu)	(−1.45)	(−1.34)	(−0.63)	(−0.60)	(−0.92)	(−0.46)
中共党员	1.483	−0.737	0.355	0.155	−0.942	−0.148
(Party)	(−1.47)	(−0.86)	(−0.35)	(−0.19)	(−1.07)	(−0.19)
婚姻状况	0.247	0.641	−2.703	−0.517	2.253 *	−0.115
(Marriage)	(−0.22)	(−0.9)	(−1.92)	(−0.63)	(−1.9)	(−0.17)
健康状况	0.857 ***	0.087	−0.204	−0.215	0.13	0.071
(Health)	(−2.67)	(−0.48)	(−0.72)	(−1.16)	(−0.46)	(−0.34)
就业状况	−1.003	−0.785	−1.279 *	−1.217 **	−1.15 *	−0.65
(Employment)	(−1.50)	(−1.35)	(−2.02)	(−2.11)	(−1.85)	(−1.21)
家庭支出	0.000	0.000	0.000	−0.000	0.000	0.000
(Expenditure)	(−0.73)	(−0.6)	(−0.66)	(−0.69)	(−0.51)	(−0.99)
征地补偿	−0.000	−0.000	0.000	0.000	0.000	0.000
(Compensation)	(−1.02)	(−0.35)	(−0.44)	(−0.09)	(−0.68)	(−0.08)
居住面积	0.011	0.012	−0.018	0.008	0.009	0.007
(Area)	(−1.02)	(−1.36)	(−1.78)	(−0.09)	(−0.9)	(−0.84)
LR chi2	19.12	30.39	22.37	34.26	22.1	18.52
Pseudo R²	0.101	0.087	0.121	0.104	0.109	0.049
样本量	138	246	136	248	136	248

注: * 、 ** 、 *** 分别代表估计系数在 0.1、0.05、0.01 的水平下显著, 括号中的数字为 Z 值, 常数项的回归结果略去。

按照样本年龄, 将样本分为 58 岁以下和 58 岁以上两组, 分别对模型 (1) 进行估计, 结果见表 13。可以看出, 对于 58 岁以下样本, 户籍身份 (Register) 的估计系数均显著为正, 而在 58 岁以上的样本回归中, 仅对征地补偿满意度显著且估计系数为负。因为当实现非农户籍转换后, 便不能再享受农村养老保险, 而转变为职工和城镇养老保险服务体系, 但这些服务体系大部分有年龄限制。例如, 职工养老保险, 当年龄到达一定程度便不能参保或者是缴费年限不满 15

年。因此，对年龄较大的失地农民来说，其既无工作收入也无养老金收入，仅依靠征地补偿作为收入来源，故会更在意户籍身份对征地补偿满意度的影响。排除上述特殊情况外，户籍身份的转变对提高58岁以上失地农民生活满意度影响不大，而对58岁以下的失地农民影响显著。同时，不论是58岁以下组，还是58岁以上组，心理认同（*Citizen*）对三个生活满意度的估计系数均显著为正，说明心理认同（*Citizen*）是影响失地农民生活满意度的主要因素。

表13　不同年龄的分组回归结果

变量	居住条件满意度（*Satisfy_jz*）		征地补偿满意度（*Satisfy_bc*）		福利保障满意度（*Satisfy_fl*）	
	58 岁及以下	58 岁以上	58 岁及以下	58 岁以上	58 岁及以下	58 岁以上
户籍身份（*Register*）	1.063 **	−0.131	1.386 **	−1.306 **	1.563 ***	−0.356
	(2.04)	(−0.29)	(2.53)	(−2.37)	(3.10)	(−0.79)
自我认可（*Citizen*）	0.632 ***	0.306 **	0.693 ***	0.688 ***	0.407 **	0.437 ***
	(3.44)	(2.16)	(3.76)	(4.08)	(2.37)	(3.12)
性别（*Sex*）	−0.445	0.088	0.047	−0.667	0.378	0.222
	(−0.92)	(0.21)	(0.10)	(−1.55)	(0.87)	(0.53)
文化水平（*Edu*）	0.503 **	−0.063	0.428	−0.283	0.259	−0.033
	(2.29)	(−0.29)	(0.21)	(−1.14)	(0.13)	(−0.15)
中共党员（*Party*）	−0.912	0.553	−0.678	0.805	−0.742	−1.310
	(−1.10)	(0.62)	(−0.81)	(−0.72)	(−0.95)	(−1.41)
婚姻状况（*Marriage*）	−0.131	0.649	−15.784	0.175	0.823	0.472
	(−0.12)	(0.87)	(−0.01)	(0.25)	(0.75)	(0.66)
健康状况（*Health*）	0.577 **	0.234	−0.087	−0.308	−0.138	0.115
	(2.30)	(1.10)	(−0.35)	(−1.49)	(−0.61)	(0.55)
就业状况（*Employment*）	0.191	−1.530 *	−9.768 *	−0.694	−1.210 ***	0.223
	(0.38)	(−1.76)	(−1.87)	(−0.94)	(−2.65)	(0.28)
家庭支出（*Expenditure*）	−0.000	0.000	−0.001 *	0.000	−0.000	−0.000
	(−1.28)	(1.21)	(−1.94)	(0.09)	(−1.33)	(−0.07)
征地补偿（*Compensation*）	0.000	−0.000	0.001 ***	0.000	0.000	0.000
	(0.17)	(−0.72)	(2.84)	(0.70)	(0.20)	(0.51)
居住面积（*Area*）	0.018 *	0.008	0.009	−0.012	0.023 **	−0.006
	(1.90)	(0.93)	(1.03)	(−1.40)	(2.54)	(−0.71)

续表

变量	居住条件满意度 （Satisfy_jz）		征地补偿满意度 （Satisfy_bc）		福利保障满意度 （Satisfy_fl）	
	58 岁及以下	58 岁以上	58 岁及以下	58 岁以上	58 岁及以下	58 岁以上
LR chi2	42.07	14.95	46.58	25.57	30.88	14.43
Pseudo R^2	0.165	0.052	0.189	0.097	0.112	0.049
样本量	192	190	192	192	192	192

注：*、**、***分别代表估计系数在 0.1、0.05、0.01 的水平下显著，括号中的数字为 Z 值，常数项的回归结果略去。

（五）稳健性检验

心理认同可由交流意愿（Communication）和自我认可（Citizen）两个变量衡量，本报告将上述回归中的自我认可这一变量替换为交流意愿，其余变量保持不变，运用相同的模型和方法，再次进行回归，以检验上述模型的稳健性，其结果见表14。将居住条件满意度结果与表9的回归结果相比较，在心理认同方面，无论是交流意愿还是自我认可，对居住条件满意度都在 1% 的水平上有显著的正向影响。此外，年龄、健康状况以及就业状况这些控制变量在两次回归中对居住条件满意程度都具有显著影响，且统计显著的方向都相同，其他自变量对居住条件满意度取值不显著。征地补偿满意度和福利保障满意度稳健性检验结果也与上述一致。

综上，当用交流意愿替换了自我认可后，表14 的各变量的系数显著性和显著方向与上述回归结果基本一致，说明本报告建立的回归模型是可靠且稳健的。

表 14　稳健性检验

变量	居住条件满意度 （Satisfy_jz）	征地补偿满意度 （Satisfy_bc）	福利保障满意度 （Satisfy_fl）
户籍身份（Register）	0.326	−0.182	0.608*
	(1.02)	(−0.55)	(1.93)
交流意愿（Communication）	0.363***	0.579***	0.413***
	(3.33)	(5.08)	(3.89)
性别（Sex）	0.089	−0.243	0.335
	(0.29)	(−0.79)	(1.12)

续表

变量	居住条件满意度 （Satisfy_jz）	征地补偿满意度 （Satisfy_bc）	福利保障满意度 （Satisfy_fl）
年龄（Age）	0.064 ***	0.044 **	0.046 **
	(3.25)	(2.18)	(2.41)
文化水平（Edu）	0.234	0.037	0.036
	(1.59)	(0.25)	(0.26)
中共党员（Party）	0.055	−0.103	−0.652
	(0.09)	(−0.17)	(−1.13)
婚姻状况（Marriage）	0.356	−0.909	0.581
	(0.61)	(−1.41)	(1.02)
健康状况（Health）	0.296 **	−0.127	0.022
	(1.97)	(−0.86)	(0.15)
就业状况（Employment）	−0.805 **	−0.916 **	−0.931 **
	(−1.97)	(−2.27)	(−2.38)
家庭支出（Expenditure）	0.000	0.000	0.000
	(1.22)	(0.89)	(0.39)
征地补偿（Compensation）	0.000	0.000	0.000
	(0.26)	(0.88)	(0.15)
居住面积（Area）	0.002	−0.001	0.004 **
	(1.14)	(−0.73)	(2.54)
LR chi2	37.83	42.00	38.46
Pseudo R^2	0.069	0.082	0.067
样本量	382	384	384

注：*、**、*** 分别代表估计系数在 0.1、0.05、0.01 的水平下显著，括号中的数字为 Z 值，常数项的回归结果略去。

六、主要结论与政策建议

（一）主要结论

我国"十三五"规划提出要加快农业转移人口市民化，统筹推进户籍制度改革和基本公共服务均等化，健全常住人口市民化激励机制，推动更多人口融入城镇。进行城市化的根本目的是改善民生，但本次实地调研数据及学界现有研究成果均表明,北京市失地农民的生活满意度处于较低水平。这是因为,失地农民仅获得了代表市民身份的城市户籍,并未真正实现市民化。户籍身份的转变是提高失地农民生活满意度的基础条件,失地农民对自身市民身份的认同才是关键。提高失地农民对自我身份的认同是实现其市民化和提高生活满意度的根本途径。失地农民的市民化不仅意味着户籍身份"农转非"的变更,更是农民在生活方式、生活观念方面与城市的融合(刘源超、潘素昆,2007),新生代农民有追求平等、谋求发展和融入城市的强烈愿望(李丹、李玉凤,2012)。城郊失地农民在市民化的过程中往往面临社会认同困境,只有增强失地农民城市生活的抗风险能力,努力提升他们成为市民后的生活水平和社会交往度,失地农民才会获得较高生活满意度(杜洪梅,2007,王慧博,2013)。

本报告基于北京市三区六村的失地农民调研数据,采用 ordered logit 模型分析了失地农民市民化程度对生活满意度的影响,即户籍身份和心理认同是否对生活满意度有影响及影响程度的大小,其中,影响程度用满意度对户籍身份和自我认可的弹性表示。研究结果表明:

(1)心理认同对失地农民生活满意度有显著影响,这在交流意愿与自我认可两方面都有体现。自我认可程度每提高 1 个单位,失地农民居住条件满意度将提高 0.23,征地补偿满意度将提高 0.49,福利补偿满意度将提高 0.35。一方面,失地农民与城市人的交流意愿越强烈,生活满意度越高,表明失地农民如果在心理上接受与城市人接触,生活满意度也会随之提高;另一方面,失地农民的自我认可度越高,即失地农民在心理上更倾向于自己是城市人,那么生活满意度也随之提高。

(2)户籍身份方面,获得城市户籍后,失地农民对福利保障满意度总体提高了 0.08。此外,户籍身份对是否为非农户籍对 58 岁以下的失地农民的居住条件满意度、征地补偿满意度、福利保障满意度都有显著影响,而对于 58 岁以上的失地农民,是否为非农户籍只对征地补偿满意度有显著影响。

(3)就业状况也影响了失地农民的生活满意度。当失地农民的就业状态由就业向失业转变时,生活满意度约下降 0.19,由于在失业状态下,失地农民丧失了稳定的收入来源,迫切希望通过征地补偿和福利保障来维持原来的生活水平,但已有的补偿政策无法因人而异,因此降低了失地农民的生活满意度。

(4)健康状况对失地农民的居住条件满意度有着显著影响,而对征地补偿满意度和福利保障满意度的影响不显著,表现在失地农民的健康状况每提高一个单位,居住条件满意度将提高约 0.42,表明健康状况较差的失地农民对居住条件要求更高，希望有更好的居住环境方便日常生活。

（5）不同的征地补偿方式与区位条件影响失地农民的城市认同感与生活满意度，以每年发放租金的形式而非一次性补偿更能使失地农民接受与认可城市人的身份；区位条件越优越，距离城区越近，失地农民的城市认同感越高。

（6）心理认同对不同性别的居住条件满意度影响程度不同。以居住条件满意度衡量生活满意度时，自我认可在女性样本的回归中显著为正，而在男性样本的回归中并不显著。

（二）政策建议

我国大力推进城镇化建设，其根本目的是达成全面建成小康社会的奋斗目标和实现中华民族伟大复兴的中国梦。城镇化过程中必然会产生失地农民群体，他们的生活满意度是考察城镇化成效的重要因素，故需重视。根据前文所得结论，本报告将从提高失地农民市民身份自我认可度、更有针对性地提高失地农民生活满意度以及促进失地农民再就业三个角度提出合理化建议，以期对提高失地农民生活满意度有所帮助。

（1）促进农村与城市间社会文化的融合，引领失地农民与原城市居民彼此尊重、人格平等的风尚。村委会、社区居委会作为失地农民日常接触最频繁的基层群众自治组织，对失地农民的偏好和利益诉求较为了解，应弱化其管理职能并增强其服务职能，在制度上和精神上服务于失地农民。可通过组织集体性娱乐活动或开展社会文化建设等方式，为失地农民提供与其他失地农民、普通市民交流的平台，提高失地农民的社会参与度，增强其与普通市民的交流意愿程度，使其城市心理认同感提高。

（2）征地补偿方面，优先考虑年长的失地农民，使其较快完成农转非户籍身份的转变，但在整个征地补偿过程中，应尽量使失地农民成为非农户籍，以更有效地提高其生活满意度。对于一些经济条件好的村集体，可将征地补偿款的一部分用于给村民购买大病医疗保险，以减轻失地农民的就医负担；根据地方财政能力，完善失地农民养老保险制度，就业的失地农民可直接纳入城镇职工养老保险体系，未就业的失地农民可根据年龄段的不同设置有别于城镇职工的养老保险。政府部门除了实现医疗保险、养老保险在失地农民与普通市民间的无差异覆盖，同时也应提高征地透明度，健全失地农民的最低生活保障制度、就业保障制度，落实惠及失地农民的相关福利保障政策，以弱化失地农民与普通市民间的制度差距，加快实现城乡公共服务均等化，提高失地农民的生活满意度。

（3）提供就业支持。一方面，政府相关部门依据失地农民年龄、性别、教育水平等个体特征对其进行针对性培训。例如，初入社会的年轻人可以重点接受会计、计算机、电子商务等行业培训。中年妇女重点接受家政培训，中年男性重点接受焊工、电工培训。完成培训后，政府相关部门向失地农民颁发结业证书，并聘任优秀学员进行下期培训，形成良好循环。另一方面，组织企业工会下乡招聘，并通过村委会居委会向失地农民传达信息。出台相关优惠政策，鼓励企业吸收城郊失地农民在北京周边劳动密集型企业工作。

作者简介：

管智超，2016级首经贸经济学院本科，后就读于中国社会科学院大学，现就读于北京大学；杨玥，2016级首经贸经济学院本科，后就读于中央财经大学，现就职于中国农业银行北京分行；高艺菲，2016级首经贸经济学院本科，后就读于首都经济贸易大学，现就职于中国工商银行；宋志峰，2016级首经贸经济学院本科，现就读于中南财经政法大学；黄馨慧，2016级首经贸经济学院本科，现就读于北京师范大学；李莹萱，2016级首经贸经济学院本科，现就职于华夏银行；台瑶，2016级首经贸经济学院本科，后就读于中央财经大学，现就职于招商银行深圳分行。

参考文献

［1］ ALESINA A F, DI TELLA R, MACCULLOCH R, 2004. Inequality and happiness: are Europeans and Americans different? ［J］. Journal of public economics, 2004, 88 (9-10): 2009-2042.

［2］ CLARK A E, FRIJTERS P, SHIELDS M A, 2008. Relative income, happiness, and utility: an explanation for the easterlin paradox and other puzzles ［J］. Journal of economic literature, 46 (1): 95-144.

［3］ DIENER E, 1984. Subjective well-being ［J］. Psychological bulletin, 95 (3): 542-575.

［4］ GRAHAM C, FELTON A, 2006. Inequality and happiness: insights from Latin America ［J］. The journal of economic inequality, 4 (1): 107-122.

［5］ JIANG Shiqing, LU Ming, SATO H, 2012. Psychological identification, inequality, and happiness: evidence from urban China ［J］. World development, 40 (6): 1190-1200.

［6］ NG Y K, 2008. Happiness studies: ways to improve comparability and some public policy implications ［J］. Economic record, 84 (265): 253-266.

［7］ SMITH T B, SILVA L, 2011. Ethnic psychological identification and personal well-being of people of color: a meta-analysis ［J］. Journal of counseling psychology, 58 (1): 42-60.

［8］ SOLINGER D J, 1999. Contesting citizenship in urban China: peasant migrants, the state, and the logic of the market ［M］. Berkeley: University of California Press.

［9］ USBORNE E, DE LA SABLONNIÈRE R, 2014. Understanding my culture means understanding myself: the function of cultural psychological identification clarity for personal psychological identification clarity and personal psychological well-being ［J］. Journal for the theory of social behaviour, 44 (4): 436-458.

［10］ WELSCH H, 2006. Environment and happiness: valuation of air pollution using life satisfaction data ［J］. Ecological economics, 58 (4): 801-813.

［11］ 陈映芳, 2003. 征地农民的市民化: 上海市的调查 ［J］. 华东师范大学学报 (哲学社会科学版), 35 (3): 88-95.

［12］ 陈钊, 徐彤, 刘晓峰, 2012. 户籍身份、示范效应与居民幸福感: 来自上

海和深圳社区的证据 [J]. 世界经济 (4)：79-101.

[13] 杜洪梅, 2007. 城郊失地农民的社会认同困境与社会政策的完善 [J]. 广东行政学院学报, 19 (4)：74-77.

[14] 胡荣华, 陈琰, 2012. 农村居民生活满意度统计分析：以江苏为例 [J]. 中国农村经济 (1)：80-91.

[15] 黄然, 邵勋, 李燕, 2006. 关于失地农民保障机制建设的调研报告 [J]. 财政研究 (10)：35-38.

[16] 霍鹏, 张冬, 屈小博, 2018. 城镇化的迷思：户籍身份转换与居民幸福感 [J]. 农业经济问题 (1)：64-74.

[17] 冀县卿, 钱忠好, 2011. 基于市民化后失地农民视角的征地制度满意度研究：来自江苏省的调查数据 [J]. 中国土地科学 (11)：8-13.

[18] 孔娜娜, 2010. 城市社会资源引入与制度系统兼容：失地农民市民化的基本逻辑：以宁波市江东区失地农民集中安置社区为分析对象 [J]. 社会主义研究 (1)：102-106.

[19] 李丹, 李玉凤, 2012. 新生代农民工市民化问题探析：基于生活满意度视角 [J]. 中国人口·资源与环境, 22 (7)：151-155.

[20] 李飞, 钟涨宝, 2010. 城市化进程中失地农民的社会适应研究：基于江苏省扬州市两个失地农民社区的调查 [J]. 青年研究 (2)：84-93.

[21] 李永友, 徐楠, 2011. 个体特征、制度性因素与失地农民市民化：基于浙江省富阳等地调查数据的实证考察 [J]. 管理世界 (1)：62-70.

[22] 林乐芬, 葛扬, 2010. 基于福利经济学视角的失地农民补偿问题研究 [J]. 经济学家 (1)：49-56.

[23] 刘源超, 潘素昆, 2007. 社会资本因素对失地农民市民化的影响分析 [J]. 经济经纬 (5)：118-121.

[24] 密尔, 2020. 功利主义 [M]. 上海：上海译文出版社.

[25] 彭代彦, 吴宝新, 2008. 农村内部的收入差距与农民的生活满意度 [J]. 世界经济 (4)：79-85.

[26] 王慧博, 2013. 失地农民市民化满意度分析 [J]. 江西社会科学 (7)：196-203.

[27] 王立勇, 高伟, 2014. 非货币补偿制度与失地农民补偿满意度研究 [J]. 财政研究 (4)：19-21.

[28] 余翰林, 2014. 征地超转人员社会保障现状及制度研究 [J]. 社会福利

（理论版）（10）：10-14.

[29] 郁晓晖，张海波，2006. 失地农民的社会认同与社会建构 [J]. 中国农村观察（1）：46-56.

[30] 张海波，童星，2006. 被动城市化群体城市适应性与现代性获得中的自我认同：基于南京市 561 位失地农民的实证研究 [J]. 社会学研究（2）：86-106.

[31] 赵雪雁，毛笑文，2014. 西部民族地区农户的生活满意度分析：基于甘肃省的村域调查数据 [J]. 农业经济问题，35（5）：49-54.

附录

北京失地农民调查问卷

1. 您家的家户成员数量是＿＿＿＿＿＿。

2. 您家的有收入（不包括退休金、养老金）的家户成员数量是＿＿＿＿＿＿。

3. 您家的农用土地被征用量是＿＿＿＿＿＿亩。

4. 您家的农用土地剩余量是＿＿＿＿＿＿亩。

5. 在征地过程中您家得到的征地补偿有＿＿＿＿＿＿。

A. 货币补偿　　　　B. 社保补偿　　　　C. 就业补偿　　　　D. 其他

6. 您家得到的征地补偿折算为现金为＿＿＿＿＿元/（亩·年）。

7. 您家最近一年平均每月支出为＿＿＿＿＿＿元。

8. 您家的居住面积为＿＿＿＿＿平方米。

9. 您的性别是＿＿＿＿＿　A. 男　B. 女

10. 您的年龄是＿＿＿＿＿周岁。

11. 您的文化水平是＿＿＿＿＿＿。

A. 文盲　　　　　　B. 小学及识字者　C. 初中　　　　　　D. 中专

E. 高中　　　　　　F. 大专　　　　　　G. 本科及以上

12. 您是否为中共党员？

A. 是　　　　　　　B. 否

13. 您的婚姻状况是＿＿＿＿＿＿。

A. 未婚　　　　　　B. 已婚　　　　　　C. 丧偶　　　　　　D. 离异

14. 您的户口类型是＿＿＿＿＿＿。

A. 农业户口　　　　B. 非农业户口

C. 统一居民户口　　D. 没有户口

15. 您认为自己的健康状况是＿＿＿＿＿＿。

A. 很好　　　　　　B. 较好　　　　　　C. 一般　　　　　　D. 较差

E. 很差

16. 您的农龄有＿＿＿＿＿年。

17. 您对您目前的居住条件是否感到满意？

A. 非常满意　　　　B. 比较满意　　　　C. 一般　　　　　　D. 比较不满意

E. 一点也不满意

18. 您对您居住社区的周边环境是否感到满意？

A. 非常满意　　　　B. 比较满意　　　　C. 一般　　　　D. 比较不满意

E. 一点也不满意

19. 您对您的征地补偿是否满意？

A. 非常满意　　　　B. 比较满意　　　　C. 一般　　　　D. 比较不满意

E. 一点也不满意

20. 您对您所受福利保障（医疗、教育、养老等）现状是否满意？

A. 非常满意　　　　B. 比较满意　　　　C. 一般　　　　D. 比较不满意

E. 一点也不满意

21. 您或您的亲属中是否有乡村或企业干部？

A. 有　　　　　　　B. 无

22. 您是否接受过职业技术培训？

A. 有　　　　　　　B. 无

23. 您是否获得过技术职称或职业资格证书？

A. 有　　　　　　　B. 无

24. 您在失去农用土地前是否有在城市工作的经历？

A. 有　　　　　　　B. 无

25. 您当前是否退休？

A. 有　　　　　　　B. 无

26. 您当前是否就业？

A. 有　　　　　　　B. 无

27. 您的工作性质是_____。

A. 合同工　　　　　B. 临时工　　　　　C. 自谋职业　　　　D. 没有任何职业

28. 您目前的职业类型为_____。

A. 体力劳动　　　　　　　　　　B. 经营管理

C. 专业技术人员、机器设备操作人员　　D. 其他_____

29. 您目前的工资水平是_____元/月。

30. 您一年工作有薪时间有多长（月）？

31. 您对您现有工作收入是否满意？

A. 非常满意　　　　B. 比较满意　　　　C. 一般　　　　D. 比较不满意

E. 一点也不满意

32. 您对您现有工作安全性是否满意？

A. 非常满意　　　　B. 比较满意　　　　C. 一般　　　　D. 比较不满意

E. 一点也不满意

33. 您对您现有工作环境是否满意？

A. 非常满意　　　　B. 比较满意　　　　C. 一般　　　　D. 比较不满意

E. 一点也不满意

34. 您对您现有工作时间的满意度为＿＿＿＿＿。

A. 非常满意　　　　B. 比较满意　　　　C. 一般　　　　D. 比较不满意

E. 一点也不满意

35. 您对您现有工作的晋升机会的满意度为＿＿＿＿＿。

A. 非常满意　　　　B. 比较满意　　　　C. 一般　　　　D. 比较不满意

E. 一点也不满意

36. 您对您工作的总体满意度为＿＿＿＿＿。

A. 非常满意　　　　B. 比较满意　　　　C. 一般　　　　D. 比较不满意

E. 一点也不满意

37. 您的就业/退休单位是否提供养老保险？

A. 是　　　　　　　B. 否

38. 您的就业/退休单位是否提供医疗保险？

A. 是　　　　　　　B. 否

39. 您目前参加医疗保险的种类有（多选）

A. 城乡居民医疗保险　　　　　　B. 城镇居民医疗保险

C. 新型农村合作医疗保险　　　　D. 城镇职工医疗保险

E. 商业医疗保险　　　　　　　　F. 不参加任何医疗保险

40. 您个人缴纳的医疗保险费用为＿＿＿＿＿元/年。

41. 您现在参加的养老保险的种类有＿＿＿＿＿。（多选）

A. 城乡居民养老保险　　　　　　B. 新型农村社会养老保险

C. 城镇居民养老保险　　　　　　D. 职工基本养老保险

E. 商业养老保险　　　　　　　　F. 征地养老保险

G. 不参加任何养老保险

42. 您缴纳的征地养老保险费用为＿＿＿＿＿元/年。

43. 您的征地养老保险开始领取的时间为＿＿＿＿＿。

44. 您现在每月领取的征地养老保险金额为＿＿＿＿＿元。

45. 您个人缴纳的基础养老保险费用为_____元/年。

46. 您现在每月领取的基础养老金金额为_____元。

47. 您在日常生活中交往更为频繁的对象是_____。

A. 亲属　　　　　B. 非亲属

48. 您在日常生活中与非亲属的交往程度_____。

A. 非常亲密　　　B. 比较亲密　　　C. 一般　　　　　D. 比较不亲密

E. 一点也不亲密

49. 您在日常生活中与非亲属交往的事件类型是_____。

A. 休闲娱乐　　　B. 经济往来　　　C. 业务往来　　　D. 其他_____

50. 您是否愿意与城里人打交道？

A. 非常愿意　　　B. 比较愿意　　　C. 一般　　　　　D. 比较不愿意

E. 一点也不愿意

51. 这句话符合您吗？——我现在已经是一个城市人。

A. 非常符合　　　B. 比较符合　　　C. 一般　　　　　D. 比较不符合

E. 一点也不符合

52. 您是否愿意成为一个城市人？

A. 非常愿意　　　B. 比较愿意　　　C. 一般　　　　　D. 比较不愿意

E. 一点也不愿意

53. 您主要的出行方式为

A. 步行　　　　　B. 自行车　　　　C. 电动车　　　　D. 摩托车

E. 公交交通工具　F. 汽车　　　　　G. 其他